한국행정학의 새로운 이해

이병철

UUP

한국행정학의 새로운 이해

■

2010년 9월 10일 **초판 인쇄** ▪ 2010년 9월 17일 **초판 발행** ▪ **지은이** 이병철 ▪ **펴낸이** 김도연
▪ **펴낸곳** UUP(울산대학교출판부) 680-749 울산광역시 남구 대학로 93(무거동) 울산대학교 출판부
▪ **전화** (052)259-2488 **팩스** (052)277-3011 ▪ **홈페이지** http://uup.ulsan.ac.kr
▪ **출판등록** 제370-1996-000001호(1996.3.13)
▪ ₩ 15,000

ISBN 978.89.7868.226.8 (93350)

머리말

미국의 행정학이 이 땅에 도입되어 토착화가 이루어진지도 근 50여년이 넘는다. 그 동안 미국행정학을 올바르게 도입하고 또 이해하려는 노력과 한 단계 더 나아가서 한국화하려는 노력들이 많은 행정 학자들과 행정실무가들에 의해 이루어져 왔다. 그런 노력의 결실로 이제 '한국행정학'이라 이름 붙일 수 있는 새로운 행정학의 학문적 지평이 열리게 되었다. 전국의 많은 대학과 대학원들에 행정학과가 설립되었을 뿐만 아니라 행정학을 가르치는 특수대학원도 많이 생겨났으며 다양한 행정학 관련 교육프로그램들이 개설되어 행정학에 관한 지적 호기심을 충족시켜주고 있는 것이 현금의 사정이다.

또한 미국행정학일변도의 교과과정 속에 한국행정학관련 교과목들이 많은 대학이나 대학원의 교과과정에 개설되는 것도 한국행정학의 토착화 그리고 발전이라는 시각에서 큰 의미를 부여 할 수 있을 것이다. 이와 더불어 '한국행정학회'를 필두로 '한국정책학회' 등 많은 행정학 유관 학회의 창설과 내실 있는 활동들은 이런 한국행정학의 발전에 가속적 요인이 되고 있다. 그리고 행정학 관련 저서들과 논문들의 양적인 증가와 질적인 발전 또한 한국행정학의 성숙에 크게 기여하고 있다고 볼 수 있는 것이다.

그리고 한국 행정현상을 미국행정학과의 비교분석을 통해 또는 한국 행정현상의 독자적 연구시각에 의해 한국화 시키려는 학계와 실무계의 노력들은 한국행정학에 대해 새로운 활력을 불어넣어 주는 것으로써 한국행정학의 발전이라는 측면에서 환영하고 고무시켜야 할 일이다.

그러나 이러한 한국행정학의 발전이 이와 같은 밝은 면만 가지고 있지 않다는데 문제가 있다. 한국행정학의 연구대상이 되는 한국행정현상이 대내·외적인 급격한 환경변화에 의해 크게 변모되고 있다는 점이다. 따라서 기존의 행정학적 패러다임으로는 새롭게 발생되는 문제들을 효율적으로 적실성 있게 해결할 수 있는 능력이 현격히 떨어지고 있는 것이다. 한국행정의 구조적, 기능적 변화뿐만 아니라 이 속에 몸담고 있는 사람들의 의식과 문화까지 변화되어 나가고 있기 때문에 그러한 것으로 판단되는 것이다.

따라서 한국 행정현상을 보다 올바르게 직시하고 이에 기인된 문제점을 보다 주도면밀하게 분석하고 진단하여 이에 대한 올바른 처방을 강구하기 위해선 변화된 한국 행정현상을 정확하게 볼 수 있는 새로운 이해의 틀을 짜야 하며 이를 통해 새롭고 올바른 이해가 이루어져야 할 것이다. 다른 말로 하자면 한국 행정현상을 올바르게 이해할 수 있는 새로운 패러다임을 구축해야 한다는 말이다. 저자는 이런 문제의 시각에서 이 책을 집필하게 되었다. 저자의 의도가 얼마만큼 이 책에 반영되었는지는 독자들의 판단에 맡길 수밖에 없겠지만 적어도 그러한 노력을 경주했다는 점에서 미흡한 점이 있다 하더라도 스스로 위안을 삼을까 한다.

이 책은 이러한 저자의 의도에 따라 우선 한국행정학이 걸어 온 흔적들을 보다 객관적인 입장에서 고찰해 보려고 하였다. 한국행정학의 역사적 발전과정을 간략히 고찰해 보고 특히 한국행정학회의 발전과정과 교육관련기관들인 한국 대학 및 대학원에서의 행정학발전과정을 살펴보았다. 그 다음 현재 급격히 변화되고 있는 우리 행정을 둘러싼 대내·외적 환경에 적응할 수 있는 행정적 시각을 마련키 위해 다각적인 시각에서 문제점과 이의 해결방향 그리고 대안들을 강구해 보았고 이러한 기본적 틀을 통해 한국행정과 행정학을 이해하도록 하였다.

그리고 국민을 위한 행정개혁이 이루어져야 한다는 생각에서 공공부문의 행정서비스증진을 위한 행정개혁의 방향을 전략적 관점에 기초하여 논의를 전개시켜 보았다. 특히 행정에 대한 신뢰성이 행정개혁의 기반이 되어야 한다는 교훈을 얻게 한 중요한 시도였다고 평가할 수 있을 것이다.

그 다음 미래의 한국행정은 윤리성과 민주성 그리고 세계화를 담을 수 있는 학문적 지평을 마련해야 된다는 생각에서 독립 된 장으로 편성을 하여 윤리시대에 있어 한국의 도덕 행정, 민주시대에 있어 한국의 참여행정, 그리고 세계화시대에 있어 한국의 다문화행정을 차례로 다루어 보았다.

현재 행정에 만연되어 있는 도덕적 해이라는 이슈를 통해 윤리시대에 있어 한국의 도덕 행정을 새로운 시각에서 이해시키려고 하였다. 그리고 얼마 전에 입법화되어 시행이 된 직접민주주의 제도이며 참여적 민주주의 제도의 하나인 주민소환제도를 통해 민주시대에 있어 한국의 참여행정을 새로운 시각에서 이해시키려고 하였다. 또한 한국의 다문화 가정의 실태분석을 통해 도출된 문제점과 이의 해결방안 모색을 통해 세계화시대에 있어 한국의 다문화행정을 새로운 시각에서 이해시키려고 하였다.

그리고 마지막으로 미래 한국지방행정의 과제와 방향을 다루어 보았다. 앞으로 한국행정의 중심은 지방행정이 될 것이고 지방행정이 제대로 자리를 잡고 발전을 해 나갈 때 전체적인 한국행정의 발전이 이루어질 것이란 생각에서 지방행정이 가지고 있는 문제점과 이것을 해결하기 위한 방향을 나름대로 강구해 보려고 했다. 울산광역시를 지방행정의 사례로 들면서 앞으로 지방행정이 부닥칠 위기와 이에 대한 도전, 그리고 이러한 도전에 과감히 맞서야 할 바람직한 리더십, 그리고 선택과 집중의 전략적 정책 노력 등에 대해 나름대로의 생각들을 제시해 보았다. 그리고 앞에서 제시한 새로운 이해의 틀에 따라 민주성과 세계화를 충족시킬 수 있는 지방행정에 대해 논의를 전개해 보았다.

특히 이 장에서는 여성에 대한 보다 큰 관심이 행정에서 이루어져야 할 것임을 강조하였다. 어떻게 보면 지금까지 행정의 중심은 여성이 아니었다. 그러나 앞으로 도래할 미래는 여성이 남성과 함께하는 시대가 될 것이며 그런 관점에서 여성과 행정의 관련성을 이해하는 것이 중요하다는 생각과 행정의 발전을 위해 여성들이 어떠한 위상을 차지하고 그 높여진 위상에 걸 맞는 사고와 행동을 해 나가야 할 것인가에 대해 고민을 해 보았고 그 생각과 고민의 결과들을 이 장에 쏟아 내 보았다.

이러한 논의들은 크게 1998년에 출판된 『현대 한국행정학의 이해』라는 저자의 저서에 의존하고 있다. 특히 1장과 2장 그리고 3장은 앞의 책을 수정하고 보완한 것이다. 보다 구체적으로 이야기 하면 1장의 '한국행정학이 걸어 온 흔적들'이나 2장의 '새로운 이해의 패러다임이 필요로 되는 한국행정과 행정학' 그리고 3장의 '한국 행정개혁의 새로운 이해'는 앞서 언급한 『현대 한국행정학의 이해』 라는 저자가 집필한 저서의 1장 '한국행정학의 발자취', 2장 '한국행정과 행정학의 새로운 이해', 그리고 3장 '공공부문의 행정서비스 증진을 위한 개혁전략'을 시대의 변화에 맞게 자료를 업데이트 시키고 내용을 업그레이드시켰으며, 더 나아가 부족했거나 미비 된 부분을 보완하고 수정하는 식으로 새롭게 개편을 하였다.

물론 4장부터 7장은 완전히 새로운 집필 틀에 따라 새롭게 써진 것이다. 새로운 한국행정의 이해를 위해 새로운 시대가 요구하는 윤리성, 민주성, 세계화를 화두로 하여 이와 조화롭게 접목될 수 있는 행정학과 이러한 행정학에서 나타나게 될 문제점 그리고 이의 해소를 통해 얻게 될 발전방향 등을 제시해 나간 것이다. 그리고 앞으로 도래할 미래 시점에 한국지방행정이 조우하게 될 문제들을 적시하고 이에 대한 해결방향을 모색해 나간 것이다.

이렇게 집필의 틀을 만들은 것은 1장에서 한국행정의 과거를 살펴보고자 함이며 2장과 3장에서 한국행정의 현재를 미래지향적인 관점에서 살펴보려고 했으며 4장부터 6장까지는 미래 행정에서 중시할 도덕성, 민주성 그리고 세계화와 접목된 한국행정을 살펴보고 7장에서 한국행정 특히 지방행정이 미래에 갖게 될 과제와 이의 해소를 위한 방향을 제시함으로써 한국행정의 미래상을 미리 그려보려고 했던 것이다.

이러한 생각과 이의 표현인 그림이 저자의 능력부족으로 인해 의도대로 집필이 되고 그려졌는지 의심스러우며 바람과 욕심만 앞서서 적은 것을 얻고 큰 것을 잃어버린 것이 아닌가 하는 안타까움을 버릴 수가 없다. 아무쪼록 새로운 의욕으로 나름대로 노력한 결과라는 점을 이해하고 이번 기회에 이루어지지 못한 부족한 점들은 차후에 다시 수정, 보완하고자 하니 학계의 여러 선, 후학 그리고 동료들의 기탄없는 충고와 가르침을 기대하는 바이다.

이 책을 출간하는데 많은 도움을 주신 분들에게 따뜻한 감사의 정을 전하고 싶다. 무엇보다 먼저 학문적 우인들에게 감사의 뜻을 전하고 싶다. 그리고 저자로 하여금 책을 출간할 수 있도록 도와준 울산대학교 학교당국에 대해서도 감사를 드린다. 그리고 좋은 책을 만들기 위해 여러모로 노력을 아끼지 않으신 울산대학교 출판부 직원 여러분들과 보이지 않는 곳에서 관심을 가지고 보살펴 주시고 염려를 해 주신 많은 분들에게 진심어린 감사의 뜻을 드리고 싶다.

2010년 8월 26일
울산대학교 문수캠퍼스 연구실에서
이병철

한국행정학의
새로운 이해

차 례

한국행정학의
새로운 이해

서 론

한국전쟁이 만들어 놓은 잿더미에서 '한강의 기적'을 이루어 내어 많은 세계인들로부터 찬사와 부러움을 샀던 한국은 1997년 11월 한국전쟁이후 가장 참담하고 어려운 국가위기에 직면했었다. 동남아시아에서부터 촉발된 외환 및 금융대란이 경제 및 금융에 있어 구조적이고 기능적인 취약점을 갖고 있던 한국에까지 상륙하여 한국의 금융질서를 붕괴시키고 경제까지 위기로 몰아넣는 상황이 초래되었던 것이다. 외환 유동성 부족으로 인해 야기된 환율의 급등은 원화가치의 급락을 초래하여 달러가치 환산으로 국부를 측정할 때 우리의 재산과 소득은 절반으로 절감되었다. '국제통화기금'(IMF)의 긴급구제금융으로 국가부도의 위기를 간신히 넘기긴 하였으나 언제 다시 재발되어 어렵게 쌓아올린 한국의 경제 탑을 붕괴시킬지 모른다. 사실 2007년 여름 '서브프라임 모기지'(Sub-prime mortgage) 사태로 촉발된 세계금융위기 시 이러한 악몽이 재현되어 한국의 경제가 침몰할지 모른다는 위기감을 가지게 하였던 것도 이러한 생각과 무관하지는 않다. 그때나 지금이나 아직도 정치적 불안정은 여전하고 재벌을 중심으로 한 민간기업의 구조조정노력도 만족스럽게 보이지는 않으며 정부의 금융을 비롯한 경제에 대한 제반적 개혁노력은 생각보다 더디게 진행되고 있는 것처럼 느껴지기만 한다.

그리고 국민들 역시 민족자존심을 송두리째 깔아뭉개 버린 국제통화기금의 구제금융이 처음으로 시도되던 그때나 서브프라임 모기지 사태로 빚어진 최근의 금융위기에 따른 경제난국의 어두운 터널을 간신히 빠져 나오고 있는 현재에도 현실을 정확하게 직시하지 못하고 다시 그때 그 시절로 되돌아가려는 것만 같아 우려스러운 마음을 감출 수 없다. 그나마 한편으로 다행스럽게 생각할 수 있는 것은 최근의 경제위기시에 수출의 불씨가 꺼지지 않고 지속이 되어주었고 이로 인해 '경제협력개발기구'(OECD)에 속한 선진 30개 국가들 가운데에서 가장 성장률이 높고 성장속도가 빨라 회색의 어둡고 음울한 터널에서 가장 빠르게 벗어나고 있다는 사실이다.

그렇다고 해서 이러한 자그마한 성취에 자축을 하기에는 시기상조라는 시각이 일반적이다. 앞으로 보다 더 어렵고 복잡한 도전과 시련이 거듭될 것이 거의 확실시되기 때문이다. 이렇게 앞으로 예상되는 어려운 경제 상황 속에서 이에 대해 커다란 책임을 짊어지고 나가야 할 경제부처를 위시한 일반 행정 관료들이 국민에 대한 책무를 다하는 일에 최선의 노력을 다하고 있는지 그리고 앞으로 다할 것인지에 대해 의문의 여지가 없지 않음이 어떻게 보면 솔직한 국민 된 심정이 아닐까 생각이 된다. 현재 우리는 성장은 있으되 고용이 없는 상황을 만들어 내고 있고 청년실업인구가 100만을 넘어서고 있다는 자극적인 언론의 소리외침이 커져 가고 있기도 하다.[1] 그리고 이런 외침은 우리경제를 염려하는 사람들, 그리고 경제부처를 위시한 일반 행정 관료들이 국민에 대한 책무를 다하는 일에 최선의 노력을 다하고 있는지 그리고 앞으로 다할 것인지에 대해 의문을 품고 있는 국민의 마음을 더욱 무겁게 만들고 있다.

점차적으로 어려워져가는 국제경제환경이 한국경제의 구조적 취약성과 맞물려 종전과 같은 어려운 경제 상황을 촉발시키고 거기에다 시의성 없고 적실성 없는 정책의 실패가 이러한 어려움을 가중시키고 있다고 진단해 볼 수도 있다. 과거와는 완전히 다른 국제경제환경은 새로운 경제 질서의 출범으로 기본적인 게임의 룰을 바꾸었을 뿐만 아니라 그 내용도 이전과는 비교가 되지 않는다.

세계의 거대 경제블록들은 앞으로 다가올 세계경제전쟁에서의 비교 및 경쟁우위를 점하기 위해 현재에도 치열한 접전(head to head competition)을 벌이고 있으며 각 경제블록은 나름대로 세계적인 자유무역과 범세계적 경제통합이라는 거대한 흐름에 대비하기 위해 발 빠른 행보를 가속하고 있다. 그러한 한 예(例)로 유럽연합(EU)은 미국이나 일본, 그리고 새로운 경제대국으로 떠오르고 있는 중국에 대적할 수 있는 강력한 유럽경제를 이룩하기 위해 기술개발투자에도 막대한 자금을 투자하고 있다. 특히 '유레카'(Eureka)나 '제시'(Jessi), '비전(Vision) 1250', 그리고 '에스프리'(Esprit) 같은 범 유럽의 기술개발 컨소시엄 결성등도 정부차원의 직접지원을 통해 국제경쟁력을 확충해 나가고 있는 것이다.

일찍이 리처드 로즈크레인스(Richard Rosecrance)는 세계를 지배하는 힘의 개념이 지금까지는 무력적인 물리적 강제력에 의해서 규정되었으나 오늘에 와서는 무역을

1) "청년실업 100만…구조적 문제 해결책은", 『서울신문』, 2009년 3월 17일, 22쪽. ; http://www.seoul.co.kr/news/newsView.php?id=20090317022010&spage=4

중심으로 한 경제력의 개념으로 변화되고 있다는 착상의 전환이 새로운 국제질서의 중요가치로 자리 잡고 있다고 주장했다. 레스터 써로우(Lester Thurow) 역시 앞으로의 세계경제는 무역을 축소하거나 억제했던 1930년대의 무역장벽과는 실질적인 차이가 있으나 정부에 의해 관리되는 준 무역장벽이 역내 국가와 역외국가간의 교역을 차별화할 것임을 분명히 하고 있으며 이러한 차별화에 따른 치열한 접전과 갈등 그리고 충돌이 예상된다고 주장한 바 있다. 시각 차이에 따라 평가는 다를 수 있겠으나 분명한 점은 이제 세계의 새로운 질서는 자국의 국가이익우선주의라는 명제 하에 경제적인 지역패권주의로 정착되고 있다는 사실이다.

그러나 이런 거친 국제경제환경 속에서 한국은 지금까지 정부에 의해 과보호된 대외경쟁력이 미약하거나 허약한 경제 부문들조차 개방해야하며 이런 취약점을 국제경쟁력을 지닌 외국자본이나 기술들이 비집고 들어설 것은 자명한 사실이다. 따라서 우리는 자칫하면 기존의 수출시장을 상실할 수 있을 뿐만 아니라 내수시장까지 저들에게 내줄 공산이 크며 이럴 경우 한국경제의 앞날은 어두운 그늘이 지게 될 것이다. 더욱 비관적인 것은 은행으로 대변되는 금융권과 재벌기업들 그리고 중·소기업까지 경쟁력을 갖추고 있는 외국대자본들에게 그대로 노출되어있다는 점이다. 외국대자본의 한국경제의 잠식은 경제적 종속성을 심화시킬 우려가 있으므로 경계해야 될 사안이지만 이에 대한 뚜렷한 대안도 없는 것이 현실이다.

이러한 대외적 환경에도 불구하고 우리경제는 여러 가지 복잡하게 얽힌 문제로 인해 시의성 있고 적실성 있게 대응을 하지 못하고 있다. 외환유동성부족으로 인해 국란을 겪은 후 많은 개선이 이루어지기는 하였지만 아직도 은행을 중심으로 하는 금융권은 부실채권에 멍들고 구조조정의 미흡으로 인한 비효율성과 경영부실과 금융운용노하우의 낙후에 의해 선진 외국금융기관과의 경쟁에서 어려움을 겪고 있으며, 기업 역시 연구개발 분야에 대한 집중투자와 산업구조조정 등과 같은 뼈를 깎는 자성적 노력을 추진시켜 나가는데 어려움을 겪고 있으며 정부는 정부대로 이러한 금융권과 기업의 새로운 적응을 지원하는데 효율적으로 대처하지 못하는 것 같다.

사실 한 가지 예로 다른 나라들과 비교해 볼 때 정부규제가 너무나 많고 번거로워 이를 충족시키는데 드는 물질적 그리고 시간적 비용이 엄청나지만 그럼에도 불구하고 우리정부는 대외경쟁력강화 또는 행정개혁차원에서 이러한 정부규제를 축소하거나 개선시켜야 한다는 목소리는 높이면서도 실효성 있게 그러한 조치들을 일구어내고 있느냐 하는데 대해서도 의구심을 떨 출 수가 없다. '전국경제인연합회'에서 건의하는 정부규제완화 또는 해제에 대한 많은 요구와 노력들이 상당부분 수용되지 못하고 있는 것도 이러한 현실을 잘 보여주는 사례라고 생각된다. 그래서 '어려운 경제 상황에 정부가 기업을 도와주는 것이 아니라 오히려 발목을 잡고 있다'는 푸념 섞인 항변까지 나오고 있는 것이다.

그렇다고 모든 경제적 난국이 정부의 무능이나 정책부재의 탓이라고 생각하는 것은 아니다. 기업도 이점에 있어서는 책임을 질 부분이 많다고 할 수 있다. 기업이 지금까지 국가경제의 견인차역할을 한 것은 사실이지만 그 과정에서 경제 질서를 왜곡시키고 국민경제를 어렵게 만든 일면도 없지 않았다. '한국에선 기업은 망하지만 기업인은 망하지 않는다.'는 말이 있는데 이 말을 액면 그대로 받아들이기는 어렵지만 그 말속에 우리가 반성해야 할 기업문화가 있다는 점을 부인하긴 어렵다.

또한 우리경제를 어렵게 하는 원인 중에 유연성이 부족한 노사관계의 영향을 빼놓을 수는 없을 것 같다. 이미 객관적인 수치를 통해 우리 노동자들의 노동생산성이 다른 나라들보다 낮은 반면 임금은 상대적으로 높다는 사실이 드러난 바 있다. 이것 역시 우리의 경제를 약하게 만드는 요인이 되는 것이다. 이외에 노와 사의 상생을 위한 조화로운 협력의 부족으로 인해 빚어지는 파업 등 노사갈등 등으로 인해 생산차질이 발생하게 되고 이로 인한 대외공신력의 하락도 이러한 면에 일조했음이 분명하다. 그리고 일부 국민들의 과소비풍조나 이와 연계되는 양극화의 역기능들도 우리의 경제 살림을 어렵게 만든 원인이라고 볼 수 있다. 이러한 모든 것이 합쳐져서 우리경제를 현재의 이 모양으로 만들어 버리고 만 것이다.

'세계경제포럼'(World Economic Forum : WEF)에서 발표한 '세계경쟁력보고서'(The Global Competitiveness Report)에 의하면 2009-2010년의 우리나라 경쟁력 순위는 19위를 차지하였다. 그리고 2008-2009년의 경쟁력 순위를 보면 13위를 차지하였으며 2007-2008년 경쟁력 순위를 보면 11위를 차지하였다. 이 자료만 보면 2007년 11위부터 2010년 19위까지 우리나라의 세계경쟁력 순위가 점차 하강하고 있음을 알 수 있다.

특히 우리나라의 경제규모나 교역규모가 세계 12위나 13위를 차지하는 것과 비교를 해보면 다소 뒤처지는 수준임을 알 수 있다. 그리고 좀 더 우려스러운 점은 2007년부터 국가 경쟁력 순위가 밀리고 있다는 점이다. 2007년 여름에 발생한 서브프라임 모기지 사건의 여파로 불어 닥친 세계금융위기에 영향을 받은 것이 아닌가 사료가 된다.

'세계경영개발원'(Institute for Management Development : IMD)에서 발표한 세계경쟁력 순위를 보면 앞의 세계경제포럼에서 발표한 국가경쟁력 순위보다 약간 더 처지고 있다. 다행스러운 것은 2008년 31위를 기록했고, 2009년 27위를 차지했고 2010년 23위를 차지하여 다소 서열이 상향되었다는 점이다. 이러한 기록의 향상은 신속하고 선제적인 재정 및 금융정책 등을 통하여 경제위기에서 빠른 경기 회복세를 시현 한 것 등이 주요 요인으로 작용을 한 탓으로 사료가 된다. 그러나 우리가 이러한 결과에 자족하기에는 우리를 둘러싸고 있는 주변 환경이 너무나도 도전적이다. 우리와 경쟁상대인 중국은 2009년에 20위, 2010년 18위를 차지하여 우리보다 국가경쟁력에서 앞서 있고, 한때 아시아의 작은 4마리 용 중 하나였던 대만은 2009년엔 23위였으나 2010년엔 8위를 차지하여 무려 15단계를 뛰어오르는 놀라운 급상승 기록을 보여 주었다.

이는 다른 57개국이 보여주었던 경쟁력을 훨씬 웃도는 것이다. 특히 대만기업의 경쟁력과 정부부처의 효율성 상승이 이번 대만 국가경쟁력 급상승의 최고요인이었다. 기업 경쟁력의 경우 지난해 22위에서 올해는 3위로 뛰어올랐으며, 정부의 운영효율성 역시 지난해 18위에서 올해는 6위로 등극했는데, 모두 사상 최고였다. 더구나 기업경쟁력의 경우, 대만은 세계 최고경쟁력을 획득한 싱가포르에 불과 2점 뒤진 77.63점을 얻었다.

또한 작은 4마리 용 중 하나였던 홍콩 역시 2009년 2위, 2010년 2위로 압도적인 경쟁력을 보이고 있고 싱가포르 역시 2009년엔 3위 그리고 2010년엔 1위를 나타내고 있어 우리와 국가경쟁력에서 좋은 대조를 보이고 있다.

심지어 우리보다 후발국인 동남아시아 국가 중 하나인 말레이시아는 2009년 18위에서 2010년에는 우리를 앞선 10위를 차지하였고 태국 역시 2009년에 26위, 2010년에 26위를 차지하여 우리의 뒤를 바짝 따라 붙고 있다. 특히 호주, 대만, 그리고 말레이시아의 쾌거는 아시아경제의 활성화된 수요에 힘입은 바가 컸으며, 이들 모두 정부부처 경영효율부분에서 높은 점수를 받은 것이 국가경쟁력 상승의 좋은 요인이 되었다. 정부부처 효율성의 경우, 대만은 12단계를 올라 6위로, 말레이시아는 10단계를 비상하여 9위에, 호주는 8위에서 4위로 뛰어 올랐다.

그러나 한국의 경우 국가경쟁력을 저해하는 요인들로 인해 이들 나라만큼 좋은 성적을 거두진 못하였다. 이러한 요인들로 2009년도 세계경제포럼에서 지적된 것으로는 노동시장 효율성(84위), 금융시장 성숙도(58위), 그리고 제도적 요인(53위) 등을 들 수 있다. 국가경쟁력을 증진시키는데 주요 약점으로 작용하는 요인들인 것이다. 이러한 저해요인들을 완화하거나 극복하기 위해선 노사관계의 선진화를 이룩하고, 노동 시장의 유연성을 제고하기 위한 노력이 필요로 되며, 금융시스템의 개혁 역시 97년 이후 지속적으로 추진되고는 있으나 아직 그 성과가 미흡한 만큼 이에 대한 가일층의 노력이 필요로 되는 것이다.

특히 이러한 요인들은 모두 정부부처 경영효율성과 매우 밀접한 관련성이 있다고 볼 때 정부부문의 역할의 중요성을 다시금 확인할 수 있는 것이다. 여기에 부가하여 정부부문의 효율성 증대를 위해 정치인에 대한 신뢰를 높이고2), 행정 분야의 레드 테이프(red-tape)를 제거하기위한 노력이 절대적으로 필요하다는 점도 잊어서는 안 될 것이다.

정부부문이 그리고 행정관리가 국가경쟁력을 증진시키는 긍정적 요인으로 작용이 되어야지 국가경쟁력을 저하시키는 부정적 요인이 되어선 안 된다는 것이 세계경쟁력 보고서에 나타난 결과를 통해 우리가 교훈으로 깨우치는 부분인 것이다.

사실상 지금 행정은 비능률의 전형으로 비판의 대상이 되고 있다. 앨빈 토플러(Alvin Toffler)가 “기업은 시속 100마일의 속도로 혁신에 혁신을 거듭하고 있지만 정부와 관료조직, 정책과 법 제도는 30마일도 안 되는 속도로 거북이걸음을 하고 있다.”고 정부와 행정에 대해 쓴 소리를 하고 있음도 이와 맥을 같이 하는 것이다.

분명 우리의 공공부문, 정책 그리고 행정은 처방을 필요로 할 만큼 문제를 가지

---

2) 2009년 ‘시사저널’이 여론조사기관인 (주)밀워드브라운미디어리서치에 의뢰해 직업별 신뢰도를 조사한 결과 총 33개 직업군 중 가장 신뢰받지 못하는 직업군은 정치인이었다. 응답자 10명 가운데 아홉 명가량(88.3%)이 정치인을 신뢰하지 않는다고 답했다. 『기독교 타임즈』, 2009년 8월 17일. ; 2007년 4월 11일 서울대 행정대학원 이승종·정광호 교수가 한국갤럽에 의뢰해 작년 12월부터 올해 1월까지 전국의 성인 1,200명을 상대로 벌인 설문조사 결과에 따르면 정치인, 입법부, 정당이 국민의 불신을 가장 많이 받고 있는 것으로 나타났으며 정치인이 최하위로 나타났다. 『연합뉴스』, 2007년 4월 11일. ; 그리고 2010년 7월 8일부터 11일까지 갤럽이 미국의 성인 1,020명을 대상으로 전화 설문조사한 결과 가장 신뢰하지 못하는 집단으로 정치인들을 꼽고 있다. 그리고 엇비슷한 시기에 조사결과가 나온 영국의 경우도 정치인에 대한 신뢰성이 가장 낮았다. Co-operative Bank가 영국 성인 3,000명을 대상으로 실시한 설문조사에서도 가장 신뢰하지 못할 전문직 1위에는 정치인(57%)이 랭크되었다. 『미디어오늘』, 2010년 8월 15일. ; http://www.mediatoday.co.kr/news/articleView.html?idxno=90217

고 있는 듯 싶다. 경제발전의 세계적 모형으로까지 칭송되던 한국의 경제발전이 오늘을 끝으로 하여 막을 내리게 해서는 안 될 것이다. 반만년의 가난을 벗어나고자 지난 반세기동안 몸부림쳤던 그 의지와 노력이 아까워서라도 힘없이 주저앉을 수는 없다. 그러면 어떻게 우리는 다시 일어나야 할 것인가?

국민들이 다시 올바른 정신을 가지고 현실을 올바로 직시하고 그에 걸 맞는 행동을 해야 할 것이며 정치가도 현재의 어려움에 커다란 책임감을 느끼고 개인의 욕심이나 당리당략을 과감히 버리고 국민과 국가를 위해 무엇을 하는 것이 가장 옳을 것인가를 생각 한 후 공인으로써 대도를 솔선수범하여 걸어 나가야 할 것이다. 재벌을 위시한 기업들도 그리고 은행을 위시한 금융권도 현재의 어려움의 가장 큰 책임자로서 현재의 수준에 자만하거나 자족하지 말고 국제경쟁력을 갖춘 보다 강한 기업 그리고 보다 효율성 높은 금융구조를 만들기 위해 두 팔을 걷어붙이고 구조조정과 경영혁신을 위해 앞장서 나가야 할 것이다.

그리고 무엇보다 정부는 보다 전향적인 규제 개혁 등을 통해 경제의 활로를 트이게 하고 적극적인 행정개혁 등을 통해 행정 구조를 효율화하고 행정 관료들의 부패와 부소리의 익성 적 구습을 발본색원하여 타파하고 의식개혁과 선진적인 경영기법들을 도입하여 작지만 강한 정부를 만드는데 앞서 나가야 할 뿐만 아니라 오늘의 총체적인 경제적 난맥상의 내면에 복잡하게 얽혀있는 실타래를 풀어나가는데 앞장을 서야 할 것이다.

또한 행정 학자들은 현재 행정이 처한 어려운 점을 정확히 진단하고 이에 대한 실효성 있는 정책적 처방전을 제시할 수 있는 명확한 이론적 그리고 방법론적 기반을 개발하고 다지며 한국행정학의 토착화와 한국행정학의 주체성확립에 기여할 수 있는 학문적 노력을 경주하여 이 어려움을 극복하는 지적 초석이 되어 줄 수 있어야 할 것이다.

앞에서도 누차 언급을 하였지만 현재와 같은 행정국가에서 특히 국가적 어려움의 시기에 행정의 역할과 임무는 실로 크다고 할 수 있다. 사실 행정의 이러한 역할과 임무는 현재 우리처럼 어려움에 처한 나라에서만 절실히 요구되는 것은 아니다. 세계화와 경쟁으로 대변되는 다가오는 21세기에 살아남고자 하는 모든 국가들에게 요구된다고 할 수 있다. 그렇기 때문에 이것에는 예외가 없어서 미국, 일본 그리고 유럽 국가들 어느 나라나 행정이 이런 급격한 세계화에 의한 도전을 받고 있는 것이다.

그러나 많은 국가들이 이러한 행정의 역할과 중요성은 더욱 커지는데 실제 행정의 변화수용능력이나 위기관리능력 그리고 생산성 등은 더욱 하락하고 있다는데 문제의 심각성이 존재하는 것이다. 이렇게 됨으로 해서 종전까지 행정의 기반을 이룬 능률의 철학이 더 이상 실천적 차원에서 의미를 갖지 못하게 되는 지경에 이른 것이다.

그래서 지금 행정은 비능률의 전형으로 비판의 대상이 되고 있는 것이다. 사바스(E. S. Savas)와 같이 행정의 비능률을 강력히 비판하는 자들은 많은 행정기능들이 민영화되고 수다한 행정규제조치들이 완화내지는 해지될 때 이 사회는 더욱 나은 사회가 될 수 있다고 주장을 한다. 행정을 아직까지는 신뢰하고 싶은 자들까지 행정은 발상의 대전환을 통한 재 혁신(reinvention)이 절박하게 필요로 되며 모든 면에서 근본적으로 재검증이 요구된다고 주장하고 있는 것이다.

미국에서도 이미 이러한 강한 비판과 압력에 의해 정부 재 개혁과 창출을 위한 노력이 90년대 접어들면서 본격화되었으며 계속 진행되고 있다. 미국은 80년대의 로널드 레이건(Ronald Reagan) 행정부에 의한 경제의 방만한 운영으로 결국 90년대 들어 어려운 경제 상황을 초래하게 되었고 연방정부의 재정적자는 미국 역사상 유래 없는 기록을 갱신하였다. 이러한 경제위기와 정부의 무능은 국민들의 정부에 대한 불신과 조세저항을 불러 일으켰고 이런 국민적 정서는 걸프전을 승리로 이끌었던 조지 부시(George Bush)대통령의 재선을 불가능하게 만들었다. 이러한 분위기는 결국 정부 및 행정개혁이라는 극약처방을 요구하게 되는 지경에 까지 이르게 되었던 것이다.

사실 정부 재 혁신을 위한 노력이 80년대 레이건 행정부시절에도 실시되긴 하였다. 제럴드 케이든(Gerald E. Caiden)이 지적했듯이 레이건 대통령은 민간부문으로 하여금 정부운영의 변화를 연구하게 하여 이 결과를 가지고 느슨한 정부행정을 기업행정으로 변신시키려고 했던 것이다. 이를 위해 탄생되었던 기구가 '그레이스 위원회'(the Grace Commission)이다. 그러나 이 위원회는 출범시의 야심과 규모와는 상반되게 너무도 짧은 생애를 마치고 사라지고 말았다. 1978년 지미 카터(Jimmy Carter) 대통령 때 제정된 '공무원개혁법'(Civil Service Reform Act)이 그러했듯이 '볼커 위원회'(Volcker Commission)의 개혁의지도 빛을 보지 못하고 명멸해 버렸으며 주정부차원의 개혁을 위한 '윈터 위원회'(the Winter Commission)도 출범하여 문제점의 지적과 나름대로의 처방전을 제시한 바 있으나 근본적인 행정개혁의 성과를 거두는데 역부족이었다.

이렇게 부진하게 명맥을 이어온 행정개혁이란 공은 대통령 선거유세를 통해 진정한 변화와 새로운 시각을 국민들에게 약속한 빌 클린턴(Bill Clinton) 행정부로 넘어갔다. 특히 경제회생을 선거공약으로 내세운 클린턴 행정부에 의한 연방정부차원의 행정 재 혁신과 개혁을 위한 노력이 부통령인 앨 고어(Al Gore)를 중심으로 한 연구진들에 의해 '국정성과평가보고서'(Report of the National Performance Review)로 가시화되었다. 그리고 이러한 노력은 행정부뿐만 아니라 의회도 1994년 공화당주도의 야심찬 "미국과의 계약"(Contract with America)이란 슬로건하에 미국인들의 정부서비스에 대한 입맛은 그대로 유지시키면서 정부에 대한 지출을 감소시키는 작은 정부 그리고 비대하지 않은 정부를 건설해 나가는 방향으로 모아졌다.

미국만 이러한 상황에 있었던 것은 아니다. 우리와 가까운 환태평양권역만 보더라도 이러한 행정개혁의 노력은 있어왔다. 특히 일본은 1980년대부터 행정개혁을 위한 노력을 펼쳐 나갔다. 이러한 것으로는 1981년 설치되어 민영화, 연금 및 건강보험 등 공무원 복지개신, 조직개편 등에 주력한 임시행정조사회와 1983년에서 1993년에 결쳐 설치된 제1차, 제2차, 제3차 행정개혁추진심의회의 행정개혁 등을 들 수 있다. 내용으로는 규제완화, 지방분권화확대 및 행정의 민주화 등을 담고 있다. 그리고 하시모토 총리주도아래 정부 및 행정개역에 대한 노력이 대내·외적으로 천명되어 실천에 옮겨졌다. 그리고 이로 인한 예산절감과 인력의 감축이 가시적으로 드러난 바 있었다. 캐나다나 뉴질랜드 그리고 오스트레일리아 역시 과감한 행정개혁을 실시하여 괄목할만한 가시적인 성과를 거두었다.

이렇게 세계는 변하고 있는데 한국만 잠자고 있었다는 이야기는 물론 아니다. 한국 역시 90년대 들면서 세계개방화의 물결을 타고 거센 경제적 도전이 넘쳐들었고 문민정부탄생에 의한 민주화와 개방화의 여파로 정치, 경제, 사회, 문화의 기본 틀에 대한 본질적인 개혁이 필요로 되는 시점에 다다른 바 있으며 OECD가입은 한층 더 높은 민주화와 개방화를 필요로 하게 되었던 것이다. 이에 병행하여 국민수준의 향상과 경제력의 증대 이에 따른 사회구조와 기능의 복잡화는 종전의 행정관리 적 메커니즘으로는 그리고 종전의 행정서비스의 질과 양으로는 해결할 수 없는 한계적 상황에 도달했다고 진단 해 볼 수 있는 것이다. 그렇기 때문에 책임전가나 한탄

만 하고 있을 수는 없다. 세계도 변하고 우리도 변하고 있는 지금 우리는 변화의 고삐를 늦출 수 없는 것이다.

앞서 언급하였듯이 정부는 정치논리에 앞선 경제논리로 경제해법을 모색할 뿐만 아니라 시장경제원리에 충실한 기업들의 인도자 또는 후원자로서의 역할을 수행해야하며 기업도 종전까지의 정경유착의 고리를 끊고 구조조정 등의 경영혁신을 통해 기업경영체질을 향상시키며 첨단과학기술개발을 통해 국제경쟁력을 증대시켜 나가야 할 것이다. 또한 생산자위주의 시장 환경을 지양하고 소비자위주의 시장 환경을 만들어 나가는데 선도적 역할을 해나가야 할 것이다. 그리고 노동조합도 노사간의 화합과 기업경영의 혁신을 위한 노력에 동참하고 가일층 노동생산성의 증대에 힘을 쏟아 우리의 기업이 세계 제일의 기업으로 거듭 날 수 있도록 힘을 모아야 할 것이다.

그리고 국민들도 분수에 맞고 합리적인 소비생활을 몸소 실천하고 우리의 것을 아끼고 사랑하는 마음을 가져야 할 것이다. 이러한 모든 노력들이 한데 어우러질 때 우리의 어려운 경제 주름살도 활짝 펴지게 될 것이다. 아직도 우리가 넘어야 할 그리고 해결해야 할 난제들이 너무나 많은 현실을 직시하면서 위기를 기회로 전환시킬 수 있는 지혜를 모아 나가야 할 것이다.

이와 병행하여 특히 정부부문과 행정의 역할에 있어 강조해야 할 점은 매섭게 몰아치는 경제 전쟁에서 살아남기 위해서는 국가의 나아갈 방향과 그 역할에 대한 근본적인 인식변화가 필요하며 경쟁력을 약화시키는 요인에 대한 반성과 그것을 극복할 수 있는 발상의 전환, 다른 말로 하자면 신사고와 신전략이 수립되고 실천되어야 한다는 것이다.

이를 위해 우선 정부는 국가의 발전방향을 재점검하여 국가자원을 전략적으로 운영할 수 있는 장기적인 정책좌표를 구체화해야 할 뿐만 아니라 정부의 생산성극대화를 위한 노력과 필요에 따라서는 민간부문을 자극하여 경쟁력제고를 위한 동기유발자로서의 역할도 수행해 나가야 한다. 그리고 이와 병행해 국민전체의 노력을 불러일으키고 이를 이끌고 나갈 수 있는 솔선수범적인 실천자가 되어야 한다. 이렇게 하기 위해선 행정 자체가 변화되어야 한다. 그리고 이에 대한 이해도 새로운 시각과 사고에서 이루어져야 할 것이다.

이러한 맥락에서 한국행정과 행정학에 대한 새로운 패러다임이 필요로 되는 것이고 이를 통한 새로운 이해가 현시점에서 절실히 필요로 되는 것이다. 종전까지 한국행정과 행정학을 이해하기 위해 접근하던 방식을 버리고 새로운 이해의 틀을 정립하고 이에 따라 이해하려는 노력이 경주되어야만 올바르게 변화되는 행정을 이해할 수 있을 뿐만 아니라 한국행정과 행정학의 미래적 변화까지 이해 할 수 있기 때문이다.

이러한 현재 한국이 처한 현실에 대한 문제의식과 그에 대한 정책적 처방전을 염두에 두고 보다 현재의 한국행정학을 올바르고 타당하게 이해 할 수 있도록 하기 위해 집필된 것이 바로 이 책이다. 따라서 이 책은 오늘의 한국행정학이 걸어 온 흔적을 고찰하고 앞으로의 행정과 행정학이 어떻게 발전되어 나가야 하는가를 문제점과 함께 해결책을 제시하는 방법을 통해 화두를 던짐으로써 독자들로 하여금 한국행정학에 대한 보다 미래적인 시각과 현실적 문제인식 및 해결능력을 제고시키려 하였다. 그리고 이런 맥락에서 보다 급변하는 현대 한국의 행정환경을 올바르게 이해시키고 이에 대응하는 행정행위를 정확히 파악할 수 있게 하기 위한 이론 및 방법론 그리고 사례와 관련된 기초 지식을 체계화시키려는 것도 이 책 집필의 의도이다.

이를 위해 한국의 행정환경과 그에 대응되는 행정행위를 거시적 차원과 미시적 차원에서 그리고 필요하다면 중범위적 차원에서 분석하고 이와 관련되어지는 이론체계나 방법론적 접근들을 유기적으로 연계시켜 설명하고 또한 이의 적용을 통한 문제해결의 정책학적 노력도 담아 보려고 애를 썼다. 이러한 노력의 결실을 구체화하기 위해 다음과 같은 구성을 통해 범주화하여 설명하려고 하였다.

첫째, 한국행정학이 걸어 온 어제와 오늘을 알기 위해 그리고 한국행정의 행정환경을 이해시키기 위해 제1장으로 "한국행정과 행정학이 걸어 온 흔적" 이라는 주제로 논의를 이끌어 보았다. 이곳에서는 한국행정학의 과거와 오늘의 위상은 어떠한지를 살펴보는데 의미를 부여하였다. 물론 한국행정학의 과거와 현재의 위상을 살펴보기 위해서는 무엇보다 현재 존재하고 있는 한국행정학의 평가가 선행되어야 될 것으로 본다. 이러한 평가는 과거의 걸어 온 흔적을 더듬으면서 제기된 여러 문제점과 해결방안들의 순환적 고리 속에서 비판적으로 분석된 결과들의 집적에서 우러나올 것이다. 이러한 평가위에 한국행정학의 나아갈 방향이 설정되어질 것이다.

둘째, 앞에서 살펴 본 바와 같이 급변하는 대내·외 환경에 무기력한 행정상을 목격하게 되는 것은 그만치 우리 행정과 이를 이론적으로 뒷받침하는 행정학이 환경적 변화와 도전에 슬기롭게 응전하지 못하고 있음을 반증하는 것이라 할 수 있다. 슬기로운 응전을 하면서 이 어려운 대내·외 환경을 극복해 나가기 위해선 우선 행정을 보는 눈과 행정학을 연구하는 시각과 사고가 크게 변해야만 한다. 이를 위해 이곳에서 제시한 행정과 행정학을 보는 새로운 마인드는 우리 정부의 나아갈 방향에 커다란 이정표가 되어 줄 수 있을 것으로 생각이 든다.

우선 이러한 새로운 이해의 시각으로 우리 행정의 대 국민 신뢰성 제고노력, 우리 행정의 전문성확보 노력, 우리 행정의 부패와 부조리의 일소, 우리 행정의 민주화를 위한 노력, 우리 행정의 자기주체성 정립의 필요성, 우리 행정의 생산성증대 노력, 우리 국민의 행정에의 참여증대노력, 우리 행정 관료와 행정 학자들 간의 유대관계의 강화, 한국 행정현상을 연구하는 행정 학자들의 탈정치화와 한국적인 문제의식과 시각정립 등을 제시해 보았다.

이러한 새로운 이해의 틀을 통해 한국 행정현상에 접 할 때 한국행정과 행정학도 국제화나 세계화에 효율적으로 대응할 수 있는 행정과 행정학으로 발전시켜 나갈 수 있을 것이다. 그리고 이를 위해 보다 넓고 깊은 지식과 사고의 지평을 넓혀 나가야 하며 외국이론과의 교류와 비교분석 그리고 지역연구 등 도 병행해서 이루어져야 할 것이다. 또한 학제 간 연구와 다양하고 정교한 방법론이나 분석기법들도 개발 적용되어야 할 것이며 창조지향 적이고 가치지향 적이며 미래지향적이고 과학지향적인 학문적 사고의 틀이 새로운 세계 환경과 질서의 틀에 따라 다시 재구성되는 일에 한국 행정 관료나 행정 학자들의 노력이 절실히 요구되는 것이다.

이러한 한국행정과 행정학에 대한 새로운 이해의 틀을 짜고 이의 적용을 위한 생각들을 담아 제2장 “새로운 이해의 패러다임이 필요로 되는 한국행정과 행정학”이라는 장을 통해 논의를 전개시켜 나갔다.

셋째, 공공부문의 행정서비스의 품질을 증진시켜 국민들의 행정에 대한 신뢰와 사랑을 얻어내는 방안을 행정개혁의 전략적 개념으로 구상해 보았다. 이를 위해 우선 행정 관료사회의 부정적 시각을 해소하기 위한 전략으로 국민들의 가치관을 국민계도운동과 교육혁명을 통해 변화시킬 필요, 사회경제적 요인들에 대한 배려, 여론, 언론매체 등 외부적 정치적 영향력에 대한 관심, 대통령 등 책임 있는 기관의 새로운 가치관과 철학정립 등을 고려해 보았으며 다음 행정 관료들의 부패를 해소하기 위한 전략으로 국민들, 정당, 이익집단, 여론과 대중운동, 언론, 입법부 및 사법부에 의한 통제, 옴부즈맨(Ombudsman) 제도의 활용, 보다 엄격하고 내실 있는 내부통제 등을 고려해 보았다.

다음 정부에 대한 불신감을 해소하기 위한 전략으로는 투명한 정부, 시민적 눈높이 정부, 가치창출력을 지닌 정부, 고객지향 적 정부, 시민의 평가를 받는 정부를 만들어 내는 것으로 보았다. 그리고 공공부문의 행정서비스증진을 위한 한국 행정관리개혁과 관리개혁기법의 활용을 위한 전략적 고려점 등을 다양하게 구상해 보았다. 특히 관리개혁기법으로는 벤치마킹(benchmarking), 전사적 품질관리방법(TQM), 리엔지니어링(reengineering), 전략기획(strategic planning) 등이 광범위하게 논의 될 것이며 임무전담조직(task force)이나 행렬조직(matrix organization) 등 변화수용적인 임시조직(adhocracy)을 가동하여 환경변화에 유연하게 적응할 수 있는 조직형태의 구상과 설계 그리고 이의 운영 관리에 대한 논의도 이루어지도록 하였다. 이러한 모든 고려와 논의를 제3장 "한국 행정개혁의 새로운 이해"라는 장을 통해 전개시켜 나갔다.

넷째, 개인이나 기업이나 국가 모두 도덕적이고 윤리적이지 못하면 성공할 수 없다. 앞으로 다가오는 미래에 있어 가장 커다란 가치적 기준 중 하나가 윤리성 또는 도덕성이다. 윤리성과 도덕성을 중요한 척도 중 하나로 사용할 것이기 때문에 이를 충족시키지 못하고는 결코 성공하지도 못하고 경쟁에 이길 수도 없을 것이다. 아무리 재능이 있고 뛰어난 경쟁력을 갖고 있다하여도 윤리성과 도덕성이 결여되면 그것으로 끝이다.

한국 행정에 있어 지방자치단체도 그리고 중앙정부도 예외는 아닌 것이다. 윤리성과 도덕성을 상실할 때 더 이상 생존의 의미는 없어지는 것이다. 그리고 앞으로 도래하는 세계에서는 이러한 윤리성과 도덕성의 잣대가 더욱 엄격해지고 강해지게 될 것이다. 이러한 엄하고 강한 윤리적·도덕적 기준을 충족시키지 못하면 결국 경쟁력은 떨어질 수밖에 없고 결과적으로 파산과 붕괴의 길을 걸어갈 수밖에 없게 되는 것이다. 단언컨대 미래의 사회는 지금보다 더 투명해 질 것이다. 그렇기 때문에 지금처럼 내놓고 하는 부정과 부패 그리고 부조리는 더 이상 공직사회에서 의미를 갖기는 어렵게 될 것이다.

미래 사회에서 윤리성이나 도덕성과 연계하여 더 큰 문제로 대두될 것으로 생각해 볼 수 있는 것은 바로 도덕적 해이(moral hazard)라고 말할 수 있다. 행정 관료들이 부정이나 부패를 저지르거나 부조리를 행했을 때 이들을 징벌하는 것은 그리 어려운 일이 아니다. 일단 그들의 범법 적 행위가 노출이 되면 사법적 절차를 통해 그들을 징치하면 되는 것이다. 왜냐하면 법에 의해 명백한 불법이 드러나게 되어 있기 때문이다. 그러나 도덕적 해이를 처벌할 수 있는 법조문은 눈을 씻고 보아도 존재하지 않는다. 그래서 문제는 눈으로 확연히 들어나는 범법행위인 부정이나 부패 그리고 부조리보다는 눈에 잘 드러나지 않으면서 행정의 도덕성에 커다란 부담을 지우는 도덕적 해이가 국민이나 주민들에게 보다 더 큰 해악을 끼칠 수 있는 것이다.

중앙정부나 지방자치단체가 만약 도덕적 해이에 빠지게 된다면, 그 피해는 고스란히 국민이나 지역 주민들에게 돌아갈 수밖에 없다. 또한 이로 인해 경쟁력을 상실한 중앙정부나 지방자치단체는 더 이상 치유를 할 수도 없게 된다. 결국 이러한 중앙정부나 지방자치단체는 엄청난 사회적 비용을 지불하고 국민과 주민들의 삶의 질을 어렵고 비참하게 전락시키는 결과를 초래하게 될 것이다.

이러한 맥락에서 볼 때 하드(hard) 한 부정이나 부패 또는 부조리와 달리, 도덕적 해이와 같은 소프트(soft) 한 도덕적 문제에 어떻게 효율적으로 대처해 나갈 수 있느냐 하는 것이 미래의 한국 행정이 가지는 중요한 과제가 될 것이다. 따라서 이러한 과제에 대처할 수 있는 방안을 모색해 나가는 것 또한 지방자치단체나 지역 주민들에겐 중요한 일이 될 것이다. 이러한 관점에서 이와 관련된 모든 고려와 논의를 제4장 “윤리시대에 있어 한국의 도덕 행정”이라는 장을 통해 전개시켜 나갔다.

다섯째, 미래 지방자치단체가 격렬하게 조우하게 될 과제는 민주성의 문제이다. 우리가 많은 시행착오를 거치면서 또 그로 인한 사회적 비용을 감내하면서 까지 지방자치를 하고 지방정부와 지방행정을 영위하고자 하는 이유는 민주성을 증대시키기 위해서이다. 아무리 능률적이고 효과적이고 생산적이라 하더라도 이러한 과정을 통해 도출된 결과가 주민을 위한 것이 아니고 일부 계층이나 일부 주민만을 위한 것이라면, 능률성, 효과성 그리고 생산성은 아무런 의미를 가질 수 없는 것이다.

행정이나 정책에 있어 효율성, 생산성도 중요하지만 그 것 못지않게, 아니 어떻게 보면 이것보다 더 중요한 것이 이러한 정책 및 행정행위가 민주적 절차에 따라 이루어지고 또 이러한 절차에 의해 이루어진 결과가 주민의 이익에 부합되느냐 하는 것이다. 아무리 비용을 적게 들이고 편익을 극대화하는 방안이라 하여도 결과적으로 주민에 의해 그리고 주민을 위한 것이 아니라면 의미가 없는 것이다. 이러한 관점에서 볼 때 민주적 가치 그리고 이의 실현은 행정을 펼쳐나가는데 있어 가장 중요한 가치 중에 하나라고 볼 수 있는 것이다.

21세기 미래의 지방행정에서 이러한 민주성이라 표현되는 민주적 가치를 충족시키지 못한다면 그러한 지방정부는 주민들로부터 철저하게 외면을 당하게 될 것이다. 따라서 지방정부를 어떻게 하면 주민의 뜻을 받들고 이를 실현시켜 나가는 정부로 만드는가 하는 것이 가장 중요한 과제로 대두 될 것임은 명약관화(明若觀火)한 일이다. 이러한 모든 고려와 논의를 제5장 "민주시대에 있어 한국의 참여행정"이라는 장을 통해 전개시켜 나갔다.

여섯째, 한국 지방행정이 경쟁력을 확보하기 위해서는 세계화의 물결을 거부할 수는 없을 것이다. 지구는 지구촌(global village)이라는 말이 상징적으로 의미하듯이 하나의 촌락, 동네 또는 부락이 되었다. 이제 세계의 한 일원이 되지 않고는 그리고 세계 질서를 따르지 않고서는 더 이상 국가나 기업을 운영해 나가기 어려운 세상이 되었다. 세계 일원이 되고 세계의 질서를 지키면서 서로 상생할 수 있는 방안을 강구해 나가지 않으면 안 되는 이유가 바로 여기에 있는 것이다.

세계화를 이해하지 못하고 이에 지혜롭게 편승하지도 못하며 나아가 이를 이용할 수 없는 정부는 낙오될 수밖에 없다. 그리고 그로인한 고통과 피해를 주민들에게 고스란히 전가시키게 될 것이다. 이러한 고통과 피해를 주민들에게 주지 않으려면 정부도 지혜롭게 세계화에 앞장을 서 나가야 할 것이다. 세계로 뻗어나가 그 활로를 넓혀 나가는데 앞 장을 서야 한다는 뜻이다. 해외자본도 유치를 하고 이를 통해 고용을 창출하고 이를 통해 소득을 증대시켜 경제적 풍요를 성취함으로써 주민들의 삶의 질을 높여 나가야 할 것이다.

정부도 열린사회의 일원이 되어야 하고 열린 마음으로 나가지 않으면 파멸이란 생각을 가지고 능동적이고 적극적으로 세계의 일원이 되고 세계화에 순응하고 필요하다면 이에 도전하고 이를 선도해 나가는 열린 의식으로 항상 깨어있어야 할 것이다. 이러한 모든 고려와 논의를 제6장 "세계화시대에 있어 한국의 다문화행정"이라는 장을 통해 전개시켜 나갔다.

일곱째, 미래의 한국지방행정이 조우하게 될 과제와 이의 해결을 위한 방향을 나름대로 설정해 보았다. 이를 위해 우선 다각적으로 도전을 받고 있는 한국 지방행정을 살펴보고자 하였다. 그래서 울산광역시의 사례를 들어 이와 관련된 부분을 분석하고 평가하는 식으로 논의를 전개시켜 나갔다. 다각적인 도전의 실체와 이에 대한 대응방안 그리고 이러한 도전에 맞서 미래 울산행정의 나아갈 방향 그리고 이를 주도할 리더십의 실체 그리고 하드파워뿐만 아니라 소프트파워까지 지닌 미래 울산으로 도약하기 위해 앞으로 4년간의 민선5기 시정운영방향과 문제점 그리고 해결방안 들을 폭넓게 그려보았다.

다음으로 21세기 여성시대에 있어 한국의 지방행정에 대해 살펴보고자 하였다. 여성인적 자원의 적극적 활용, 여성인적 자원의 활용을 위한 양성평등의 실현, 여성의 취업, 여성과 정보화, 저 출산에서 탈출하려는 울산의 과제와 노력 등을 중심주제로 하여 논의를 전개시켜 나갔다. 이렇게 여성에 대해 언급을 한 것은 도래하는 미래에 지방행정을 포함한 모든 사회부문에서 여성의 역할이 지대할 것으로 판단이 되기 때문이다. 톰 피터스(Tom Peters)도 주장하는바 이지만 앞으로 도래될 미래는 여성이 주도하는 사회가 될 것이다. 그런 연유로 해서 도덕성, 민주성 그리고 세계화와 더불어 여성의 문제에 대해서도 미래의 한국지방행정은 깊은 관심을 가져야 할 것이다.

그리고 이렇게 해야 하는 또 다른 이유로는 앞으로의 세계화시대에는 국가경쟁력 극대화를 이루기 위해 국민총력전이 필요로 되는데 여성자원은 가지나 자원이 빈곤한 우리로서는 아주 소중한 자산이기 때문이다. 이러한 맥락에서 우수한 여성자원을 극대화 시켜 나가는 것이 우리의 국제적 역량을 증진시켜 나가는데 있어 좋은 전략적 선택방안이 되는 것이다. 따라서 여성자원을 극대화 할 수 있는 전략적 대안을 강구하는 한편 민주성이라는 관점과 세계화라는 관점과 연계하여 논의를 진전시켜 나가면서 이러한 과정에서 불거져 나오는 문제점과 이에 대한 해결방안들을 나름대로 강구해 나가고자 하였다.

이와 더불어 민주시대에 있어 한국의 지방행정에 대해 살펴보고자 하였다. 바람직한 지방자치, 우리가 바라는 진정한 지역 일꾼 상, 주민 편에 선 행정사무감사, 주민과 함께하는 시·군 자율통합, 민간위탁에 대한 발상의 전환, 장애인을 위한 적극적 복지 등을 중심 주제로 하여 논의를 전개시켜 나갔으며, 마지막으로 세계화시대에 있어 한국의 지방행정에 대해 살펴보기 위해 새롭게 틀을 짜는 다문화가정을 주제로 하여 논의를 전개시켜 나갔다. 이러한 모든 고려와 논의를 제7장 "미래 한국지방행정의 과제와 방향"이라는 장을 통해 전개시켜 나갔다.

이상으로 이 책이 의도하고 있는 논의의 내용들을 전부 제시하였다. 사실상 이 책은 현대 한국 행정에 떠오르는 주요한 쟁점이나 내용들을 체계적으로 선별하여 그 현안들에 담긴 깊은 의미를 망라하여 제시코자 하는 것이 본래 저자의 욕심이었으나 저자의 능력부족으로 그러함에 미치지 못하고 있음을 애석하게 생각하는 것이다. 그러나 이러한 부족함에도 불구하고 저자가 여기에서 의도하고자 하는 바는 전부는 아니더라도 어느 정도 달성되어졌다고 본다. 왜냐하면 현대 한국행정이 부딪치는 여러 가지 현안들을 나름대로 정리하고 분석, 평가하였을 뿐만 아니라 그것의 실제적 운용과 문제점과 그 한계 그리고 이를 해결하기 위한 노력 등을 심도 있게 제시해 나갔다고 믿기 때문이다.

그리고 이 책에서 하나 더 특기할 사실은 미국 행정학의 범주를 벗어나려고 애썼다는 점이다. 가능한 한국적 현실을 담아내 보려고 애썼으며 그런 맥락에서 한국의 사례들과 이와 연관된 한국적 내용들이 많이 내포되어졌다. 한국주체성을 찾는데 이 책이 이런 의미에서나마 일조를 했다면 다행스럽게 생각하는 바이며 앞에서 이야기했듯이 저자의 능력 부족으로 기인된 부족함을 다소나마 메울 수 있다는 면에서 스스로 마음을 달래고자 하는 바이다.

제1장_ 한국행정학이 걸어 온 흔적

한국행정학이 걸어 온 흔적을 더듬어 보기 위해서는 먼저 한국행정학의 성격부터 규명을 하여야 할 것이다. 왜냐하면 한국행정학이 어떠한 역사적 의미를 가지고 있으며 한국이라는 의미는 어떠하고 행정이라는 의미 또한 어떠하며 학(學)으로서의 의미는 어떠한 것인가 하는 것을 명료하게 제시를 해 주어야 할 것이기 때문이다. 우선 이를 위해 한국행정학의 역사적 의미부터 살펴보기로 한다.

우리가 한국이라는 나라를 역사교과서에서 배웠듯이 지금부터 5,000년 전에 단군(檀君)[3)]이 고조선(古朝鮮)을 창건할 때부터라고 한다면 이는 민족적 자긍심을 대내·외에 천명하고 더 나아가 한국의 역사의 유구 성을 드러낸다는 점에서 자랑스러울 수도 있으나, 기실 우리가 학문적 분석을 대상으로 하는 연구를 함에 있어 이러한 신화적인 상징화에 너무 무게의 비중을 얹을 필요는 없다는 생각이다. 이와 같은 맥락에서 고구려(高句麗)와 백제(百濟) 그리고 신라(新羅)가 4세기에서 7세기 중엽에 걸쳐 한반도를 세 영역으로 나누어 세력을 다투던 삼국시대(三國時代) 이전의 역사적 실제는 우리가 여기서 연구해 보려고 하는 연구의 범위를 넘는 것으로 생각 할 수 있다.

그리고 삼국시대와 통일신라시대, 고려(高麗)시대 그리고 조선(朝鮮)시대는 분명 풍부하고 많은 역사적 사료(史料)들이 존재하고, 행정학의 분석대상이 될 수 있는 많은 행정현상들이 존재하여 글월로 전수되고 있긴 하나, 대부분 정치제도 적 측면에서 다루어진 것이 많고 아직 본격적인 행정학의 영역으로서 개발되어 다듬어지지 않은 관계로 이 부분까지를 한국행정학의 영역으로 상정하고 연구를 한다는 것은 현재의 학문적 여건 등으로 미루어 볼 때 다소 시기상조라는 감이 없지 않다.

물론 이에 깊은 뜻을 둔 학자들에 의해 고려나 조선조의 행정 등이 깊이 있게 논의되고 연구되긴 했지만[4)] 아직 학계에서 정식적으로 공인되고 검증된 그러면서

3) 한민족의 시조로 받드는 고조선의 첫 임금이다. 그에 관한 우리나라의 첫 사서 기록은『삼국유사』(三國遺史)에 전하며, 천제(天帝)인 환인의 손자이며, 환웅의 아들로 아사달에 도읍을 정하고 단군조선을 개국하였다고 전한다. http://100.naver.com/100.nhn?docid=42361

이 시대를 사는 다수의 행정학전공지식인들에 의해 공유되는 지적 패러다임으로 정립되지 못한 면이 있음을 부인하기는 어려운 실정이다.[5] 따라서 여기 이곳에서의 연구의 범위는 일제 강점기 시대 이후 해방과 미군정을 거쳐 1948년에 '대한민국'(大韓民國)이라는 국호를 가진 우리의 정부가 들어선 시기부터를 역사적 기점으로 하여 연구를 하려고 하는 것이다.

다음 한국이라는 것은 역사적으로 보면 삼한(三韓)[6]시대의 한(韓)이라는 나라의 명과 역사적으로 한민족이라는 말에서도 보듯이 우리민족을 가르치는 용어로 사용되어 왔으며 근자에 대한민국이라는 국호를 축약한 용어로 한국이라는 말이 사용되어 진 것이다. 그런 면에서 볼 때 여기에서는 한민족이라는 민족적 개념을 내포한 용어라는 맥락 속에서 대한민국이라는 국호를 사용한 해방 후 들어선 제1공화국부터를 한국의 개념으로 사용코자 한다.

그리고 행정이란 이 시기에 행하여진 행정부를 중심으로 한 국정행위를 내포하며 정치적 의미를 지니는 통치행위를 제외한 정부의 모든 제반활동을 의미한다 하겠다. 그리고 학(學)으로서의 행정학이란 이러한 통치행위를 제외한 모든 정부의 행위를 행정현상으로 이해하고 이를 보다 객관적이고 보편타당하게 과학적으로 검증하여 연구 분석 하는 학문적 체계를 행정학으로 보는 것이다.

이러한 개념적 의미를 나름대로 정의하였는데 이를 집약하여 다시 표현해 보자면 1948년 8월 15일에 수립된 정부 때부터 현 정부에 이르기까지 그 동안에 행하여진 통치행위를 제외한 모든 활동들을 행정현상으로 이해하고 이를 보다 객관적이고 보편타당하게 과학적으로 검증하여 연구 분석 하는 학문적 체계를 한국행정학으로 보는 것이다.

여기에서 한 가지 첨언할 것은 보다 객관적이고 보편타당하게 과학적으로 검증

4) 조선조행정에 깊은 관심을 두고 깊이 있는 연구에 매진한 학자들 중 대표적인 학자는 김운태를 들 수 있다. 김운태, 『조선왕조 행정사 : 근세편』, 전정판 (서울 : 박영사, 1981). ; 김운태, 『조선왕조 행정사 : 근대편』 (서울 : 일조각, 1970). ; 김운태, 『일본제국주의의 한국통치』 (서울 : 박영사, 1986) 등 참조.

5) 이러한 예로 실학에 대한 연구를 들 수 있다. 몇몇 학자들이 실학을 독일의 관방학에 견주어 이 땅의 행정학의 기원으로 이해하려는 움직임이 있으나 관방학과는 달리 실천적 학문체계로 자리를 제대로 잡지 못했을 뿐만 아니라 행정개선을 위한 당위나 개혁을 주창하는 선에서 머무름으로써 현재 우리가 이해하고 있는 행정학과 상당한 거리를 지니고 있음을 부인하기 어렵다는 시각이 일반적이다. 이종수 외, 『새행정학』 (서울 : 대영문화사, 1997), 133쪽.

6) 상고시대(上古時代)에 한반도 남부에 자리 잡고 있던 세 개의 부족사회(三部族社會)였던 마한(馬韓), 진한(辰韓), 변한(弁韓)을 말한다. http://100.naver.com/100.nhn?docid=86824

된 연구를 하기 위해서는 시간적으로는 역사적인 비교연구가 절실히 요청되며 공간적으로는 다른 나라의 행정과 비교연구가 이루어져야 한다는 것이다.

로버트 달(Robert A. Dahl)도 행정학이 보다 과학적인 학문이 되기 위해선 비교연구가 선행되어져야 한다[7]고 주장한 바 있다. 또한 박동서(朴東緖)도 "한국의 행정을 올바르게 이해하기 위해서는 역사적인 고찰과 타국과의 비교연구를 통하여 현 한국행정의 특성을 파악하는 것이 긴요하다"고 주장하고 있다. 단 "역사적인 고찰에 있어서 역사연구가 주목적이 아니므로 4,000년의 역사를 소급할 필요는 없다고 하면서 현재의 우리행정에 비교적 큰 영향을 주었다고 생각되는 시점까지로 한정하는 것이 바람직 할 것"이라고 말하면서 "조선시대 이상 소급할 필요는 없을 것"[8]이라 주장하고 있는 것도 이와 맥을 같이하는 논지라 사료된다.

여기에서 미군정시대의 행정[9]을 구체적으로 언급하는 것을 회피한 이유는 3년이라는 매우 짧은 기간이었고, 실제적으로 한국인들에 의해 영위되어진 행정도 아니었으며, 미군정하의 미국행정과 일제 강점기 때의 행정적 잔재가 필요에 따라 혼화되어진 것으로 앞에서 언급한 한국행정의 틀과는 상이점이 존재하기 때문이다. 박동서 역시 이와 같은 맥락에서 미군정에 대한 한국행정과의 연계와 그 맥락을 미약하게 간주하고 있다.

> .... 미군정시대가 있어 행정의 어떠한 면, 특히 구조면에서는 거의 미국식으로 변화를 수반한 면도 있었던 점은 인정하나 워낙 단기였고 이를 담당하는 한국인의 이해에 입각한 것이 아니었으므로 한국정부의 수립과 더불어 퇴색되어 오다가 1955년 초에는 거의 구조상으로 미군정의 흔적을 찾아 볼 수 없게 되었으므로 ....[10]

---

7) Robert A. Dahl, "The Science of Public Administration", *Public Administration Review*, Vol.VII, No.1, (1947).

8) 박동서, 『한국행정론』(서울 : 법문사, 1997), 31쪽. ; 그리고 그런 맥락에서 조선, 일제 그리고 한국시대에 걸쳐 우리의 행정이 어떻게 변천, 발전해 왔는가를 각 시대의 환경, 행정 그리고 성과적 측면에서 고찰하고 있다. 박동서, 『앞의 책』, 31-56쪽.

9) 미군정과 관련되어진 내용을 참조하기 위해서는 다음의 글들을 참고할 수 있다. 이한빈 외 3인(공편저), 『한국행정의 역사적 분석』(서울 : 한국행정문제연구소, 1969), 531쪽. ; 오석홍, "미군정시의 우리나라 인사제도", 『행정논총』, 3권 1호, (1965), 99-115쪽. ; 조석준, "미군정과 제1공화국의 수반관리기구에 관한 연구", 『행정논총』, 4권 2호, (1966), 113-136쪽. ; 조석준, "미군정 및 제일공화국의 중앙부처기구의 변천에 관한 연구", 『행정논총』, 5권 1호, (1967), 121-162쪽. ; 박동서, 『한국행정론』(서울 : 법문사, 1997), 38쪽에서 재인용.

10) 박동서, 『한국행정론』(서울 : 법문사, 1997), 38-39쪽.

이상으로 확연해진 것은 이 글이 한국행정학의 연구대상기간으로 미군정이후 대한민국이 수립된 이후부터의 행정현상을 한국행정학의 연구대상으로 삼고자 한다는 점이다. 그리고 이와 병행해 이 글은 대한민국정부수립 이후의 한국행정학의 발전과정을 역사적 흐름에 따라 서술적으로 기술해 나가고자 한다는 점이다. 이런 맥락에서 우선 한국행정학의 지나온 발자취를 일반적으로 개관해 본 뒤 특히 한국행정학의 학문적 초석을 만드는데 크게 기여한 '한국행정학회'(韓國行政學會)와 여러 교육기관들의 행정학 토착화(土着化)의 노력과 그 과정을 분석, 기술해 보고자 한다.

1. 한국행정학의 발전과정과 성격

대한민국 정부수립이후 행정에 대한 연구를 하는 학문으로서는 행정법이 독점적인 지위를 차지하고 지배해 오다가 1950년대 후반이후 본격적으로 미국의 행정학이 소개, 도입되기 시작하면서 그 자리를 미국행정학에게 내놓게 되었다.[11] 이러한 변화의 이면에는 정인흥(鄭仁興) 등에 의한 행정학교과서의 편찬과 같은 학자들의 노력과 행정학 강좌개설 및 행정학과 설치 등의 학교교육제도 운영의 변모가 커다란 영향을 끼쳤다고 볼 수 있다.[12]

정인흥이 『행정학』이라는 한국 최초의 행정학교과서를 출간한 해가 1955년이며 이때를 한국행정학의 기원으로 이해하는 것이 한국행정학계의 다수 의견이다. 박동서는 한국에서의 행정학의 발단을 1955년부터 잡음으로서 정인흥의 최초의 행정학교과서가 발간된 해를 한국행정학의 기점으로 인정하고 있고, 강신택(姜信澤)도 한국행정학의 기원을 1955년에 정치학자인 정인흥에 의해 최초의 행정학교과서가 발간된 해로 잡고 있으며, 안병영(安秉永)도 한국행정학의 전개과정을 시기별로 4단계로 나누면서 제1단계를 정인흥의 최초의 행정학교과서가 나온 1955년도로 잡고 이때를 기점으로 하여 한국행정학의 시점을 책정하고 있다.[13]

---

11) 박동서, 『한국행정론』 (서울 : 법문사, 1997), 92쪽.
12) 박동서는 우리나라에서 행정학과가 창설되고 한두개의 대학에서 강의가 6.25전에 이루어졌다고 말하고 있다. 『앞의 책』, 111쪽.

백완기(白完基)도 박동서의 세 가지 이유를 근거로 하여 1955년을 기점으로 잡고 있다.14) 참고적으로 박동서가 제시한 이유 세 가지는 첫째, 미국의 한국에 대한 행정기술 원조의 확대시기로서의 1955년과 둘째, 정인흥이 『행정학』을 출간한 해인 1955년 셋째, 서울대를 비롯한 부산대, 고려대, 중앙대 등의 정규대학에 본격적으로 행정학과가 출현 한 시기 등이다.15)

그리고 이 시기를 전후하여 대학에 행정학강좌나 학과들이 개설되기 시작하였다. 서울대학교 법과대학에 행정학의 강좌가 정인흥에 의하여 설치되어 교수되었으며 미국에서 행정학을 연구했거나 이 방면에 관심이 많은 사람들이 모여서 프레드 리그스(Fred Riggs)와 함께 '한국행정학회'(보다 정확히 표현하자면 이의 전신인 '한국행정연구회'16))를 창설17)한 것도 1956년이다. 그리고 1958년에 연세대학교에 행정학과가 설치되고 1959년에 서울대학교 내에 행정대학원이 설립되었다.18)

물론 서울대학교 행정대학원의 설립과 교수를 위하여 교수요원들을 선발하여 1957년부터 미국의 미네소타(Minnesota) 대학교에 파견하여 수학시켰는데 그 인원이 근 20명에 달했다.19) 조석준(趙錫俊)은 서울대학교 행정대학원의 설립이 한국행정학의 태동에서 차지하는 비중이 매우 높음을 적시하면서 이러한 행정대학원의 설립을 위한 미국의 지원이 후진국에 대한 기술원조였음을 분명히 하고 있다. 그리

13) 박동서, "행정학연구의 현황과 평가", 『한국정치학회보』, 제12집 (1978), 63-72쪽. ; 강신택, "한국행정학사 서설", 『한국정치학회보』, 제4집 (1971), 135-144쪽. ; 강신택, "행정학연구방법의 변천과정과 앞으로의 방향", 『한국행정학보』, 제21권 제1호 (1987). ; 안병영, "한국행정학의 탈정치적 접근과 문화적 편향성", 『사회과학』, 제20집, (1983), 성균관대 사회과학연구소 편, 141-166쪽.

14) 백완기, 『한국행정학 50년 : 문헌검토를 중심으로』 (서울 : 나남출판사, 2005). ; 이종범, "서론", 『한국행정학오십년 : 1956-2006』 (서울 : 한국행정학회, 2006), 17쪽에서 재인용.

15) 이종범, "서론", 『한국행정학오십년 : 1956-2006』 (서울 : 한국행정학회, 2006), 17쪽에서 재인용.

16) 행정학회라고 하지 않고 행정연구회라고 명명한 것에 대해 윤재풍은 명분상으로는 우리나라 행정을 보다 다면적인 측면에서 거시적으로 연구하는데 도움이 될 것이라는 점에 두어졌지만, 실제적으로는 당시 한국의 행정학의 기반이 약하다는 생각이 있었고, 이 학술단체창립에 참여한 행정 학자는 극소수인 반면 공법 학자와 고위행정실무가들이 다수를 차지하고 있는 당시의 임원들의 경력배경과 상관관계가 있다는 의견을 내놓았다. 윤재풍, "한국행정학회 창립의 배경과 의의", 『한국행정학오십년 : 1956-2006』 (서울 : 한국행정학회, 2006), 478-479쪽.

17) 한국행정학회는 1956년 10월 12일 행정에 관련되는 학문을 연구하고 교육하는 학자와 행정실무에 종사하는 공무원 등 80여명이 "행정일반에 관한 학리와 실태를 조사 연구함"을 목적으로 서울특별시 종로구 경운동 소재 국립공무원훈련원에서 창립되었다. 창립당시의 명칭은 '한국행정연구회'라 하였으나 1961년 11월 19일 정관을 새로 제정하여 '한국행정학회'로 개칭하였다. 한국행정학회. 『한국행정학회 연혁』, (1996), 9쪽.

18) 이병철, 『한국행정학 : 토착화와 미래전망을 중심으로』 (울산 : 울산대학교 출판부, 1993), 31쪽.

19) 조석준, 『한국행정학』 (서울 : 박영사, 1986), 38쪽.

고 이러한 기술원조의 성과에 대해 크게 낙관을 하지 않으면서도 POSDCORB류의 고전행정학을 전수시키고 이를 습득한 교수요원들이 귀국하여 서울대학교 행정대학원에서 이를 골간으로 하는 교과목을 편성하여 교육하도록 하였다고 하면서 그러나 그 영향력은 대단했다고 주장하고 있다.

> 서울대학교에 행정대학원을 설치하는 사업은 행정에 대한 미국의 기술원조의 하나였다. 당시의 미국의 행정학계는 한편으로 미국행정학의 후진국가에의 수출의 타당성에 관하여 의문을 제기하면서도 이런 기술원조는 계속하고 있었던 때이다. 미국이 이들 교수요원들에게 전달한 행정학이란 과학적 관리, 행정관리이론, 인간관계론 이었으며 여기에 인사행정, 재무행정이 추가되고 공사, 독립규제위원회, 이익단체, 정치행정일원론, 행정에 대한 통제 등이 가미되었다. 이 계획에 의하여 한국에 파견되었던 미국의 고문관들도 교과목작성에 있어서 이상의 범위를 벗어나지 못했다. 요는 학문의 내용이 당시의 한국의 행정에는 별로 유관성이 없었다고 할 수 있다. 그럼에도 불구하고 행정대학원은 많은 영향을 남기게 되었다.[20]

여기에서 특기할 점은 미국이 한국의 행정에 대한 전문성을 증대키 위한 기술지원의 한 수단으로 행정학을 전수시켜 주었다는 점과 한국도 현존하는 산적한 행정문제를 해결키 위해서 미국행정학의 전문적 관리기술을 필요로 하였다는 점이다. 이런 시각에서 볼 때 한국 행정에서 전문주의는 1945년 해방된 이후 신생독립국에 제기된 복잡한 문제들을 관리해야 될 필요성에 부응하기 위해 나타났다고 볼 수 있다.[21]

한국은 신생독립국이었기 때문에 능률적인 행정의 결여는 경제자원의 결여와 정치 불안정만큼이나 중요한 의미를 지니는 것이었다. 경찰, 소방, 체신, 교통, 교육, 보건 등의 필수적인 정부기능을 수행하기 위하여 그 당시의 정치지도자들은 일제강점기 시대 때 그와 관련된 기술적 능력과 관리능력을 습득하고 익힌 관료들과 하급말단직 공무원 그리고 전직 군 장교들을 이 분야에 충원하여 활용할 수밖에 없었다.[22] 그러나 이러한 미봉적인 해결책은 한계를 갖게 되었고 이러한 문제를 인

20) 조석준, 『한국행정학』(서울 : 박영사, 1986) 38-39쪽.
21) Jong. S. Jun, "Korean Public Administration : Education and Research", *International Review of Administrative Science*, Vol.XLIX, No.4., (1983), p.413.
22) Jong S. Jun, "Enhancing Professional Roles and Ethical Responsibility : A Means for Creating Democratic

식한 한국정부로서는 모든 정부기능을 관리할 능력 있는 전문가집단을 양성, 확보하는 일이 무엇보다 시급한 일이었다.

공무원, 군 장교 그리고 학생들이 이를 위해 우리보다 앞서 있는 서구(西歐)로 보내졌으며 특히 1960년대와 1970년대에 그들 중 많은 사람들이 미국으로 갔다.[23] 특히 군 장교에 대한 해외연수는 공공부문에 있어 능률적인 행정증진에 간접적인 영향을 끼친 전문주의현상의 하나였다. 군장교가 해외에서 습득한 새로운 기술과 지식으로 국방부는 합리적인 예산체계를 개선하는데 활용했을 뿐만 아니라 예산체계기능개선과 기획, 통제, 회계, 감사, 관리부문 개선에 적용하여 많은 성과를 거두었다.[24]

이렇듯 공무원, 군 장교 그리고 학생들에 대한 재정적 지원 등은 미국의 국제개발처(U. S. Agency for International Development : USAID)나 국제연합(U.N.) 그리고 여러 재단들의 후원으로 이루어졌으며 이를 통해 장, 단기 교육과 연수가 이루어졌다. 이렇게 미국과 서구로 보내진 사람들은 그곳에서 발달된 기술과 과학적 지식을 습득하고 배웠으며 전통적인 한국을 개선시키겠다는 의지를 가지고 되돌아 왔다.[25]

이러한 결과 한국공무원의 학문적 수준도 괄목할 만 하게 증진되었고 전문성도 크게 향상되었다. 1958년에 사무관 등 중간관리직의 공직자의 교육수준을 보면 15.3%만이 4년제 대학을 졸업했다. 이를 1983년의 통계와 비교를 하면 이 직급의 70%가 학사학위를 가졌고 이중 거의 1/3이 석사학위를 가지고 있거나 석사학위과정에 있는 것으로 나타나 격세지감을 느끼게 한다.[26]

앞에서도 언급했듯이 행정대학원을 설립하고 교수하기 위해 미국으로 보내진 교수요원들 외에 많은 학자들과 공무원들이 다양한 국제기구의 재정지원과 후원 하에 해외로 보내어져 새로운 학문체계와 실무경험을 익힐 수 있게 되었는데 이것

Administration in Korea", in Ali Farazmand (ed.), *Handbook of Comparative and Development Public Administration* (New York : Marcel Dekker, Inc., 1991), p.201.

23) 1977년부터 1983년 사이에 장기연수자의 90.5%(347명)가 영어권으로 보내졌으며 단지 9.5%가 비영어권으로 보내졌다. 1988년 이래로 영어권과 비영어권간의 보내지는 분배비율이 보다 평준화되는 경향을 보이고 있다. Jun, Jong S., "Enhancing Professional Roles and Ethical Responsibility : A Means for Creating Democratic Administration in Korea", in Ali Farazmand (ed.), *Handbook of Comparative and Development Public Administration* (New York : Marcel Dekker, Inc., 1991), p.202.

24) *Ibid*, p.202.

25) *Ibid*, p.201.

26) *Ibid*, p.202.

역시 한국행정학의 새로운 지평을 여는데 커다란 기여를 한 것이다.[27)]

또한 나라의 살림이 불어나서 어느 정도 여유가 있게 된 70년대부터 80년대 까지(구체적으로 1977년부터 1987년까지) 1,612명의 고급공무원들이(여기에는 정부산하 교육연수원 교수들도 포함됨) 국제기구 등의 해외후원이 아닌 순수한 국고기금으로 해외에 보내졌다.[28)] 이것 역시 행정실무분야의 발전을 이루게 하는데 커다란 역할을 수행케 한 일이다.

이러한 움직임에 부가하여 고시과목들이 과거의 법률위주에서 탈피하게 되었고 그 속에 행정학이 추가된 것도 행정학을 널리 펴지게 한 계기의 하나가 되었으며[29)] 이것 역시 한국행정의 지평을 넓혀 나가는데 도움이 된 것이다.

미국의 1950년대와 1960년대의 비교행정과 발전행정의 움직임은 국내학계의 종사자들로 하여금 한국 자체의 문제를 연구의 소재로 잡게 한 주요한 자극제의 역할을 했다고 할 수 있다. 미국학계가 준 정통성 때문에 한국행정에 대한 연구가 더 활발해 질 수 있었다.[30)] 그리고 이러한 자극은 한국행정의 실체에 대한 자기 나름대로의 정체성을 확인하는 계기를 마련해 주었을 뿐만 아니라 한국행정학의 지평을 새롭게 열 수 있는 기회를 제공했다는 점에서 높이 평가할 수 있는 것이다.

그동안 한국 학자들의 일부는 저서를 통해서 한국행정을 본격적으로 기술하려는 중요한 노력을 하여 왔다. 우선 이한빈(李漢彬)은 행정 인들이 갖고 있는 시관(時觀)의 차이와 그들의 상하구조 적 배분관계의 차이에 따라서 행정프로그램이나 업적의 차이가 나온다는 입장에 따라서 자유당 때 이후의 한국행정의 변화를 역사적으로 분석하여 우리 행정학에 많은 것을 남겨 놓았다.

다음으로 김운태(金雲泰)는 고려 및 조선시대의 행정에 관하여 역사적 분석을 하

---

27) 1950년에서 1986년 사이에 21,530명의 공무원과 민간인들이 AID, UNICEF, UNESCO, FAO, WHO, IBRD 등 다양한 국제기구의 후원 하에 20여 개국에 보내졌다. *Ibid*, p.202.

28) *Ibid*, p.202.

29) 행정학의 본격적인 소개는 외국의 자극에 의하여 이루어졌고, 따라서 내적인 요구가 절실하지 않은 가운데서 탄생하였지만, 1961년도에 군사혁명정권이 들어서면서 집권세력인 군대는 발달한 관리방식을 도입하기 시작했다. 그러면서 행정관리학에 대해서도 그 수요가 실무 계에서 증가하였다. 또 법률위주의 행정을 하던 자유당시절의 공무원들은 2차의 혁명과정을 거쳐서 많이 물러서게 되었고, 또한 각종 공무원관련시험들도 종전의 법률위주의 시험과목을 축소하고 행정학을 포함한 사회과학분야의 과목으로 대체해 넣음으로서 행정학에 대한 관심도를 제고시키는 계기가 되었다. 그 결과 행정을 법 중심에서 관리지향 적으로 옮겨가게 하는데 큰 도움이 되었다. 조석준, 『한국행정학』(서울 : 박영사, 1986), 39쪽.

30) 『앞의 책』, 40-41쪽.

였다. 한국 사회라는 커다란 사회체제를 중심으로 하여 거기에 작용하는 제 요인들을 지정(地政), 정치, 경제, 사회 및 문화 등 제 측면에서 다양하고 유기적으로 관련 분석 하는 생태적 방법(ecological method)과 기능적 체제론의 분석방법을 설명을 위한 일반적 준거의 틀로 사용하여 방대한 역사적 자료를 분석하는 작업을 하였다.[31]

끝으로 박동서는 행정과정을 목표설정, 정책결정, 기획, 조직화, 동작화, 평가, 시정조치 등의 7가지로 구성되는 것으로 보고, 민주성, 효과성, 능률성, 합법성 등의 이념에 의하여 지배되어야 된다는 관점에 따라서 행정학의 모든 분야를 재편성하면서 동시에 각 분야마다 한국행정에 관한 분석을 하였다.[32]

이러한 한국 행정 학자들의 한국행정의 실체에 대한 자기 나름대로의 정체성을 확인하려는 노력은 한국행정학의 지평을 새롭게 열 수 있는 기회를 제공했을 뿐만 아니라 넓혀 나가는데 커다란 선구적 역할을 했다는 점에서 높이 평가할 수 있는 것이다.

2. 한국행정학회가 걸어 온 흔적

또한 한국행정학회의 창립과 발전 역시 한국행정학의 태동에 커다란 일익을 담당하였다고 평가 할 수 있다. 한국행정학회는 한국행정연구회라는 명칭으로 1956년 10월 12일 창립되었다. 그리고 5년 후인 1961년 11월 19일 한국행정연구회를 승계하는 학술단체로서 한국행정학회를 창립하여 출범시켰다.[33] 이렇게 한국행정학회가 한국행정연구회를 승계하여 창립하게 됨에는 여러 가지 시대적 상황 변화나 학계의 변화가 영향을 끼쳤다.

우선 시대적 상황변화를 보면, 1961년은 5·16 군사혁명을 통해 집권한 군사정부

---

31) 김운태, 『조선왕조행정사 : 근세편』(서울 : 박영사, 1970). ; 김운태, 『고려정치제도와 관료제』(서울 : 박영사, 2005).

32) 박동서, 『한국행정론』(서울 : 법문사, 1978). ; 조석준, 『한국행정학』(서울 : 박영사, 1986), 41쪽.

33) 1961년 11월 19일 오후 3시에 동숭동 서울대학교 대강당에서 '한국행정학회 창립총회'가 개최되었으며 참석인원은 300여 명으로 대학교수, 관계, 행정실무 계 및 대학원생 등이었다. 한국행정학회, 『행정월보』, 제1호, (1961. 12.), 3쪽. ; 윤재풍, "한국행정학회 창립의 배경과 의의", 『한국행정학오십년 : 1956-2006』(서울 : 한국행정학회, 2006). 484쪽에서 재인용.

가 혁명을 통해 정권을 장악함으로써 잃어버린 정치적 정통성을 경제발전을 통해 만회하려는 의도에서 야심찬 경제발전계획을 추진하려고 하고 있는 때였다. 따라서 군사정부는 능률적인 관료제를 확립하고 이를 바탕으로 발전행정 체제를 꾸려나가려고 했는데 이때 필요한 것이 바로 문제해결 능력을 지닌 전문화된 행정관료집단과 이를 이론적으로 뒷받침 할 수 있는 학자들이었다. 행정학자들과 그들이 개발한 이론들의 수요가 크게 증대될 수밖에 없는 시대적 상황이었던 것이다.

> 군사정부는 1962년부터 착수되는 제1차 경제개발 5개년 계획을 완성하고 능률적인 관료제를 확립하기 위하여 대대적인 행정개혁사업에 착수하였으며 정부 관료제 주도의 국가 발전 사업을 추진하는 발전행정 체제를 모색하고 있었다. 따라서 1961년 11월 행정학회가 창립될 당시의 정부행정은 혁명군이 장악한 불안한 상태에 있었으나 장차에 행정의 역할과 기능이 강화·확대되고, 그에 따라 정부조직이 커지고 공무원 수의 증가와 실적주의 공무원 제도가 발전되며 능률성을 강조하는 행정관리시대의 도래를 예견하는 여러 가지 상황이 나타나고 있었다.[34]

또한 학계의 변화를 살펴보면, 여러 대학에서 행정학과가 증설되었을 뿐만 아니라 서울대학교에 행정대학원이 설립되어 대학원 수준의 비교적 규모가 크고 체계적인 행정학 교육 시대가 열리고 행정학교육의 기틀이 세워졌으며, 이로 인해 행정학자의 수가 현저하게 증가하였으며, 정부공무원 채용시험에 행정학과목이 채택되어야 한다는 논의가 강하게 제기되었으며[35] 행정학자들의 정부 참여가 확대가 되었던 것이다.[36]

1) 회원 수의 변화

이러한 시대적 상황과 학계의 변화 속에서 한국 행정학은 점차로 기성 학계의 인정을 받게 되었고, 행정학자들은 그들 자신이 중심이 되는 학회 활동을 수행 할 일정한 수적 규모와 역량을 갖추는 단계에 도달을 하게 된 것이다.[37]

---

34) 윤재풍, "한국행정학회 창립의 배경과 의의", 『한국행정학오십년 : 1956-2006』 (서울 : 한국행정학회, 2006), 482쪽.
35) 1962년 고등고시 필수과목으로 행정학이 채택되었다. "앞의 글", 483쪽.
36) "앞의 글", 482-483쪽.
37) "앞의 글", 483쪽.

처음에는 학계와 행정실무 계 인사 80여명의 회원으로 출범을 한 동 학회는 1991년에 이르러서는 1,023명에 달하는 회원 수를 갖게 되어 1,000명 선을 넘는 회원 수를 가지게 되었고, 1999년에는 1,529명으로 1,500명 선을 넘었다가 해가 거듭되면서 약간씩 증가되고 감소되는 양상을 띠다가 2005년에는 1,476명에 이르고 있다.[38] (<표1> 참고) 회원 수라는 양적 자료를 가지고 출범을 할 때와 비교를 한다면 괄목할만한 발전을 거두었다고 평가할 수 있다.

〈표1〉 회원 수의 변화 (단위 : 명)

연도	회원수	연도	회원수
1956	창립총회 참석인원 80여명	1986	743
1960	32	1987	712
1961	총회참석인원 300여명	1988	756
1966	회원납부회원 69명	1989	893
1968	209	1990	894
1969	-	1991	1,023
1970	189	1992	1,089
1971	223	1993	1,179
1972	239	1994	1,225
1973	247	1995	1,260
1974	314	1996	1,359
1975	338	1997	1,419
1976-1977	-	1998	1,480
1978	369	1999	1,529
1979	405	2000	1,389
1980	419	2001	1,430
1981	475	2002	1,498
1982	566	2003	1,465
1983	585	2004	1,481
1984	747	2005	1,476
1985	800		

자료 : 한국행정학회, 『한국행정학오십년 : 1956-2006』, (2006), 552쪽.

38) 2000년 이후 회원 수가 증가하지 않고 안정된 상태를 유지하고 있는 이유는 1990년 말부터 작은 정부 지향과 더불어 각 대학의 행정학과 프로그램이 더 이상 확대되지 않았고 교수와 연구원 증가비율이 줄어들며 최근에 행정학의 연구 분야가 전문화됨에 따라 행정학 관련 학회가 다양하게 분화되어 상대적으로 한국행정학회에 학자들이 집중적으로 참여하지 않기 때문으로 추론하고 있다. 한국행정학회, 『한국행정학오십년 : 1956-2006』, (2006), 553쪽.

2) 역대 임원들의 변화

나아가, 회장을 비롯한 역대 임원들도 1956년 제1대 회장 백낙준(白樂濬)을 필두로 하여 그 후 2008년 현재 제43대 회장인 남궁 근에 이르게 됨으로 해서 (<표2> 참고) 명실 공히 규모와 연륜에 있어 자타가 인정할 수 있는 학회로서의 위상을 정립하게 되었다.

〈표2〉 역대임원의 변화

기 간	회 장	부회장(연구)	부회장(운영)
제1대 (1956.10-1959.10)	백낙준	정인흥	신효선
제2대 (1959.10-1961.11)	정인흥	백상건	신효선
제3대 (1961.11-1963.12)	이상조	변우창,이한빈	조성근
제4대 (1964)	이상조	박문옥	조성근
제5대 (1965)	박문옥	이우현	노헌호
제6대 (1966)	이우현	김운태	하재구
제7대 (1967-1968)	김운태	강병근	하재구
제8대 (1969-1970)	이한빈	이문영	박승철
제9대 (1971-1972)	이문영	박동서	박승철
제10대 (1973-1974)	박동서	유상근	박승철
제11대 (1975-1976)	유 훈	노정현	박승철
제12대 (1977-1978)	노정현	김해동	박승철/김형준
제13대 (1979)	김해동	안해균	김형준
제14대 (1980)	안해균	조석준	신창우
제15대 (1981)	조석준	권녕찬	신창우
제16대 (1982)	권녕찬	유종해	신창우
제17대 (1983)	유종해	강신택	신창우
제18대 (1984)	강신택	백완기	최동섭
제19대 (1985)	백완기	김영훈	최동섭
제20대 (1986)	김영훈	오석홍	최동섭
제21대 (1987)	오석홍	김영섭	최동섭
제22대 (1988)	김영섭	한영환	임두순
제23대 (1989)	한영환	박영희	임두순
제24대 (1990)	박영희	안병영	신윤식
제25대 (1991)	안병영	윤재풍	최영환
제26대 (1992)	김광웅	안병만	정문화
제27대 (1993)	윤재풍	김번웅	정문화
제28대 (1994)	안병만	안문석	이천수

第29代 (1995)	정정길	김종술	이천수
第30代 (1996)	이종범	김상영	이천수
第31代 (1997)	김만기	김영성	이영탁
第32代(1998)	윤우곤	구자용	석영철
第33代(1999)	김신복	변동건	석영철
第34代(2000)	박재창	방정항	김흥래
第35代(2001)	정용덕	전진석	정영식
第36代(2002)	김영평	하태권	이희범
第37代(2003)	이종수	최신융	김주현
第38代(2004. 1-2004. 4)	김석준	송하중	안재헌
第39代(2004. 5-2004. 12)	황윤원	강인재	김주현
第40代(2005)	김현구	박천오	최석식
第41代(2006)	하태권	김병섭	권오룡
第42代(2007)	이달곤	박우순	최양식
第43代(2008)	남궁근	김인철	김영호

자료 : 한국행정학회, 『한국행정학회 연혁』, (1996), 13-17쪽. ; 『한국행정학보』, 1997년, 1998년, 1999년, 2007년, 2008년 겨울호 ; 『회원명부』, 2000년 그리고 2001년 ; 한국행정학회, 『한국행정학오십년 : 1956-2006』, (2006), 537-548쪽에서 재정리

3) 학회의 학술활동의 변화

그리고 많은 학술활동과 국제학술대회 그리고 출판, 학회보 발간 등이 상당한 수준으로 이루어지고 있으며 이것은 양(量)적인 차원에서 뿐만 아니라 질(質)적인 차원에서 괄목할 만한 성장을 하고 있음을 대변해 주는 것이다.

이를 구체적으로 살펴보면 학회의 학술발표활동들로는 연구발표회[39], 학술좌담회, 연례학술대회, 초청강연회, 학술간담 및 토론회, 학술강연회, 지방학술대회[40], 행정발전 심포지엄[41], 국제학술대회[42], 분과연구회[43], 춘계학술대회[44] , 추계학술대회, 하계학술대회, 동계학술대회 등을 손꼽을 수 있다. (<표3> 참고)

---

39) 1962년 10월에 있은 박문옥의 국제행정학회 참가보고가 처음이었다. 그 후 1966년 들어 조석준의 조직이론의 근황에 대한 연구발표가 그 다음을 이루면서 지금까지 연구발표회는 발전되어 나오고 있다.

40) 1976년 8월에 충남대에서 최초로 개최되었다. 이 지방학술대회는 1984년 충남대에서의 하계지방학술대회의 개최이후 하절기에는 지방학술대회를 여는 것이 상례 화 되었다.

41) 1982년 7월에 중앙공무원교육원에서 최초로 개최되었고 1985년 6월에 개최된 국가정책개발과정 심포지엄 등과 같이 시기에 따른 특정이슈에 따른 심포지엄이 개최되었다.

42) 1988년 8월에 최초의 국제학술대회가 '민주사회의 성숙을 위한 공공행정'이란 주제로 신라호텔에서 개최되었다.

43) 1991년 5월에 정책연구회가 주관한 분과연구회가 한국사회과학도서관에서 최초로 개최되었다.

44) 1992년 4월에 최초의 춘계학술대회가 서울대 호암 교수회관에서 개최되었다.

〈표3〉 학술발표활동

학술발표활동명	개최회수	비 고	학술발표활동명	개최회수	비 고
연구발표회	128		지방학술대회	5	
학술좌담회	4		하계지방학술대회	12	
연례학술대회	27		춘계학술대회	5	
초청강연회	2		추계학술대회	1	1993.10.15
학술간담 및 토론회	2		심포지움	4	
토론회	1	1987. 5.23	국제학술대회	6	
학술강연회	8		분과연구회	9	
추모학술발표회	1	1992. 9. 5	특별워숍	1	1992. 7.22

자료 : 한국행정학회, 『한국행정학회 연혁』, (1996), 49-109쪽에서 재구성.

① 학술연구발표 활동의 변화

학술연구 발표는 1956년 10월 학회 창립부터 2006년 4월 1일까지 총 2,831편이다. 기록상 최초의 발표는 1962년 10월 연구발표회에서 박문옥의 '국제행정학회 참가보고'이다. 1960년대 후반부터 10여 편 대의 연구발표가 이루어졌고 1970년대나 1980년대 중반까지도 10여 편 대의 연구발표가 이루어졌다. 변화는 1980년대 후반부부터 나타나는데 이때부터 19편에서 40여 편 대로 두 배 이상 크게 증가하고 90년대에는 60편 이상으로 늘어나며 1998년을 기점으로 해서 100여 편 대로 넘어서게 된다. 이어 2000년에는 다시 대폭 늘어나 200여 편 시대로 들어서게 된다. 그리고 2005년에는 300여 편 대에 이르게 된다. (<표4> 참고)

〈표4〉 학술연구 발표의 빈도

1950년대		1960년대		1970년대		1980년대		1990년대		2000년대	
년도/편수		년도/편수		년도/편수		년도/편수		년도/편수		년도/편수	
-	-	1960	-	1970	22	1980	13	1990	39	2000	271
-	-	61	-	71	15	81	16	91	60	01	228
-	-	62	1	72	12	82	13	92	76	02	251
-	-	63	-	73	14	83	18	93	81	03	267
-	-	64	-	74	12	84	19	94	71	04	231
-	-	65	-	75	12	85	20	95	78	05	305
1956	-	66	8	76	11	86	15	96	96	-	-
1957	-	67	4	77	13	87	19	97	85	-	-
1958	-	68	17	78	12	88	43	98	104	-	-
1959	-	69	10	79	14	89	45	99	190	-	-

자료 : 한국행정학회, 『한국행정학오십년 : 1956-2006』, (2006), 600쪽.

학술대회 유형별로 발표 편수를 살펴보면 춘계학술대회 382편, 하계학술대회 602편, 추계학술대회 344편, 동계학술대회 509편으로, 한국행정학회 학술연구 발표 대부분이 이것을 통해 이루어지고 있다. (<표5> 참고)

〈표5〉 학술대회 유형별 발표

구분	춘계	하계	추계	동계	연례	연구	국제	지방	기획	심포	좌담	분과	기타
편수	382	602	344	509	281	273	144	14	165	61	28	25	3

자료 : 한국행정학회, 『한국행정학오십년 : 1956-2006』, (2006), 602쪽.

② 분과연구회 활동의 변화

분과연구회는 회원들의 발표논문이 많아지면서 발표논문을 전부 다 관심 있게 보기가 어려워지고 회원들의 관심분야가 점점 전문화되고 다양화됨에 따라 관심이 유사한 사람들끼리 모여 학술활동을 할 필요성이 제기되면서 만들어졌다. 이러한 이유로 해서 1991년 행정학회 내에 분야별 분과연구회가 만들어 지게 되었으며, 이후 많은 분과연구회가 만들어졌는데 2006년도 기준으로 볼 때 9개의 분과연구회와 분과연구회 성격의 독립된 학회가 2개 만들어졌다. 분과연구회로는 '공공감사연구회', '동북아정부연구회', '문화행정연구회', '여성정책연구회', '재무행정연구회', '정책학연구회', '지방행정연구회', '전자정부연구회', '행정사연구회' 등이 있으며 법인격을 가진 분과학회로는 '한국인사행정학회'와 '한국조직학회'가 있다.45)

③ 연구사업, 출판사업, 지방학회 활동, 국제교류 활동, 그리고 학회보 발간사업

이외에 연구사업, 출판사업, 지방학회활동, 국제교류활동, 학회지인 『한국행정학보』 발간사업 등을 추진하고 있다.

ㄱ. 연구사업

연구 사업은 1979년에 문교부정책과제로 선정된 '옴부즈맨제도의 도입가능성에 관한 연구'가 김해동을 연구책임자로 하여 연구되었고 이외에 산학협동재단연구비에 의한 '수출지원 행정체제 강화를 위한 연구'와 총무처위탁연구인 '지방자치단체

45) 한국행정학회, 『한국행정학오십년 : 1956-2006』, (2006), 583-584쪽.

에 대한 중앙정부처의 감독체제재조정에 관한 연구'가 최초로 학회 연구 사업으로 시도 된 이래 오늘에 까지 수많은 과제들이 연구되었다.

ㄴ. 출판사업

출판 사업은 1958년 레오나르도 화이트(Leonard D. White)가 지은 『행정학원론』의 번역 출간과 1959년 『행정학사전』을 효시로 하여 많은 사업들이 추진되었다.

> 행정연구회는.......우선적으로 두 가지 행정학 서적을 간행하였다. 첫째는 1958년 9월 10일자로 Leonard D. White 가 지은 『행정학원론』(Introduction to the Study of Public Administration)을 을유문화사에서 간행하였다. 번역은 연구회의 중진인 김동원 · 민병태 · 윤세창 · 이한빈 · 정인흥 · 조효원 씨 등이 맡았다. 이 책은 미국에서 최초에 나온 교과서(1926년)이고 미국의 행정제도와 기능을 체계적으로 설명하는 내용인데 그것을 우리나라 최초의 행정연구 단체가 우리나라 최초의 행정학분야 번역서로 출간한 데 의의가 있다. 둘째는 1959년 9월 1일자로 『행정학사전』(Lexicon of Public Administration Terms and Phases)를 편찬하여 발행하였다. 이 사전은 한국행정연구회가 편찬하고 한미합동경제위원회가 발행하였다.[46)]

ㄷ. 지방학회 활동

지방학회 활동은 1967년 12월 16일 한국행정학회의 지부로 창립된 『대구 · 경북행정학회』를 필두로 하여 『강원행정학회』(1989년 창립)[47)], 『광주 · 전남행정학회』(1985년 창립), 『대전 · 충남행정학회』(1979년 창립), 『부산 · 경남행정학회』(1975년 창립), 『전북행정학회』(1985년 창립), 『충북행정학회』(1983년 창립)[48)], 『경인행정학회』(2001년 창립)[49)]가 설립되어 운영되었다.

그러나 세월의 흐름과 더불어 이 지방학회들의 명칭도 일부 변경이 되었다. 2006년 6월 현재 『강원행정학회』, 『경인행정학회』, 『한국거버넌스학회』, 『한국정부학회』, 『한국공공행정학회』, 『한국자치행정학회』, 『한국지방정부학회』, 『충북행정학회』가 각 지역에 8개 설치되어 있다. 이 학회들의 명칭에서 지방학회의 성격을 찾

---

46) 한국행정학회, 『한국행정학오십년 : 1956-2006』, (2006), 479쪽.
47) 1989년 11월 23일 창립하였다. 『앞의 책』, 580쪽.
48) 1983년 7월 16일 청주대학교에서 충남지회와 분리 독립함으로써 설립이 되었다. 『앞의 책』, 580쪽.
49) 2001년 12월 창립되었다. 『앞의 책』, 581쪽.

을 수 있는 것은 세 학회뿐이다. 지역 명칭이 붙지 않은 행정학회는 2002년부터 사단법인 화를 추구하면서 지역학회의 명칭을 바꿔나갔다.[50)]

대구·경북행정학회는 사단법인 한국정부학회(2002년 5월 17일)[51)]로, 부산·경남·울산 행정학회는 사단법인 한국지방정부학회(1997년)[52)]로, 광주·전남행정학회는 사단법인 한국거버넌스학회(2003년 9월 23일)[53)]로, 대전·충남행정학회는 사단법인 한국공공행정학회(2004년)[54)]로, 전북행정학회는 사단법인 한국자치행정학회(2005년)[55)]로 명칭을 바꾸었다.[56)]

이러한 지방행정학회가 명칭을 변경한 것은 단순히 명칭만을 변경한 것이 아니라 한국행정학회와의 관계에서 법적 지위상의 변화를 의미하는 것이며 지방학회들이 거의 모두 전국학회를 지향해 나가고 있다는 것을 뜻하는 것이다. 이것은 한국행정학회가 지역학회를 만들고 활성화 시켜 나갔고, 이러한 노력을 통해 이 지역학회들이 자신들의 역량을 강화시켜 독립적인 학회로 분화되어 나갔다는 것을 의미하는 것으로, 이들의 모체로서의 한국행정학회의 역할에 대한 긍정적 평가를 할 수 있는 것이다.

ㄹ. 국제교류

국제교류는 『미국행정학회』(ASPA)와의 교류뿐만 아니라 『국제행정학회』(IIAS), 『동부지역공공행정기구』(The Eastern Regional Organization for Public Administration :

---

50) 『앞의 책』, 573쪽.

51) 1966년 12월 10일 창립 시는 한국행정학회 지부 경북행정학회로 명칭을 가졌으나 1981년 대구시가 직할시로 승격된 다음해인 1982년부터 대구·경북행정학회로 명칭을 사용하다가 2002년 5월 17일 한국정부학회로 바꾸어 쓰기 시작하여 오늘에 이르고 있다. 『앞의 책』, 575-576쪽.

52) 1972년 11월 3일 부산·경남지회로 창립이 되었으며 1989년 부산·경남·울산 행정학회로 명칭 변경을 하였고 1997년에는 제주회원을 포함해 한국지방정부학회로 명칭을 바꾸고 오늘에 이르고 있다. 『앞의 책』, 577쪽.

53) 1978년 12월 22일 한국행정학회 호남지회를 모태로 출발을 하여 1985년 3월 9일 광주·전남행정학회를 창립한 후 2003년 9월 26일 한국거버넌스학회로 명칭을 바꾸고 오늘에 이르고 있다. 『앞의 책』, 578-579쪽.

54) 1979년 한국행정학회 충청지회인 충청행정학회로 발족을 한 후 1983년 충남행정학회로 재발족을 하였으며, 1989년 대전·충남행정학회로 개칭을 하였다가 2004년 사단법인 한국공공행정학회로 명칭을 바꾸고 오늘에 이르고 있다. 『앞의 책』, 579-580쪽.

55) 1978년 12월 22일 한국행정학회 호남지회로 창립이 되었으며 1985년 2월 9일 한국행정학회 전북지회를 설립하였다. 이후 1992년 6월 12일 정관을 개정하여 전북행정학회로 명칭을 바꿨다. 이후 2005년 2월 25일 한국지방자치학회로 명칭을 바꾸고 오늘에 이르고 있다. 『앞의 책』, 577-578쪽.

56) 『앞의 책』, 573쪽.

EROPA)[57]와의 교류가 이루어지고 있다.

ㅁ. 학회보 발간 사업

학회보의 발간 사업은 학문적으로 가지는 의미가 매우 크다. 학회보에 게재되는 논문을 통해 학자 간의 학문적 소통이 이루어지고 이를 통해 학문의 발전을 꾀해 나갈 수 있기 때문이다. 또한 학회보에 게재되는 논문에 연구결과를 발표하고 이에 대해 다른 학자들이 생산적인 비판을 함으로써 학문적으로 상생하는 문화를 만드는데도 기여를 한다.

『한국행정학보』 출간은 창간호인 제1호가 1967년에 발간된 이후 2005년 말 현재 총 39권이 발행되었다. 창간 시에는 년 1회 출간을 원칙으로 했으나 1984년부터 1989년까지는 년 간 2회씩 출간하게 되었다. 그리고 1990년도에는 1호에서 3호까지 발간을 하여 년 3회 출간을 하였으나 1991년부터 년 4회씩 출간하게 되어 계간지로서의 성격을 갖게 되었다.[58] 2004년도에는 학회 회원들의 학회보 논문게재 기회를 확대한다는 의미에서 일 년에 여섯 번 학회보를 발행하였으나 2005년부터는 다시 일 년에 네 번씩 학회보를 발행하고 있다.[59]

3. 행정학 관련 교육기관이 걸어 온 흔적

행정학이론이 한국에 도입된 것은 학회창설과 더불어 1950년대 후반부터인데 이러한 이론의 전파와 발전은 결국 대학이나 대학원과 같은 교육기관에서 이루어졌다고 볼 수 있다.

다시 말하자면 한국행정학의 성숙도와 토착화를 심화시킴에 있어 학회회원수의 증가, 연구지발간 회수의 증가 및 내용과 같은 질적인 면의 발전, 발표회 개최회수의 빈도증가와 내용의 충실도 등의 내실 있는 학회활동이 중요한 촉진요인이지만 이에 못지않게 대학이나 대학원에서 행정학을 학문으로 보고 이를 독립된 학과에

57) 한국, 중국, 일본, 필리핀, 태국, 인도네시아, 인도, 베트남, 네팔, 이란 등 10개국으로 구성되어있다.
58) 한국행정학회, 『한국행정학회 연혁』, (1996), 113-186쪽. ; 『앞의 책』, 619쪽.
59) 『앞의 책』, 619쪽.

서 전파, 연구시키는 것 또한 한국행정학의 발전에 중요한 역할을 수행했다고 평가해 볼 수 있는 것이다.

1) 대학교 행정학과의 설립과 발전

1948년에 서울대를 필두로 하여 몇 개의 대학들에서 행정학과가 개설되어 강의가 이루어졌으나[60] 실제로 현재 우리가 가르치고 배우고 있는 미국행정학을 내용으로 하는 행정학과목이 강연되기 시작한 것은 1950년대 초에 들어서면서 부터이며 1958년에 최초로 미국행정학을 가르치는 행정학과가 연세대학교에서 개설 운영된 이래, 현재 전국의 상당수의 대학[61]과 전문대학에서 행정학과를 설치하고 행정학 관련과목을 교육시키고 있다. (<표6> 참고)

〈표6〉 각 대학교 행정학과 설립년도

대학명	설립년도	대학명	설립년도	대학명	설립년도
서울대	1948	목원대	1978	우석대	1985
제주대	1952	관동대	1979	아주대	1985
부산대	1955	경성대(부산산업대)	1979	울산대	1985
고려대	본교 1955 조치원 1982	경상대	1979	호원대	1987
중앙대	본교 1955 안성 1982	국립경찰대	1979	경일대	1988
연세대	본교 1958 원주 1983	한성대	1979	평택대	1992
동국대	본교 1960 경주 1979	창원대	1979	상주대	1992
성균관대	1960	수원대	1979	서울산업대	1992
한양대	1960	전주대	1979	순천향대	1993
경희대	본교 1960 수원 1981	계명대	1980	충주대	1993
청주대	1961	광운대	1980	건양대	1993
건국대	1962	목포대	1980	서남대	1993
명지대	1963	한남대	1980	순천대	1994
영남대	1963	강남대	1980	부경대	1994

60) 1946년 법과대학에 법과를 먼저 설치하고 1948년에 행정과를 설치하였다. 윤재풍, "한국행정학회 창립의 배경과 의의", 『한국행정학오십년 : 1956-2006』(서울 : 한국행정학회, 2006), 474쪽.

61) 2006년 현재 전국에 4년제 행정학(전공)과는 105개교(5개 분교 포함)이다. 연도별로 행정학과가 개설된 학교 수를 보면, 1940년대 1개교, 1950년대 5개교, 1960년대 12개교, 1970년대 25개교(1개 분교 포함), 1980년대 33개교(4개 분교 포함), 1990년대 28개교, 2000년대(2003년과 2006년)에 2개교 이다. 전체 105개교 중에서 12개교를 제외한 94개교가 개교 당시에 학과제로 시작하였다. 그러나 2006년 현재 105개교 중에서 54%인 5개교가 학과제로 운영 중이고, 전체의 46%인 48개교가 학부제로 운영되고 있다. 이런 현상은 1995년 학부제가 시작된 90년대 후반보다 더 높은 비중을 차지하고 있다. 『앞의 책』, 646쪽.

경기대	1963	안양대	1980	대진대	1994
국민대	1964	호서대	1980	한경대	1994
단국대	1965	성결대	1980	밀양대	1994
한국외대	1965	숭전대	1980	세명대	1995
강원대	1970	안동대	1981	배재대	1995
전남대	1970	숭실대	1981	강릉대	1995
경북대	1971	이화여대	1981	한중대	1995
충남대	1971	인천대	1981	창원대	1995
한국방송통신대	1972	호남대	1981	가톨릭대	1996
전북대	1972	동의대	1981	한서대	1996
경남대	1973	대전대	1981	공주대	1996
상지대	1974	강남사회복지학교	1981	군산대	1996
대구대	1974	대구카톨릭대	1981	경주대	1997
서울시립대	1974	숙명여대	1982	대구한의대	1997
동아대	1976	군산대	1982	신라대	1998
인하대	1977	경원대	1983	영산대	1998
원광대	1977	상명대	1983	한국해양대	1999
충북대	1977	진주국제대	1984	경운대	1999
조선대	1978	광주대	1984	꽃동네 현도사회복지대	1999
				위덕대	2003
				대구예술대	2006

자료 : 한국행정학회, 『한국행정학오십년 : 1956-2006』, (2006), 643-646쪽.

한국행정학 관련 교육기관의 발자취를 살펴보자면 1946년 8월에 『국립 서울대학교 설립에 관한 법령』에 의거하여 미국의 학제를 모방한 행정학과 (정원 60명)가 1948년 서울대학교 법과대학내에 설치되고 이어 부산대학교 법과대학에 행정학과 (정원 20명)가 설치되었으며 1950년대 초에 조효원(趙孝源), 이한빈 등이 서울대학교 문리대 정치과, 연세대학교 정치외교학과, 상경대 등에서 경영관리, 행정관리 등에 대해 강의를 하였다.

이들의 뒤를 이어 독자적으로 미국에 유학한 행정학도들의 학위 취득 후 귀국에 의해 1958년에 연세대학교에 행정학과가 설치되었다. 이미 앞서 설명했듯이 서울대학교나 부산대학교는 행정학과라고는 하지만 사실상 행정법학적 행정학을 위주로 가르쳤으며 연세대학교가 최초로 미국의 관리, 능률, 기능적 행정학을 본격적으로 가르쳤던 것이다. 이러다가 1959년에 서울대학교 행정대학원이 설립되었고 뒤를 이어 많은 대학과 대학원이 설립되어 제도적으로 정착되어 나갔다.

이때의 행정학교육은 기존의 행정법학적인 접근에서 탈피하여 정치학적으로 연구하려는데 중점을 둔 계몽적 움직임이 정인흥 그리고 조효원 등을 중심으로 싹트고 그 결과 1955년에 정인흥에 의해 최초의 행정학교과서가 발간되었다. 그리고 1956년에 국내외 학계 및 실무계의 행정학도들이 서로 합심해 이미 말했듯이 한국행정연구회(물론 뒤에 한국행정학회로 개명이 됨)를 창설하고 타면으로는 미국정부의 국제협조처(ICA) 프로그램에 의해 대한기술원조사업의 일환으로서[62] 서울대학교에 행정대학원이 설립되어 행정학교육의 지평을 넓히는 계기를 마련하였다.

2) 서울대학교 행정대학원의 설립과 발전

서울대학교 행정대학원의 설립과 관련된 내용을 좀 더 구체적으로 설명을 하자면 미국정부의 국제협조처(ICA) 프로그램에 의해 대한기술원조사업의 일환으로서 1955년 3월부터 1956년 여름 사이에 대한민국정부 및 서울대학교와 미국 미네소타 대학교간의 교환프로그램계약이 체결되었다.[63] 그리고 이 계약에 의거하여 1956년 미국 미네소타 대학교 '공공 행정 센터'(Public Administration Center)의 행정학 교수인 조지 읍(George A. Warp)이 내한을 하였다.

그는 구체적인 원조계획에 관한 조사연구를 한 후 그 조사연구결과를 보고서로 작성하였으며, 이 조사연구보고에 따라 1957년 9월 서울대학교 법과대학에 행정이론과 그 응용방법을 연구케 하였으며, 아울러 선도적인 고급공무원 양성기관으로서 1959년에 행정대학원을 설치 운영하도록 하였다. 그리고 이와 거의 때를 같이 하여 정부 총무처산하에 있는 중앙공무원 훈련기관인 국립 『중앙공무원교육원』(Central Officials Training Institute : COTI)[64]에 대한 확충원조계획도 추진되었던 것이다.

---

62) 미국은 대외 원조 기관인 국제협조처(ICA)를 통하여 후진국에 행정대학원 설치를 위한 원조계획을 시행하였다. 이 계획에 의하여 필리핀(1952), 터키(1953), 베트남(1955), 파키스탄(1955), 태국(1956)에 행정대학원을 설립하고 교육프로그램을 권고하며 행정연구회와 같은 기구의 결성을 권장하고 추진하는 일이 이루어졌다. 서울대학교 행정대학원, 『각국 행정대학원 개요(조사자료 제1호)』, (1959). ; 윤재풍, "한국행정학회 창립의 배경과 의의", 『한국행정학오십년 : 1956-2006』 (서울 : 한국행정학회, 2006), 476쪽에서 재인용.

63) Elwyn A. Mauck, *The Graduate School of Public Administration of Seoul National University* (Project Termination Report), 1962. ; Lloyd M. Short, *Graduate School of Public Administration, Seoul National University* (Terminal Report), 1962. ; 윤재풍, "앞의 글", 476쪽에서 재인용.

64) 중앙공무원교육원은 1949년 3월 국립공무원훈련원으로 개설하였으며, 1961년 10월에 지금의 명칭으로 확대 개편하였다. 설립목적은 공무원 훈련에 관한 정책과 지침에 따라 국가 및 지방 공무

이와 병행해 1957년과 1958년에 위의 계획에 따라 각기 11명씩 장차 행정대학원과 중앙공무원교육원에서 가르칠 교수요원 후보자를 국내 학계와 실무 계에서 선발하여 미네소타 대학교에 파견하여 행정학을 연구토록 하였으며, 또 1957년과 1958년에는 9명의 미국교수와 약간 명의 공무원훈련실무가를 초청하여 동대학원과 중앙공무원교육원의 운영을 위하여 각기 협조토록 하였다. 특히 미네소타 대학교에서 수학하고 돌아온 교수요원들은 모교에서 배운 POSDCORB[65]로 대변되는 관리·능률적인 행정학을 1959년부터 강의와 연구 활동으로 시작하게 되어 미국행정학은 본격적으로 한국에서 파급되기 시작한 것이다.

앞에서도 잠시 언급했듯이 이와 별도로 개별적으로 미국에서 수학을 한 노정현(盧貞鉉) 등 여러 행정학도들이 학위를 취득한 후 귀국하여 자신들이 미국에서 배운 행정학을 연구하고 강의함으로 해서 미국행정학을 보다 빠르게 한국에 전파하고 보급시키게 되었던 것이다.

3) 전문대학 행정학과의 설립과 발전

이러한 흐름을 타고 서울은 물론이고 지방으로 행정학과의 설립이 증대되었으며 국립대학, 사립대학을 막론하고 행정학과의 설치비율이 높아지고 있으며 종합대학에서 전문대학[66]으로까지 행정학과가 확산되는 경향이어서 한국행정학의 토착화가 이러한 면에서도 활발하게 이루어지고 있음을 알 수 있는 것이다. (<표7> 참고)

원에 대한 교육과 훈련을 실시하고 공무원 교육훈련에 대한 지도 및 지원 기능을 수행하기 위함이다. 1963년 9월에 서울 장충동 청사(현 동국대)로 신축 이전하였다가 1974년 5월 대전 청사로 이전을 하였으며, 1981년 12월 현 과천 청사로 이전을 하여 오늘에 이르고 있다. http://www.coti.go.kr/front/intro/FrontIntroFoward.do?method=hist&pgCd=400402001

65) POSDCORB는 행정관리의 고전적 시각을 나타내기 위해 행정학 분야에서 널리 사용되고 있는 두문자어(acronym)이다. 앙리 훼이욜(Henri Fayol)에 의해 제기된 아이디어로써 1937년 루터 귤릭(Luther Gulick)과 린달 어윅(Lyndall Urwick) 등에 의해 브라운 위원회(Brownlow Committee) 조사연구보고서에서 구체화 되었다. 두문자어는 행정과정에 따라 단계별로 나열되어있는데 다음과 같다. 기획(Planning), 조직(Organizing), 인사(Staffing), 지시 및 명령(Directing), 조정(Coordinating), 보고(Reporting), 그리고 예산 및 재무(Budgeting)이다.

66) 행정학전공과 연계성이 있는 30개의 2년제 전문대학을 연도별 분포에 따라 살펴보면 1960년대 4개, 1970년대 12개, 1980년대 7개, 1990년대 7개 대학이다. 학교명은90년대 중반이후인 98년도에 많이 변경이 되었다. 각 대학들의 세부전공을 살펴보면, 개교 당시에는 이론적인 측면에 치우친 단순한 행정학 전공이 많았으나, 90년대 중반 이후부터는 각각의 전공이 이론보가는 실무에 더 많은 비중을 두고 있으며, 또한 전공이 기본적인 이론은 행정학에 기초를 두고서 실무를 접목하여 실용적이고 현실적인 측면을 많이 고려하였다. 한국행정학회, 『한국행정학오십년 : 1956-2006』, (2006), 647쪽.

〈표7〉 행정학 관련 전공이 개설된 전문대학 설립연도 및 현황 (2006년 5월 현재)

학교명	설립년도	세부전공	개교 당시 학교명
우송전문대학	1963	경찰행정법무계열	대전실업전문대학
경북전문대학	1968	경찰경호행정계열	-
가톨릭상지대학	1969	행정계열(경찰일반행정과, 행정)	상지대학
인천전문대	1969	행정과	-
신흥대학	1971	복지행정과	신흥보건전문학교
제주산업정보대학	1973	복지행정과	제주실업전문학교
송원대학	1973	행정계열	광주실업전문대학
서해대학	1973	경찰경호	군산실업전문대학
상지영서대학	1973	행정과	원주실업전문학교
명지전문대학	1974	행정정보과	명지실업전문대학
동강대학	1976	행정정보과	동신실업전문대학
서강정보대학	1976	자치행정과	서강실업전문대학
영진전문대학	1977	사회복지과	-
장안대학	1978	행정계열	장안실업전문학교
창원전문대학	1978	행정법률과	창원경상전문대학
부산경상대학	1979	행정교육학부	부산경상전문대학
동우대학	1980	행정과	동우전문대학
미래대학	1980	경찰행정과	경북실업전문대학
혜전대학	1981	행정전산과	혜전전문대학
서라벌대학	1981	경찰복지행정과	경주실업전문대학
대덕대학	1981	행정정보계열	충남경상전문대학
충청대학	1983	행정학과	충청실업전문대학
혜천대학	1988	주택부동산행정전공	대전전문대학
한림성심대학	1993	지방행정과	한림전문대학
경인여자대학	1993	비서행정학과	-
백석문화대학	1993	일반행정전공	백석대학
경북도립경도대학	1996	행정복지계열 지방행정전공	예천전문대학
경민대학	1998	사회실무학부 자치행정전공	경민전문대학
숭의여자대학	1998	비서행정과	-
신성대학	1998	복지행정과	-

자료 : 한국행정학회, 『한국행정학오십년 : 1956-2006』, (2006), 648쪽.

4) 행정대학원의 설립과 발전

또한 1970년대의 한국사회의 기능적 분화와 발전으로 기존직업인이 행정이론연구를 열망하는 기대에 부응한 고급인력양성 및 재훈련과정으로서 많은 특수대학원들이 설치되었는데 그중에서 행정대학원이 차지하는 비중도 상당한 정도를 차지하고 있음은 특기할 만한 사실이라 할 수 있다.[67] (<표8> 참고)

67) 전체 105개교 중에서 행정대학원을 개설하고 있는 대학교는 30개교이다. 그리고 행정대학원과 유사한 특수대학원을 개설하고 있는 대학교가 32개교이다. 이러한 특수대학원으로는 경영행정대학원 11개교를 비롯하여 산업대학원 3개교, 산업정보대학원 2개교 등이 있고 이외에 정보과학

〈표 8〉 행정대학원 설립연도

행정대학원명	설립년도	행정대학원명	설립년도
서울대	1959	원광대	1988
건국대	1967	경원대	1989
동국대	1967	인하대	1989
성균관대	1967	목포대	경영행정대학원 1991
연세대	1970	제주대	1991
부산대	1972	창원대	경영행정대학원 1991
한양대	1979	강남대	부동산행정대학원 1994
강원대	정보과학행정대학원 1980	군산대	경영행정대학원 1994
경북대	1980	우석대	경영행정대학원 1994
전남대	1980	건양대	경영행정대학원 1995
경희대	1981	아주대	공공정책대학원 1995
단국대	1981	안동대	행정경영대학원 1995
서울시립대	도시행정대학원 1981	조선대	정책대학원 1995
경상대	1982	세명대	경영행정대학원 1996
전북대	1982	순천대	경영행정대학원 1996
충남대	1982	안양대	경영행정대학원 1996
경기대	1984	울산대	지역개발대학원 1997 정책대학원 1999
국민대	1984	공주대	경영행정대학원 1998
동의대	1985	대진대	법무행정대학원 1999
한남대	1986 행정정책대학원 1997	상명대	정치경영대학원 1999
경남대	1987	성결대	경영행정대학원 2000
수원대	1987	한경대	전자정부대학원 2000
한성대	1987	충주대	경영행정외국어대학원 2002
호남대	복지행정대학원 1987	한중대	경영정보행정대학원 2002

자료 : 한국행정학회, 『한국행정학오십년 : 1956-2006』, (2006), 643-646쪽에서 재구성. ; 각 『대학요람』, 『대학원요람』,『행정대학원요람』.

5) 일반대학원 행정학과의 설립과 발전

아울러 대학원의 순수학문 적 훈련과정으로 설치된 일반대학원 행정학과 역시 석사과정은 물론 박사과정까지 증가일로에 있으며 이는 한국행정학의 토착화의 다른 일면을 읽게 하는 것이라 할 수 있다.[68] (<표9> 참고)

행정, 도시행정, 정책, 행정정책, 부동산행정, 산업경영, 해사산업, 정보산업, 경영정보, 복지행정, 정치행정, 정치경영, 공공정책, 정책전문, 경영행정외국어, 법무행정, 전자정부대학원 등이 있다. 한국행정학회, 『한국행정학오십년 : 1956-2006』, (2006), 646-647쪽.

68) 전체 105개교 중에서 일반대학원을 개설하고 있는 대학교는 57개교이다. 그리고 박사과정을 개설하고 있는 대학 역시 57개교가 있다. 개교 연도를 보면, 1960년대 3개교, 1970년대 8개교, 1980년대 18개교, 1990년대 14개교, 그리고 2000년대(2000년-2006년 까지)에는 14개교가 박사과정을 개설하였다. 또한 행정학과 설립 시기와 박사과정 설립 현상을 살펴보면, 행정학과 설립이 79년 이전인 경우에는 83%, 80-89년에 학과가 설립된 경우에는 약 57%, 90년대 이후에 학과가 설립된 경우에는 약 21%가 박사과정을 개설하고 있다. 결론적으로 전국 행정학과의 약 57%가 석·박사과정의

〈표9〉 행정학 관련 일반대학원 설립년도

대학원명	대학원(석사)	대학원(박사)	대학원명	대학원(석사)	대학원(박사)
서울대	-	1976	광운대	1984	1987
고려대	1959	1967	숭실대	1984	1996
연세대	1962	1964	이화여대	1984	1996
중앙대	1963	1980	상지대	1987	1991
건국대	1965	1976	호서대	1987	2000
동국대	1965	1979	대전대	1988	1994
성균관대	1966	1979	안동대	1988	2003
한양대	1966	1980	조선대	1988	1995
경희대	1966	1980	목포대	1990	2000
청주대	1966	1981	울산대	1990	2002
명지대	1968	1974	창원대	1991	1999
영남대	1968	1974	서남대	1992	2001
단국대	1970	1974	동의대	1995	2000
경북대	1974	1977	목원대	1995	-
전남대	1975	1982	숙명여대	1995	1999
충남대	1975	1982	부경대	1996	-
국민대	1976	1980	계명대	1998	1999
경기대	1977	1982	인천대	1998	2000
경남대	1977	1983	제주대	1998	2000
전북대	1977	1990	강릉대	1999	2005
대구대	1978	1980	경일대	1999	1999
동아대	1979	1981	신라대	1999	2004
원광대	1980	-	배재대	2001	2004
인하대	1980	1983	한서대	2002	2002
서울시립대	1981	1992	가톨릭대	2004	2004
한국외대	1981	1982	한국해양대	2004	-
경성대*	1983	1987	대구가톨릭대	2005	-
충북대	1983	1987			

* 부산산업대는 경성대의 전신임

** 대학원명 순서는 석사 설립년도 기준

자료 : 한국행정학회, 『한국행정학오십년 : 1956-2006』, (2006), 643-646쪽에서 재구성.

이와 같이 학생 수의 증가는 물론 이론개발과 현실적용면에 치중한 일반대학원의 행정학과와 특수대학원인 행정대학원의 출현과 발전은 한국행정학의 발전과정으로 볼 수 있고 이런 면에서 한국행정학의 토착화는 성숙되어 간다고 볼 수 있다.

지금까지 살펴 본 한국행정학의 발자취, 다른 말로 하자면 일반적 흐름과 변화상을 고려해 볼 때 1980년대에 들어오면서 이 학문은 한국 내에서 확고하게 기반을 굳혔다고 할 수 있다. 이에 종사하는 학자의 수, 학과의 수, 졸업생의 수, 학회, 학교, 시험과 같은 제도적 장치, 외국학계와의 연계, 학술활동의 분량 등에 있어서 다른 어떤 사회과학에 못지않은 성황을 이루고 있는 학문이라고 볼 수 있기 때문이다.[69]

대학원을 개설하고 있다. 한국행정학회, 『한국행정학오십년 : 1956-2006』, (2006), 646-647쪽.

69) 조석준, 『한국행정학』 (서울 : 박영사, 1986), 39-40쪽.

4. 한국행정학이 걸어 온 흔적에 대한 평가

이러한 다사다난한 족적을 남기고 발전해 온 한국행정학의 현재의 위상은 어떠한지를 살펴보는 것은 의미가 있을 것으로 사료된다. 한국행정학의 현재의 위상을 살펴보기 위해서는 무엇보다 현재 존재하고 있는 한국행정학의 평가가 있어야 될 것으로 본다. 물론 이러한 평가는 과거의 발자취를 더듬으면서 제기된 여러 문제점과 해결방안들의 순환적 고리 속에서 비판적으로 분석된 결과들의 집적에서 우러나온 것이다. 이러한 평가위에 한국행정학의 나아갈 방향이 설정되어져야 할 것이다.

우선 김영민은 과거의 한국행정학이 한국의 특수성을 무시한 외국이론의 보편화추구로 한국의 행정발전에 별로 기여하지 못하고 후진적인 상태로 머물러 있다고 비판하면서 한국행정학이 이러한 답보상태를 벗어나기 위해선 역사적 경험과 행정현실에 근거를 두고 특수 한국적인 역사적 요인들을 사실적으로 연구하는 한국행정사에 대한 연구가 선행되어야 함을 강조하고 있다.

> 그 동안의 한국행정학은 한국의 행정발전에 별로 기여하지 못했으며 여전히 후진적인 상태에 머물러 있다. 또 우리 역사와 유리된 공허한 개념에 안주하고 있다. 따라서 한국행정학의 발전을 위해서는 역사적 경험과 행정현실에 근거를 두고 특수 한국적인 역사적 요인들을 사실적으로 기술하는 일이 무엇보다 중요하다. 따라서 한국행정학은 한국행정사에 대한 연구로부터 출발해야 한다.[70]

그러나 이러한 주장에 반대하는 입장도 있다. 성경륭은 한국행정학이 한국의 특수성을 무시한 외국이론의 보편화추구로 독자적 발전이 없었다는 의견에 반대하면서 일반성이 발견되면 외국이론이라고 하더라도 학문적 접근방법으로 활용될 수 있다고 주장한다.[71] 그리고 그는 연구경향에 있어서는 규범적, 처방 적 연구나 거시적인 연구가 부족하며 이러한 문제점들을 해결하기 위해서는 학문 간 교류를 통한 학제 간 공동연구가 선행되어져야 한다고 강조하고 이 속에서 행정학의 정체성

70) 김영민, "한국행정학의 반성", 『한국행정학의 회고와 전망』, 한국행정학회 창립 40주년 기념 국제학술대회. 10. 17. (1996).

71) 성경륭, "한국행정학의 발전과 위상에 대한 사회학자의 견해", 『한국행정학의 회고와 전망』, 한국행정학회 창립 40주년 기념 국제학술대회. 10. 17. (1996).

도 확립될 수 있다고 보는 것이다.

또 다른 시각으로는 한국행정학이 너무 체제적응 적이지 않았는가 하는 비판과 반성의 목소리도 없지 않다. 물론 이러한 성향이 한국행정학의 발전과 전파, 확대 보급에 기여한 순기능적인 면도 부인하기는 어렵지만 그렇게 함으로써 한국행정학의 정부시녀학(政府侍女學) 또는 정부용역학(政府用役學)으로의 전락을 우려하는 목소리도 적지 않았다.

안병영은 한국행정학의 탈정치적 접근이 무엇보다 선행되어져야 함을 강조하였을 뿐만 아니라 정부용역학으로의 전락을 방지하기 위해서라도 행정학연구의 주체성이 무엇보다 제고되어야 함을 강조함으로써 한국행정학의 권위주의체제적응 적 학문 접근에 비판적인 쐐기를 박고 이에 대한 처방전을 나름대로 제시하고 있다.72)

정용덕(鄭用德)은 한국행정학이 타 학문에 비해 지적 제도화에 비교적 성공적이었던 이유는 행정학이 타학문에 비해 체제비판 적 성향이 적었다는 점을 들고 있다. 그리고 한국행정학이 정치문제의 순화에 이론적, 실제적으로 기여함으로서 권위주의 정권에 순기능적이었기 때문에 지적 제도화와 한국행정학의 발전을 이루어 내게 되었다고 주장하였다.73)

안병영과 정용덕의 시각이 일견 서로 상반되는 듯하지만 한국행정학과 권위적 정치체제와의 상호관계에 대한 인식이라는 점에서 그리고 한국행정학의 주체성확립과 발전을 위한 전략적 사고라는 점에서는 서로 일맥상통하는 면이 있다고 평가할 수 있다.

이러한 한국행정학에 대한 평가에 덧붙여 이문영(李文永) 등은 한국행정학 정립의 문제점과 그 해결방안을 적실성 있게 잘 제시하고 있다. 이문영 등은 지난 40년간 행정학은 인적으로나 연구업적 면에서나 양적으로 대단한 팽창을 하였지만 70년대 중반에 심각하게 논의된 행정학의 토착화 또는 한국행정학의 정립은 여전히 요원하다는데 의견의 일치를 보이고 있다.

72) 안병영, "한국행정학의 탈정치적 접근과 문화적 편향성",『사회과학』, 제20집 (1983), 성균관대 사회과학연구소 편. ; 안병영, "행정이론의 토착화와 정부용역학의 극복",『월간조선』, 1982. 7. ; 안병영, "한국의 행정현상과 행정학연구의 주체성",『한국정치학회보』, 제13집 (1979). ; 안병영, "한국의 행정이념과 행정학 연구의 주체성",『한국행정학보』, 제13권 (1979).

73) 정용덕, "한국행정학발전의 동인 : 시론 적 고찰",『한국행정학의 회고와 전망』, 한국행정학회 창립 40주년 기념 국제학술대회. 10. 17. (1996).

구체적으로 행정학분야에서 첫째, 한국역사와 철학에 대한 연구와 교육이 미흡하고 결과적으로 행정학계에는 학파가 없는 상황이 야기되고 있으며 둘째, 한국행정학의 실천성이 매우 부족하다는 점을 지적하고 있다. 실천성이 부족했던 이유는 연구경향이 지나치게 유행에 민감하였고 결과적으로 전문성의 약화를 초래하였기 때문이라고 보고 있다. 심지어 이러한 것이 행정학의 공동화 현상으로까지 비화되고 있음을 지적하고 있다. 셋째, 한국행정학의 지나친 미국종속성에 따른 연구관점과 방법의 편향성으로 행정학의 식민화와 비교연구의 황폐화현상을 지적하고 있다. 끝으로 이러한 문제점의 근저에는 고시제도에 의한 획일성문제와 이에 따른 교과서중심의 저술경향이 자리 잡고 있다는 문제점을 제기하고 있다.

이문영 등은 이러한 문제를 극복하기 위해서는 첫째, 인접학문과의 연계, 특히 역사, 철학 및 인식론, 문화에 대한 연구와 교육의 강화가 필요하며 둘째, 실무 계와 학계의 상호협력 및 인사교류 등의 활성화가 필요하고, 사례연구와 지역연구(area study)가 강화되어야 하며 셋째, 전문성의 강화를 위해 학회에서 분과연구회의 육성이 무엇보다 시급하며 행정학자들이 그때그때의 유행에 휩쓸리지 말고 일관성 있는 연구와 평생연구주제에 진력하여야 할 것 등을 제시하고 있고 마지막으로 교과서위주의 저술관행이 지양되어야 함을 지적하였다.74)

5. 글을 마무리하면서

한국행정학은 역사의 일천성에도 불구하고 괄목할만한 발전을 이룩하였다. 행정학회, 대학을 위시한 교육기관, 그리고 행정학 관련서적이나 논문들의 괄목할만한 양적 질적 발전은 이러한 흐름을 잘 대변해 주고 있다. 앞에서 논의되었듯 발전의 걸림돌이 없었던 것도 아니고 비판적 시각에서 한국행정학의 미래를 어둡게 보는 일면도 없는 것은 아니었지만 한국행정학의 끊임없는 발전의 발자취는 이러한 모든 어려움을 발전의 용광로에 집어넣어 용해시키면서 앞으로 나아갈 것으로 사료된다.

---

74) 이문영 · 김만기 외, "한국행정학의 발전과 전망 (원탁회의)", 『한국행정학의 회고와 전망』, 한국행정학회 창립 40주년 기념 국제학술대회. 10. 18. (1996).

우드로 윌슨(Woodrow Wilson)의 “행정의 연구”가 쓰여 진지 120여년이 지나가고 레오나르도 화이트(Leonard D. White)가 『행정학원론』이란 최초의 행정학교과서를 쓴 시기로부터 80여년이 흐르고 정인흥에 의해 한국최초의 행정학교과서가 발간된 지 50여년이 경과된 이 시점에서 한국행정학의 위상은 세계 속에 자리매김을 하고 있다. 밝은 미래가 그리고 넓은 신개척지가 세계라는 무대 속에서 우리 행정학도들에게 다가오고 있는 것이다. 지금까지의 발전 속도를 유지하면서 앞에서 지적된 문제점과 비판들을 생산적으로 그러면서 겸허하게 수용하고 개선해 나가려는 의지를 보이고 학회, 교육 활동 그리고 연구·저술활동들이 역동성 있게 이루어져 나간다면 한국행정학의 장래는 밝고 희망적일 것으로 생각되는 것이다.

제2장_ 새로운 이해의 패러다임이 필요로 되는 한국 행정과 행정학

요즈음 한국을 둘러싼 세계의 변화는 어지러울 만큼 빠르게 변모되고 있다. 이러한 세계의 변화를 따라잡지 않고는 국가나 민족의 생존을 보장하기가 매우 어렵게 되어있다. 이러한 때일수록 국가의 경쟁력은 더욱 요구되며 따라서 정부와 행정의 역할은 더욱 중요할 수밖에 없게 되는 것이다. 그런데 현금의 사정을 살펴보면 이러한 방향과는 다른 방향으로 나가고 있지 않나 하는 생각이 든다.

세계경제포럼(World Economic Forum : WEF)에서 발표한 세계경쟁력보고서(The Global Competitiveness Report)에 의하면 2009-2010년의 우리나라 경쟁력 순위는 19위를 차지하였다. 그리고 2008-2009년의 경쟁력 순위를 보면 13위를 차지하였으며 2007-2008년 경쟁력 순위를 보면 11위를 차지하였다. 이 자료만 보면 2007년 11위부터 2010년 19위까지 우리나라의 세계경쟁력 순위가 점차 하강하고 있음을 알 수 있다.[75)]

특히 우리나라의 경제규모나 교역규모가 세계 12위나 13위를 차지하는 것과 비교를 해보면 다소 뒤처지는 수준임을 알 수 있다.[76)] 그리고 좀 더 우려스러운 점은 2007년부터 국가 경쟁력 순위가 밀리고 있다는 점이다. 2007년 여름에 발생한 서브프라임모기지(Sub-prime mortgage) 사건의 여파로 불어 닥친 세계금융위기에 영향을 받은 것이 아닌가 사료된다.

세계경영개발원(Institute for Management Development : IMD)에서 발표한 세계경쟁력 순위[77)]를 보면 앞의 세계경제포럼에서 발표한 국가경쟁력 순위[78)]보다 약간 더

---

75) 참고적으로 2003년부터 2007년까지 보면 18위에서 29위까지 경쟁력 서열이 오르고 내렸음을 알 수 있다. 2003년은 18위를 차지하였고, 2004년은 29위, 2005-2006년은 19위, 2006-2007년은 24위를 차지하였다. http://www.weforum.org/en/initiatives/gcp/Global%20Competitiveness%20Report/index.htm ; http://www.weforum.org/en/initiatives/gcp/Global%20Competitiveness%20Report/PastReports/index.htm

76) 세계무역기구(WTO)가 발표한 '세계무역보고서 2010'에 나온 2009년 무역 관련 수치들을 살펴보면, 한국의 경우 2009년 수출액은 3천640억 달러로 순위는 9위를 차지하였고, 비중은 2.9%였다. 2008년에 12위였으니 순위가 큰 폭으로 올라간 셈이다. 한국은 수입 부문에서는 12위를 기록했다. 중국은 세계 수출의 9.6%에 달하는 1조2천20억 달러를 수출해 독일을 제치고 1위에 올라섰다. http://blog.chosun.com/blog.log.view.screen?blogId=51363&logId=4880654

77) IMD 경쟁력 평가 순위는 스위스 국제경영대학원 부설 세계경쟁력센터 주관으로 2009년 57개국

처지고 있다. 다행스러운 것은 2008년 31위를 기록했고, 2009년 27위를 차지했고 2010년 23위를 차지하여 다소 서열이 상향되었다는 점이다.[79] 이러한 기록의 향상은 신속하고 선제적인 재정 및 금융정책[80] 등을 통하여 경제위기에서 빠른 경기회복세를 시현 한 것[81] 등이 주요 요인으로 작용을 한 탓으로 사료가 된다. 그러나 우리가 이러한 결과에 자족하기에는 우리를 둘러싸고 있는 주변 환경이 너무나도 도전적이다. 우리와 경쟁상대인 중국은 2009년에 20위, 2010년 18위를 차지하여 우리보다 국가경쟁력에서 앞서 있고, 한때 아시아의 작은 4마리 용 중 하나였던 대만은 2009년엔 23위였으나 2010년엔 8위를 차지하여 무려 15단계를 뛰어오르는 놀라운 급상승 기록을 보여 주었다.

이는 다른 57개국이 보여주었던 경쟁력을 훨씬 웃도는 것이다. 특히 대만기업의 경쟁력과 정부부처의 효율성 상승이 이번 대만 국가경쟁력 급상승의 최고요인이었다. 기업 경쟁력의 경우 지난해 22위에서 올해는 3위로 뛰어올랐으며, 정부의 운영효율성 역시 지난해 18위에서 올해는 6위로 등극했는데, 모두 사상 최고였다. 더구나 기업경쟁력의 경우, 대만은 세계 최고경쟁력을 획득한 싱가포르에 불과 2점 뒤진 77.63점을 얻었다.[82]

또한 작은 4마리 용 중 하나였던 홍콩 역시 2009년 2위, 2010년 2위로 압도적인 경쟁력을 보이고 있고 싱가포르 역시 2009년엔 3위 그리고 2010년엔 1위를 나타내고 있어 우리와 국가경쟁력에서 좋은 대조를 보이고 있다.

심지어 우리보다 후발국인 동남아시아 국가 중 하나인 말레이시아는 2009년 18위에서 2010년에는 우리를 앞선 10위를 차지하였고 태국 역시 2009년에 26위, 2010년에 26위를 차지하여 우리의 뒤를 바짝 따라 붙고 있다.[83] 특히 호주, 대만, 말레이시아의 쾌거는 아시아경제의 활성화된 수요에 힘입은 바가 컸으며, 이들 모두 정부

에 아이슬란드가 추가되어 2010년 총 58개 국가를 대상으로 343개에 이르는 지표를 조사하여 발표를 한다.

78) WEF(world economic forum)는 1979년 이후 매년 국가경쟁력을 평가하여 세계경쟁력보고서(WEF global competitiveness report)로 발표를 하였다. 2009년 평가는 133개 국가를 대상으로 3대 부문, 12개 세부 부문, 110개 항목에 대하여 평가하였다.

79) http://www.imd.ch/research/publications/wcy/upload/scoreboard.pdf

80) 정부효율성이 36위에서 26위로 상승을 하였다.

81) 경제적 성과가 45위에서 21위로 상승을 하였다.

82) http://www.taiwanembassy.org/ct.asp?xItem=141969&ctNode=1524&mp=207

83) http://www.imd.ch/research/publications/wcy/upload/scoreboard.pdf

부처 경영효율부분에서 높은 점수를 받은 것이 국가경쟁력 상승의 좋은 요인이 되었다. 정부부처 효율성의 경우, 대만은 12단계를 올라 6위로, 말레이시아는 10단계를 비상하여 9위에, 호주는 8위에서 4위로 뛰어 올랐다.[84)]

그러나 한국의 경우 국가경쟁력을 저해하는 요인들로 인해 이들 나라만큼 좋은 성적을 거두진 못하였다. 이러한 요인들로 2009년도 WEF에서 지적된 것으로는 노동시장 효율성(84위), 금융시장 성숙도(58위), 제도적 요인(53위) 등을 들 수 있다.[85)] 국가경쟁력을 증진시키는데 주요 약점으로 작용하는 요인들인 것이다. 이러한 저해요인들을 완화하거나 극복하기 위해선 노사관계의 선진화를 이룩하고, 노동 시장의 유연성을 제고하기 위한 노력이 필요도 되며, 금융시스템의 개혁 역시 97년 이후 지속적으로 추진되고는 있으나 아직 그 성과가 미흡한 만큼 이에 대한 가일층의 노력이 필요로 되는 것이다.[86)]

특히 이러한 요인들은 모두 정부부처 경영효율성과 매우 밀접한 관련성이 있다고 볼 때 정부부문의 역할의 중요성을 다시금 확인할 수 있는 것이다. 여기에 부가하여 정부부문의 효율성 증대를 위해 정치인에 대한 신뢰를 높이고, 행정 분야의 레드 테이프(red-tape)를 제거하기위한 노력이 절대적으로 필요하다는 점도 잊어서는 안 될 것이다.[87)]

정부부문이 그리고 행정관리가 국가경쟁력을 증진시키는 긍정적 요인으로 작용이 되어야지 국가경쟁력을 저하시키는 부정적 요인이 되어선 안 된다는 것이 세계경쟁력 보고서에 나타난 결과를 통해 우리가 교훈으로 깨우치는 부분인 것이다.

사실상 지금 행정은 비능률의 전형으로 비판의 대상이 되고 있다. 앨빈 토플러(Alvin Toffler)가 "기업은 시속 100마일의 속도로 혁신에 혁신을 거듭하고 있지만 정부와 관료조직, 정책과 법 제도는 30마일도 안 되는 속도로 거북이걸음을 하고 있다."고 정부와 행정에 대해 쓴 소리를 하고 있음도 이와 맥을 같이 하는 것이다.[88)]

지금만큼이나 1990년대에도 이러한 비효율적이고 비생산적인 정부부문과 행정

---

84) http://www.taiwanembassy.org/ct.asp?xItem=141969&ctNode=1524&mp=207

85) http://www.index.go.kr/egams/stts/jsp/potal/stts/PO_STTS_IdxMain.jsp?idx_cd=1097

86) http://www.index.go.kr/egams/stts/jsp/potal/stts/PO_STTS_IdxMain.jsp?idx_cd=1097

87) http://www.index.go.kr/egams/stts/jsp/potal/stts/PO_STTS_IdxMain.jsp?idx_cd=1097

88) Alvin Toffler and Heidi Toffler, *Revolutionary Wealth : How It Will Be Created and How It Will Change Our Lives* (New York : Alfred A. Knopt, Random House, Inc., 2006). ; 이철규, 『한국행정의 이론과 실제』 (서울 : 법문사, 2007), 2쪽에서 재인용.

에 대한 비판의 목소리가 높았었다. 이 당시에도 세계경쟁력보고서에 나오는 정부부문과 행정에 관련된 자료들은 우리의 미래를 우울하게 만드는 것이었다. 한 실예로 1994년의 세계경쟁력보고서에 의하면 한국의 경쟁력 종합순위는 41개 조사대상국 중에서 24위라는 저조한 수준에도 불구하고 그 가운데 정부부문의 경쟁력은 이보다 떨어지는 30위로 나타났고 특히 관료제의 역할 등 일부사항에 있어서는 최하위권(38위)을 기록하여 충격적 사실로 받아들여졌었다. 이로 인해 정부부문의 경쟁력제고를 위한 지속적인 개혁추진과 국가경영의 패러다임을 전환시켜야 한다는 목소리가 높게 제기되기도 하였다.[89)]

사실 어제나 오늘 이러한 결과가 나타난데 대해 한국행정의 실상을 어느 정도 이해하고 있는 사람들은 그럴 수밖에 없다고 공감을 표할 수밖에 없는 것이 현실이다.

> 한국행정이 최하위의 국제경쟁력을 지니고 있다고 비판이 심하다. 한국행정은 혼란과 혼돈의 와중에서 시행착오를 거듭하고 있기 때문에 이러한 비판은 타당성이 크다. 불행하게도, 이러한 시행착오는 앞으로 상당기간 계속될 전망이다. 혼란에 빠진 한국행정을 바로 잡지 않고서는 한국의 미래는 극히 어둡다. 무엇인가 대책을 세워야 하고, 이러한 대책은 체계적이어야 한다. 모순과 대립되는 무수한 과제들이 복잡하게 뒤엉켜 있으며, 이들을 해결해야 할 방안들도 모순·대립관계에 있는 경우가 대부분이다. 과제들이나 해결방안들의 우선순위가 분명하지 않으면, 시행착오와 혼란은 계속된다.[90)]

한 가지 예로 정부의 경쟁력을 약화시키는 공공행정규제에 대해 살펴보면 다른 나라들과 비교해 볼 때 정부규제가 너무나 많고 번거로워 이를 충족시키는데 드는 물질적 그리고 시간적 비용이 엄청나지만 그럼에도 불구하고 우리정부는 대외경쟁력강화 또는 행정개혁차원에서 이러한 정부규제를 축소하거나 개선시켜야 한다는 목소리는 높이면서도 실효성 있게 그러한 조치들을 일구어내고 있느냐 하는데 대해서도 의구심을 떨 추어 버릴 수가 없다.

---

89) 김판석, "세계화시대의 정부부문 경쟁력 제고 : 도전과 기회",『한국행정학보』, 제28권 제4호, (1995). ; International Institute for Management Development & World Economic Forum, *The World Competitiveness Report 1994* (Lausanne, Switzerland : IMD & WEF, 1994) ; 김번웅, 김판석 외,『한국행정개혁론』(서울 : 법문사, 1997), 63-66쪽에서 재인용.

90) 정정길,『행정학의 새로운 이해』(서울 : 대명출판사, 2006), vii쪽.

'전국경제인연합회'에서 건의하는 정부규제완화 또는 해제에 대한 많은 노력들이 상당부분 수용되지 못하고 있는 것도 이러한 현실을 잘 보여주는 사례라고 생각된다. 그래서 '어려운 경제 상황에 정부가 기업을 도와주는 것이 아니라 오히려 발목을 잡고 있다'는 푸념 섞인 항변이 나오거나, '시장을 이기는 정부는 없다. 정부 스스로 플레이어(player)가 되기보다 레퍼리(referee)가 되어야 한다.'는 소리까지 나오고 있는 것이다.

그렇다고 모든 경제적 난국이 정부의 무능이나 정책부재의 탓이라고 생각하는 것은 아니다. 기업도 이점에 있어서는 책임을 질 부분이 많다고 할 수 있다. 그러나 지금과 같은 행정국가의 시대에 있어 정부와 행정의 역할은 너무나 크고 막중한데 그 역할을 제대로 해주지 못했기 때문에 이런 어려운 입장에 빠지게 되었다는 점에서 정부와 행정이 이에 대한 책임을 피해가기는 어렵다.

또한 한국 행정현상을 이해하고 설명하려는 그리고 미국을 위시한 유럽 등 외래의 행정학들을 우리의 행정학으로 토착화(土着化)시키고 발전시키려는 한국행정학에 있어서도 이러한 문제점이 존재하고 있는 것을 부인 할 수 없는 것이다.

우선 김석준이 지적하였듯이[91] 적용과 도입상의 문제인데 한국의 정치적 행정현상을 미국의 관리적 행정이론으로 설명하려고 하는데 따르는 무리가 많았다는 점과 외국이론의 선택적, 제한적인 도입에 따른 이들 이론의 한국 행정현상에 대한 설명에의 적실성 문제가 대두되었으며[92] 그 동안 한국의 지배적 이론들이었던 관리론·행태론·체계론 등은 정치·행정체제의 유지가 그 궁극적인 목표이었으므로 이들 이론이 미국과 같은 안정되고 선진화된 나라에서는 적합한 것이나 새로운 변화와 발전을 계속 추구하는 한국정치현상이나 행정현상의 설명에는 이들 이론의 보수성과 정태성 등으로 인해 근본적인 제약이 따랐다는 점이다.

그리고 한국행정현상의 설명을 위해서는 한국현실에서 배태된 문제의식을 바탕으로 연구주제를 잡고 그 이후에 한국 혹은 외국이론 가운데 가장 적합한 이론을 선택적으로 도입·적용할 필요가 있는데 그 동안 많은 연구가 외국이론의 도입이나

91) 김석준, "전환기 한국행정의 새로운 패러다임 모색", 『한국행정학보』, 제22권 제2호, (1988).

92) 김번웅은 한국행정학이 서구의 이론 특히 미국행정학에 크게 의존해 온 것이 사실이라는 점을 지적하고 그렇기 때문에 이들 외국이론을 가지고 한국 행정현상을 설명하는데 는 한계가 있으며 그 적실성(relevance)의 문제가 크게 대두될 수 있다는 점을 지적하고 있다. 김번웅, "서-한국적 행정학의 패러다임", 김번웅 외, 『현대한국행정론』 (서울 : 박영사, 1991), 4쪽.

이의 적용을 우선하였기 때문에 현실문제 우선보다는 외국이론의 소개가 우선시되어 연구의 순서가 뒤바뀐 경우가 많았다는 점들이 문제점으로 제기되었다는 것이다. 이는 물론 한국행정현상의 특수성을 경시하고 미국행정을 기준으로 이와의 공통성, 보편성을 강조하였다는 점에 문제가 있음을 지적하는 것으로 평가할 수 있다.

둘째로 한국행정학의 정립에 있어 또는 토착화를 기하는 과정에서 제기되는 문제점으로 한국 행정현상에 접근하는데 있어서 한국적인 문제의식과 시각의 적용이 부족했다는 점이다.

> 미국의 행정학이 지나치게 한국행정학을 압도하여 문제를 더욱 심각하게 만들고 있기 때문이다. 미국행정의 절실한 과제를 해결하기 위하여 연구되고 개발된 행정이론이 지나치게 한국행정학을 짓누르고 있기 때문이다. 미국식 이론들을 열심히 배워, 이들이 적용될 수 있는 한국적 현실을 찾아내는 식으로 연구하는 어리석음을 우리 모두가 무의식적으로 범하고 있다. 한국행정의 절실한 과제를 해결하고, 한국적 현실을 설명할 수 있는 한국적 이론의 탐색을 위하여 우리 모두가 좀 더 노력하여야 한다.[93]

그리고 이에 덧붙여 학문의 역사가 다른 학문에 비해 상대적으로 일천하며 학문의 정체성(identity)문제와 행정학의 보편성문제[94] 그리고 행정학에 대한 사회적 인식의 부족과 이론과 실제 간의 괴리에서 오는 문제점 등을 지적 할 수 있을 것이다.

이러한 문제점들은 한국행정학의 토착화와 발전에 상당한 걸림돌 역할을 하였으며 행정실무계가 처한 어려운 문제들에 실 효력 있게 대응할 수 있는 정책적 대안들을 개발해 내는데 필요한 학문적 기반을 제공해 주지 못하였던 것이다.

이제 한국의 행정과 행정학은 이러한 이유 때문에서라도 변화를 하여야 한다. 그리고 한국행정과 행정학을 이해하고 인식하는 기본적 틀이 바뀌어야만 한다. 새로운 이해의 패러다임이 요구되는 것이다.

---

93) 정정길, 『앞의 책』, viii쪽.

94) 김운태는 한국정치행정이 주체성을 결여하였을 뿐만 아니라 정치권력에 대한 올바른 비판을 제대로 하지 못하고 문제의식이 희박하고 더 나아가서 가장 공정하고 비편파적이어야 할 학계가 정치화하였기 때문에 문제가 제기된다고 보고 있으며 김광웅이나 김석준은 관료의 정치화, 정당화를 비판하면서 기존행정학의 성격이 한국권위주의체제의 변혁보다는 그 체제의 유지와 심화에 기여하는 측면이 보다 컸다는 점을 피력하고 있다. 김광웅, "비판행정학", 『한국행정학보』, 제20권 제1호, (1986), 85쪽. ; 김석준, "앞의 논문", 435쪽.

이러한 관점에서 이 글은 한국행정과 행정학의 새로운 이해의 패러다임을 설정하기 위한 노력을 시도해 보고자 하는 것이다. 또한 이러한 새로운 이해의 틀을 통해 우리 행정과 행정학의 문제들을 해소해 보고자 하는 것이다. 이를 위해 행정의 대 국민 신뢰성 제고, 전문성 강조, 부패와 부조리의 일소, 민주화, 행정의 자기주체성 정립 필요성, 생산성의 증대, 행정에의 참여도 증대, 행정 관료와 행정학자 간의 유대관계의 강화라는 틀을 설정하고 새로운 한국행정과 행정학의 토착화와 발전을 위한 논의를 전개하고자 한다.

1. 급변하는 대내 · 외 환경에 무기력한 우리의 행정

1) 새로운 경제 위기상황에 효율적으로 대응하지 못하는 우리의 행정

과거 한 시점에 한국의 대표적인 중견기업이 부도유예처분을 맞아 그의 파장을 둘러싼 여러 추측들이 모든 대중매체들을 압도한 바 있다. 그 이전에 이미 부도 또는 부도유예처분을 받은 중견기업들이 없었던 것은 아니나 한국 재계순위에서 10위권에 들던 내로라하는 대기업의 이런 예기치 않은 좌초는 그 기업이 가지고 있던 한국경제에의 비중을 고려해 볼 때 실로 심각한 일이 아닐 수 없었다.

1997년 11월에 밀어닥친 외환위기는 수출을 어렵게 만들었고 금융위기를 초래하였으며 그로인한 여파로 경기불황이 엄습하게 함으로서 한국의 내로라하는 간판기업들이 마치 서로 짜기나 한 듯 줄줄이 좌초하는 모양새를 나타냈다.[95] 그리고

95) 1997년과 1998년에는 한 해 동안 한보철강, 삼미그룹, 진로그룹, 대농그룹, 삼립식품, 한신공영, 기아그룹, 쌍방울그룹, 태일정밀, 해태그룹, 뉴코아, 수산중공업, 한라그룹, 고려증권, 청구그룹, 극동건설, 나산그룹, 거평그룹, 한일그룹, 쌍용그룹, 동아그룹, 고합그룹, 아남그룹, 신호그룹, 우방그룹, 새한그룹, 강원산업 등 대부분의 재벌 대기업들이 도산하였으며 이외에도 많은 기업들이 도산하고 법정관리를 받게 되었다. 특히 1998년 6월 18일에는 이헌재 금융감독위원회장은 이찬우 상업은행장이 참석한 가운데 기자회견을 가져 55개 기업 청산, 매각 방침을 발표하였다. 1999년 대우그룹은 과도한 인수 금융을 이용한 기업 확장이 원인이 되어 부채가 65조로 엄청나게 불어나 IMF 구제금융 사건 이후 정부의 엄청난 국고 지출에도 불구하고 해체되었다. 2000년에는 현대그룹의 '왕자의 난'과 유동성 위기로 현대자동차, 현대백화점, 하이닉스, 현대중공업, 현대해상, 현대산업개발, 현대건설 등으로 계열분리를 하였다. 은행들은 대규모 인수 합병이 이루어졌으며 이러한 도중 많은 기업들이 외국 기업에 헐값에 매각되는 등 국부의 유출이 심각하였다. http://ko.wikipedia.org/wiki/IMF_%EA%B5%AC%EC%A0%9C%EA%B8%88%EC%9C%B5_%EC%9A%94%EC%B2%AD

이러한 위기적 국면은 이 나라의 경제를 걱정하는 많은 사람들에게 그것이 결코 걱정으로만 끝날 일이 아니라는 사실로 더욱 옥죄어 오는 것을 느끼게 하였다. 언론매체에서는 이러한 한국경제의 상황을 위기로까지 표현하고 조속한 조치가 없을 경우 한국경제의 붕괴라는 최악의 상황으로 까지 치달을지 모른다는 불안스런 심기를 그대로 표출한 바 있을 뿐만 아니라 많은 국민들도 이에 대해 심리적 공감대를 같이 하였었다.

이런 사실을 아는지 모르는지 정치권과 정부의 경제 및 재정 관련부처들은 교과서적인 원칙론만 내세웠고 이렇다 할 시의적절한 처방전을 내 놓고나 이를 시행하려는데 매우 인색한 모양새를 보였다. 이런 정부의 우유부단하고 미적지근한 대응조치는 급기야 다른 대기업의 연이은 좌초라는 새로운 위기감을 국민들에게 심어주었을 뿐만 아니라 결국 외채상환에 실패하여 국가부도의 쓴잔을 들어야 했던 멕시코 짝이 나는 것이 아니냐 하는 조심스럽지만 현실로 다가오고 있는 체념 론 까지 고개를 들었다.

가파르게 끝이 없이 올라가고 있는 환율하며 아래가 어디인지 구분하지 못하고 급전직하로 내리 박히는 주가폭락, 피부로 체감되어 오는 장바구니물가의 급등, 천정부지로 치솟는 외채 액의 급등, 바닥을 드러낼 만큼 초라하게 비어가는 외환보유고의 하락세, 수출의 부진, 기업들의 투자위축, 그럼에도 불구하고 이러한 위기를 강 건너 불 보듯 하는 국민들의 분에 넘치는 소비행태 등은 지금까지 공들여 쌓아놓은 경제적 기적이 모두 물거품이 되는 것이 아니냐는 자조적 목소리까지 토해내게 만들었다. 그리고 이런 우려와 위기의식, 체념과 자조는 현실로 다가 오고야 말았다. 한때 '한강의 기적'으로 일컬어지면서 아시아의 용으로 많은 나라의 부러움을 샀던 한국의 경제는 빛을 잃고 바닥없는 심연으로 추락하는 지렁이의 신세로 전락하고 말았다.

한국정부의 방향을 잃고 우유부단하며 시의성을 상실한 경제정책과 기업과 금융기관의 구태의연한 행태는 한국경제의 국제적 신인도를 급속히 낮추게 하였고 국가위험도를 급속히 높게 만들었다.[96] 또한 이는 외환위기와 주식폭락사태로 이어

96) 세계 최대의 은행신용 평가기관인 '톰슨 뱅크워치' 는 12월 5일 한국내 부실기업과 금융기관들에 대한 우려를 반영, 한국의 국가위험도 등급을 'A'에서 'A마이너스'로 한 단계 낮췄다고 서울에서 수신된 성명을 통해 밝혔다. 톰슨사의 베티 스타키 이사는 성명에서 6백여 억 달러에 달할 것으로 예상되는 IMF의 긴급자금 지원에도 불구하고 한국에 대한 평가등급을 한 단계 낮췄다면서

지고 급기야 금융, 외환 대공황사태로 까지 이어지게 만들었다. 결국 한국경제는 국제통화기금(International Monetary Fund)의 긴급수혈을 받지 않으면 안 되는 빈사상태에 이르고야 만 것이다. 대한민국 국민의 높은 자존심과 긍지는 무참히 깨어졌을 뿐만 아니라 경제파탄에 수반되는 고통이 모든 국민에게 전가됨으로써 국민들의 생활의 질이 크게 위협받게 되었다.97)

이러한 국가의 안위에 엄청난 영향을 끼치고 국민의 삶의 질을 결정하는데 커다란 영향을 끼치는 나라의 경제가 이 지경에 이르도록 과연 우리의 경제 및 재정당국은 어디서 무엇을 하고 있었던 것일까? 그들이 종전까지 습관처럼 해왔던 관주도적 경제운용행태는 어디로 숨겨놓고 무책이 상책이라는 식의 안이한 입장에서 이러한 어려운 위기상황을 시장의 원리에 맡겨 놓으면 모든 것이 저절로 풀릴 수 있다고 주장을 했는데 아직도 그런 말이 유효한 것인지? 만약 그런 말이 유효하다면 지금까지 '정경유착'이다 '관치금융'이다 운운하며 시장에 깊이 개입하여 감 나라 곶감 나라 했던 그런 구태의 정당성을 어디서 찾을 수 있을는지? 그렇지 않고 그것이 사실이라면 많은 기업들과 금융기관들이 정경유착과 관치금융에 길들여 있다 새로운 위기상황에 효율적으로 대응치 못하고 마마보이모양 무능한 정부의 구원만을 애타게 기다리고 속수무책으로 있었다는 말인지?

백보 양보하여 과연 정부의 실패라고 규정짓는 현실을 시장이 해결해 낼 수 있다

"한국경제는 구조적 문제해결을 위한 시간을 벌었지만 앞으로 고통스러운 조정을 맞이하게 될 것" 이라고 예상했다. 『중앙일보』, 1997년 12월 6일.

97) 추락하는 한국의 경제를 시사주간지인 '뉴스위크'는 다음과 같이 기술하고 있다.
"한국인들은 과거 '은자(隱者)의 왕국'인 한국이 몽고·중국·일본 등으로부터의 잦은 외침(外侵)에 시달리던 수세기에 걸친 여명기에서 벗어나 이제는 진정한 산업 부국으로 부상하고 있다고 믿었다. 지난해까지만 해도 한국의 언론은 한국이 부자나라들의 클럽인 경제협력개발기구(OECD)에 가입한 것을 자랑스럽게 보도했다. 1인당 GNP가 처음으로 1만 달러를 넘어섰고, 한국 정부는 북한의 갑작스런 붕괴에 대비해 서독이 동독을 흡수 통일한 과정을 연구했다. 그러나 이제 그 '은자의 왕국'에 또다시 어둠이 다가오고 있는 것 같다. 많은 한국인들은 몽고족의 침입대신 국제통화기금(IMF)의 침입을 우려하고 있다. 지난 주말 한국은 IMF에 2백억 달러의 구제 금융을 요청함으로써 금융 체계 붕괴를 가까스로 모면했다. 그러나 그것만 가지고 위기가 해소되는 것은 아니다. 한국 정부의 단기 외채는 외환 보유고보다 무려 4백억~5백억 달러나 더 많다. 그리고 한국 기업의 약 절반은 금융 위기로 시달리고 있다. 지난 1월 이후 7개 재벌 기업이 파산했고, 앞으로 더욱 늘어날 전망이다..... 한때 아시아 경제기적의 상징으로 자긍심을 지녔던 한국인들에게 이번 사태는 지난날 일본에 나라를 빼앗긴 이래 최악의 국치(國恥)로 여겨질지도 모른다...... 더욱 굴욕적인 것은 한국 정부가 IMF의 도움을 받지 않기 위한 마지막 수단으로 일본과 미국 정부에 도움을 요청했지만 거절당한 것이었다." "Seoul Calls for Help", 『뉴스위크』, 1997년 12월 3일.

고 정말 믿었는지? 정말 믿었다면 어떤 근거에서 그렇게 믿게 되었는지? 실제로 이런 시장의 원리가 제대로 작동하지 않는 시장의 실패상황이 도래한다면 그때 우리의 정부기관들은 그에 대한 확실한 대안 책을 강구하고 있었는지? 그야말로 한 가지 제대로 된 답변을 얻어내지 못하고 가슴만 답답할 뿐 결과는 경제파탄이란 엄청난 재앙으로 우리 앞에 우뚝 서 있었던 것이다. 정말로 이런 위기상황에 정부와 행정은 실종된 것인가 혹은 무기력한 것인가? 속 시원한 대답이 들려오지 않는 현실에 안타까움만 더해졌던 국제통화기금 구제금융이 휩쓸던 당시의 우리 자화상이었던 것이다. 이런 한국행정의 위기상황은 불행하게도 경제문제에만 국한되는 것이 아니었다.

2) 위기발생시 적실성과 시의성을 가진 대응조치를 저해하는 문화적 장애와 관련부처 간 그리고 기업과 해당관련기관간의 협력과 공조체제가 미비된 우리의 행정

① 위기발생시 적실성과 시의성을 가진 대응조치를 저해하는 문화적 장애

우리를 또 한 번 놀라게 한 것은 1997년 여름에 있었던 괌(Guam) 공항에서의 우리 국적 항공사여객기의 참사사고 소식이었다. 220여명이 넘는 고귀한 생명들이 이억 만 리 먼 땅에서 유명을 달리했다. 현재까지 나온 추락 사고의 원인들은 아열대성 비가 쏟아져 시계가 극히 불량하고 돌풍 성 난기류가 형성되는 등 악천후와 비행 상황에 대한 조종사들의 판단착오와 괌 공항의 관제시설과 관제사들의 관제능력에 문제가 있었던 것으로 밝혀지고 있다.

이 중에서 조종사들의 비행 상황에 대한 판단착오를 가져오게 한 것은 여러 가지가 있었다. 우선 조종사들은 좀 더 아래로 내려가면 활주로가 보일 것이라 생각을 했지만 활주로는 보이지 않았다. 당시 괌 공항 인근 지역은 비가 많이 내리는 상황이었고 새벽이어서 시계 사정이 좋지를 않았다. 그리고 강한 돌풍 성 난기류가 세차게 몰아치고 있었다. 이렇게 비행시계가 불량인 상황에서 여러 비행계기에 대한 정보를 이해하고 판단하고 결심을 하는데도 많은 어려움이 따랐다.

한 가지 예로 '지상접근경보장치'(Ground Proximity Warning System : GPWS)의 경고를 조종사들의 판단착오로 가볍게 들은 것이다. 지상과의 충돌을 방지하는 장치는 착륙에 관한 결심고도를 알려주는 것으로 결심고도에 도달하였음을 이 장치는 지속적으로 경고를 하였지만 조종사들은 활주로와 가까워지면서 하는 경고라고 잘못 생각하였다. 통상적으로 조종사들은 결심고도까지 내려와서 활주로가 보이지 않으면 복행(Go around)[98]하는 것이 일반적인 관례이다. 그러나 조종사들은 이러한 조치를 취하지 않았다. 뒤늦게 상황의 심각성을 인지하고 복행을 위해 기체를 상승시키는 동작을 취했지만 이미 때는 늦었다. 비행기의 기체가 산과 부딪치고 만 것이다.

> 그는 활주로를 찾고 있었지만 보이지 않았다. 1초 후에 충돌 방지 장치에서 전자음성이 들려왔다. "500피트." 비행기는 지상 500피트 위치에 있었던 것이다. 그 위치에서 활주로가 안 보일 리가 있을까? 2초가 지났다. 기관사가 "어!"라며 놀라는 투로 말했다. 오전 1시 42분 19초. 부기장이 말했다. "착륙을 포기합시다." 조종간을 당기고 하늘로 올라가 큰 원을 그린 다음 다시 착륙을 시도하자는 얘기였다. 1초 후에 기관사가 말했다. "안 보이잖아." 부기장이 덧붙였다. "안 보이죠? 착륙 포기!" 오전 1시 42분 22초. 기관사가 다시 말했다. "올라갑시다." 오전 1시 42분 23초. 기장이 대답했다. "고 어라운드(착륙포기)" 하지만 그 비행기를 추락으로부터 건져내기엔 이미 늦었다. 오전 1시 42분 26초. 대한항공 801편은 공항의 남서쪽 4.8킬로미터 지점에 있는 아산 니미츠 힐(Nimitz Hill)의 언덕을 들이받았고, 6,000만 달러에 달하는 21만 2,000킬로그램짜리 강철은 시속 160킬로미터의 속도로 암석지대에 처박혔다.[99]

사고 당시 국내언론들은 사고원인을 관제실수로 보도했지만, 이 사건을 주도면밀하게 조사를 하고 그 결과를 발표 한 '미국연방교통안전위원회'(National Transportation Safety Board : NTSB)는 항공사측과 '미국연방항공청'(Federal Aviation Administration : FAA) 모두의 잘못으로 판정을 내렸다. 항공사측의 잘못은 사고기 조종사들의 판단착오를 가져온 여러 요인들을 근거로 하여 조종사 양성방식에 문제가 있다는 점을 지적을 하였고, 미국연방항공청의 잘못은 '최저안전고도경보장치'(Minimum Safe Altitude Warning : MSAW)[100] 관리 등에서 비롯된 문제점을 제기하였다.

여기에 덧붙여 국내 언론들은 항공사측의 안전 분야에 대한 관심부족 역시 이번

---

98) 착륙 중이던 비행기가 착륙을 포기하고 상승하는 것을 의미한다.
99) 말콤 글래드웰, 『아웃라이어』 (서울 : 김영사, 2009), 210-211쪽.
100) 이것은 최저안전고도 경보장치로 비행기의 고도가 비정상적으로 낮은 경우 관제사에게 경고를 주고 이 경고가 조종사에게까지 주어지게 된다.

사고의 한 원인이 되었다는 보도를 하였다. 여러 가지 면에서 위험부담이 상대적으로 높은 심야에 비행을 강행했으며, 나아가 조종사들이 제대로 휴식을 취하지 못할 만큼 무리한 운항스케줄로 강행을 했으며, 그리고 괌 공항의 관제시설의 낙후와 관제능력의 미비 그리고 결정적인 '활공각지시기'(Glide Slope : GS)[101] 등의 고장을 알면서도 운항을 계속했던 것은 여름 성수기를 맞이한 항공사가 승객의 안전보다는 이윤극대화라는 기업마인드에 더 큰 비중을 둔 그래서 결과적으로 승객의 안전을 가벼이 여긴 탓이 아니냐는 볼멘 유족이나 일부 국민들의 비판의 소리를 일고의 가치도 없다고 접어 둘 순 없을 것이다.

말콤 글래드웰(Malcolm Gladwell)도 조종사들이 제대로 휴식을 취하지 못할 만큼 무리한 운항스케줄에 따라 운항을 하여 피로가 누적이 되면 정확한 판단력이 부족하게 되어 이것이 사고와 직결이 된다는 점을 지적하고 있는데 이것도 앞선 주장과 맥을 같이 하는 것이다.

> 추락사고 중 압도적으로 많은 사고가 지연된 비행에서 발생하며, 이 경우 파일럿은 대개 서두르게 된다. 파일럿이 12시간이나 그 이상을 운항하는 바람에 피로가 누적돼 정확하게 판단할 수 없었던 경우도 전체사고의 52퍼센트를 차지한다.[102]

실제로 우리 국적 항공기의 괌 추락 사건을 조사한 사람 중 하나인 말콤 브레너(Malcom Brenner) 역시 이번 사고의 한 원인이 기장의 피로였다고 주장을 하여 앞선 말콤 글래드웰의 주장에 무게를 실어주고 있다.

> 그는(기장) 전날 아침 6시부터 잠을 자지 못했다......... "피로도 한 원인이 됐죠. 그 코스는 왕복비행입니다. 한국 시간으로 새벽에 비행기를 타고 착륙한 다음, 지상에서 몇 시간 보내고 해가 떠오를 때 다시 나가는 거죠. 기장은 한 달 전에도 그런 비행을 해봤습니다. 그때 그는 1등석에 앉아서 잤죠. 그런데 이제 다시 비행해서 들어가는데 그는 매우 피곤하다고 말하고 있습니다."[103]

---

101) '계기 착륙장치'(Instrument landing system : ILS)는 '로컬라이저'(Localizer)와 활공각 지시기인 '글라이드 슬로프'(glide slope : GS)으로 나눠지는데, 로컬라이저는 비행기의 기축을 활주로와 일치하게 해주며 글라이드 슬로프는 비행기를 활주로까지 안전하게 하강 할 수 있게 해준다. 사고 당시 괌 공항의 로컬라이저는 작동했으나 글라이드 슬로프는 1-2달 전부터 사용할 수 없는 상태였다.

102) 『앞의 책』, 211쪽.

103) 『앞의 책』, 245쪽.

또한 그는 이에 덧붙여 사고기의 조종사들[104]의 판단착오를 가져온 조종사들 간의 의사소통상의 문제도 사고의 한 원인을 제공했다는 점을 강하게 지적하고 있다. 그는 비행기의 추락 사고를 유발하는 실수들은 예외 없이 팀워크나 의사소통에서 수반되는 문제들 때문이라고 주장을 하고 있는 것이다.[105]

강한 유교 문화적 정서가 흐르고 있는 조종실 내의 위계질서가 위기 시 시의성과 적실성을 가질 수 있는 의사소통을 막았다는 주장인 것이다.[106]

> 승무원들 사이에는 선배가 은퇴할 때 후배가 식사를 대접한다거나 선물을 제공하는 풍습이 있다. 한 전직 조종사에 따르면 상당수 조종실의 분위기가 '기장이 책임지고 자신이 원하는 방향으로, 자신이 생각하는 대로 비행기를 조종하고 다른 사람은 조용히 앉아서 아무것도 하지 않는 것'이었다고 한다.[107]

부기장이 기장의 실수를 위계질서라는 눈에 보이지 않는 압력에 눌려 제대로 지적하지 못한다거나[108], 유교문화에서 강조하는 겸손과 체면에 길들여져 위기 시 자신의 실수를 감지하지 못하는 기장에게 부기장이 상황의 심각성을 가감 없이 진솔하게 직언을 하여 이를 깨우치게 하지 못하거나, 자신의 잘못을 지적받았을 경우 아랫사람의 진언을 감사하게 수용하지 않고 자신의 권위와 체면을 생각해 이를 일

---

104) 사고기의 기장은 공군에서 제대를 한 후 항공사에 입사를 하여 거의 4년간 파일럿으로 일해왔는데 그때까지 그의 비행시간은 총 9,800시간에 달했으며 그 중 3,200시간은 점보기를 조종했다. 사고 나기 몇 달 전에는 낮은 고도에서 고장 난 점보기의 엔진을 훌륭하게 다뤄 항공사로부터 상을 받기도 했다. 그는 괌 공항과 김포 공항 사이를 여덟 번이나 운항 한 경험이 있었기 때문에 공항과 그 주변 지형을 잘 알고 있었다. 『앞의 책』, 208-209쪽.

105) 『앞의 책』, 212쪽.

106) 기어트 홉스테드(Geert Hofstede)는 우리가 성장해온 공동체의 문화적 환경을 통해 우리의 언어나 행동이 영향을 받는다는 점을 분명히 하고 있다. Geert Hofstede, *Culture's Consequences : Comparing Values, Behaviors, Institutions, and Organizations Across Nations* (Thousand Oaks, CA : Sage Publications, 2001). ; 『앞의 책』, 236쪽에서 재인용.

107) 『앞의 책』, 247쪽

108) 기어트 홉스테드는 권력 간격 지수(Power Distance Index : PDI)라는 지수로 이를 설명하고 있다. 이 권력 간격 지수는 특정문화가 위계질서와 권위를 얼마나 존중하는지를 나타낸다. 이 지수를 가지고 조종사들을 측정 해 본 결과 상위 5위에 속하는 나라들은 다음과 같았다. 1위가 브라질, 2위가 한국, 3위가 모로코, 4위가 멕시코 그리고 5위가 필리핀이었다. 이 순위를 국가별 비행기 추락사고 발생 빈도와 대조하면 보기 좋게 맞아 떨어진다. 상대적으로 이 지수가 가장 낮은 다섯 나라는 미국, 아일랜드, 남아프리카공화국, 오스트레일리아, 뉴질랜드이다. Robert Helmreich & Ashleigh Merritt, "Culture in the Cockpit : Do Hofstede's Dimensions Replicate?," *Journal of Cross-Cultural Psychology*, Vol.31, No.3 (May 2000), pp.283-301 ; 『앞의 책』, 236쪽, 241쪽에서 재인용.

축해버린다거나, 또는 좋은 게 좋다는 식의 생각으로 실수를 두루뭉술하게 포장을 하여 애매모호하게 전달하는 완곡어법 식의 의사소통의 행태로 인해 신속하고 적절하게 처리를 했으면 별 탈이 없을 가벼운 실수도 결국 치명적인 큰 실수로 번지게 만드는 결과를 낳게 만든다는 것이다.

> 완곡어법과의 싸움은 최근 15년간 민간 항공사의 최우선 과제가 되었다. 대부분의 대형 항공사는 '승무원 자원관리(Crew Resource Management)'라는 훈련 프로그램을 실시한다. 이는 연차가 낮은 승무원이 자신의 의사를 분명하고 효율적으로 전달할 수 있게 해주는 훈련이다. 또한 많은 항공사가 상황이 나쁜 방향으로 흘러가고 있을 때 부조종사가 조종사의 권한을 양도받을 수 있는 절차를 마련하고 있다.......... 많은 항공 전문가가 최근에 항공 사고가 놀라울 정도로 감소한 이유는 이러한 완곡어법과의 싸움이 승리로 돌아갔기 때문이라고 판단한다.[109)]

이러한 이유로 해서 앞서 말했듯이 미국연방교통안전위원회는 항공사측의 잘못으로 사고기 조종사들의 판단착오를 가져온 조종사 양성방식에 문제를 제기했던 것이다. 권위적인 위계질서와 체면 그리고 애매모호한 완곡어법 식의 의사소통의 문제를 해결하지 못한 조종사 양성방식이 결국 이런 커다란 사고를 가져왔다는 것이 바로 그들의 시각이었던 것이다.

실제 한국행정에서 이러한 유사한 실 예들은 너무나 많다. 권위적인 위계질서에 압도되어 또는 체면 그리고 좋은 게 좋다는 식의 애매모호한 의사소통의 체질화는 위기 시 위기상황을 주도면밀하게 분석하고 파악하는 능력을 떨어뜨리게 만들고 이로 인해 올바른 결단을 내리지 못하게 만들어 버리는 것이다. 결국 위기 시 이를 극복하기 위한 시의성과 적실성을 가진 행정 조치를 내리는데 미숙한 행정을 낳게 되는 것이다.

② 위기 시 관련부처 간 그리고 기업과 해당관련기관간의 협력과 공조체제의 미비

이러한 문제점 이외에 사실 이런 참사를 통해 불거져 나온 문제이지만 항공기사고와 같이 대형사고이면서 국가의 이익과 직결되는 사고에 범정부적으로 대처할

---

109) 『앞의 책』, 227-228쪽.

수 있는 위기관리시스템 하나 제대로 작동하지 못했다는 사실 역시 행정의 또 하나의 실종을 지켜보는 것 같아 마음이 답답하다. 생존자와 사망자에 대한 소식조차 갈팡질팡하는 그리고 한술 더 떠 승객 자 명단조차 제대로 완벽하게 되어있지 않아 사후수습에 어려움을 더해 주었음은 항공관련부서들의 위기관리 적 능력의 일면을 보는 것 같아 실망과 불안이 앞서며 또한 이에 대한 제도적 보완이 시급히 요구됨을 절감치 않을 수 없다.

특히 관련부처 간에 그리고 민간기업과 해당관련기관간의 협력과 공조체제의 미비는 특히 이 사건에서 뼈아픈 각성을 요구하는 부문이기도 한 것이다. 맥칼프(L. Metcalfe)는 조직 간의 네트워크를 방향 잡는데 유용하게 활용되는 거시관리(macro management)와 각개의 조직 하나 하나를 방향 잡는데 유용하게 활용되는 미시관리(micro management)간에 문제가 발생될 때 조직 간의 협력능력(cooperation capacity)이 중요시된다고 하였다.[110] 특히 조직기능이 보다 상호의존적일 때 미시수준에서 집합적 행동(collective action)의 문제가 발생할 확률이 매우 높으며 이럴 경우 거시관리과정은 반드시 조정(coordination)을 필요로 한다고 주장을 하고 이때 동시에 모방(imitation) 과 혁신을 수행하여야 한다고 한다.

관리개혁의 모방적 업무는 전통적으로 조직연구의 초점이 되었던 미시적 조직능력을 높이기 위해 다른 관리아이디어를 적용시키는 것이고 거시적 과정으로서 혁신적 업무는 조직간 수준에서 구조변화를 다루기 위해 새롭고 완전히 구별되는 거시조직능력을 개발해 나가는 것으로서 이러한 혁신능력을 증대시키기 위해선 의존적 조직구조간의 협력과 상호조정이 매우 긴요함을 역설하고 있는 것이다.[111]

변동하는 조직 환경 속에서 조직의 목적을 이루기 위한 활동에 참여하는 자들간의 협력적 행동을 이끌어 내기 위해선 정보, 목표, 활동, 자원, 권력, 혹은 권위들을 서로 공유할 필요가 있다. 그러나 이러한 공유에는 여러 가지 기술적인 어려움이 수반되며 여기에 자원의 희소성과 법적, 윤리적 문제 등이 가미되어 더욱 어려움을 극대화시키게 된다. 따라서 이것을 제대로 극복하지 못하면 심각한 복잡성, 불확실성, 위험부담 등을 떠안게 되어 조직생존에 위협을 받게 된다. 바로 괌 공항

110) Metcalfe, L. "Public Management : From Imitation to Innovation", in J. Kooiman (ed.), *Modern Governance* (London : Sage, 1993), p.181.
111) *Ibid.*, p.183.

에서의 항공참사 시 우리 관련부처들 간의 업무협조 상에서 나타났던 문제점은 이와 그 맥을 같이 하는 것이다.

의존적 조직구조 간에 협력과 상호조정이 매우 긴요할 뿐만 아니라 정보, 목표, 활동, 자원, 권력, 혹은 권위 등을 서로 공유하고 교환해야 됐음에도 불구하고 그러한 기능들이 원활히 효과적으로 이루어졌다고 볼 수 있을 만한 사실이나 정황이 나타나지 않고 있음도 이를 뒷받침하는 것이다. 더욱이 참사 자에 관련된 법적, 윤리적 책임문제, 그리고 참사 자와 항공사 그리고 관련정부부처와 항공사간의 법적, 윤리적 문제들도 명료하게 해결되는 조짐을 보여주지 못하고 원점에서 맴도는 모양새를 보여주었다.

이러한 앞에서 열거한 복합적인 업무협조상의 문제점을 해결해 줄 수 있는 방안은 없는 것인가? 그러나 맥칼프도 지적했듯이 다행스럽게도 전략기획(strategic planning)과 정보기술(information technology)의 발전은 정책결정자나 관리자들로 하여금 이러한 어려움을 극복해 나갈 수 있게 해주고 있으며 과거보다 더 효과적으로 상호연계를 시켜 나갈 수 있게 해주고 있다. 여기에서 전략기획이란 조직은 무엇이며 왜 그것을 하여야만 하는가에 대해 지도를 하고 기본적인 의사결정을 형성하고 이에 따른 행동을 모색해 나가도록 하는 원칙적인 노력으로 볼 수 있다.112)

이 전략기획은 정보기술발전에 크게 의존하고 있다. 특히 집단의사결정지원체계(Group Decision Support Systems : GDSSs) 등에 크게 의존하고 있다. 전략기획의 과정은 핵심적인 의사결정자와 여론지도자를 결합시키며 이들이 조직의 가장 중요한 일에 초점을 맞추도록 하고 그 일을 해나가도록 하는 일을 수행한다. 전략기획의 기능은 전략적으로 사고하고 그로인해 효과적인 전략을 개발해내도록 하며 미래방향을 분명히 하고 오늘의 결정이 내일의 결과를 낳는다는 생각에서 오늘의 결정을 신중히 내리게 하고 의사결정을 위한 방어가능 한 기반을 제공해주며 조직통제 하에 있는 영역에 최대한의 재량권을 행사하게 하고 단위부서의 수준이나 기능을 넘나드는 의사결정과 경합되는 전략과 목표를 초월하는 희소자원의 배분도 이루어내며 주요한 조직문제의 해결과 조직성과의 개선, 신속히 변모되는 환경에 효과적으

112) Geert Bouckaert and Arie Halachmi, "Creating the Future Together : Developing and Using Shared Strategy Maps", Arie Halachmi, Geert Bouckaert (eds.), *The Enduring Challenges in Public Management : Surviving and Excelling in a Changing World* (San Francisco, CA : Jossey-Bass Publishers, 1995), p.248-249.

로 대처하고 팀워크와 전문성을 육성시키는 일에도 기여한다.

그렇다고 전략기획이 만능약인 것은 아니다. 이 전략기획은 권력과 권위를 지닌 지위에 있는 자의 지원이나 후원이 없이는 그리고 숙련된 전략기획팀이 없인 그리고 강력한 추진력이 없인, 또 기술적인 해결책 없인, 제안된 변화를 채택할 수 있을 만큼 충분하고 강한 지지 세력의 단결이 없인 그리고 집행을 하는 동안 이것을 보호할 수 있는 지지 세력이 없인 결코 성공 적으로 운영될 수가 없다.

이러한 맥락에서 보더라도 이번 이 사건에 있어 관련 유관기관간의 불협화음과 엇갈림은 반드시 시정되어야 하고 이를 위해 정부의 적절한 민간부문에 대한 규제 그리고 지도, 그리고 관련부서간의 유기적 업무협조, 그리고 숙련된 전략기획팀과 이를 지지하고 후원할 수 있는 강력한 리더십의 존재 그리고 더 나아가서 위기관리 능력의 제고 등이 요구되는 것이다.

이러한 돌발적 사태에 대한 협조적인 위기관리체계의 문제에 있어 우리의 행정에 위기적 요소가 있는 외에 또 다른 도전이 우리 행정을 기다리고 있다.

3) 급변하는 세계 경제 및 안보환경의 대처에 무기력한 우리의 행정

현재 우리한국을 둘러싸고 있는 대내·외적인 환경은 너무나 빠른 속도로 변화하고 있다. 그러나 정작 이런 변화를 파악하고 이에 대해 슬기로운 대처를 하여 국민들에게 이런 변화를 극복하게 하고 덧붙여 이익을 나누어 주어야 할 정부와 행정이 답보적인 자세를 견지하는 일면들이 나타나는 것은 바로 현재의 우리 행정의 불완전함이 아닌가 생각된다. 현실적응능력이 떨어지는 행정 그것이 바로 우리 행정이라고 한다면 무언가 이에 대한 근본적 해결방안이 강구되지 않으면 안 된다는 생각이 드는 것은 당연한 일 일 것이다.

현재 세계는 사회주의종언이후 치열한 경제 전쟁을 수행하고 있다. 정치적 이데올로기는 별반 의미가 없어진지 오래 되었다. 이제 중요한 것은 경제적 패권을 누가 장악하느냐 하는 것이다. 경제적으로 중심이 된 국가는 이 세계를 지배하고 제패할 수 있지만 이것을 상실한 국가와 민족은 그에 따르는 불이익을 고스란히 감수해야만 되는 시대에 우리가 살고 있는 것이다.

1991년 구(舊)소련의 붕괴로 미국은 세계 유일의 강대국이 되었다. 이것을 기화로 하여 미국은 세계경제질서를 자기에게 유리하게 재편하였다. 종전까지의 브레튼우드 체제로 불리는 '관세 및 무역에 관한 일반협정'(GATT)체제에서 벗어나 '세계무역기구'(WTO)체제로 전환시킨 것이다. 미국은 더 이상 세계시민을 부양하고 지켜주는 책임을 포기하였다. 미국의 국익과 직접적으로 관련되지 않는 경우 미국은 그에 대한 관심을 끊어 버린 것이다.

미국은 세계무역기구체제를 기반으로 하여 '북미무역공동체'(NAFTA)라는 범 경제 권역을 결성하여 일본이나 유럽에 대응할 수 있는 지역경제공동체를 결성하였다. 그리고 일본과 중국 그리고 동남아를 미국의 경제영향력의 범위내로 묶어두기 위해 '환태평양경제협력체'(APEC)를 결성하였다. 이런 지역경제연합체를 통해 미국은 자국의 경제적 이익을 극대화하기 위한 조치를 하나하나 추진시켜 나가고 있다.

그리고 개별적으로 지적 재산권문제나 통상문제 등을 가지고 후진개도국들을 공략하였다. 한국도 예외가 아니어서 한 때 슈퍼 301조 적용 등의 엄포수단 등을 동원해 한국의 주력전략상품인 반도체, 자동차, 섬유 등에 제동을 걸은 바가 있다. 그러면서 한국시장의 개방을 강력히 요구했던 것이다. 또한 자동차협상 등을 통해 관세인하나 배기량기준 과세의 배제 등 한국의 자동차관련조세제도의 개선을 요구하고 나왔으며, 궁극적으로는 한국자동차시장의 완전개방을 목표로 하고 있으며 이외에 한국금융시장의 개방 등을 강력히 요구하고 있는 실정이다. 최근에는 미국과의 자유무역협정(Free Trade Agreement : FTA)이 뜨거운 양국의 이슈가 되고 있으며 이것도 미국의 거센 입김으로 어떠한 방향으로 튈지 예측키 어려운 상황에 놓여있다.

사실 이러한 미국의 개방 압력은 1997년 11월에 발발한 외환위기와 같은 한국의 경제정책의 실패로 인해 더 빠르게 수용하는 결과를 어이없게도 낳고 말았다. '뉴스위크'(Newsweek)지는 이에 관해 "아시아 시장을 개방하는 데는 지난 몇 개월 동안 계속된 아시아의 금융 위기가 수십 년에 걸친 무역회담보다 더 큰 기여를 했다. 이번 사태는 아시아 각국의 경제 성장 전략, 즉 금융 시장 개방거부, 높은 관세, 그리고 공세적인 수출 촉진 등에 근본적인 수정을 하도록 압력을 가하고 있다."[113]고 논평함으로써 한국도 금융위기를 핵으로 하는 경제파국으로 인해 종전까지 적극적인 개방에 소극적이었던 자세를 버릴 수밖에 없게 되었음을 지적하고 있다.

113) "Seoul Calls for Help", 『뉴스위크』, 1997년 12월 3일.

미국의 이러한 통상압력은 한국만으로 국한된 것은 아니다. 일본, 중국뿐만 아니라 유럽에 대한 압력의 강도 역시 높기만 하다. 미국은 이미 정치적 이데올로기와는 결별한 것 같다. 그러한 실 예로 중국 반체제인사인 '해리 우'문제를 들 수 있다. 천안문사태로 빚어진 중국과의 불편한 관계는 중국 반체제인사인 '해리 우'문제로 더욱 악화되는 조짐을 보였다. 클린턴 행정부는 이런 사태가 해결되지 않는 한 중국에 대한 최혜국대우(Generalized System of Preferences : GSP)[114]는 연장될 수 없다고 하였으나 결국 미국은 중국이라는 큰 시장을 포기할 수 없는 관계로 해서 중국에 대한 인권문제를 접어두고 최혜국 대우를 연장해 주었던 것이다.

미국의 현실적 시각은 한국전, 월남전 등을 통해 쏟아 부은 엄청난 전비 그리고 마셜 플랜(Marshall Plan) 등으로 표현되는 유럽과 아시아의 경제 부흥 지원, 그리고 무역 및 관세에 관한 일반협정체제 등을 통해 유럽과 일본 그리고 후진개도국 등으로 빠져 나간 엄청난 부로 인해 3조 달러가 넘는 적자재정을 이끌어 나갈 수밖에 없는 빚에 쩌든 나약한 미국을 져버리고 강력한 미국 그리고 다시 재도약하는 경제대국 미국으로의 길로 내닫기 시작했다고 볼 수 있는 것이다.

이런 미국의 움직임에 대해 유럽이나 일본, 중국 등의 경제권도 대응 적인 조치를 모색하고 이를 실행에 옮기고 있다. 거대화된 미국의 경제와 이를 추격하는 일본의 경제에 대적하기 위해 이미 유럽은 하나로 뭉치기 시작하였다. 유럽연합(EU)으로 표현되는 이 경제동맹체는 사회주의의 거추장스런 옷을 벗어버린 동유럽까지 자신들의 경제동맹에 가입시키면서 세를 불리고 있고 나름대로 미국과 일본 그리고 나아가 중국과의 경제 전쟁에서 비교 및 경쟁우위를 점하기 위해 노력을 하고 있다. 과거 미국의 보잉사와 맥도널 더글라스(MD)사의 합병에 강력히 대항했던 것도 이와 맥을 같이 하는 것이다.

유럽뿐만 아니라 존 나이스비트(John Naisbitt)도 예측했듯이 중국을 중심으로 한 중화경제권이 급속도로 발전 팽창하고 있다.[115] 중국의 1억에 가까운 화교들의 경제력이 하나의 경제적 네트워크를 형성하면서 새로운 경제적 실체로 떠오르고 있

114) 선진국이 모든 개발도상국에서 수입하는 제품이나 반제품에 대해 아무런 대가를 요구함이 없이 일반적, 무차별적, 비상호주의적으로 관세를 철폐하거나 또는 낮은 관세를 부과하는 것을 뜻한다. http://ko.wikipedia.org/wiki/GSP

115) John Naisbitt, *Megatrend 2000* (New York : Smithmark Publishers, 1996). ; John Naisbitt, *Megatrends Asia* (New York : Simon & Schuster, 1997).

다. 더욱이 13억이 넘는 인구를 가지고 있고 국토면적도 미국과 유사한 중국이 엄청난 속도의 경제성장을 축으로 하여 중화경제권의 대부노릇을 하겠다고 나서고 있다.

미래학자인 존 나이스비트는 중국이 현재의 성장세를 유지한다면 2050년 세계의 중심으로 우뚝 설 것이라는 주장을 내 놓고 있다.[116] 그리고 세계은행, 그리고 미국의 골드만삭스나 JP모간의 통계에 의하면 중국이 현재의 정치적 안정을 유지하면서 현재의 10%가 넘는 고도경제성장을 유지한다면 세계 제2의 경제대국인 일본은 물론이고, 2030년경에는 세계 제1위인 미국의 경제를 압도 할 것이라는 예측[117]을 공공연히 내놓고 있으며, 중국 자체의 통계를 통해, 중국 자신 역시 이러한 사실에 대한 강한 자신감을 드러내놓고 있다. 실제적으로 이러한 말은 말로 끝난 것이 아니라 행동으로 실천이 되었다. 2010년인 올해 중국은 일본의 경제를 추월함으로써 절반의 성공을 거두었다.

> 이강(易綱) 중국 인민은행 부행장 겸 국가외환관리국장은 지난달 30일 "중국이 올해 상반기에 일본을 제치고 세계 2위의 경제 대국이 됐다"고 말했다. 중국 관리가 일본을 추월했다고 언급한 것은 이번이 처음이다. 중국사회과학원 금융연구센터 왕쑹치(王松奇) 부주임은 "작년 말 중국 GDP(국내총생산)는 4조9850만 달러로 일본의 5조680억 달러에 약간 미달했지만 중국은 올 상반기에 11.1% 성장해 이미 5조5384억 달러에 이른다"면서 "오는 8월 중순에 일본의 상반기 GDP 수치가 발표되면 일본이 중국에 추월당한 사실이 명백해질 것"이라고 홍콩 문회보(文匯報)에 말했다. 일본의 상반기 GDP 총액은 올해 성장률 목표치 2.6%를 적용할 경우 5조1998억 달러에 불과하다. 성장률 5%를 적용해도 5조3214억 달러에 그쳐 중국에 못 미친다.[118]

엄청난 잠재력을 유감없이 드러내는 이런 모양들은 우리와 같은 조그만 나라들

---

116) 존 나이스비트·도리스 나이스비트 지음, 안기순 옮김, 『메가트랜드 차이나』 (서울 : 비즈니스북스, 2010). ; John Naisbit and Doris Naisbitt, *China's Megatrends : The 8 Pillars of a New Society* (New York : HarperCollins Publishers, 2010).

117) 영국의 국립경제사회연구소(NIESR)는 지난 7월 말 발표한 보고서에서 "중국 GDP 총액이 2019년에 미국을 추월할 것"이라고 예측했다. 보고서는 중국의 올해 성장률을 11.6%, 미국은 3.1%로 예상하고 "중국이 앞으로 연평균 8%씩, 미국이 3%씩 성장한다고 가정하면 중국이 미국을 추월하는 데 9년이면 충분하다"고 계산했다. 이는 지금까지 나온 '중국의 미국 추월 시나리오' 가운데 가장 짧은 기간이다. 세계은행과 도이체방크는 2020년, 골드만삭스는 2027년, JP모간은 2020~2025년 중국이 미국을 추월한다고 예상했었다. 『조선일보』, 2010년 8월 2일.

118) 『조선일보』, 2010년 8월 2일.

에겐 보는 시각에 따라선 엄청난 위협으로 다가서는 것이다.

일본 역시 그들의 속마음을 내비치고 있다. 지금은 잃어버린 10년 혹은 20년이라 하여 한 풀꺾인 모양새를 보이고 있지만 얼마 전만 해도 미국의 경제력을 압도하겠다는 패기만만한 속마음을 여과 없이 그대로 드러내기도 하였다.[119] 1인당 총 국민생산에서 미국을 제압하고 나아가 가까운 시일 안에 국민총생산 역시 미국을 제압하겠다는 속마음을 단단히 내 비춘바 있으며 이런 경제적 자신감은 일본열도를 보수 우경화시켰다. 고이즈미 준이치로 총리 휘하의 내각각료 중에 상당수가 전범자의 위패가 안치된 야스쿠니신사를 공공연히 참배하였을 뿐만 아니라 고이즈미 준이치로 총리는 직접 자신이 신사를 공공연히 참배를 하여 주변 국가들을 필요 이상으로 자극하였다. 중국의 팽창적인 군현대화계획에 대응하기 위함이라는 명분으로 일본의 해군력과 공군력을 증강시키기도 하였다.

미국은 자신들의 경제적 이익과 안보적 이익을 극대화하기 위해 서태평양의 상당한 부분을 일본이 미국을 대신해 방위해 줄 것을 요구하고 있으며 은근히 일본의 팽창정책을 부추기는 일면도 감지되고 있는 것이 현금의 실정이다. 또한 이에 대한 반대급부로 일본은 미국과 서방에 대해 유엔 안보보장이사회의 상임이사국자리를 요구하는 일면도 없지 않음을 알 수 있다. 그리고 최근 일본이 제기하고 나서고 있는 직선기선원칙에 의한 영해의 확대조치와 독도에 대한 영유권 주장 그리고 러시아와 관련된 시할린 북방 4개 도서 문제 그리고 중국과 관련된 센카쿠 열도 문제 등도 바로 일본의 해양주권을 확대하기 위한 야심이라고 밖에 볼 수 없으며 이는 일본의 경제력확대와 긴밀히 연관되어 있다는 점에서 향후의 일본에 의한 경제적 침탈에 촉각을 곤두세울 수밖에 없는 것이다.

세계경제중심으로 무서운 속도로 부상하고 있는 중국과 경제대국 일본 사이에서 오도 가도 못하는 샌드위치 신세를 면하고 나름대로의 차별성을 제시하면서 국가

119) 가장 대표적인 인물이 보수 우경인사이며 극우 정치인인 이사하라 신타로를 들 수 있다. 모리타 아키오 와 공저를 하여 발간한 『NO라고 할 수 있는 일본』이나 와타나베 쇼우이치·오가와 카즈히사와 공저를 하여 발간한 『그래도 NO라고 할 수 있는 일본 : 일본·미국 양국 간의 근본 문제』 그리고 『선전포고 NO라고 할 수 있는 일본 경제 : 미국의 금융 노예로부터의 해방』 등에서 그의 미국에 대한 생각과 일본에 대한 맹목적 애국의식을 엿볼 수 있다. 이시하라 신타로 지음·황인권 옮김, 『단호히 NO라고 말 할 수 있는 일본』 (서울 : 세계일보사, 1992). ; 이시하라 신타로 지음·이용덕 옮김, 『선전포고 NO라고 말할 수 있는 일본 경제 : 미국의 금융 노예로부터의 해방』 (서울 : 제이앤씨, 2004).

의 경쟁력을 높여나가기 위해선 21세기 세계 환경이 요구하는 조건을 충족시켜 나가지 않으면 안 된다. 바로 그러한 도전의 중심에 정부가 있는 것이다.

> 한국경제는 중국과 일본 사이에서 넛크래커(nutcracker) 상황으로 인한 힘겨운 경쟁을 해나가고 있다. 저비용 국가인 중국과 경쟁을 해야 하는 동시에 경영능력, 시장의 이해, 기술 부문에서 우위에 있는 일본과 경쟁을 해야 한다. 경제적 넛크랙커를 극복하고 경쟁력을 유지하기 위해서, 한국은 21세기 환경에 맞는 비전을 수립해야 한다.120)

이와 같은 우리를 둘러싼 주변국들의 경제적 압력에 우리는 어떻게 대처하고 있는가? 이에 대해 우리는 우리 정부가 잘 대응하고 있다고 후한 점수를 주는데 인색할 수밖에 없다. 왜냐하면 우리 정부는 이러한 도전에 효율적으로 대응하고 있다고 볼 수 없기 때문이다.

하나의 예로 일본이 직선기선에 의한 영해확대조치로 한국 어선들의 확대된 영해침범을 범죄행위로 다스린다는 공표가 있자 우리정부는 대외적인 선언이나 공표방식이 아닌 외교적 비밀문건으로 이에 항의했을 뿐 실제적으로는 우리 어민들에겐 확대된 영해 안으로 들어가 어로활동을 자제해 줄 것을 당부하는 극히 이중적이고 애매하고 미온적인 조치를 취하였을 뿐만 아니라 일본정부에 대해서도 그들의 주장이 부당함을 적절히 지적하고 이를 국제사회문제로 비화시켜 다국적인 그리고 국제적인 압력행사의 장으로 일본을 내모는 적극적 행위를 하지 못하였다.

이것은 어로활동이란 한 부분의 문제가 아니라 한국과 일본 간의 주권문제가 서로 얽힌 보다 복잡 미묘한 문제라는 점에서 매우 중요하고 민감한 문제인데 이에 대한 정부의 조치는 너무나 미온적이라는 것이 항간의 일반화된 인식이다.121)

또한 남북문제도 이러한 맥락에서 고찰해 볼 수 있다. 1994년의 제네바 핵합의122) 이후 우리나라는 북한에 대해 많은 지원을 해왔다. 북한의 한국정부에 대한

---

120) 부즈 앨런(Booz Allen) & 해밀턴(Hamilton), 『한국보고서』(서울 : 매일경제신문사, 1997). ; 이철규, 『한국행정의 이론과 실제』(서울 : 법문사, 2007), 40쪽.

121) 일본은 이후 한일 간의 어로협정 자체를 무력화시키는 조치를 취하였다. 국제적 관례로 볼 때에도 그리고 외교상의 상대국에 대한 예의차원에서도 결코 용납하기 어려운 처사로 평가되는 이번 사태도 여러 가지 시각에서 해석이 분분할 수 있겠지만 결국 한국정부의 보다 신속하고 효율적인 위기관리능력의 부재가 가져다준 결과로 평가하는데 이의가 없을 것이다.

122) 제네바 합의(Agreed Framework between the United States of America and the Democratic People's Republic of Korea)는 미국과 북한이 북한의 핵개발 포기, 북미수교, 북한에 대한 에너지 공급을

지나칠 이 만큼 심한 거부감과 적대감에도 불구하고 대북지원은 민간베이스를 기반으로 하여 대한적십자사 등을 통해 입체적으로 이루어졌다. 사실 현재와 같은 국제정세를 감안할 때 북한을 실질적으로 도울 수 있는 나라는 한국밖에 없다는 것은 부인할 수 없는 사실이다. 그럼에도 불구하고 북한은 한국을 철저히 배제하는 전략을 강하게 지속하고 있다.

이미 북한은 한국전쟁을 휴전체제로 이끈 정전협정을 헌신짝 버리듯 내동댕이쳤다. 그리고 핵개발을 협박수단으로 하여 결과적으로 한국에게 50-60억 달러에 달하는 경수로를 북한 땅에 세우도록 만들었다. 원래의 안에 따르자면 한국, 미국, 일본 등으로 컨소시엄형태를 지닌 '한반도에너지개발기구'(Korean Peninsula Energy Development Organization : KEDO)라는 기관을 통해 경수로를 건설하기로 하였고 이에 대한 재정부담은 3개국의 협의 하에 분담토록 되어있었다. 그러나 미국과 일본의 분담에 대한 소극적 자세로 인해 한국이 중심이 된 북한에서의 경수로건설이라는 상징적 명분을 위해 모든 건설비용을 거의 다 떠맡다 시피 하였다. 그럼에도 불구하고 한국은 정전협정체제와해의 후속적 조치를 위한 협상이나 경수로건설에서 완전히 봉만되고 뒷전에 나 앉아 있었다. 북한은 미국과의 관계만을 노골적으로 고집했고 한국에 대해서는 눈초리하나 던지지 않았다.

오히려 그들은 경수로건설은 시혜가 아니고 자신들의 흑연감속로를 대치하는 조건으로 받아들이는 것이기 때문에 마땅히 부담 없이 받아야 할 것으로 생각하였다. 받는 쪽에선 오히려 고자세고 주는 쪽에선 저자세인 이런 기이한 현상을 어떻게 설명 할 수 있을 것인지? 물론 이러한 모든 것이 한반도에서의 전쟁발발을 예방하고 평화를 얻기 위해 그리고 미국과 같이 한국의 안보를 챙겨가야 하는 부득이한 상황에서의 어쩔 수 없는 조치였다고 말하지만 이런 한두 가지 예를 보아도 얼마나 우리의 외교적 역량이 부실한지 알 수 있다.

더욱이 2000년에 한국 대통령이 북한을 방문하여 최초의 남북정상회담을 하고 6·15 남북 공동선언을 채택하였다. 그리고 2007년에 2차 남북정상회담이 개최되어 남북관계 발전과 평화번영을 위한 선언을 채택하였다. 이로 인해 남과 북은 표면상

주 내용으로 하여 1994년 10월 21일에 한 외교적 합의이다. 이 합의는 북한의 핵무기 개발로 인해 2003년 전격적으로 파기되었다. http://ko.wikipedia.org/wiki/%EC%A0%9C%EB%84%A4%EB%B0%94_%ED%95%A9%EC%9D%98

으론 종전까지의 대결구도에서 벗어나 남북공동번영과 민족화해 나아가 평화통일의 기반을 다지는 초석을 놓게 되었다. 일명 '햇볕정책'으로 표현되는 적극적 포용정책이 실시되었으며 이를 위해 많은 시혜적 조치들이 북측에 제공이 되었다. 그리고 많은 남북 간 경제협력이 이루어졌으며 금강산 관광 도 이루어졌다. 경제협력의 상징으로 개성공단을 열거할 수 있을 정도로 상당한 수준의 남북 상생의 조치들이 이루어졌다.

그러나 10년 동안 취해진 이러한 햇볕정책의 결과는 너무나 참담한 것으로 하나하나 드러나고 있다. 북한은 표면상으로 드러나는 것과는 달리 은밀하게 핵개발을 지속했으며 한국을 무력으로 제압하기 위한 수단으로 비대칭전력을 꾸준히 증강시켜 온 것이다. 2002년 10월 제임스 켈리(James Andrew Kelly) 미국 특사의 방북을 계기로 불거진 제2차 북핵 위기로 인해 1994년에 체결된 제네바 합의가 휴지조각이 되었다. 정확히 뒤통수를 맞은 것이다.

북한의 핵개발을 저지하기 위해 6자 회담이 실시되었으나 북한의 핵무기 보유에 대한 강한 의지에 의해 효과를 거두지 못했다. 결국 북한은 2005년 2월 10일 공식적으로 핵무기 보유를 대내외적으로 선언을 하였고, 2006년 10월 9일 1차 핵실험을 실시하였다. 그리고 국제사회의 강력한 만류에도 불구하고 2009년 5월 25일 함경북도 길주군 풍계리 인근에서 제2차 핵실험을 강행하였다. 북한은 제2차 핵실험이 있기 전 4월 5일 장거리 미사일을 발사함으로서 한반도 주변에서 긴장의 수위를 높였고 제2차 핵실험 직후 단거리 미사일을 발사하여 위기의 강도를 최고조로 고조시켰다.

그리고 이러한 긴장 속에서 2008년 7월 11일 군사 경계지역을 침범하였다는 이유로 무고한 금강산 민간 관광객을 총기로 살해하고, 급기야 2010년 3월 26일 서해에서 어뢰를 발사하여 해군 초계함인 천안함을 침몰시켜 46명을 사망케 하는 기습공격을 감행하였다. 천안함 사태 이후의 남북관계는 긴장국면으로 빠르게 진행되고 있다.

이러한 일련의 남북관계의 흐름을 지켜보면서 우리의 외교, 안보관련 부서들이 과연 적절하게 북한의 의도나 실체를 제대로 파악을 하고 있었는지, 그렇지 않고 막연히 남북평화공존의 들뜬 분위기에 흠뻑 젖어있었던 것은 아닌지 하는 의구심이 드는 것이다.

북한의 핵개발의혹을 지속적으로 알고 있으면서도 천문학적인 돈을 북한으로 보내고, 6자 회담을 통해 어떤 효과적인 결실하나 거두지 못하고 공전만 거듭하고, 민족적 성전 운운하며 북한이 도발을 공공연하게 선포하는 시점에서 무방비로 경계에 실패하여 천안함사태가 일어나 귀중한 생명을 잃고 안보의 허점을 드러낸 것 등은 이러한 생각을 더욱 강하게 만드는 것이다.

과연 우리의 외교, 안보관련 부서들의 노력은 어디에 있는 것일까? 우리의 국익을 극대화시키려는 노력이 이런 정도에 머무르는 것인지? 이런 자조적 의구심이 자연스럽게 나오는 것이 오히려 정상으로 느껴진다면 뭔가 잘못됐어도 한참 잘못된 것이다. 국가안보란 일국에 있어 가장 중차대한 사안이다. 이를 가볍게 여길 수는 없는 것이다. 따라서 아무리 첨예하게 대립되는 사안이 있다하더라도 우리의 국가안보와 국가이익을 위해선 양보할 것과 양보할 수 없는 것이 분명히 있는 것이다. 이를 명확히 이해해야 할 것이며 이런 목적을 확보하기 위한 전략과 전술을 머리를 모아 지혜롭게 짜내어야 할 것이다. 현재 우리의 눈에 비치는 안보, 외교 분야의 정부정책은 우리의 기대를 충족시키는데 부족한 일면을 너무나 많이 지니고 있다.

2. 소용돌이치는 국내 · 외 환경적 도전에 우리 정부와 행정학계가 새로운 이해의 틀로 슬기롭게 응진하기 위해선

이상에서 살펴보았듯이 우리의 정부는 대내 · 외적으로 급변하는 여러 환경적 요인들에 의해 엄청난 도전에 직면해 있다. 종전까지의 관례와 사고로는 도저히 해결할 수 없는 그런 문제들이 산적해 있는 것이다. 문제의 크고 작음과는 관계없이 이 모든 것이 행정을 통해 해결되어야 한다는데 문제의 심각성이 있는 것이다. 지금까지 많은 유능한 행정 관료들과 학자들에 의해 행정에 불어 닥친 문제들을 해결해 왔다. 그러나 이러한 노력만으로는 앞으로 닥쳐 올 새로운 문제들에 실 효력 있는 처방전을 모두 제시할 수 없다. 보다 근본적인 사고의 대전환이 요구되는 까닭이 바로 여기에 있는 것이다. 이제 행정을 보는 눈이 달라져야 한다.

1) 우리 행정부의 대 국민 신뢰성 제고

종전까지 행정이란 정부 관리를 보다 능률적이고 효과적으로 이루어내는 것으로 생각해 왔고 신행정학(New Public Administration)등의 영향으로 여기에다가 사회적 형평(social equity)이란 개념을 더해 평등의 가치를 민주행정의 또 다른 한 축으로 여겨 왔었다. 그러나 현실적인 문제들을 해결하기 위해서는 능률, 효과 그리고 형평에 부가하여 신뢰성이란 가치가 부가되어야 한다고 생각한다. 정부에 대한 신뢰, 행정에 대한 신뢰, 공직문화에 대한 신뢰, 그리고 국민에 대한 신뢰 이러한 신뢰감이 중요한 가치로 접목되어져야 할 것이다. 여러 가지 시각에서 진단할 수 있겠지만 현재의 행정문제들은 바로 이러한 상호신뢰의 기반이 상실된, 이를 다른 말로 표현하자면 불신에서 비롯되는 경우가 많다.

앞의 예들에서 보듯이 유수한 대기업들의 도산이라는 문제에 부닥쳐서도 그리고 외환유동성 부족으로 국제통화기금에 구제 금융을 신청해야 될 지경으로 경제사정이 악화되었음에도 정부는 정부대로 정당들은 정당들대로 기업의 경영진은 경영진대로 노동조합은 노동조합대로 금융권은 금융권대로 서로를 신뢰치 못하고 서로의 책임전가와 자신들의 이해관계에 깊이 얽혀 보다 큰 줄기를 읽지 못했던 것이다. 더욱이 이런 사태를 초래하게 된 원인부터도 각 사안의 주체들 간의 거리감 없는 신뢰가 형성되어 있지 못했기 때문이라는 점[123)]은 이미 주지의 사실이 되고 있다.

또한 정부가 어려운 경제 사정을 국민들에게 납득시키고 허리띠를 졸라매고 동참할 것을 호소하고 어려운 경제를 회생시키기 위한 노력을 경주했어야 마땅함에도 불구하고, 정부는 태국과 인도네시아를 중심으로 하는 동남아시아의 금융공황으로 불거진 경제위기를 강 건너 불 쳐다보는 식으로 안이하게 관망만 했을 뿐만 아니라 국민들에게 한국은 외환보유고면에 있어서나, 경제구조의 견실도면에서나, 최근의 수출회복 조짐 면에서나, 경제규모면에서나 걱정할 것이 없다고 안심을 시키는 홍보에만 열을 올릴 뿐 문제를 해결하는 일과 직결된 실질적인 대응조치를 강구하고 실천하는데 무능력을 그대로 노정시키고 말았다.

---

123) 프렌치(W. L. French)는 신뢰가 바람직하고 필요한 수준보다 대부분의 집단과 조직에서 점점 더 낮아지고 있다고 지적하고 이것이 현대의 신뢰에 대한 위기를 가져오고 있다고 주장한다. W. L. French and C. H. Bell, Jr., *Organization Development : Behavioral Science Interventions for Organization Improvement*, 3rd ed. (Englewood Cliffs, New Jersey : Prentice-Hall, 1984).

이러한 정부의 무기력, 무소신, 무책의 자세는 국민으로부터 정부에 대한 신뢰를 잃게 하는 주요 요인이 되었다. 더구나 외환보유고 등을 실제보다 과도하게 부풀려 국민들에게 발표[124)]함으로써 국민들의 정부정책과 정부권위에 대한 신뢰를 져버리게 하는 스스로의 잘못을 저지르게 하였다.

괌(Guam)에서의 민항기 추락도 이와 같은 맥락에서 또한 이해 될 수 있는 것이다. 기업과 관련정부부처간의 문제를 보는 시각의 차이, 관련정부부처간의 이견, 희생자유족들과 정부 그리고 기업과의 갈등 등이 모두 이러한 불신의 바탕위에 서 있는 것이다. 더욱 더 가열되고 있는 세계의 경제 전쟁도 남북문제도 모두 상호간의 뿌리 깊은 불신의 구조 속에서 더욱 심화되어지는 감이 없지 않다. 신뢰성의 회복이란 가치가 한국 행정을 이해하는데 매우 요긴하고 중요한 까닭이 여기에 있는 것이다.

신뢰성에 대한 개념적 의미는 상당히 다양하고 다의적이다. 따라서 논자의 시각과 처하고 있는 상황에 따라 다를 수밖에 없다. 이해의 편의를 위해 이를 몇 가지로 요약하여 정리해 보면 다음과 같다.

우선 바버(B. Barber)나 피터 블라우(P. M. Blau)는 사회체계내의 결속을 만들어내고 유지하는 통합 메커니즘으로 신뢰성을 이해하고 있다.[125)] 그리고 워런 베니스(W. G. Bennis)는 조직을 움직이도록 하는 윤활유로 신뢰성을 보고 있다.[126)] 로버트 골렘비웨스키(R. Golembiewski) 등은 신뢰를 생산성과 연계시키고 있고[127)] 잰드(D. E. Zand) 등은 집단성과(group performance)와 연관 짓고 있다.[128)] 그리고 도이치(M.

124) 경제정책의 실패에 대한 책임론이 대선주자들을 중심으로 국민들 속에서 강하게 제기되자 민심수습차원에서 정부는 외환보유고와 관련된 허위보고에 관련된 자들을 문책하려는 움직임을 보이고 있다. 감사원에선 대선 후 이 문제가 국민의 정서나 차기 대통령당선자를 중심으로 하여 정치권에서 강하게 나타나면 문책을 하겠다는 의지를 드러내고 있다. 그러나 경제정책의 실패의 책임을 일부 중간 직 경제 관료들에게 덮어씌우는 선에서 마무리 지으려는 정부의 처사에 국민들은 더욱 정부에 대한 신뢰를 상실하고 있다는 의견도 만만치를 않다. 『중앙일보』, 1997년 12월 6일.

125) B. Barber, *The Logic and Limits of Trust* (New Brunswick, NJ. : Rutgers University Press, 1983). ; Peter M. Blau, *Exchange and Power in Social Life* (New York : Wiley, 1964).

126) W. G. Bennis, and B. Nanus, *Leaders : The Strategies for Taking Charge* (New York : Harper Collins, 1985).

127) R. Golembiewski, and M. L. McConkie, "The Centrality of Interpersonal Trust in Group Processes", in C. L. Cooper (ed.), *Theories of Group Processes* (New York : Wiely, 1975). ; J. B. Rotter, "A New Scale for the Measurement of Interpersonal Trust", *Journal of Personality*, Vol.35, 1967, pp.651-665.

128) D. E. Zand, "Trust and Managerial Problem Solving", *Administrative Science Quarterly*, Vol.17, 1972, pp.229-239. ; R. W. Boss, "Trust and Managerial Problem-Solving Revisited", *Group and Organization*

Deutsch) 등은 협력이나 갈등과 연관을 짓고 있다.[129]

또한 렌시스 라이커트(R. Likert)는 리더십유형[130]과 더글러스 맥그리거(D. McGregor)는 노동자들에 관한 관리가정들[131]과 아브라함 매슬로우(A. H. Maslow)는 욕구충족[132]과 마일스(R. E. Miles)는 참여[133]와 멜링거(G. D. Mellinger)는 의사소통[134]과 크리스 아지리스(C. Argyris)는 심리적 계약 혹은 고용인과 그 고용주간의 불문 화 된 상호기대[135]와 라이히(R. Reich)는 노사관계의 질[136]과 각각 연관을 지워 개념을 정의하고 있다.

이렇게 학자들에 따라 다양하게 개념이 정의되는 신뢰의 뜻을 하나의 의미 있는 개념정의로 설명하기는 어렵다. 단지 여러 학자들이 제시하는 의미의 공통분모를 고려해 일반적인 정의를 내리자면 '신뢰성이란 사회체계내의 여러 갈등요인들 간의 결속과 협력을 윤활유처럼 원활하게 만들어내고 유지하는 통합 메커니즘'으로 이해 할 수 있다.

사실상 오늘날 신뢰에 대한 위기는 생각보다 더욱 심각하다. 미국에서의 경험들이 이를 잘 설명해 주고 있다. 존 케네디(John F. Kennedy)와 린든 존슨(Lyndon Johnson) 등에 의한 월남전에의 명료치 못한 개입과 확전[137] 그리고 리처드 닉슨(Richard Nixon) 대통령을 하야하게 만든 워터게이트(Watergate)사건[138]들이 바로 정부나 행정

Studies, Vol.3, 1978, pp.331-342.

129) M. Deutsch, *The Resolution of Conflict* (New Haven, Conn. : Yale University Press, 1973). ; J. Loomis, "Communication, the Development of Trust, and Cooperative Behavior", *Human Relations*, Vol.12, 1959, pp.305-315. ; M. Sherif, *In Common Predicament* (Boston, Mass. : Houghton Mifflin, 1966).

130) R. Likert, *The Human Organization* (New York : McGraw-Hill, 1967).

131) D. McGregor, *The Human Side of Enterprise* (New York : McGraw-Hill, 1960).

132) A. H. Maslow, *Motivation and Personality* (New York : Harper Collins, 1954).

133) R. E. Miles, and J. B. Ritchie, "Participative Management : Quality versus Quantity", in D. A. Kolb, I. A. Rubin, and J. M. McIntyre (eds.), *Organization Psychology*, 4th ed. (Englewood Cliffs, N.J. : Prentice-Hall, 1984).

134) G. D. Mellinger, "Interpersonal Trust as a Factor in Communication", *Journal of Abnormal Social Psychology*, Vol.52, 1956, pp.304-309.

135) C. Argyris, *Understanding Organizational Behavior* (Belmont, CA : Dorsey Press, 1960).

136) R. Reich, *Tales of a New America* (New York : Times Books, 1987).

137) 토머스 J. 크라우프웰, M. 윌리엄 펠프스 지음, 채은진 옮김, 『대통령의 오판』 (서울 : 말글빛냄, 2010).

138) 정정길은 1970년대 초반 닉슨 대통령의 워터게이트 사건은 전임 존슨 대통령의 월남전 전황에 대한 계속적인 거짓말과 결합되어 정치인과 정부에 대한 신뢰를 극도로 추락시켜 행정통제와 감시를 위한 개혁을 강화시켰다고 주장하고 있다. 정정길, 『행정학의 새로운 이해』 (서울 : 대명출판사, 2006), 362쪽.

부에 대한 불신을 더욱 증폭시킨 직접적인 원인이 되었다. 많은 미국시민들은 워싱턴의 정가를 혐오스런 존재로 간주하고 있다.

이런 세태를 지켜보면서 프랭크 톰슨(Frank J. Thompson)은 미국이라는 나라는 불신을 키우는 매우 독특한 정치문화를 가지고 있다고 지적하면서 이런 제도화된 불신이 공적 신뢰를 좀먹고 모든 수준에서의 공공서비스를 활성화시키고자 하는 노력을 손상시킨다고 주장하고 있다.[139)]

캔터(D. L. Kanter)는 인간의 본성 그 자체가 이기심과 위선으로 가득 차 있다고 냉소적으로 보는 사람들이 미국 국민의 43%에 달한다고 주장한바 있으며[140)] 1992년 10월에 조사된 타임(Time)과 CNN의 공동여론조사결과는 응답자의 63%가 정부 지도자들이 국민들에 대해 정직한 말을 하지 않고 있다고 믿고 있으며 75%나 되는 응답자가 10년 전보다 정부가 더 부도덕하고 위선적이 되었다고 믿고 있는 것으로 발표를 하였다.[141)]

브로더(D. S. Broder)는 이에 가세해 월남전 이전에는 10명중 8명이 워싱턴의 정치 지도자나 행정 지도자들이 적시에 올바른 일을 하고 있다고 믿었으나 1994년에는 1/3이하만이 그렇게 믿고 있을 뿐이라고 주장했다.[142)] 그리고 연방공무원들에 대한 조사결과를 보면 응답자의 44%만이 자신의 직장에 대해 믿음을 가지고 있을 뿐이며[143)] 상당수의 연방공무원들이 그들 직속상관을 불신하고 있음이 조사결과 나타났다.[144)]

이런 주장들을 접해볼 때 세마이어 립셋(S. M. Lipset)이 지적했듯이 정부나 행정부에 대한 신뢰성이 최근 들어 점차로 추락하고 있음을 알 수 있는 것이다.[145)]

이러한 정부와 행정에 대한 불신감은 한국이라고 해서 예외는 아닌 듯 싶다. 김

139) Frank J. Thompson, "Critical Challenge to State and Local Public Service", in Frank J. Thompson (ed.), *Revitalizing State and Local Public Service : Strenghthening Performance, Accountability, and Citizen Confidence* (San Francisco, CA : Jossey-Bass, 1993).

140) D. L. Kanter, and D. H. Mirvis, *The Cynical Americans : Living and Working in an Age of Discontent and Disillusion* (San Francisco, CA : Jossey-Bass, 1989), pp.1 & 2.

141) P. Gray, "Lies, Lies, Lies", *Time*, Oct. 5, 1992, pp.32-38.

142) D. S. Broder, "Dialogue Makes for Democracy", *Norman Transcript*, Apr. 25, 1994, p.6.

143) L. Rivenbark, "Worker's Opinion Poll Could Change Benefits", *Federal Times*, June 8, 1992, p.1 & 14.

144) U. S. Merit Systems Protection Board, *Federal Blue Collar Employees : A Workforce in Transition* (Washington, D.C. : U. S. MSPB, 1992).

145) S. M. Lipset, and W. Schneider, *The Confidence Gap*, rev. ed. (Baltimore, MD : Johns Hopkins University Press, 1987).

번웅(金繁雄)은 행정관서의 민원인들의 71%가 행정 관료들의 업무처리의 공정성에 대해 회의를 나타내고 있고 55%가 공무원의 근무 자세를 소극적이고 나태한 것으로 보고 있는 반면 일선공무원들의 73%가 행정업무에 관한 민원인들의 태도나 자세가 부정적이라고 보고 있어 정부와 국민간의 상호불신이 매우 심각하다고 주장한바 있다.[146] 또한 그는 이러한 상호불신이 결국 행정규제를 강화시키고 통제위주의 행정체제를 초래한다고 주장하면서 이런 상황에선 국민의 정부나 행정부에 대한 신뢰는 이루어지기 어렵다고 주장하고 있다.[147]

그만치 우리 정부나 행정부에 대한 국민적 신뢰성은 바닥세를 나타내고 있다는 것을 의미하는 것이다. 그리고 이러한 정부와 행정에 대한 불신감이 인내할 수 있는 수위를 넘고 있다는데 문제의 심각성이 있는 것이다.

> 공무원은 별명이 많다. 가장 흔한 것이 '철밥통'이다. '신이 내린 직장'이니 '신이 감추어둔 직장'이란 말도 종종 들린다. 권력기관에 대해서는 '민중의 몽둥이'란 몹쓸 말도 있다. 안일무사, 복지부동, 보신주의도 공무원들의 못된 버릇을 비꼬는 대명사다. 고위 공직 인사는 '회전문 인사' 또는 '코드 인사'로 치부된다. 권력자 맘대로고 그들만의 잔치라는 것이다. 연고주의, 할거주의, 집단이기주의는 공무원 사회의 오랜 병폐다. 공무원과 기업과 정치인의 유착과 비리를 가리켜 철의 삼각지대(iron triangle)라 부르는 것은 이미 학문적인 관행이 되었다. 국민의 신뢰를 받지 못하기는 비단 공무원 사회, 즉 좁은 의미의 정부에 그치지 않는다. 국회와 법원, 즉 넓은 의미의 정부도 예외는 아니다........... 국회는 이미 국민의 편이 아니었다. 법원은 '전관예우'와 '유전무죄, 무전유죄'의 딱지를 분홍글씨처럼 달고 다닌다. 늑장재판, 지연재판은 이제 얘깃거리도 되지 않는다. 사법 개혁 문제를 앞에 놓고는 법원도 한갓 이익집단에 불과했다. 국회도 법원도, 자기들 조직의 이익 앞에 국민의 이익은 온데간데없다. 10점 만점에 국회의 신뢰도는 3점, 정부는 3.3점, 법원은 4.3점이란다. 누구도 정부를 믿지 않는다.[148]

이미 앞에서 부분적으로 언급되었지만 불신감의 팽배로 인해 효율성은 말할 것도 없고 사회적 형평까지 교란되고 있다. 한국행정은 한국 사회에서 불 번지듯 팽

---

146) 김번웅, "한국공무원의 부조리행태", 『한국행정개혁론』 (서울 : 법문사, 1997), 255쪽.
147) 김번웅, 『앞의 글』, 256쪽.
148) 이철규, 『한국행정의 이론과 실제』 (서울 : 법문사, 2007), 1쪽.

배하고 있는 집단이기주의열풍에 휩싸여 있다.

행정 관료집단을 위한 일이 우선이 되고 그들의 권익과 안일을 위해서 자신들이 봉사해야 할 국민들을 부차적인 존재로 여긴다면 이것은 보통 문제가 아니다. 김번웅도 한국의 정부 관료제는 바로 자신이 소속한 관료계급을 위하여 우선적으로 일하고 일반시민을 위한 봉사는 부차적인 것으로 간주하고 있다고 보고 이러한 사실을 정시(正視)해야 할 필요가 있음[149]을 지적하고 있는데 이것도 이와 맥을 같이 하는 것이다. 이런 관료행태에 상처받고 멍든 국민들은 행정 관료집단에 대해 깊은 불신감을 갖게 되는 것이다.

이러한 불신감에서 벗어나기 위해서는 행정 관료들이 환골탈퇴(換骨奪胎)하여 거듭 나는 새로운 노력이 요구된다. 전종섭은 이를 위한 방안으로 몇 가지를 제시하고 있다.[150] 그가 제시하는 방안에 근거하여 정부와 행정에 대한 불신을 해소하는 방안에 대해 논의를 하면 다음과 같다.

첫째는 윤리강령을 새롭게 정리하여 파급시키는 일이다. 윤리강령은 행정 관료들에게 복잡한 의무와 책임을 위한 준거 틀을 제공해주며 전문행정관료들의 의무와 책임을 환기시키도록 목적된 상징적 문서이므로 전문행정관료들의 윤리적 딜레마를 해결하는 방법을 위한 지침이 된다. 현재의 한국공무원 윤리강령은 국가에 대한 충성과 정직과 신뢰 그리고 직무에 관한 책임에 초점이 맞춰지고 있다.

둘째, 전문행정관료와 행정고객간의 보다 상호학습 적이고 민주적인 교호를 반영하도록 하여야 한다는 것이다.[151] 즉 종전까지는 한국 행정에 있어서 전통적인 전문행정관료와 행정고객간의 관계는 계층 제 그리고 수직적 의사소통, 문제규명에 있어서의 기술적 합리성에 근거하고 있었지만 둘의 역학관계는 앞에서 언급한

---

149) 김번웅, "서-한국적 행정학의 파라다임", 김번웅 외(공저), 『현대한국행정론』, (서울 : 박영사, 1991), 6-7쪽.

150) Jong S. Jun, *op. cit.*, 1991, pp.206-210.

151) 행정 관료들은 행정고객의 요구에 민감하게 반응하고 고객과 정보를 공유하며 고객과 대화 또는 상호학습 하는 등 고객의 편익을 위하여 봉사하는 지향성을 지니고 능동적 역할을 수행해야 한다는 주장이 많이 제기되고 있다. Terry L. Cooper, *The Responsible Administrator : An Approach to Ethics for the Administrative Role* (San Francisco, CA : Jossey-Bass Publishers, 1990), pp.1-82. ; John A. Rohr, *Ethics for Bureaucrats : An Essay on Law and Values* (New York : Marcel Dekker, 1989), pp.1-22, 281-293. ; Gerald E. Caiden and Naomi J. Caiden, "Administrative Corruption", in W. L. Richter et al., *Combating Corruption : Encouraging Ethics* (Washington, D. C. : American Society for Public Administration, 1990), pp.61-69. ; 김번웅, "한국 공무원의 부조리 행태", 『앞의 책』, 256-257쪽.

상호학습 적이고 민주교호적인 새로운 방향으로 바뀌어져야 한다는 것이다.

셋째, 시민참여는 한국사회의 민주화에 있어 중요한 과정이기 때문에 전문행정관료들은 대화를 통해 정보를 시민과 함께 공유하고 상호욕구와 문제들을 인지하도록 하여야 하며 시민들을 도와서 행정 관료와 시민양자의 윤리적 책임을 인지시키고 민주의식을 함양시키도록 노력하여야 한다는 것이다.

시민들의 참여를 배제하고 관주도 적이고 행정편의주의 적 통제를 심화시키면 행정의 형식주의, 비실현성, 비일관성 및 폐쇄성 등 관료적 실패를 초래하게 되며 이 경우에 시민의 행정과정에의 참여는 제한되거나 단지 요식행위에 불과하며 다만 상징적 행위로 간주 될 뿐이다.[152] 또한 행정의 책임성과 도덕성이 약화되고 행정의 사회적 비용이 증가하며 결국 공익을 위한 행정의 합리성이 저해되기 마련이다.

이런 맥락에서 시민의 행정참여를 통한 신뢰관리의 관행이 제도적, 행태적 양 측면에서 성숙되고 정착되어져야 한다. 이를 위해 행정 관료들은 스스로의 행정과신에서 벗어나 국민들의 능력을 신뢰하고 국민의 행정참여를 유도하고 이를 촉진시켜 나가야 한다. 행정의 신뢰관리는 국민들의 반응투입, 행정의 공개, 국민의 능력신뢰 및 민간의 자율성 제고 등 참여적 민주행정의 기반확대를 통하여 이루어지는 것이다.[153]

넷째, 민주행정은 모든 행정고객에게 자비롭고 비차별적인 행정서비스를 제공하여야 하며 이를 위해 전문행정관료들은 자신의 편견을 인정하고 이를 자제할 수 있는 능력을 키워야 하며 윤리강령이나 조직절차는 전문행정관료들이 지역적 배경이나 사회경제적 지위에 관계없이 시민들을 평등하게 대할 수 있도록 개정되어야 한다. 김번웅도 민주적 행정환경의 구상주체로서 행정 관료는 행정의 공정성과 사회적 형평성을 제고시키고 고객들에게 평등한 서비스를 제공해야 한다고 주장함으로써 이에 동조하고 있다.[154]

다섯째, 행정정보가 국가안보를 위협하지 않는 한 전문행정관료들은 시민 그리

152) 지금까지 행정관료들은 일부의 전문가와 특수한 이해관계자의 간접참여만을 허용하거나 시민의 형식적 참여만을 유도하였다는 비판이 강하게 제기되고 있다. 김번웅, 『앞의 책』, 256쪽.

153) 김번웅, "행정부패·부조리문화의 혁신 : 조직의 민주화와 간접유도형행정", 『현대한국행정론』 (서울 : 박영사, 1991), 232-233쪽. ; Thomas B. Smith, "The Comparative Analysis of Bureaucratic Accountability", *Asian Journal of Public Administration*, Vol.13, No.1, 1991, p.93-104.

154) 김번웅, "한국 공무원의 부조리 행태", 『한국행정개혁론』 (서울 : 법문사, 1997), 256쪽.

고 언론매체들과 정보를 공유하여야 한다. 국민들은 기본적으로 국정 전반에 대해 알권리를 가지고 있다. 따라서 정부 내·외에서 일어나고 있는 행정의 모든 것에 대해 국민은 당연히 알 권리가 있는 것이다. 물론 앞에서도 이야기 하였듯이 국가 안보 등의 이유로 인하여 국민의 알권리가 제한은 될 수 있지만 이것도 법이 허용하는 범위 내에서 최소화에 그쳐야 한다. 따라서 정부는 국민과 언론에 대해 공개적인 정보제공을 하여 투명한 행정상을 이룩해 내어야 한다.

여섯째, 국가와 사회에 대한 전문행정관료들의 기여에 대해 시민들로부터 올바른 신뢰를 얻기 위해선 전문행정관료들이 책임성 있게 행동하여야 한다. 이를 위해 종전까지의 익명적 행정을 지양하고 실명 화된 책임행정을 구현해 나가도록 마인드나 사고하는 틀 자체가 새롭게 짜여야만 한다.

마지막으로 전문행정관료들에 대해 윤리의식의 제고를 위한 윤리교육이 지속적으로 실시되어야 한다는 것이다. 이러한 윤리교육은 행정 관료들의 구태에 쩌든 의식을 개혁하는데 커다란 도움이 될 수 있으며 특히 가치적 혼란에 시달리는 행정관료들에게 그들이 나아가야 할 가치적 방향과 기준을 제공해 줄 수 있다는 점에서 의미가 크다 할 수 있다. 이러한 다각적인 노력이 경주될 때 전문행정관료들에 대한 불신도 해소되며 정부에 대한 신뢰감도 되살아 날 수 있다고 볼 수 있는 것이다.

2) 우리 행정부의 전문성 강조

이에 부가하여 한국행정도 종전까지의 주먹구구식 행정에서 탈피하고 보다 문제해결능력을 제고시키기 위해선 전문성을 크게 강조하여야 한다는 점이다.

이미 드와이트 왈도(Dwight Waldo)는 행정학자체가 하나의 독립적이고 정체성(self-identity)을 인정받는 학문체계로 정립되기 위해선 법학이나 의학과 같이 전문성을 지닌 학문으로 발 돋음을 해야 함을 강조한 바 있다. 그리고 프레더릭 모셔(Frederick Mosher)도 공공서비스가 점차적으로 전문화되어 가고 있다고 주장하면서 전문화에 기반을 둔 국가(professional state)의 도래를 논의하고 있다.[155]

문제해결을 위해 전문성이 필요로 됨은 불문가지인 사실이지만 이런 맥락에 부

155) Frederick C. Mosher, *Democracy and the Public Service*, 2nd ed. (New York : Oxford University Press, 1982), Ch.5.

가해서 급변하는 행정환경아래에서 제기되는 위기적 국면을 슬기롭게 해결해 나가기 위해서는 바로 이러한 위기적 문제를 정확히 볼 수 있는 전문성, 그리고 그런 관찰과 진단에 입각한 정확한 처방을 내릴 수 있는 전문성, 그리고 그러한 처방을 실 효력 있게 추진할 수 있는 전문성 등이 필요로 되는 것이다.

이러한 전문성은 부단한 연구와 교육, 훈련 등을 통해 얻어질 수 있는 것이다. 앞선 서구문물을 분석 비판적으로 수용하고 이를 창조적으로 재창출해낼 때 그리고 그런 재창조된 기법과 사상과 문물을 문제의 핵심에 올바르게 투영할 수 있을 때 바로 전문성에 입각한 문제해결이 가능한 것이다. 더욱이 후진적인 행정수준에 머무르고 있는 우리로서는 이러한 노력이 더욱 절실한 것이다.

전종섭이 주장하듯 한국행정의 전문화가 경제발전의 원동력이 되었음을 부인하기는 어려우며 이런 전문화가 비록 미국을 위시한 서구의 재정적 후원 등으로 이루어지긴 했지만 전반적인 한국 국민의 교육수준의 향상과 공무원에 대한 연수, 훈련체제의 확산 등을 통해 이루어진 면도 크다는 지적[156]은 바로 앞으로 닥칠 문제를 해결해야 될 우리로서는 좋은 이정표가 되어 줄 것이다.

정부기관은 다른 어느 기관이나 조직보다 전문성에서 앞설 수 있는 조직이다. 규모, 예산, 인력의 방대성뿐만 아니라 정부가 가지는 사회적 위상으로 인해 우수한 전문 인력을 많이 가지고 있는 집단이다. 그러기에 우리의 행정은 바로 급변하는 현재의 국제 및 국내환경을 통제할 수 있는 우리의 보루로써 여겨지는 것이다. 따라서 보루로써 제 역할과 기능을 다하기 위해서라도 행정의 전문화는 무엇보다 시급한 사안임을 알 수 있는 것이다.

다음 전문성을 행정에서 강조하는 이유로 전종섭은 전문화가 과도한 관료제화의 대체적 대안으로 사용될 수 있기 때문이라고 한다.[157] 그는 전문가들이 능력을 갖추고 있고 필요로 되는 업무를 적절히 수행할 준비가 되어 있고 조직목적이 신축성과 타협을 허락할 수 있을 때 전문화는 과도한 관료제화의 대안이 될 수 있다고 주장한다. 사실 과도한 관료제화의 대안으로서 전문화가 가지는 의미는 크다고 할 수 있으며 그러한 맥락에서 많은 학자들이 과도한 관료제의 대안으로 전문화에 대

156) Jong S. Jun, "Enhancing Professional Roles and Ethical Responsibility : A Means for Creating Democratic Administration in Korea", Ali Farazmand (ed.), *Handbook of Comparative and Development Public Administration* (New York : Marcel Dekker, Inc., 1991).

157) Jong S. Jun, *op. cit.*, pp.200-201.

한 연구들을 하고 있다.

이러한 추세는 한국이라고 해서 예외가 아니다. 한국 행정에서 전문주의는 1945년 해방된 이후 해방된 신생독립국에 제기된 복잡한 문제들을 관리해야 할 필요성에 부응해 나타났다.[158] 한국은 신생국이었기 때문에 능률적인 행정의 결여는 경제자원의 부족과 정치 불안정만큼이나 중요한 것이었다. 그래서 어쩔 수 없이 일제 강점기의 관료들의 전문성에 의존할 수밖에 없게 되었고 이러한 한계를 극복하고자 50년대, 60년대 동안에 모든 정부기능을 관리할 능력 있는 전문가집단을 양성하기 위해 한국정부는 총력을 기울이게 되는 것이다.

미국의 국제개발처(USAID)와 국제연합(UN) 그리고 여러 재단들의 후원 하에 장, 단기 교육연수를 위해 많은 인재들이 유학의 길을 떠난 것도 이때부터이다. 이들은 서구의 발전된 관리기술과 과학적 지식들을 습득하여 귀국하였고 이로서 한국에도 점차적으로 전문가집단이 형성되고 행정의 전문주의에 긍정적인 영향을 끼치게 되었던 것이다.

그런데 문제는 이러한 전문주의화가 시간이 지남에 따라 역기능적인 면을 드러내게 되었다는 데 있다. 과거의 권위정권하의 전문가들이 정권의 시녀로 전락하였고 그들의 행태는 정권의 강력한 리더십의 이익과 일치했으나 공익의 증진과는 거리가 있었다는 점이다.[159] 그들의 사고행태 역시 권위적 리더십에 의해 형성되었지 시민을 향한 윤리적 책임감이나 전문교육에 의하지 않았다. 이러한 그릇된 관료전문집단의 파행 화는 한국 행정을 과도한 관료화에서 구해 낼 수 없었다.

그들이 마땅히 해야 할 국민들을 위한 행정서비스의 질을 통제하는 규칙과 규제의 개발에서도 공익을 대변하지 못했다. 이렇게 규제가 제대로 이루어지기 어려웠던 이유는 첫째, 규제를 집행하는 행정 관료들이 특별고객에 대해서는 규제집행을 느슨하게 하라는 정치권의 압력을 받았으며 둘째, 규제를 집행해야 할 기관들이 잘 훈련된 행정 관료들의 결여로 인해 전문화되지 못하였을 뿐만 아니라 셋째, 모든 규제집행과정에 내재한 부패와 부조리는 통제를 더욱 어렵게 만들었기 때문이다.[160]

이러한 이유로 하여 한국에서의 전문주의의 정착과 성숙이 아직은 어렵다는 시

158) Jong S. Jun, "Korean Public Administration : Education and Research", *International Review of Administrative Science*, Vol.XLIX, No.4, 1983., p.413.

159) Jong S. Jun, *op. cit.*, 1991., p.202.

160) *Ibid.*, p.203.

각도 만만치를 않았다. 벤베니스트(G. Benveniste)에 따르면 전문주의를 정의하는 여섯 가지 기본적인 요소가 있다고 한다. 우선 기술적용은 기술적 지식에 기반을 두어야 하며 둘째, 진보된 교육과 훈련이 요구되고 셋째, 능력에 대한 검증을 위해 공식적인 시험을 치르게 하고 이러한 능력검증에 따라 전문직에 진입을 엄격히 규제하고 통제하며 넷째, 전문가들의 모임이 존재하고 다섯째, 전문가들이 공유하고 지켜야할 행동 혹은 윤리강령이 존재하며 여섯째, 시민들에 봉사를 하는데 있어 전문가로서의 책임감을 가지며 필요할 경우 전문가로서의 사회참여와 시민이 요구할 때는 소환에 응하여야 하는 책무까지 수용할 수 있어야 한다는 것이다.[161)]

이러한 기본적인 요소들을 잣대로 하여 현재 한국 행정 관료들의 전문주의의 성숙도를 가늠해 보면 여러 면에서 부족함을 느낄 수 있다. 이런 맥락에서 볼 때에도 한국행정의 전문주의의 미성숙을 목격하게 되는 것이다.

이러한 이유에 부가해서 숀(Schon)의 견해 역시 이와 같은 결론에 도달하고 있다. 숀에 따르면 전문주의를 '주 전문주의'(major profession)와 '부 전문주의'(minor profession)로 구별하고 있다. 그에 따르면 주 전문주의는 잘 훈련되고 잘 다듬어져서 애매모호하지 않은 목적, 예를 들자면 건강 증진, 법률 소송의 성공, 이윤보장 등과 같이 명료한 목적을 갖는 전문주의를 의미하기 때문에 과학적이고 체계적인 지식개발이 가능한 반면, 부 전문주의는 변화적이고 애매모호한 목적을 갖기 때문에 체계적이고 과학적이고 전문직업적인 지식을 개발해 내기 어렵다고 한다.[162)]

주로 전자에 속하는 전문가들은 의사, 변호사, 엔지니어들이 속하며 후자에 속하는 전문가는 교사, 사회사업가, 도서관사서 그리고 행정 관료들이 속한다고 한다. 따라서 의사나 변호사, 그리고 엔지니어들이 문제해결에 있어 보다 성공적이며 자신들의 전문적 활동을 통해 보다 가시적인 결과들을 생산해 내는데 반해, 행정 관료는 전문주의의 성격상 복잡다단한 사회문제 및 행정문제에 짓눌려 이러한 문제해결에 있어 산뜻하고 가시적인 성과를 거두지 못하고 있다는 것이다.[163)]

이런 시각에서 볼 때 행정학이 전문성을 갖도록 하는 것은 성격상 어려움이 있다는 것을 의미한다고 볼 수 있다. 그럼에도 불구하고 행정학이 문제해결지향 적 학

161) G. Benveniste, *Professionalizing the Organization : Reducing Bureaucracy to Enhance Effectiveness* (San Francisco, CA : Jossey-Bass, 1987), p.33.
162) Jong S. Jun, *op. cit.*, 1991., p.200.
163) *Ibid.*, p.200.

문체계로 사회로부터 그 정체성을 인정받고 존재하기 위해선 어렵지만 전문성을 가져야 한다. 이러한 맥락에서 볼 때 한국 행정 역시 이러한 전문주의를 싹트고 키워나가는데 많은 어려움이 있을 것으로 상정 할 수 있으나 이러한 어려움을 극복할 필요가 있음을 알 수 있는 것이다.

그러나 숀이 지적했듯이 전문주의의 성격상 이것자체를 이루는 것이 어려워서 그런지 모르겠지만, 한국 행정현실을 돌아보면 엄밀한 의미에 있어서 전문주의가 제대로 이루어지지 못하는 아쉬움을 가지고 있다. 그러나 어렵다고 푸념만 하고 이에 안주하지 말고 이러한 어려운 현실을 극복해 나가야 한다. 그래서 전문주의가 행정에 뿌리를 내려 우리 행정을 한 단계 격상시킬 수 있도록 만들어 나가야 한다. 현실적인 어려움이 있다 하더라도 이를 극복하는 노력이 필요로 되는 이유이다.

이미 앞에서 언급된 벤베니스트의 전문주의를 정의하는 여섯 가지 기본적인 요소에 따라 한국 행정의 전문주의정착에 대한 구상을 나름대로 피력하면 다음과 같다.

첫째, 기술적용은 기술적 지식에 기반을 두어야 한다고 하는 점인데 이를 위해 우리도 종전까지의 계급 제에 근간을 두고 직위분류제의 요소를 가미해 왔던 방식을 지양하고 미국식의 직위 분류제를 골간으로 하되 한국적 현실에 부합되도록 개선시킨 방식을 개발해 내어 보다 직무수행에 대한 전문성을 증대시켜 나가야 된다고 본다.

그리고 공무원충원방식도 일반교양지식이나 법학 등의 지식을 가지면 되는 식을 시양하고 충원되는 직책의 직무성격이나 내용에 따라 그에 상응된 전문지식이나 기술을 지닌 자들을 충원할 수 있도록 하는 시험제도의 개선도 이루어 내야 할 것이다. 이외에 직무성격상 고도의 전문기술을 요구하는 분야는 그 조건을 충족시킬 수 있는 전문 자격 인을 충원하도록 하는 제도적 개선이 이루어져야 할 것이며 특히 행정조직 내에서 전문기술인들이 제대로 인정받고 대접받을 수 있는 문화토양을 일구어 낼 필요가 있다.

둘째, 진보된 교육과 훈련이 요구된다는 점인데 이것은 행정 관료의 교육과 훈련이 형식적이거나 요식적인 행위만으로 끝나지 말고 보다 문제해결능력을 크게 제고시켜 줄 수 있는 방향으로 지속적으로 이루어져야 한다는 점을 강조하는 것이다. 시간적으로 장기와 단기를 명확히 구분시키고 장기일 경우는 보다 복합적이고 고난이도의 교육과 훈련이 요구되는 분야에 대한 배려가 있어야 할 것이며 교육과 훈련 그 자체에 대한 평가도 보다 객관적이고 엄밀성을 갖추어 교육과 훈련의 내실화와 적실성을 가질 수 있도록 하여야 할 것이다.

셋째, 능력에 대한 검증을 위해 공식적인 시험을 치르게 하고 이러한 능력검증에 따라 전문직에 진입을 엄격히 규제하고 통제하여야 한다. 이렇게 하여야만 되는 이유는 전문직이 문제를 해결하는데 필요한 고도의 전문지식과 기술을 요구하고 있기 때문이다. 따라서 이러한 요구조건을 충족시킬 수 있도록 엄격하고 정확하며 객관적인 능력검증의 척도 또는 기준 그리고 도구를 가지고 있는지를 검증할 수 있는 공식적인 시험을 마련해 나가야 할 것이다.

넷째, 전문기술을 개발하고 전파하고 이를 평가할 수 있는 전문가들의 모임이 필요로 된다. 이 전문가집단을 통해 복잡한 행정문제를 해결하게 하고 전문가들 간의 상호경쟁과 견제를 통해 보다 나은 전문기술력을 확보해 내는 것도 이러한 모임이 가지는 순기능 중 하나이다.

다섯째, 전문가들이 공유하고 지켜야할 행동 혹은 윤리강령이 존재해야 하며 이는 전문가집단의 각 구성원들의 가치관 및 행동의 준거가 될 수 있어야 한다.

여섯째, 시민들에 봉사를 하는데 있어 전문가로서의 책임감을 가지며 필요할 경우 전문가로서의 사회참여와 시민이 요구할 때는 소환에 응하여야 하는 책무까지 수용할 수 있어야 한다.

이러한 요건들을 충족시킬 수 있다면 우리의 행정도 전문주의에 있어 한 단계 격상될 수 있을 뿐만 아니라 행정의 전문화에 따른 문제해결능력의 제고로 인해 정부 및 행정의 생산성제고를 꾀 할 수 있으며 이로 인한 행정서비스의 질적 개선을 가져 올 수 있을 것이다.

3) 우리 행정부의 부패와 부조리의 일소

한국행정의 또 하나의 고질적인 문제는 부패와 부조리의 문제이다.[164] 이것 역시 불신의 소산이라 볼 수 있다. 공직사회를 부패의 온상으로 보려는 국민의 시각, 그리고 공직사회내의 계층과 공직밖에 계층 간의 서로 다른 입장에 따른 차이지는 계층 간의 갈등과 그들의 서로 경계하고 반목하는 불신의 시각, 공직자의 시민이나

164) 정정길은 한국행정의 저해요인으로 행정부패와 부조리를 들고 있다. 정정길, 『행정학의 새로운 이해』(서울 : 대명출판사, 2006), 126-127쪽.

기업에 대한 불신감 등이 바로 공직사회의 부패와 부조리를 더욱 심화시키고 있는 것이다.

정정길은 통시대적이고 고질적인 병리현상으로 행정의 횡포와 부패를 들고 있다. 국민에 대한 군림과 불친절, 부조리와 부패, 무사안일, 번문욕례, 파벌과 지방색, 권력남용, 탈법과 불법행정 등을 그 예로 들고 있다.[165] 통시대적이고 고질적이기 때문에 더욱 근절하기가 어려우며 나아가 국민들이 피부로 체감할 수 있도록 쉽게 느껴지고 드러나는 것이기에 더욱 정부나 행정의 불신을 쉽게 유발하고 이를 더욱 더 증폭시킬 수 있는 주된 요인이 되기도 한다. 이러한 병리현상이 나타나면 정부나 행정은 신뢰를 얻을 수 없게 된다.

정부나 행정 관료들이 시민이나 국민의 신뢰를 배반했을 때 시민이나 국민들은 행정관료 뿐만 아니라 정부에 대해서도 존경심을 거두게 된다. 우리의 행정 관료들을 대상으로 하여 부패와 부조리의 문제를 거론하는 것은 매우 조심스러운 일이긴 하나, 이 문제는 다수의 선량한 행정 관료들을 위해서나 행정의 효율성 증대나 도덕성 제고를 위해서라도 꼭 집고 넘어가야 할 문제일 뿐만 아니라 정부 신뢰의 문제 그리고 사회비용의 감소를 위해서라도 반드시 해결해야 될 문제라고 본다.

연일 신문지상이나 언론매체에 오르내리고 있는 사실들을 고려 해 볼 때 우리의 행정문화가 너무나 지나치게 부패와 부조리에 익숙해져 있다 못해 형편없이 무디어지지 않았나 하는 것이다. 떡값이라는 기상천외한 말이 생겨 날 수 있는 행정문화, 그리고 그런 부패와 부조리를 대하는 국민의 눈이 관용의 단계를 넘어 체념적인 외면의 단계로 까지 비하된 우리의 행정문화를 해결하지 않고는 우리의 행정이 보다 한 차원 높은 선진화된 행정으로 거듭 나기는 사실 역부족이라고 볼 수 있는 것이다.

정정길은 행정부조리와 부패를 근절하기 어려운 이유를 역사적인 이유와 민주성의 행정이념과 부패의 연계에서 찾고 있다.[166] 즉 과거부터의 수탈국가 적 유산과 적극국가 적 유산의 결합이 행정부조리와 부패를 근절시키기 어렵게 만들었으며, 집권세력에 의해 야기되는 부조리와 부패라 근절하기가 어렵다는 것이다.

이를 알기 쉽게 풀어서 설명을 하자면 수탈국가의 유산이 강하게 남아있는 상태

165) 정정길은 한국의 원시적 행정병리와 관료제의 병폐로 국민에게 군림하고 수탈하는 행정행태, 권력적 · 탈법적 · 불법적 행정, 행정부패와 부조리, 무사안일 · 절차제일주의 · 법규만능주의 등을 꼽고 있다. 『앞의 책』, 121쪽과 133-143 그리고 259쪽.

166) 『앞의 책』, 127-130쪽.

에서 정부주도의 경제발전을 추진함으로써 정부와 행정이 국민 위에 군림하는 관행을 만들었고 정부주도의 경제발전을 하면서 정부지원을 받아 성장하는 수혜기업들에게 그 대가를 받음으로써 정경유착 또는 관경유착의 고리를 만든 관계로 어지간한 외부적 충격으로는 이를 단절시키기 어렵기 때문이라는 것이다.[167]

또한 이러한 부조리와 부패가 칼자루를 쥐고 있는 집권세력들과 연결되어있기 때문에 근절이 어렵다는 것이다. 예를 들어 이익집단들이 엘리트 관료들을 포획하여 부패관료로 전락시키거나 집권적 정치세력과 결탁하여 특혜를 받고 뇌물을 바치면서 부패세력과의 연결고리 역할을 하게 되면 이 연결고리를 끊는 것이 그리 쉽지만은 않을 것이다.

> 이익단체의 정책참여는 역기능의 위험성을 동시에 안고 있다. 첫째, 정책의 공정성을 해칠 가능성이 매우 크다. 이익단체의 압력으로 정책이 균형을 잃는 것이다. 표면적으로는 공익 운운하지만 내면적으로는 이해당사자들의 사익에 영향을 받게 된다.......... 둘째, 포획의 가능성이 커진다. 일부 이익단체는 막강한 인적 네트워크, 자금력, 정보력, 조직력을 가지고 있다. 그들은 정치인들을 당선 또는 낙선시킬 수도 있고, 공무원들을 영전 또는 좌천시킬 수도 있다. 그들의 영향력을 알고 있는 정책결정자들은 그들과의 충돌이나 갈등을 회피하려 한다. 이익단체-관료-국회는 누구도 범접할 수 없는 철의 삼각지대(iron triangle)를 형성한다.......... 셋째, 이익단체들은 자신의 요구가 받아들여지지 않을 때에는 불법적인 집단행동을 예서로 벌인다. 그들은 국민들의 불편과 불만을 볼모로 집단행동을 통하여 자신들의 이익을 쟁취한다.[168]

민주성의 행정이념에 따른다면 정책에 의해 영향을 받을 수 있는 이익집단이 정책과정에 참여하는 것을 배제할 수는 없는 것이다.[169] 이런 관점에서 볼 때 하나의 딜레마 상황이라고 이해 할 수도 있다. 이철규가 '정책결정에 있어 이익단체의 참여는 필요악'이라고 규정을 하고 있는 것도 이와 맥을 같이 하는 것이다. 그는 이러한 딜레마상황에서 올바른 선택을 하기 위해선 정부의 자세가 중요하고 법과 원칙으로 표현되는 공정한 룰이 확립되어야 한다고 주장을 한다.

---

167) 『앞의 책』, 128-129쪽.
168) 이철규, 『한국행정의 이론과 실제』 (서울 : 법문사, 2007), 97쪽.
169) 정정길, 『앞의 책』, 129쪽.

> 정책결정에 있어 이익단체의 참여는 필요악이다. 참여를 막아서도, 참여를 지나치게 허용해서도 안 된다. 이익단체가 절도를 유지하게 하는 데는 정부의 자세가 중요하다. 공정한 룰이 확립되어야 한다. 이 시대의 가장 공정한 룰은 법과 원칙이다. 이익단체 중에서도 노동조합에 대하여 이 룰이 철저하게 적용되어야 한다. 정부가 법과 원칙을 버리고 인기와 선거에서의 승리만을 의식한다면 이익단체는 교만해진다. 정부가 흔들리면 모두가 엉망이 된다.[170]

이러한 상황을 더욱 어렵게 하는 것은 집권적 부패집단의 존재이다. 이들은 정권담당자나 집권세력을 등에 업고 특수 이익에게 포획된 관료집단과 개인적 부패 관료 등을 모두 장악하여 통제를 하면서 부패의 범위와 강도를 크게 펼쳐나가기 때문에 근절이 더욱 어려운 것이다. 현실적으로 집권세력을 등에 업고 있기 때문에 제거가 쉽지 않다는 것이다.[171]

이러한 시각은 부패와 부조리를 대하는 국민의 눈이 관용의 단계를 넘어 체념적인 외면의 단계로 까지 비하된 우리의 행정문화를 이해하는데 많은 도움을 준다. 정정길이 앞서 지적한 이러한 관행이나 딜레마적 상황 그리고 연결고리의 단절 나아가 집권세력의 등에 업힌 부패집단의 척결이 없이는 부패와 부조리에 절어버린 우리의 행정문화를 근원적으로 해결하긴 어려운 것이다.

행정 관료들의 부조리나 부패를 보고 듣고 느낄 때 마다 혹시 했는데 역시 모든 공직자들이 너나 할 것 없이 모두 그러하구나 하는 식의 자조적인 체념의 변만 쏟아 내어서는 그리고 그에 대한 해결책을 모색하고 이를 실천하려는 의지가 없는 행정문화구조 하에선 우리나라 행정의 내일은 암울하다고 말 할 수밖에 없다. 하급직은 하급직대로 상급직은 상급직대로 부패와 부조리 문화를 조성하고 서로 먹이사슬로 연결되어 공직 적 책임을 망각한 채 결과적으로 망국적 행위를 일삼게 된다면 이 나라의 미래는 그야말로 잿빛 그 이상도 그 이하도 아닐 것이다.

칼(B. D. Karl)은 보다 능률적이고 생산적인 정부가 되기 위해선 정직하지 못함이 행해지는 기회가 배제된 정부가 전제되어야 한다고 주장한 바 있다.[172] 이를 쉽게

---

170) 이철규, 『앞의 책』, 97-98쪽.

171) 정정길, 『앞의 책』, 130쪽.

172) B. D. Karl, *Executive Reorganization and Reform in the New Deal* (Cambridge, MA : Harvard University Press, 1963), Ch.1.

말하자면 능률적이고 생산적인 정부가 되기 위해선 정직한 정부가 되어야 한다는 뜻이다. 물론 여기에서 말하는 정직하지 못함에는 행정부패와 부조리가 포함됨은 당연한 일이다.

이러한 행정부패와 부조리를 일소하기 위한 노력이 외부의 충격에 의해 타의적으로 일어나는 것이 아니라 공직사회 자체 내에서 스스로 일어나야 하며 이러한 신선한 충격이 부패와 부조리로 찌들고 절은 우리 사회에 새로운 청정제로 기능하여야만 한다. 그러기 위해선 많은 부가적인 노력들이 제도적인 차원에서 이루어져야 하는 것은 물론이다.

그중에서도 우선적으로 고려되어야 할 것들로는 중견 및 고급 행정 관료들의 공직의식의 대전환이 요구되는 것이다. 여기에서 고위공직의 의식변화가 의미하는 뜻은 공직이 축재를 위한 수단이 결코 될 수 없으며 입신영달을 위한 자리가 아니라는 사실을 뼈저리게 느껴야만 한다는 사실이다. 국민의 혈세를 받고 그에 대한 반대급부로 국민의 생활의 질을 향상시키기 위해 고급스럽고 세련되며 풍요롭고 만족스러운 행정서비스를 제공해야 되는 것이 바로 그들의 임무이며 바로 공복으로써 마땅히 해야 할 일이기 때문이다.

더 이상 국민을 다스림의 대상으로 보는 구태와 시대착오적 망상에서 벗어나 국민을 주권의 본질로 보고 보다 만족스럽고 감동을 자아내며 풍요로운 행정서비스를 제공해야 하는 소중한 행정고객으로 받들어나가는 마음가짐을 가져야 한다. 이렇게 국민을 행정 관료의 고용주로 여기고 섬겨야 한다는 의식으로의 대전환이 특히 고급 행정 관료들에게 요구되는 것이다.

그리고 이에 덧붙여 자신의 결정으로 인한 실수에 대해선 엄격히 책임을 지는 책임행정과 실명행정구현에 앞장선다는 자세가 무엇보다 절실 한 것이다.

그리고 이러한 행정 관료들의 부패와 부조리가 더 이상 이 나라에 만연되지 못하도록 하는 외부적 통제수단으로 국민들이 항상 깨어있는 상태로 공직자들을 주시하고 공적 사안에 참여 할 수 있게 하는 제도적 장치가 마련되어야 할 것이며 또한 국민들도 이러한 의식전환에 앞장서야 할 것이다.

그리고 정말 국민을 위해 선행을 베풀 은 공직자에 대해서는 그에 상응한 보답을 가슴에 안겨줄 수 있는 신상필벌의 제도적 장치와 의식적 전환이 절실히 요구되는 것이다.

그리고 행정 학자들도 이런 부패와 부조리문화의 척결을 위한 학리적 이론체계와 전략적 방안들을 많이 강구해 내어야 할 것이다. 지나치게 유행을 따라가는 그리고 인기 있는 학문체계에 매달리는 구태에서 과감히 벗어나 인간의 마음을 다스리는데 중요한 행정 철학이나 행정윤리, 행정적 가치관, 도덕성 등의 분야에 관심을 가져야 할 것이다.

그리고 현실적 문제를 이론적 잣대로 예리하게 심층적으로 분석하여 문제의 소지를 확실히 진단하고 이에 대한 전문적이고 근원적인 처방을 내릴 수 있는 이론체계를 집대성 해내는 일에 소홀함이 있어서는 안 될 것이다. 그리고 정부와 행정에 대한 불신구조를 타파하기 위한 국민 문화적 그리고 공직 문화적인 차원에서 대변환을 일으키고 이를 고무시킬 수 있는 제도적 장치를 정책적 방안으로 고안해 내도록 하여야 할 것이다.

4) 우리 행정부의 민주화

이곳에서 논의코자 하는 것은 한국행정의 민주화에 관한 것이다. 우리나라의 민주주의를 구현하기 위해서는 먼저 정부와 행정 관료집단의 민주화가 선행되어야 할 것이다. 왜냐하면 정부나 행정 관료집단의 민주화야 말로 우리나라 민주주의의 도화선이 될 수 있을 뿐만 아니라 이것이 가지는 폭발적 영향력의 강도가 우리의 상상을 초월 할 수 있기 때문이다.

존 스튜어트 밀(John Stuart Mill)은 행정 관료들의 힘과 영향력이 대단했음을 다음과 같은 글로 표현하고 있다. "러시아의 절대군주인 차르(Czar)도 관료집단에 대해서는 무기력할 수밖에 없다. 그는 몇몇의 관료들을 시베리아로 유형을 보낼 수 있는 힘은 갖고 있는지 모르지만 관료집단의 도움 없이는 더 나아가 그들의 뜻을 거슬러서는 통치를 할 수 없다. 차르가 관료들을 무시하고 통치와 관련된 명령을 발할 때마다 관료들은 그 명령이행을 단지 자제하는 것만으로도 관료들은 차르에 대해 침묵의 거부권을 갖게 되는 것이다."[173)]

존 스튜어트 밀이 살았던 19세기에도 그리고 절대왕정체제하에서도 관료들의 힘

173) Marshall I. Goldman, *Gorbachev's Challenge : Economic Reform in the Age of High Technology* (New York & London : W. W. Norton & Company, 1987), 서문에서 재인용.

과 영향력은 이와 같이 강력하였다. 그러나 21세기를 목전에 둔 현 시점에서 관료들의 힘과 영향력은 존 스튜어트 밀이 살았던 그 시대와는 비교가 되지 않을 정도로 엄청나다고 말 할 수 있다.

따라서 행정 관료들이 솔선하여 민주화의 길을 걸어 나간다면 그것이 가져다주는 전체사회에 대한 반향은 엄청날 것으로 판단된다. 그런 의미에서 정부와 행정관료집단의 민주화는 우리나라 민주주의의 발전을 위해 필요 불가결한 선행조건이라고 말 할 수 있는 것이다.

그리고 한국 행정은 지금 변화와 안정을 동시에 요구받고 있다. 이 상호 모순되는 가치를 여하히 조화시키느냐 하는 일의 성패는 이 두 가치간의 역동적 긴장을 여하히 관리해 나가느냐에 달려 있다. 한국행정은 권위주의와 민주주의라는 거대한 시대적 신기원의 가장자리에 서 있다.

관료제가 더 이상 지배엘리트의 정통성을 유지하고 확보하기 위한 정치적 도구로 간주되어서는 안 된다[174]고 주장하는 케네스 마이어(Kenneth J. Meier)는 이미 관료제가 정치적 도구로 변질되었다고 비판을 하였다. 그리고 이로 인해 행정 관료들이 정책결정권을 의회와 나누어 가지게 되고 정책집행을 재량으로 할 수 있는 권한을 갖게 되었다고 주장하면서 관료제가 현실적으로 정부의 제4부가 된 이상 그들이 갖게 된 엄청난 양의 권력을 견제시키기 위해서라도 다른 3부(입법, 행정수반, 사법)와 똑같이 통제가 이루어져야 한다고 강하게 주장하는 것[175]도 이와 맥을 같이 하는 것이다.

사실상 한국에 있어서 관료제는 한국사회가 그리고 한국정부가 민주화로 나아가는데 커다란 걸림돌이 되었던 것이 사실이며 또한 한국행정학계도 한국의 행정 관료제가 민주화로 나아가는데 학문적인 측면에서 크게 기여하지 못하고 정치논리에 지배되었던 사실을 부인하기 어렵다.[176] 또한 앞으로도 보다 본질적인 개혁이 없인

---

174) Bun Woong Kim, “Public Bureaucracy in Korea”, Ali Farazmand (ed.), *Handbook of Bureaucracy* (New York : Marcel Dekker, Inc., 1994), p.601.

175) Kenneth J. Meier, *Politics and the Bureaucracy : Policymaking in the Fourth Branch of Government*, 2nd ed. (Monterey, CA : Brooks/Cole, 1987), p.134 & Ch.3.

176) 김운태는 한국정치행정이 주체성을 결여하였을 뿐만 아니라 정치권력에 대한 올바른 비판을 제대로 하지 못하고 문제의식이 희박하고 더 나아가서 가장 공정하고 비편파적이어야 할 학계가 정치화하였기 때문에 문제가 더욱 심화된다고 주장하였으며 김광웅이나 김석준도 관료의 정치화, 정당화를 지적하면서 기존 행정학의 성격이 한국권위주의체제의 변혁보다는 그 체제의

그럴 가능성이 매우 높은 것 역시 사실이다. 따라서 관료제의 민주화는 우리 행정의 민주화를 이루는데 있어 반드시 선결적으로 해결하고 넘어가야 하는 주제라 할 수 있다.

사실 미국의 경우에도 관료제에 대한 거부감이나 혐오감 더 나아가서 공포감이 없는 것이 아니다. 이러한 공포감은 관료제가 민주주의를 위협할 것이란 생각에서 발생한다.[177]

제임스 프리드먼(James O. Freedman)은 관료제의 생성과 비대는 미국 민주주의의 성격, 미국식 정의의 본질, 그리고 미국생활의 질에 대한 의미와 연계된 골치 아픈 문제를 제기하였다고 비판하고 관료제에 대한 정통성의 위기를 시사하고 있다.[178] 그리고 그는 관료제가 너무나 많은 권한과 권력을 행사하고 행정 관료들이 엄청나게 누적된 힘을 행사하고 있음에도 불구하고 선거로 당선된 정치적 선량들은 이를 제대로 통제하지도 못하고 있을 뿐만 아니라, 행정 관료들 역시 선거 직 상급자의 권위에 대해 책임 있게 응대하지도 않으며 이들에 대해 책임도 거의 지지 않고 있다고 비판하고 있는 것이다.

사무엘 헌팅턴(Samuel P. Huntington) 역시 권력을 가장 위험스럽게 구사하고 있는 실체로 관료제를 지칭하고 이들에 대한 의혹과 불신이 바로 미국정치사상의 중심적 사고라고 혹독히 비판을 하였다.[179]

제임스 윌슨(James Q. Wilson)도 소위 정부의 제4부인 관료제는 미국 건국의 아버지들이 만든 헌법과도 양립되지 않는다고 비판을 하였다.[180] 그는 선거로 뽑히지도

유지와 심화에 기여하는 면이 컸다는 점을 시사하고 있다. 김광웅, "비판행정학", 『한국행정학보』, 제20권 제1호 (1986), 85쪽. ; 김석준, "전환기 한국행정의 새로운 패러다임 모색 : 국가론을 통한 연구문제의 제기", 『한국행정학보』, 제22권 제2호 (1988), 435쪽.

177) 이와 관련하여 참고 할 글은 다음과 같다. M. A. Crensen & F. E. Rourke, "By Way of Conclusion : American Bureaucracy Since World War II", in L. Galambos (ed.), *The New American State : Bureaucracies and Policies Since World War II* (Baltimore, MD : Johns Hopkins University Press, 1987), pp.137-177. ; W. E. Nelson, *The Roots of American Bureaucracy, 1830-1900* (Cambridge, MA : Harvard University Press, 1982). ; S. Skowronek, *Building a New American State : The Expansion of National Administrative Capacities, 1877-1920* (Cambridge, U.K. : Cambridge University Press, 1982).

178) James O. Freedman, *Crisis and Legitimacy : The Administrative Process and American Government* (New York : Cambridge University Press, 1978), p.260.

179) Samuel P. Huntington, *American Politics : The Promise of Disharmony* (Cambridge, MA : Harvard University Press, 1981), p.33. ; B. Kellerman, *Leadership : A Multidisciplinary Perspective* (Englewood Cliffs, New Jersey : Prentice-Hall, 1984), p.66.

180) James Q. Wilson, "The Rise of the Bureaucratic State", *The Public Interest*, Vol.41, 1975, pp.77-103.

않은 행정 관료들이 그러한 무소불위의 권능을 행사한다는 것은 민주주의국가에서 있을 수 없는 일이라고 하였다. 허버트 카푸먼(Herbert Kaufman)은 이런 관료제에 대한 공포를 모두 싸잡아서 '미친 듯이 날뛰는 세계적인 병'(raging pandemic)으로 규정하고 있다.[181]

이런 관료제의 공포에서 벗어나기 위해 행정 관료들의 자유 재량권과 그들의 폭넓은 권한과 권위를 아주 엄격하게 축소시키고 통제하여 그들의 관료적 힘을 무기력하게 만들기 위한 여러 가지 전략들이 구상되어 제기되고 있다.[182]

예를 들면 끊임없는 조직의 재조직과 혁신 그리고 정부규모를 축소키 위한 예산, 프로그램, 인원의 삭감과 감축 그리고 행정 관료들에 대한 제반규제조치 확산 등을 들 수 있다. 물론 관료제를 지지하는 사람들은 이러한 전략들이 시민들에게 봉사하는 정부의 행정기관능력을 장기적으론 손상시킬 것이라고 주장을 하고 있다.[183]

그러나 이러한 일반적인 견해들과는 fp리 테리(Larry D. Terry) 등은 한술 더 떠 행정 관료들에게 더 많은 재량권을 주어서 이 재량권을 통해 정치적으로 선출된 자들의 권력을 견제하는데 사용하자고 주장을 하기도 한다.[184] 이러한 견해의 저변에는 행정 관료들의 월권에 대한 문제도 심각하지만 정치적으로 선출된 자들의 권력 전횡도 이에 못지않음으로 상호견제의 제도적 장치를 강구해야 된다는 생각이 흐르고 있는 것이다.

국난수준의 어려움을 겪고 있는 나라사정을 고려치 않고 우리나라 국회의원들이 세비를 30%정도 인상시키는 법안을 통과시킨바 있다. 혼미해지는 경제적 어려움을

---

181) Herbert Kaufman, "The Fear of Bureaucracy : A Raging Pandemic", *Public Administration Review*, Vol.41, p.1.

182) 이에 관한 연구들은 다음의 글들을 참고 할 수 있다. A. Farazmand, "Crisis in the U. S. Administrative State", *Administration & Society*, Vol.21, 1989, pp.173-199. ; L. M. Lane & J. F. Wolf, *The Human Resource Crisis in the Public Sector* (New York : Quorum, 1990). ; F. E. Rourke, "Bureaucracy in the American Constitutional Order", *Political Science Quarterly*, Vol.102, 1987, pp.217-232.

183) B. Adams, "The Frustrations of Government", *Public Administration Review*, Vol.44, 1984, pp.5-13. ; B. Rosen, "Effective Continuity of U. S. Government Operations in Jeopardy", *Public Administration Review*, Vol.43, 1983, pp.383-392. ; B. Rosen, "Crises in the U. S. Civil Service", *Public Administration Review*, Vol.46, 1986, pp.195-215. ; A. Wildavsky, "Ubiquitous Anomie : Public Service in an Era of Ideological Dissensus", *Public Administration Review*, Vol.48, 1988, pp.753-755. ; J. F. Wolf, "Disinvesting in the Administrative Capacity for Public Action", *International Journal of Public Administration*, Vol.10, 1987, pp.209-234.

184) Larry D. Terry, *Leadership of Public Bureaucracies : The Administrator as Conservator* (Thousand Oaks, CA : SAGE Publications, 1995), p.38.

안고 모든 국민들이 긴축의 어려움을 겪으면서 그 고통을 분담해 나가야 되는 상황 속에서 가장 솔선수범을 해야 할 국회의원들이 자신들의 세비를 올리고 4급 보좌관의 수를 늘리는 입법을 하였으니 그 의도나 내용이야 어찌되었든 국민들의 국회의원을 보는 눈이 고울 수는 없었다. 세간에서는 이런 것을 보고 국회의원의 입법권에 대한 견제가 필요하다는 의견이 많이 제기되었다.

문제는 이것뿐만 아니라 정치권의 부패와도 깊이 연관이 된다. 정경유착문제, 그리고 이와 연관되는 고위급 정치인의 비자금문제, 우리나라에서만 용인될 수 있는 정치권의 떡값문제 등 이루 헤아릴 수 없는 정치적 부패가 우리 사회를 오염시키고 있다. 이런 정치권의 부패를 감시하고 견제할 수 있는 제도적 장치가 절실히 요구되는 것이다. 테리 등이 주장하는 행정 관료들에게 더 많은 재량권을 주어서 이 재량권을 통해 정치적으로 선출된 자들의 권력을 견제하자는 견해는 이런 면에서 큰 설득력을 가질 수 있는 것이다. 그러나 이러한 목적이외에 있어서는 관료제에 대한 견제가 민주주의를 일구어내는데 필요하다는데 이의를 제기할 수는 없을 것이다.

오랜 역사를 가지면서 지속되어 온 민주주의와 관료제간의 갈등은 서로 다른 가치지향성에 의해서 발생하며 이것은 만약 관료제의 역할과 책임이 민주주의체제의 경계 내에서 명료하게 규정만 될 수 있다면 해결되거나 최소화시킬 수 있다고 생각이 되는 것이다.185) 또한 에바 핼리비(Eva E. Halevy)가 말하듯 관료제와 민주주의는 갈등의 최소화단계에 머물러서는 안 되며 상호보완적 관계에 있어야 하고 효율적이고 창의적으로 병존해 나가야 할 것이다.186)

이와 같은 맥락에서 정치적 민주화 역시 관료엘리트들의 권위적 과정을 합리화시켜 주기 위한 슬로건으로 간주되어서도 안 된다. 정치민주화와 행정민주화는 서로 균형을 이루어야 하며 이것이 진정한 균형과 조화를 이룰 때 한국은 발전된 민주사회로 뻗어 나가게 될 것이다.

5) 우리 행정부의 자기주체성 정립 필요성

185) 테리(Larry D. Terry)는 민주주의의 가치지향성은 공공의지(public will)에 대한 대응성에 있다고 보았고 관료제의 가치지향성은 능률성에 있다고 보고 있다. Larry D. Terry, *Leadership of Public Bureaucracies : The Administrator as Conservator* (Thousand Oaks, CA : SAGE Publications, 1995), p.11.

186) Eva E. Halevy, *Bureaucracy and Democracy : A Political Dilemma* (London : Routledge & Kegan Paul, 1983).

한국행정은 자기주체성을 찾는데 소홀히 해 왔다는 점이다. 주체성을 찾아야 한다고 말했다고 해서 이것이 문화적 독단을 강요하는 말은 아니다. 다른 행정문화와의 상호교류를 전제로 하면서 그들의 발달된 이론체계를 분석비판 적으로 수용은 하되 우리의 것을 조화롭게 접목을 시켜 보다 나은 단계로 한 차원 승화시켜 나가자는 뜻을 내포하는 말이다. 세계화추세를 거스를 수도 없으며 문화적 쇄국이 얼마나 커다란 역효과를 가져 올 수 있음을 우리는 과거의 역사를 통해 잘 알고 있는 것이다. 그러기에 우리는 우리의 행정을 일으키고 발전시켜 나가는데 있어 하나의 전략적 선택으로 발달된 서구의 행정 패러다임을 선별적으로 우리의 토양에 맞추어 수용하는 토착화의 노력을 아끼지 말아야 할 것이며 더 나아가 한국에만 국한되는 우리의 것만을 고집함이 없이 보다 일반화되고 보편화된 것에 대한 개방적 의지를 드높여 나가야 된다는 것이다.

김번웅도 이러한 시각에 동조하고 있음을 알 수 있다. 그는 "한국적 행정학의 패러다임은 한국의 행정현상을 이해하고 설명하려는 과정에서 형성되어야 하는 것은 분명하나 상기한 토착적 시각이나 비판행정의 관점이 패쇄적이거나 방어적이 되어서는 안 되고, 한국적인 독자성 또는 특수성은 모색하되 보편성·일반성도 동시에 추구하는 이른바 창의적 병존(creative juxtaposition)을 이루어야 한다."고 주장한다.[187] 그리고 이런 한국행정학의 토착적 준거를 찾기 위해 그는 "구미는 물론 아시아 및 제3세계의 행정현상을 보다 넓고 깊게 연구하는 비교·발전행정의 시각과 접근방법이 접목되거나 원용되어야 하며 이를 위해 한국행정연구의 국제화가 요청된다."고 주장하고 있는 것이다.[188]

이러한 생각의 맥락에서 볼 때 한국행정학의 토착화도 그리고 독자적인 한국행정학의 패러다임정립도 우리가 지금까지 수용한 많은 이질적 학문체계들에 그 기반을 두고 있음을 겸허하게 인정하고 이러한 이질적 학문체계들의 조화로운 융합을 도모하고 이 속에서 우리의 것을 새롭게 창안해 낼 수 있는 지혜를 짜 내어야 할 것이다. 그런 맥락 속에서 한국행정연구의 국제화도 의미를 갖게 되는 것이다.[189]

6) 우리 행정부의 생산성의 증대

187) 김번웅, "앞의 논문", 1991, 8-9쪽.
188) "앞의 논문", 8-9쪽.
189) 이병철, 『한국행정학 : 토착화와 미래전망을 중심으로』 (울산 : 울산대학교출판부, 1993), 38쪽.

지금까지 정부의 생산성제고에 대한 관심이 상대적으로 적었던 것이 사실이다. 생산성에 대한 관심과 노력이 있다고 해도 그것은 기술적 효율성(technical efficiency)에 치중되어 온 것이다. 대신 부패로 인한 낭비와 정책능력부족으로 인한 낭비는 소홀히 취급되어 왔다. 부패로 인한 낭비는 공무원 인력감축으로 절약하는 금액보다 훨씬 크며 또 경부고속전철 사례에서 보는 바와 같이 정책능력부실에서 비롯되는 낭비는 가히 천문학적이다.190) 따라서 생산성을 기술적 효율성 차원에서 뿐만 아니라 부패와 정책능력부족과 같은 가치적 효율성의 차원까지 포함되는 광의적 관점에서 접근하고 문제를 해결하려는 노력이 강화되어야 할 것이다.

로젠브룸(D. Rosenbloom)은 이런 맥락에서 가치적 효율성을 지니는 정치와 기술적 효율성으로 표현되는 관리적 의미를 가지는 행정을 분리시키자는 견해에 대해 반대를 한다. 그는 "미국적 상황에서 개혁가들은 때때로 정치체계의 목적에 기여하기 위해 관리를 보다 더 잘 개발시키는 것보다 보다 나은 관리개선 필요성에 호응키 위해 정치체계를 재구성하려 한다."고 말하고 그는 "만약 우리가 보다 나은 정부를 원한다면 우리는 정치에 대해 보다 더 잘 말할 수 있어야 한다."고 결론을 내리고 있다.

그리고 보다 나은 정부를 위한 유일한 행성기준으로 기술적 효율성의 성격을 지니는 생산성만을 참고하면 할수록 정치체계의 실적과 성과의 평가를 위한 기준의 정당성은 점점 더 약해진다고 주장한다.191) 이런 맥락에서 볼 때 가치적 효율성과 기술적 효율성을 동시에 충족시켜 줄 수 있는 생산성 향상이 무엇보다 절실히 요구된다고 말 할 수 있다.

우선 기술적 효율성의 차원에서 우리 행정부의 생산성향상에 관한 문제를 라이트(V. Wright)가 제시한 정부의 생산성 즉 성과(performance)에 영향을 끼치는 12개의 변화영역192)을 중심으로 하여 논의해 보자면 다음과 같다.

첫째, 예산을 여하히 효율적으로 삭감하고 긴축시킬 수 있을 것인가에 대한 것이

---

190) 한국행정학회소식, 제79호, 1997. 9. 8., 5쪽.

191) D. Rosenbloom, "Have an Administrative RX? Don't Forget the Politics", *Public Administration Review*, 1993, 53 (6), p.506.

192) V. Wright, "Public Administration in the Nineties : Trends and Innovations", in International Institute of Administrative Sciences, *Public Administration in the Nineties : Trends and Innovations*, Proceedings of the 22nd International Congress of Administrative Sciences (Brussels : International Institute of Administrative Sciences, 1992), pp.37-38.

다. 이것은 여러 가지 첨단화된 예산기법들을 활용하여 예산의 효율성을 극대화하려는 것이다. 물론 예산담당조직의 효율성도 고려되어야 하며 법제도적인 측면에 있어서의 효율성 등도 고려되어야 한다.

우리 행정부의 경우를 견주어 보면 이런 기준에서 볼 때 상당히 미흡하다는 것을 알 수 있다. 기획재정부에서 예산에 관련된 전반적인 결정이 이루어지고 있으나 지나친 예산결정의 중앙집권화와 분권적 책임구조의 미흡과 명료하지 못함으로 인해 예산결정의 효율성이 떨어지고 있다. 더군다나 아직도 예산기법의 낙후로 인해 정확한 공공경비분석이나 정부예산의 비용과 편익 그리고 비용과 효과에 대한 분석 및 평가가 제대로 이루어지지 못하는 국면이 많이 혼재되어 있으며 예산 행정 관료들의 예산에 대한 마인드나 일반 행정관서의 행정 관료들의 마인드 역시 예산을 효율화하는데 있어 많은 어려움을 가져오게 하는 주된 요인들이 되고 있음도 부인할 수 없다.

둘째는 규제해제나 규제완화에 대한 것이다. 우리의 행정에 있어 가장 후진적인 분야중 하나가 바로 이 것이다. 우리의 규제는 그 강도나 규제정도에 있어 가히 세계적 수준이다. 지나친 규제는 세계화를 지향하는 우리 정부의 생산성을 크게 떨어트리는 요인이 되고 있다. 이렇게 규제완화나 해제가 잘 이루어지지 않고 어려운 것은 규제를 행사하는 기관이나 그곳에 몸담고 있는 행정 관료들의 그릇된 인식에서 출발을 한다. 규제가 하나의 이권이나 권한을 행사할 수 있는 도구나 수단으로 인지되는 한 규제의 본래 목적이 이루어지기 어려울 뿐만 아니라 생산성의 증대에도 커다란 역기능을 가져오게 된다.

셋째, 시장화(marketization)가 여하히 잘 진행되느냐 하는 것인데 실제로 생산성의 증대를 위해선 시장구조가 원활하게 작동되어야 하며 인위적인 정부개입에 따른 시장교란요인의 극소화가 무엇보다 필요로 된다. 종전까지 정부주도적인 행정이 이루어진 관계로 해서 시장화에 대한 개념조차 생소한 것이 우리네의 현실인 만치 이에 대한 전향적 사고의 전환이 필요로 된다고 하겠다.

넷째는 새로운 기술의 도입이 얼마만큼 가능할 것인가에 대한 문제인데 새로운 기술과 생산성과의 관계는 정비례적이라 할 수 있는 만큼 새로운 기술도입의 가능성여부와 적용가능성여부가 생산성과 직결된다고 볼 수 있다. 우리 정부도 이러한 인식을 가지고 새로운 기술도입에 노력하고 있으나 아직도 그 성과가 괄목할만한 것이 못되고 있고 기술변화에 저항적인 세력들이 존재하는 관계로 해서 정부의 생산성증대에 어려움이 없지 않다.

다섯째, 관리혁신을 여하히 성취시켜 나갈 수 있을 것인가에 대한 문제로 지속적인 관리혁신이 없인 생산성의 증대란 있을 수 없는 것이므로 생산성의 증대를 위해선 새로운 발상에 기반을 둔 지속적인 관리혁신이 필요로 된다. 그러나 우리의 현실은 관리혁신에 대해 거부감과 저항감 그리고 두려움을 가지고 있으며 이에 대한 능동적 사고를 기대하기 어려운 상황이다.

여섯째, 평가를 위한 새로운 메커니즘이나 기준을 어떻게 만들어 낼 수 있을 것인지와 일곱째, 분권화(decentralization)의 가능성여부와 그 정도 그리고 여덟째, 권력이나 자원의 비집중화(deconcentration)정도 그리고 아홉째, 반자치적인 기관의 확산과 분산의 정도 열 번째, 관할권(jurisdiction)의 분할가능과 명료화정도 열한 번째, 기관재적응과 열두 번째, 민영화의 가능성과 그 정도 등에 따라 정부의 생산성을 결정 할 수 있다고 라이트는 주장하였지만 평가를 위한 새로운 메커니즘의 기준이나 분권화의 가능성여부 그리고 권력이나 자원의 비집중화정도, 반자치적인 기관의 확산과 분산의 정도, 관할권의 분할가능성과 명료화정도, 기관재적응 그리고 민영화의 가능성 등에 있어서 괄목할만한 변화가 없는 것은 아니나 선진국의 행성수준과 비교해 볼 때 아직은 미흡하다고 평가할 수 있는 것이다. 따라서 우리의 행정생산성을 증대시키기 위해선 이러한 요인들에 대한 혁신적인 변화의 노력이 더욱 필요로 된다고 말 할 수 있다.

그리고 이와 더불어 현재 우리 행정부의 생산성을 증대시키기 위해선 양적인 것 못지않게 질적인 요소의 고려가 긴요하다 할 수 있다.[193] 에드워드 데밍(W. Edward Deming)은 품질개선만이 비용을 절감하고 장기적으로 생산성을 증대시킬 수 있다고 주장을 하는 것도 이와 맥을 같이 하는 것이다.[194] 특히 질적인 생산성의 증대에

193) 공공서비스의 질의 개선이 행정성과개선에 가장 중요한 전제라는데는 의문의 여지가 없다. 사실상 오늘날 조직이 직면하는 최대도전은 고객의 기대를 초월하는 질의 기준을 어떻게 얻고 이를 유지하느냐 하는 것이다. 1993년에 발표된 NPR보고서도 품질관리, 행정고객에 대한 주된 관심, 작업장에 권한을 부여하는 것(workforce empowerment) 등을 골자로 하는 질 향상에 관한 정책대안들을 제시하고 있다. Arie Halachmi, Geert Bouckaert (eds.), *The Enduring Challenges in Public Management : Surviving and Excelling in a Changing World* (San Francisco, CA : Jossey-Bass Publishers, 1995), p.154.

194) *Ibid.*, p.161.

유용한 접근개념으로 '전사적품질관리방법'(Total Quality Method : TQM)[195]을 들 수 있다.

그리고 이에 부가하여 조지 프레데릭슨(H. George Frederickson)은 TQM을 지지하기 위해선 '종합적품질정치'(Total Quality Politics : TQP)가 필요로 된다고 주장하고 있다. 그리고 TQP의 7가지 원리들을 제시하고 있다. 이를 간략히 설명하면 첫째, 잘못된 문제를 문제화하는 것을 피하라는 것과 둘째, 시민중심의 정부를 실제화하라는 것과 셋째, 변화지향적인 정치에 몰두하라는 것 넷째, 비용을 보다 솔직하고 용기 있게 제시하라는 것 다섯째, 공평과 형평을 지향하라는 것 여섯째, 공직(public service)에 대한 존경심을 가지라는 것과 일곱째, 자유기업체제를 조심스럽게 유지하라는 것이다.[196]

지금까지 논의된 이러한 모든 변화의 노력이 우리 행정에 경주될 때 생산성증대라는 문제의 해결이 이루어질 수 있을 것이다.

7) 우리 국민의 행정에의 참여도 증대

구이만(J. Kooiman)에 따르면 공동지배(co-governance)처럼 새로운 지배유형이 점증하는 복잡성, 역동성 그리고 체제의 다양성에 효과적으로 대처할 수 있다고 한다. 지배의 새로운 모델들은 빈번히 접두사 co-를 붙여 쓴다. 예를 들면 공동조작(co-steering), 공동관리(co-management), 공생산(co-production), 공동배분(co-allocation) 등이 그러한 예이다. 이런 새 용어들은 공조직과 사조직 그리고 시민들 간의 새로운 관계와 접촉을 시사하며 이러한 새로운 조직배열은 정부의 실적이나 성과를 높이게 된다고 본다.[197]

구이만은 또한 통치패턴이 지배하는 쪽에서 지배당하는 쪽으로 일방적으로 주어지던 전통적인 일방 식 통행방식(one-way traffic model)에서 양방향통행방식(two-way traffic model)으로 바뀌고 있다고 주장을 한다.[198] 사실상 공공서비스에 시민의 상호

---

195) TQM을 '전사적 품질관리' 또는 '종합적 품질관리', '종합품질관리' 등 여러 가지 용어로 번역하고 사용하고 있다.

196) Frederickson, G. "The Seven Principles of Total Quality Politics", *PA Times*, 1994, 17 (1), p.9.

197) Kooiman, J. "Governance and Governability : Using Complexity, Dynamics and Diversity", in J. Kooiman (ed.), *Modern Governance* (London : Sage, 1993), p.4.

198) Geert Bouckaert and Arie Halachmi, "Introduction : The Challenges of Management in a Changing World",

작용과 공생산(co-production)이 있는 통치전략은 공공서비스의 능률성, 효과성, 정통성을 개선시켜 줄 것이다. 시민이며 담세자인 국민들은 더 이상 행정서비스의 수동적인 수혜자로만 간주되어서는 안 되며 재화와 용역의 생산과 분배에 시민을 통합시키는 것은 그들에게 통치과정에 있어 능동적 역할을 부여해 주는 게 된다.[199]

이러한 맥락에서 힌디 셰크터(Hindy Lauer Schachter)는 행정부의 성과를 개선시키기 위해선 능동적인 시민참여가 이루어져야 함을 강력히 주장하고 있다.[200] 그는 시민을 더 이상 정부의 행정고객이나 민영화나 정부혁신의 대상이나 옹호자로만 생각하는 구태를 버리고 정부의 소유자로 인식하는 발상의 전환이 이루어져야 한다고 주장한다. 이렇게 할 수 있을 때 공공기관의 능률과 대응성은 증대될 것이라고 보면서 능률적 시민상의 정립과 활성화를 강조한다. 그는 시민들의 능동적 참여를 위해 지금보다 더 나은 시민교육의 혁신이 요구되며 공공기관의 소유자들인 시민들에게 보다 적합하고 집중적인 다양한 정보가 올바르게 제공되어야 한다고 주장한다.

8) 행정 관료와 행정 학자 간의 유대관계의 강화

한국의 경우에 행정 관료와 행정 학자 간에 유대의식과 연계체계가 적다. 행정학자들은 행정이론과 방법론을 중심으로 현학적인 학문적 성취에 자족하는 면이 없지 않고 행정 관료의 실무나 정책에 대해선 비판적이면서도 실천적인 처방전을 제시 하는데 는 부족함이 있다. 특히 행정 학자들은 행정실무에 취약하고 행정에 관련된 정보에 접하는 것이 대단히 어렵고 제한이 되는 이유로 인해 적실성이 있고 시의성 높은 실천적인 정책처방전을 제시하는데 어려움을 갖는다.

이에 반해 실무를 담당하는 그리고 정책을 형성하고 집행하고 평가하는 행정 관료들이 행정 학자들의 학문적 연구결과를 탁상공론의 소산 내지는 백면서생(白面書生)의 글 정도로 평가절하 하는 면이 많다. 바로 상호불신의 결과 다른 말로 표현

Arie Halachmi, Geert Bouckaert (eds.), *The Enduring Challenges in Public Management : Surviving and Excelling in a Changing World* (San Francisco, CA : Jossey-Bass Publishers, 1995), p.11.

199) Geert Bouckaert, "Governance Between Legitimacy and Efficiency : Citizen Participation in the Belgian Fire Services", in J. Kooiman (ed.), *Modern Governance* (London : Sage, 1993), pp.156-157.

200) Hindy Lauer Schachter, *Reinventing Government or Reinventing Ourselves : The Role of Citizen Owners in Making a Better Government* (Ithaca, New York : State University of New York Press, 1996).

하자면 상호 신뢰성부족에서 오는 소치이다. 물론 관학협동체계에 의한 공동연구 프로젝트나 공동사업 등이 없는 것은 아니나 과연 그렇게 나온 결과물들이 얼마만큼 정책에 반영되고 그것이 국민들의 피부에 와 닿는 행정서비스로 창출되어지느냐 하는데 대해서는 많은 이견이 있다.

아직까지 행정 관료들은 종전의 관례화된 행정절차와 내용에 충실하면서 자신의 경험과 감각에 따라 기계적인 행정을 시행해 나가고 있는 것은 아닌지? 그리고 행정 학자들 역시 현실적 문제를 해결키 위한 정책적 처방전을 적실성 있고 시의성 있으며 실효성 있게 만들어 내고 있는지? 이 또한 많은 의문이 제기되는 것이다.

조지 프레데릭슨도 말했듯이 1960년대 말에서 1970년대에 걸쳐 미국 내에서 제기된 행정학의 반성의 소리는 바로 종전까지의 행정학이 현실의 문제를 푸는데 있어 너무나 무기력했다는 점이다. 그러기에 종전의 행정이론과 방법 그리고 기법들에 대한 저항이 일어났고 이러한 저항이 결집되어 현실적응성을 지니는 살아있는 행정학으로 신행정학을 태동시키게 되었던 것이다.[201] 학문의 유행은 시대가 만들어 내는 것이다. 드와이트 왈도(Dwight Waldo)가 이야기하듯 소용돌이의 시대에 살아남을 수 있는 학문체계는 현실적 문제를 해결하는 실용적 학문이며 행정이 정부관리의 학문으로 정체성을 인정받고 있는 이상 이러한 위상을 부인 할 수는 없는 것이다.[202]

우리의 행정 관료나 행정 학자들은 이러한 문제를 진솔하게 벽을 허물고 같이 토로하고 고민하고 고뇌해야 하며 실무와 이론의 벽을 허물고 그를 기반으로 한 전문성이 알차게 밴 현실적응성 있는 이론과 방법을 개발해 내어 그것이 소용돌이치는 행정문제를 해결함으로 해서 그에 대한 반사적 이익이 국민에게 돌아 갈 수 있도록 노력해야 할 것이다. 더 이상의 행정 관료와 행정 학자 간의 유리와 간격의 유지는 한국행정의 발전과 한국행정학의 학문적 발전을 위해서도 결코 바람직한 일이 아니라고 사료된다.

201) H. George Frederickson, *New Public Administration* (University, Alabama : The University of Alabama Press, 1980).

202) Dwight Waldo, *Public Administration in a Time of Turbulence* (San Francisco, CA : Chandler Publishing Co., 1971).

9) 한국 행정학계의 자성적 노력의 필요

우선 한국 행정현상을 연구하는 행정 학자들은 한국 행정현상에 접근하는데 있어 한국적인 문제의식과 시각을 가져야 한다는 것이다. 이를 위해서는 한국현실에서 배태된 문제의식을 바탕으로 연구주제를 잡고, 그 이후에 한국 혹은 외국이론가운데 가장 적합한 이론을 선택적으로 도입, 적용하여야 한다는 것을 의미한다. 사실 외국이론에서 개념과 변수가 도출되고 이들로 구성된 이론을 가설로 하여 한국 행정현상을 볼 때에는 이미 외래적인 시각과 이론구성 때문에 한국행정현상의 본질에 접근하는데 큰 제약이 있게 됨으로 필요에 따라서는 이런 접근방식을 과감히 벗어나서 한국행정현상의 문제를 바탕으로 하여 이와 가장 관련이 된다고 생각하는 한국 혹은 외국이론을 적용하는 것이 바람직 할 것이다. 이를 다른 말로 부언하자면 한국적인 문제의식과 시각을 항상 중심에 두고 우선적으로 해결하려는 사안들에 적용해야 함을 의미하는 것이다.

둘째, 우리가 해결하고자 하는 것은 한국 행정현상에서 나타나는 문제들이기 때문에 이의 해결을 위한 수단으로 우리보다 한발 앞선 미국행정학을 참고하는 것뿐이시 미국행정학지체가 한국 행정현상에서 초래되는 모든 문제를 치유시킬 수 있는 만병통치약이라는 생각은 하루속히 버려야 한다는 것이다. 따라서 한국 행정현상에서 초래되는 모든 문제에 대한 처방은 우리의 시각에서 출발하여야 하며, 단지 미국행정학은 이러한 접근에 보조적인 참고적 준거로써 만의 의미를 가지게 하여야 한다는 것이다. 미국행정학이 우리의 행정현상에서 초래되는 문제점을 더 잘 해결해 줄 수 있다고 믿고 이를 맹종하여 본질과 내용이 다른 한국행정문제의 해결에 적용을 해 보았자 얻는 것은 별무 할 것이란 점을 인식해야 한다는 것이다.

또한 토착화의 주체는 어디까지나 바로 우리 자신임을 명심하여야 할 것이다. 미국행정학의 장점을 우리의 토양 속에 접목시키는 주체는 우리이며 바로 이러한 자아준거 적 시각과 접근이 올바른 토착화를 성취시킬 수 있을 뿐 아니라 미국행정학을 보다 주체성 있게 한국에 도입, 적용시키는 일이 될 것이다.

셋째, 한국행정학의 역사가 상대적으로 일천하지만 이에 따른 장점도 있는 만치 이를 잘 활용하여 한국 행정현상에서 야기되는 문제해결에 도움이 되도록 하여야 할 것이다. 학문적 역사가 그만치 일천하다는 것은 학문자체의 생동성이 더욱 클

수 있으며 새롭게 발전할 학문적 변경(frontier)[203]도 넓을 뿐만 아니라 새로운 학문적 범위와 방법 그리고 이론의 개발여지가 광대하다는 이점을 가질 수 있으며 더 나아가 기존의 학문적 질곡으로부터 상대적으로 자유로울 수 있다는 또 다른 이점을 가질 수도 있는 것이다. 단지 문제는 이러한 긍정적 면을 얼마만큼 인정하고 그러한 방향으로 연구를 추진시켜 나갈 수 있느냐 하는데 달려 있는 것이다.

넷째, 행정학의 정체성 위기에서 과감히 탈피하여 인접 학제 간 연구 등을 통해 한국 행정현상을 보다 다각적이고 깊이 있게 분석, 평가하여 이에 대한 적실성 있는 처방전을 제시할 수 있어야 되겠다는 것이다. 행정학은 그 속성상 기존의 유관 학문의 조력을 필요로 하며 이러한 학문 간의 상호교호를 통해 한국행정학의 성격이 정립되어져 나가고 문제해결능력이 제고되는 것이다. 지나치게 이 문제에 집착하여 소극적인 자세로 정체성의 위기를 논하는 어리석음에서 벗어나 행정학의 특성을 이해하고 보다 적극적으로 행정학의 학제간의 상호교호성의 이점을 활용하면서 한국행정학의 정체성을 다져나가는 방향으로 발전을 모색해 나가야 할 것이다.

다섯째, 한국 행정현상을 연구하는 행정 학자들도 이제 정치로부터 자유스러워져야 한다. 우리의 과거역사를 돌이켜 볼 때 정치권의 행정에 대한 영향력이 너무나 컸던 관계로 학문 역시 이런 영향권아래서 연구되었던 점을 부인하기 어렵다.[204] 그러나 한국행정학이 제대로 발전하기 위해선 그리고 올바르게 행정문제해결에 도움을 주는 학문이 되기 위해선 정치적 영향을 거부 할 수 있어야 한다. 행정학자들은 정치적 영향력이나 시류에 편승하지 않고 학문본래의 목적에 따라 학자적 양심을 가지고 한국행정학의 토착화와 발전 그리고 한국행정문제해결의 학문적 기반을 제공하는데 진력하여야 할 것이다.

여섯째, 급변하는 경제, 안보환경에 효율적으로 대응할 수 있는 행정을 마련하기 위해선 이에 대한 행정 학자들의 학문적 노력이 다른 어느 때 보다 절실하다. 이를

---

203) 드와이트 왈도가 제기하는 행정학의 처녀지(virgin territory)라는 개념도 이러한 시각에서 이해될 수 있다. 앞으로 새롭게 발전할 학문적 변경을 처녀지로 비유해 볼 수 있는 것이다. 행정학이 다른 학문에 비해 역사적으로 일천함은 상대적으로 학문적 처녀지가 광대하게 펼쳐져 있음을 의미한다 하겠다. Dwight Waldo, *The Enterprise of Public Administration* (Novato, CA. : Chandler and Sharp Publishers, Inc., 1980), p.74.

204) 안병영, "행정이론의 토착화와 정부용역학의 극복", 『월간조선』, 1982. 7. ; 안병영, "한국의 행정현상과 행정학연구의 주체성", 『한국정치학회보』, 제13집, (1979). ; 안병영, "한국의 행정이념과 행정학연구의 주체성", 『한국행정학보』, 제13집, (1979).

위해 현학적인 이론 그 자체만으로는 아무런 의미가 없으며 단지 이론을 위한 이론만으로 남아있어서도 안 된다. 따라서 한국행정학을 연구하는데 있어 항상 실제적 적용을 전제로 하여야 하며 이론이 지닐 수 있는 한계를 정확히 인식하고 실제와의 교호과정 속에서 야기될 수 있는 문제를 최소화하는데 학문적 관심과 노력을 경주해 나가야 할 것이다.

이에 덧붙여 한국행정학도 국제화나 세계화에 효율적으로 대응할 수 있는 행정학으로 발전시켜 나가야 할 것이다. 그러기 위해선 보다 넓고 깊은 시각을 가질 것이 요구되며 외국이론과의 빈번한 교류와 비교분석 등이 이루어지고 다양한 외국의 지역연구가 행정학과 관련되어 연구되어야 할 것이다. 그리고 학제 간 연구도 더욱 활성화되어야 할 것이며 보다 정확한 분석을 위해 다양하고 정교한 방법론이나 분석기법들도 개발 적용되어야 할 것이다. 그리고 보다 창조지향 적이고 가치지향 적이며 미래지향적이고 과학지향적인 학문적 사고의 틀이 새로운 세계 환경과 질서의 틀에 따라 다시 짜여야 할 것이며 이를 위해 한국 행정 학자들의 노력이 다른 어느 때보다 절실히 요구되어진다고 볼 수 있다.

3. 한국행정과 행정학의 새로운 이해를 위해선

급변하는 대내·외 환경에 무기력한 행정상을 목격하게 되는 것은 그만치 우리 행정과 이를 이론적으로 뒷받침하는 행정학이 환경적 변화와 도전에 슬기롭게 응전하지 못하고 있음을 반증하는 것이라 할 수 있다. 슬기로운 응전을 하면서 이 어려운 대내·외 환경을 극복해 나가기 위해선 우선 행정을 보는 눈과 행정학을 연구하는 시각과 사고가 크게 변해야만 한다. 이를 위해 이곳에서 제시한 행정과 행정학을 보는 새로운 마인드는 우리 정부의 나아갈 방향에 커다란 이정표가 되어 줄 수 있을 것으로 생각이 든다.

데이비드 오스본(David Osborne)과 테드 게블러(Ted Gaebler)는 『정부혁신의 길』(Reinventing Government)이라는 책을 통해서 새롭게 지향해야 하는 정부 상을 다음과 같이 제시하고 있다.[205]

첫째, 촉진적 정부로 바뀌어야 한다는 것이다. 노를 저어 나가는 것 보다는 방향을 잡아주는 것이 정부의 진정한 역할이라고 주장을 하고 있다. 둘째는 지역사회가 주도하는 정부로 바뀌어야 한다는 것이다. 지역사회에 대해 서비스를 제공하는 것으로 만족하지 말고 그들에게 실질적인 권한을 부여해 줄 수 있는 정부로 탈바꿈을 하여야 된다는 것이다. 셋째는 경쟁력이 있는 정부가 되어야 한다는 것이다. 서비스 제공에 경쟁적 원리를 도입하여 보다 질 높은 행정서비스가 가능토록 노력하는 정부가 되어야 한다는 것이다.

넷째는 사명지향적인 정부가 되어야 한다는 것이다. 정부가 올바른 정책철학을 가지고 사명감 있게 정부를 운영할 수 있어야 하며 규칙중심조직의 개혁이 이루어져 나가야 된다는 것을 강조하는 내용이다. 다섯째는 성과지향 적 정부로 나아가야 한다는 것이다. 투입뿐만이 아니라 성과와 연계된 예산배분 등을 통해 보다 희소한 자원의 효용가치를 극대화시킬 수 있는 정부가 되어야 한다는 것을 의미하고 있다. 여섯째는 고객지향 적 정부로 나아가야 한다는 것이다. 관료제의 요구가 아니라 고객들의 요구와 욕구를 충족시켜 줄 수 있는 정부로 탈바꿈해야 함을 강조하는 내용이다.

일곱 번째는 기업가적 정부로 나아가야 한다는 것이다. 이것은 지출위주의 정부가 아니라 수익을 창출하는데 기여하는 정부로 탈바꿈되어야 함을 강조하는 내용이다. 여덟 번째는 미래에 대비할 수 있는 정부가 되어야 한다는 것이다. 이는 치료보다는 예방적인 정부 상을 강조하는 것으로 항상 미래를 전망하면서 앞으로 닥칠 문제들을 진단하고 이에 따른 효과적인 예방적 처방전을 정부는 항상 준비하고 있어야 함을 강조하는 것이다.

아홉 번째는 분권적 정부로 바뀌어야 함을 강조하는 내용인데 이것은 종전의 중앙집권적 정부처럼 위계적인 조직이 아니라 참여와 팀워크를 중시하는 수평적이고 분권적인 정부조직으로 나아가야 함을 강조하는 것이다. 마지막으로 시장지향 적 정부로 나아가야 한다고 주장하고 있는데 이것은 관료제를 통한 변화보다는 시장기구를 통한 변화를 촉진하는 것을 주 내용으로 하는 것이다.

데이비드 오스본과 테드 게블러는 이러한 새롭게 지향해야 하는 정부상의 전형을 민간기업적 마인드에서 찾고 있다. 이러한 그들의 새로운 마인드는 정부의 혁신

205) David Osborne and Ted Gaebler, *Reinventing Government : How The Entrepreneurial Spirit Is Transforming The Public Sector* (Reading, Massachusetts : Addison-Wesley Publishing Company, Inc., 1992).

을 주도하는 이정표가 될 수 있음을 분명히 하고 있는데, 이 글 앞에서 논의된 아홉 가지 새로운 이해의 시각도 이에 못지않게 이와 같은 맥락에서 기여를 할 것으로 사료된다. 물론 이 아홉 개의 행정과 행정학에 대한 새로운 이해도 앞의 데이비드 오스본과 테드 게블러가 제시한 새로운 마인드와 그리고 그 의미와 함께 하고 있음은 당연하다 하겠다.

이 글에서 제시된 한국행정과 행정학을 새로이 이해하는 시각으로 첫 번째로 제시된 것이 우리 행정부의 대 국민 신뢰성 제고를 위한 노력이 필요로 된다는 것이다. 국민들에게 신뢰감을 쌓지 못하는 정부나 행정은 결코 이 어려운 난국을 헤쳐 나갈 수 없다. 따라서 우리의 행정과 행정학을 보는 새로운 시각은 어떻게 하면 우리의 정부나 행정이 국민들에게 신뢰감을 심어 줄 수 있을지에 주요관심을 기울이면서 접근이 되어야 하겠다는 것이다.

둘째로 제시된 내용은 우리 행정부의 전문성을 강조하는 노력이 필요로 된다는 것이다. 전문성이 없이는 신뢰받는 정부가 될 수 없다는 것을 함축적인 의미로 가지고 있음을 의미한다. 전문성이 없이는 현재와 같이 급변하는 환경에서 파생되는 문제들을 해결할 수 가 없다. 전문성을 확보할 수 있을 때 행정의 능력은 커지는 것이며 이것이 가능할 때 행정의 질이 개선될 수 있는 것이다. 그렇게 될 때 드와이트 왈도가 상정했던 훌륭한 삶206)이 가능할 수 있을 것이다. 따라서 행정과 행정학을 보는 새로운 시각은 전문성이란 렌즈를 통해 행정과 행정학이란 피사체를 뚫어 볼 수 있는 역량을 갖추도록 노력해 나가야 할 것이다.

셋째로 제시된 내용은 우리 행정부의 부패와 부조리의 일소를 위해 일로 매진해야 되겠다는 것이다. 우리 행정에 만연하는 부패문화를 청산하지 아니하고서는 우리의 행정이 제대로 설 수도 없을 뿐만 아니라 행정의 미래도 기약할 수 없다. 따라서 행정의 부패문화를 청산할 수 있는 노력이 경주되어야만 한다는 것이다. 앞으로 부패와 부조리의 시각에서 그리고 이를 근절하는데 초점을 맞추어 한국행정과 행정학을 이해해야 할 필요성이 바로 여기에 존재하는 것이다.

네 번째는 우리 행정부의 민주화를 위한 노력이다. 우리 행정의 궁극적인 목적중 하나가 민주화이다. 이를 위해 여러 가치가 집대성되고 이를 위한 여러 수단들이

206) Dwight Waldo, *The Administrative State : A Study of the Political Theory of American Public Administration* (New York : Ronald Press Co., 1948).

강구되어지는 것이다. 행정의 민주화 없이는 행정의 궁극적 가치인 훌륭한 삶도 있을 수 없는 것이다. 민주화라는 잣대를 통해 우리의 행정과 행정학을 새롭게 조망해 나가야 되는 이유가 여기에 있는 것이다.

다섯 번째는 우리 행정부의 자기주체성 정립의 필요성이다. 우리 행정과 행정학이 자기주체성을 상실한다면 이미 우리의 행정의 미래는 의미를 잃게 되는 것이다. 우리의 것을 개발하고 육성해 나가면서 우리의 주체성을 스스로 확신하고 확인 할 수 있을 때 우리의 행정과 행정학은 세계의 보편타당한 패러다임으로 자리매김을 할 수 있는 것이다. 이를 세워 일으키기 위한 노력이 필요로 되는 이유도 여기에 있는 것이며 이를 통해 행정과 행정학을 보려는 이유도 여기에 있는 것이다.

여섯 번째는 우리 행정부의 생산성의 증대를 위한 노력이다. 생산성을 갖추고 국제경쟁력을 가질 수 있을 때 우리의 행정과 행정학은 존재의 의의를 갖게 되는 것이다. 보다 나은 생산성의 증대를 위해 노력이 요구되는 까닭도 여기에 있는 것이다. 또한 우리의 행정과 행정학을 생산성이란 기준에서 보려는 이유도 여기에 있는 것이다.

일곱 번째는 우리 국민의 행정에의 참여도를 증대시키는 노력이 필요로 된다는 것이다. 단순히 형식적인 참여는 의미가 없으며 보다 본질적인 참여를 통해 국민과 같이 할 수 있는 행정이 되어야 되겠다는 것이다. 우리의 행정과 행정학은 이런 맥락에서 실질적 의미의 참여라는 시각에서 이해되어야 하는 것이다.

여덟째로 우리 행정 관료와 행정 학자 간의 유대관계의 강화가 요구된다는 것이다. 서로의 입장을 이해하고 서로의 약점을 보강해 줄 수 있는 상호역할보충의 기능은 현재와 같이 대내·외적인 환경이 급격히 변화하고 있는 현시점에선 다른 어느 때보다 절실히 요구된다 하겠다. 서로를 배척하는 것보단 상호이해의 기반위에서 공동적인 문제해결을 모색해 나갈 때 그 시너지적 힘은 더욱 커질 것이기 때문이다.

마지막으로 한국 행정현상을 연구하는 행정 학자들은 한국 행정현상에 접근하는데 있어 한국적인 문제의식과 시각을 가져야 한다는 것이다. 이것이 의미하는바 는 한국 행정현상에서 초래되는 모든 문제에 대한 처방은 우리의 시각에서 출발하여야 하며 단지 미국행정학은 이러한 접근에 보조적인 참고적 준거로써 만의 의미를 가지게 하여야 한다는 것이다. 그리고 한국행정학의 역사의 일천성이 가지는 장점을 잘 활용하여야 하며 행정학의 정체성 위기에서 과감히 탈피하여 인접 학제 간

연구 등을 통해 한국 행정현상을 보다 다각적이고 깊이 있게 분석, 평가하여 이에 대한 적실성 있는 처방전을 제시할 수 있어야 되겠다는 것이다.

이와 더불어 행정 학자들도 이제 정치로부터 자유스러워져서 정치적 영향력이나 시류에 편승하지 않고 학문본래의 목적에 따라 학자적 양심을 가지고 한국행정학의 토착화와 발전 그리고 한국행정문제해결의 학문적 기반을 제공할 수 있어야 되겠으며 급변하는 경제 및 안보환경에 효율적으로 대응할 수 있는 행정을 마련하기 위해 실제적 적용을 전제로 하여야 하며 이론이 지닐 수 있는 한계를 정확히 인식하고 실제와의 교호과정 속에서 야기될 수 있는 문제를 최소화하는데 학문적 관심과 노력을 경주해 나가야 할 것이다.

이에 덧붙여 한국행정학도 국제화나 세계화에 효율적으로 대응할 수 있는 행정학으로 발전시켜 나가야 하며 이를 위해 보다 넓고 깊은 시각을 가져야 하며 외국이론과의 교류와 비교분석 그리고 지역연구가 이루어져야 할 것이다. 또한 학제 간 연구와 다양하고 정교한 방법론이나 분석기법들도 개발 적용되어야 할 것이며 창조지향 적이고 가치지향 적이며 미래지향적이고 과학지향적인 학문적 사고의 틀이 새로운 세계 환경과 질서의 틀에 따라 다시 짜여 지는 일에 한국 행정학자의 노력이 절실히 요구되는 것이다.

제3장 한국 행정개혁의 새로운 이해

21세기에 첫 발을 내디디면서 행정은 커다란 도전에 직면하게 되었다. 종전까지 행정의 기반을 이룬 능률의 철학이 더 이상 실천적 차원에서 의미를 갖지 못하게 되는 지경에 이른 것이다. 지금 행정은 비능률의 전형으로 비판의 대상이 되고 있다. 행정의 비능률을 강력히 비판하는 자들은 많은 행정기능들이 민영화되고 수다한 행정규제조치들이 완화내지 해지될 때 이 사회는 더욱 나은 사회가 될 수 있다고 주장을 한다.[207] 행정을 아직까지는 신뢰하고 싶은 자들까지 행정은 발상의 대전환을 통한 재창출(reinvention)이 절박하게 필요로 되며 모든 면에서 근본적으로 재검증이 요구된다고 주장하고 있다.

미국에서는 이러한 강한 비판과 압력에 의해 정부 재 개혁과 창출을 위한 노력이 90년대 접어들면서 본격화 되었으며 지금까지 계속 진행되고 있다. 미국은 80년대의 레이건(Ronald Wilson Reagan) 행정부에 의한 경제의 방만한 운영은 결국 1990년대 들어 어려운 경제 상황을 초래하게 되었고 연방정부의 재정적자는 미 역사상 유래 없는 기록을 갱신하였다. 이에 병행해 나타난 초고속 인플레이션 상황 하에서의 경기침체는 스태그플레이션(stagflation)이란 신조어를 만들어 낼 만큼 경제위기 상황으로까지 이어졌으며 이것은 시민들의 정부에 대한 불신과 조세저항을 불러일으켰다. 이러한 분위기는 결국 정부 및 행정개혁이라는 극약처방을 요구하게 되는 지경에 까지 이르게 되었다.

이런 상황에서 주정부차원의 개혁을 위한 '윈터 위원회'(the Winter Commission)가 출범하여 문제점을 도출해 내고 그에 대한 나름대로의 처방전을 제시한바 있고[208]

207) E. S. Savas, *Privatization : The Key to Better Government* (Chatham, New Jersey : Chatham House, 1987).
208) David Osborne, and T. Gaebler, *Reinventing Government : How the Entrepreneurial Spirit Is Transforming the Public Sector* (Reading, Mass. : Addison-Wesley, 1992). ; Al Gore, *From Red Tape to Results : Creating a Government That Works Better and Costs Less.* Report of the National Performance Review, (Washington, D.C. : Government Printing Office, 1993). ; F. J. Thompson, (ed.), *Revitalizing State and Local Public Service : Strengthening Performance, Accountability, and Citizen Confidence* (San Francisco, CA : Jossey-Bass, 1993).

경제회생을 선거공약으로 내세운 클린턴(William Jefferson "Bill" Clinton) 행정부에 의한 연방정부차원의 행정재창출과 개혁을 위한 노력이 『국정성과평가보고서』(Report of the National Performance Review)로 가시화되어 실행에 들어갔다.[209] 행정부뿐만 아니라 의회도 1994년 공화당주도의 야심찬 "미국과의 계약"(Contract with America)이란 슬로건 하에 미국인들의 정부서비스에 대한 입맛은 그대로 유지시키면서 정부에 대한 지출을 감소시키는 작은 정부 그리고 비대하지 않은 정부를 건설해 나갈 것을 천명하였다.[210]

미국만 이러한 상황에 있는 것은 아니다. 우리와 가까운 환태평양권역만 보더라도 일본 역시 정부 및 행정개혁에 대한 노력이 대내외적으로 천명되어 실천에 옮겨지고 있으며 뉴질랜드나 오스트레일리아 역시 과감한 행정개혁을 실시하여 괄목할 만한 가시적인 성과를 거두었다.[211]

한국 역시 90년대 들면서 세계개방화의 물결을 타고 거센 경제적 도전이 넘쳐들었고 문민정부탄생에 의한 민주화와 개방화의 여파로 정치, 경제, 사회, 문화의 기본 틀에 대한 본질적인 개혁이 필요로 되는 시점에 다 다르고 있으며 경제협력개발기구(Organization for Economic Cooperation and Development : OECD)의 가입은 한층 더 높은 민주화와 개방화를 필요로 하게 되었다. 이에 병행하여 한국 국민의 국민수준의 향상과 경제력의 증대, 그리고 이에 따른 사회구조와 기능의 복잡화는 종전

---

209) Al Gore, *Ibid.* ; Donald F. Kettl, *Reinventing Government? Appraising the National Performance Review.* (Washington, D.C. : Brookings Institution, 1994).

210) John B. Bader, *Taking the Initiative : Leadership Agendas in Congress and the "Contract with America".* (Washington, D.C. : Georgetown University Press, 1996).

211) 영국, 호주 그리고 뉴질랜드에서 추진되고 있는 행정개혁에 있어 관리주의(managerialism)와 소비자우선주의(consumerism)의 철학에 대해 보다 깊은 이해를 원할 경우 다음의 글들을 참고 할 수 있다. Christopher Hood and Michael Jackson, *Administrative Argument* (Aldershot, England : Dartmouth, 1991). ; Christopher Pollitt, *Managerialism and the Public Services : The Anglo-American Experience* (Oxford : Basil Blackwell, 1990). ; Jenny Potter, "Consumerism and the Public Sector : How Well Does the Coat Fit?", *Public Administration*, Vol.66 (Summer, 1988), pp.149-164. ; Robin Hambleton, "Consumerism, Decentralization, and Local Democracy", *Public Administration*, Vol.66 (Summer, 1988), pp.125-147. ; John Stewart and Kieron Walsh, "Change in the Management of Public Services", *Public Administration*, Vol.70 (Winter, 1992), pp.499-518. ; Task Force on Management Improvement, *The Australian Public Service Reformed : An Evaluation of A Decade of Management Reform* (Canberra : Australian Government Publishing Service, 1992). ; State Services Commission, *New Zealand's Reformed State Sector* (Wellington : State Services Commission, 1994). ; Organization for Economic Cooperation and Development, *Public Management Development : Survey 1993* (Paris : OECD, 1993).

의 행정관리 적 틀로는 그리고 종전의 행정서비스의 질과 양으로는 해결 할 수 없는 한계적 상황에 도달했다고 진단 해 볼 수 있는 것이다. 이러한 현실적 상황을 전제로 할 때 무엇보다 행정의 질적인 대개혁이 절실히 요구된다는데 이견이 없을 것이다.

이 글은 이러한 현실적 상황인식하에 공공부문의 행정서비스증진을 위한 개혁방안을 정책처방 적 차원에서 제시하고자 하는데 목적을 둔다.[212)]

이러한 이 글의 목적을 달성하기 위해 첫째, 공공부문의 행정신뢰성증진을 위한 거시적 방안을 다각적인 차원에서 연구 검토 할 것이다. 우선 행정신뢰성증진을 위한 행정가치 및 윤리에 대한 문제를 논의하고 이를 통해 도출된 문제점에 대한 개선책을 강구할 것이다. 둘째, 중범위적 차원에서 공공부문의 관리개혁에 대한 방안을 도출해 낼 것이다. 관리개혁 상에 드러나는 구조적, 기능적 문제들을 진단하고 이에 대한 구체적 해결방안을 모색할 것이다. 셋째, 미시적 차원에서 민간부문에서 개발되어 상당한 성과를 거두고 있고 선진 외국에서 공공부문에 도입, 적용하여 성공을 거둔 관리기법들의 한국 행정에의 적용가능성 타진과 이의 적용방안 등을 강구해 나갈 것이다. 특히 전사적품질관리방법(total quality method : TQM)[213)]이나 리

212) 본 연구결과는 행정개혁에 대한 이론적, 방법론적 흐름을 일관성 있고 체계적으로 정리해줌으로써 행정개혀에 대한 관련연구의 이론적 준거기반을 제공해 줄 수 있을 뿐만 아니라 문헌분석과 실증적 연구를 통해 상호검증 된 이론에 기반을 둔 문제점의 도출과 이의 해결을 위한 정책처방전을 제시함으로써 실제 행정개혁 상에 대두될 수 있는 문제의 예측과 야기된 문제의 해결방안을 위한 적실성 있고 시의성 있는 정책대안의 강구에 참고적 준거가 될 수 있다. 특히 실무부서에 있는 행정 관료들은 선진외국의 행정개혁의 이면에 흐르고 있는 개혁철학과 행정개혁의 연구흐름과 그 결과들을 체계적으로 이해 할 수 있으며 개혁과 관련된 관리기법들의 운영, 그리고 한계점들을 보다 명확히 이해함으로써 행정기구의 실무적 개혁에 활용할 수 있을 것이다.

213) 많은 정부에서 관리개혁을 위해 점차로 많이 쓰고 있는 기법이 바로 TQM이다. 이것은 에드워드 데밍(W. Edwards Deming)에 의해 개발된 품질개선을 우선시하는 관리 철학이며 기법이다. TQM은 조직을 개선시키고 고객을 보다 만족시키며 적절하게 인적 자원을 관리하고 서비스를 개선시키기 위한 철학을 가지고 있으며 이를 달성하기 위해 다양한 계량분석을 활용한다. 따라서 조직성과나 산출에 대한 고객의 요구와 만족은 끊임없이 모니터 되고 여기에서 얻은 자료들은 새로운 제품개발이나 새로운 공정개발에 지속적으로 활용이 된다. 사실 TQM은 공공조직의 재활성화를 위한 수단으로도 인정을 받고 있는데 특히 생산성의 개선 및 제고 그리고 조직효과성의 증대 그리고 조직성원의 사기앙양이란 점에서 높이 평가받고 있다. 그러나 TQM도 행정고객이 정의되기 어려운 분야나 최고관리자가 조직관리 개선에 별다른 매력을 느끼지 못하고 있는 분야에선 소기의 성과를 거두기가 어렵다. 따라서 TQM이 공공조직에 성공적으로 적용되기 위해선 그런 조직의 구체적 요건을 충족시키는 세부적이고 혁신적인 계획의 개발이 요구된다고 할 수 있다.

엔지니어링 방법(reengineering method) 그리고 벤치마킹 방법(benchmarking method) 등이 고려의 대상이 될 것이다.

1. 행정개혁전략창출을 바라보는 여러 시각 간의 논란

행정개혁에 대한 연구는 시대적 필요성에 의해 다각적인 차원에서 다 학문 적인 이론, 시각, 그리고 방법론들을 통해 이루어지고 있다. 행정개혁에서 괄목할 만한 성과를 거두고 있는 미국의 경우에는 특히 민간부문의 관리 철학과 방법론들이 주종을 이루고 있다.

사바스(E. S. Savas)를 중심으로 하는 정부 민영화전략의 지지자들은 많은 행정기능들이 민영화되고 수다한 행정규제조치들이 완화 내지 해지될 때 이 사회는 더욱 나은 사회가 될 수 있다고 주장을 한다.[214] 데이비드 오스본(David Osborne)과 테드 게블러(Ted Gaebler) 등은 정부에도 이제 민간부문의 관리개혁전략이 사용되어져야 할 시기에 도달하였다고 진단하고 기업가적 정신과 철학 그리고 그 방법론 등이 행정개혁에 바탕을 이루어야 한다고 주장한다.[215] 존 삐에르(Jon Pierre) 역시 행정개혁의 방향을 국가의 시장화(the marketization of the state)로 이해하고 이를 위해 시민을 고객으로 전환할 수 있는 인식의 전환과 공공시장(public market)의 창출이 필요로 됨을 역설하고 있다.[216]

물론 이러한 주장에 대해 어느 정도의 공감은 하고 있지만 지나친 공공부문의 민영화는 오히려 역기능을 자아내어 행정의 비효율성을 결과 할 것이란 주장도 제기되고 있다. 이런 주장의 주창자는 조지 프레데릭슨(H. George Frederickson)이며 그는 이러한 민영화의 개혁전략이 행정이 가지는 본질적인 공공성의 가치를 망각한 접근이라고 비판하면서 행정은 능률지상주의로 전락되어서는 안 되며 반드시 시민의 공익과 민주적 가치를 제고시키는 바탕위에 공공서비스의 질이 개선되어 나가

214) E. S. Savas, *op. cit.*, 1987.

215) David Osborne and Ted Gaebler, *op. cit.*, 1992.

216) Jon Pierre, “The Marketization of the State : Citizens, Consumers, and the Emergence of the Public Market”. in B. Guy Peters and Donald J. Savoie (eds.). *Governance in a Changing Environment* (Montreal and Kingston : Buffalo, New York : McGill-Queen’s University Press, 1995).

야 한다고 주장하므로 서 행정을 민영화하는 쪽으로 개혁의 가닥을 잡는 자들에게 경종을 울리고 있다.217)

헌디 셰크터(Hindy Lauer Schachter) 역시 정부 및 행정 재창출운동이 민간기업적 철학과 전략에 기초하는 것에 반대하면서 시민을 더 이상 정부의 고객으로 보지 말고 그들을 정부 및 행정의 소유자로 보고 능동적이고 적극적인 시민참여를 통해 행정의 능률성과 책임성 그리고 대응성을 제고시켜 나가야 한다고 주장하고 있다.218)

케빈 컨스(Kevin P. Kearns)와 같은 자들은 행정개혁의 본질을 공적 책임성(accoun-tability)의 유지와 증진으로 보고 바로 이것의 효율적인 달성이 공공조직의 공적 신뢰성을 유지하는 첩경으로 이해하고 있다.219) 또한 데이비드 카니베일(David G. Carnevale)은 공적 신뢰성의 확보가 행정개혁의 관건이 되어야 한다는 입장에서 공공신뢰와 정부서비스의 높은 성과 성을 제고시키기 위한 행정의 지도력과 관리전략방안들을 제시하고 있다.220) 월터 발크(Walter L. Balk)는 행정개혁을 위한 관리개혁이 성공하기 위해서는 전문적인 행정 관료에게 보다 실질적인 권한위임(professional empowerment)이 전제되어야 한다고 주장한다.221)

앞의 학사들과는 달리 행정구조와 기능적인 면을 중심으로 연구를 한 폴 라이트(Paul Light)같은 학자는 행정부의 비대화의 원인에 대해 연구를 하면서 이러한 비대화는 행정이 현재와 같은 입장을 그대로 유지할 경우 비대화는 계속 필연적이며 이로 인해 행정의 능률성이 서하되고 결국 정부재정의 방만성과 비효율성을 결과하게 된다고 주장을 하고 있다.222) 또한 현실적인 입장에서 미국에서 추진되었던 정부재창출운동이나 국정성과평가(NPR)에 대해 비판적인 시각을 가지고 접근한 로널드 메(Ronald C. Moe), 존 디룰리오(John J. DiIulio, Jr), 찰스 굳셀(Charles T. Goodsell),

---

217) H. G. Frederickson, "Painting Bull's Eyes Around Bullet Holes" *Governing*, Oct., 1992. ; H. G. Frederickson, *The Spirit of Public Administration* (San Francisco, CA : Jossey-Bass Publishers, 1997).

218) Hindy Lauer Schachter, *Reinventing Government or Reinventing Ourselves : The Role of Citizen Owners in Making a Better Government* (Ithaca, New York : State University of New York Press, 1996).

219) Kevin P. Kearns, *Managing for Accountability : Preserving the Public Trust in Public and Nonprofit Organizations* (San Francisco, CA : Jossey-Bass Publishers, 1996).

220) David G. Carnevale, *Trustworthy Government : Leadership and Management Strategies for Building Trust and High Performance* (San Francisco, CA : Jossey-Bass Publishers, 1995).

221) Walter L. Balk, *Managerial Reform and Professional Empowerment in the Public Service* (Westport, CT : Quorum Books, 1996).

222) Paul Light, *Thickening Government : Federal Hierarchy and the Diffusion of Accountability* (Washington, D.C. : Brookings Institution and The Governance Institute, 1995).

폴 글라스트리스(Paul Glastris), 그리고 폴 볼커(Paul A. Volker) 등 많은 사람들이 있다. 이들은 이러한 현실적 정책들이 지나친 민간주도 적 이상주의에 영향을 받아 현실적인 행정의 궁극적 가치를 망각하는 어리석음을 저질렀다는데 공통된 인식을 가지고 있다.[223)]

행정개혁을 위한 방법론이나 기법, 그리고 전략들도 이의가 없거나 반대가 없는 것은 아니나 민간부문에서 개발, 적용되어 성공 한 것들이나 공공부문에 적용결과 그 효력이 인정된 것들이 주종을 이루고 있다. 특히 총체적품질관리방법(TQM)이나 리엔지니어링방법 그리고 벤치마킹방법 등이 컴퓨터 정보지원 메커니즘과 결부되어 행정개혁을 위한 도구로서 강조되었다.[224)]

국내에서도 행정개혁에 대한 열기가 그 어느 때보다 높은 가운데 학계나 실무계에서 이론적, 실천적 측면의 연구들이 많이 이루어지고 있다. 연구시각은 미국과 비슷하게 행정 가치나 행정윤리 적 측면에 많은 비중이 경주되고 있으며 기업적 철학이나 사고를 담은 관리전략이나 기법들의 운영에 대한 연구도 상당히 진척되고 있다.

그와 더불어 행정개혁관리에 대한 조직적 문제들도 심도 깊게 연구되었다. 특히 한국행정연구원 등은 이러한 관리개혁의 여러 방안들을 실천적인 정책처방으로 내

---

223) 이들의 대표적인 비판적 글은 다음과 같다. Ronald C. Moe, "Let's Rediscover Government, Not Reinvent It", *Government Executive*, Vol.25 (June 1993), pp.46-48 & 60. ; John J. DiIulio, Jr, "Mothers of Reinvention : Why Gore's Red-Tape Reformers Won't Save Money", *Washington Post*, August 22, 1993, p.C1. ; Charles T. Goodsell, "Did NPR Reinvent Government Reform?" *Public Manager*, Vol.22 (Fall 1993), pp.7-10. ; Paul Glastris, "Whose Government is Gored?" *New Republic*, October 11, 1993, pp.33-34. ; David Segal, "What's Wrong With the Gore Report", *Washington Monthly*, Nov 1993, pp.18-23. ; David H. Rosenbloom, "Editorial : Have An Administrative RX? Don't Forget the Politics?" *Public Administration Review*, Vol.53 (Nov-Dec 1993), pp.503-507. ; Paul A. Volker and Others, *An Open Letter on the Report of the National Performance Review*, National Commission on the Public Service, Washington, Feb., 14, 1994. ; Ronald C. Moe, "The Reinventing Government Exercise : Misinterpreting the Problem, Misjudging the Consequences", *Public Administration Review*, Vol.54 (March-April, 1994), pp.125-136. ; Peri E. Arnold, "Reform's Changing Role : the National Performance Review in Historical Context", Paper Prepared for the Woodrow Wilson International Center for Scholars, April 12, 1994.

224) Arie Halachmi, and Geert Bouckaert (eds.), *The Enduring Challenges in Public Management : Surviving and Excelling in a Changing World* (San Francisco, CA : Jossey-Bass Publishers, 1995). ; Arie Halachmi, and Geert Bouckaert (eds.), *Organizational Performance and Measurement in the Public Sector : Toward Service, Effort and Accomplishment Reporting* (Westport, CT : Quorum Books, 1996). ; M. Hammer, and J. Champy. (1993). *Reengineering the Corporation : A Manifesto for Business Resolution* (New York : Harper Business, 1993).

놓았고 이는 총무처[225]를 통해 직, 간접적으로 정부기구 및 관리개혁에 반영을 시켰다. 또한 국민의 실생활에 피부로 와 닿을 수 있는 여러 가지 행정규제완화와 관련되어진 조치들이 행정쇄신위원회[226]의 활동을 통해 보다 국민들에게 친화적인 접근을 하였으며 재정경제부[227] 등 경제부처에서의 경제개혁조치들도 민영화와 행정규제완화나 철폐 쪽으로 이루어짐으로써 행정개혁의 실제적 방향을 선도하였다. 이러한 행정개혁에 대한 노력들은 과거에 그치지 않고 지금도 지속되고 있다.

2. 행정서비스증진을 위한 행정신뢰성제고전략

1) 행정신뢰성제고를 저해하는 문제점

① 관료제가 가지고 있는 부정적 시각

25번째로 쏘아 올려 진 '미국항공우주국'(NASA)의 우주왕복선인 '챌린저'(Challenger)호가 1986년 1월 28일 발사 중 공중폭발을 일으켜 대참사를 빚은 사건을 조사한 '로저스위원회'(Rogers Commission)는 이 비극이 결함이 있는 부품(O-Ring) 뿐만 아니라 미국항공우주국 전체조직의 인간관리 상의 문제(human managerial dilemma)에서 기인되었다고 결론을 내린바 있다. 즉 문제의 핵심은 미국항공우주국의 전체조직과 그 운영방식이 한부품의 기술적 결함과 함께 이런 대참사를 초래하였다는 것이다.[228] 이런 조사결과는 그 이면에 관료제에 대한 부정적 시각을 크게 클로즈업시키고 있다.

발자크(Balzac)는 관료조직을 난쟁이 들이 조종하는 거대한 힘으로 규정하고 공급되어야 할 서비스와 서비스주문자사이를 가로막고 있는 묵직한 장막으로 비판하고 있는 것도 이와 맥을 같이 하는 것이다.[229] 사실 많은 사람들이 정부부문을 낭비

---

225) 1998년 정부조직개편으로 내무부와 통폐합이 되어 행정자치부(Ministry of Government Administration and Home Affairs : MOGAHA)가 되었으며, 행정자치부는 2008년 2월 29일 정부조직 개편에서 중앙인사위원회의 기능을 통합해 행정안전부(Ministry of Public Administration and Security : MOPAS)로 개편이 되었다.

226) 1993년 김영삼 정부 시절 행정 개혁을 추진하기 위하여 만든 한시적 조직이다.

227) 경제정책 수립 및 조정, 화폐 · 금융 · 정부 회계 · 금융 · 정부회계 등의 사무를 맡아보는 중앙행정기관이다. 2008년 정부조직법이 개정되면서 기획재정부로 바뀌었다. http://100.naver.com/100.nhn?docid=724170&from=kin_body

228) Richard J. Stillman Ⅱ, *The American Bureaucracy : The Core of Modern Government*, 2nd ed., (Chicago, Il. : Nelson-Hall Publishers, 1996), p.2.

적이고 통제 불능 이며 집단적 현실안주에 몰두하는 거대한 관료조직으로 인식하고 있을 뿐만 아니라 특히 정치지도자나 일반시민들의 요구에 귀를 기울이지 않으며 정치적 통제와 시장경쟁으로부터 괴리되어 있고 재무경영에도 무능한 것으로 판단하고 있음도 부인하기 어렵다.[230)]

관료제가 지니는 부정적 시각은 막스 베버(Max Weber)나 미셸 크로지어(Michel Crozier), 파킨슨(C. N. Parkinson), 헤링(E. Pendleton Herring), 헨리 자코비(Henry Jacoby), 로버트 머튼(Robert K. Merton), 데이비드 네크미아스(David Nachmias), 그리고 데이비드 로젠브롬(David Rosenbloom) 등에 의해 이미 널리 제기되어진 바 있다.

이들의 주된 비판내용은 비능률, 번문욕례(red tape), 방대함, 무책임성, 비생산성, 몰인정성, 익명성으로 가득 찬 관료들, 비숙련성 등으로 대변되며 이런 것은 관료제를 비판하는 여러 시각에서 기인되는 것으로 시각의 다양성만큼이나 많다.

이러한 학문적 시각에서의 비판 못지않게 현실적인 실무분야에서도 이러한 관료제의 병리현상을 목격하고 이를 해결키 위한 노력이 경주되었다. 1976년의 지미 카터(Jimmy Carter) 대통령후보 그리고 1980년과 1984년의 로널드 레이건(Ronald Reagan) 그리고 1988년의 조지 부시(George Bush) 대통령후보 모두 관료제에 맞서 나가겠다는 의사를 천명하였으며, 1993년 빌 클린턴(Bill Clinton)이 대통령이 되어서 처음으로 한 일이 부통령인 앨 고어(Al Gore)를 통해 관료제의 성과를 평가토록 한 것이다.

이러한 사정은 관료제가 지니는 부정적 면을 크게 인식시키는 것이 되고 이러한 역기능을 해소하지 않고는 진정한 국민의 행정으로 거듭 날 수 없다는 의미도 갖게 하는 것이다.

관료제에 관한 부정적 시각을 리처드 스틸만(Richard Stillman Ⅱ)은 다음과 같이 요약하여 정리하고 있다.[231)]

첫째, 관료제는 미국정부에 있어 커다란 골칫거리라는 인식이다. 둘째, 정부 관

---

229) P. M. Jackson, *The Political Economy of Bureaucracy* (Totowa, New Jersey : Barnes & Noble Books, 1983), p.1.

230) B. Guy Peters and Donald J. Savoie, "Civil Service Reform : Misdiagnosing the Patient", *Public Administration Review*, Vol.54, No.5, September/October 1994, pp.418-425. ; 이계식, 고영선 편, 『아래로부터의 정부개혁』 (서울 : 박영사, 1997), 2쪽에서 재인용.

231) Richard J. Stillman Ⅱ, *op. cit.*, pp.7-27.

료제는 지나치게 크고 방대하면서도 획일적이고 일원적이라는 인식이다. 셋째, 관료들은 너나 할 것 없이 모두 똑같다는 인식이다. 넷째, 관료들은 신분보장을 통해 종신직이라는 인식이다. 다섯째, 모든 관료들은 수도에 집중되어 산다는 인식이다. 여섯째, 관료제는 은밀하고 비밀스럽게 운영되며 일곱째, 관료제는 끝없이 팽창하고 성장한다는 인식이다. 여덟째, 관료제는 단지 번문욕례만을 생산해낼 뿐이라는 인식과 아홉째, 관료제는 만능 적 권력을 지녔을 뿐만 아니라 통제 불능이라는 인식과 열 번째, 정부 관료제는 비능률적이고 자원낭비 적이라는 인식이다. 그리고 열한 번째, 관료들은 미국 국민의 대표성을 나타내지 못하며 열두 번째, 관료제는 세계 어느 곳에서나 똑같다는 인식이다.

리처드 스틸만은 이러한 부정적 시각을 하나하나 객관적인 자료와 논리로 통박하면서 관료제는 악만 저지르는 골칫거리만은 아니며 진보나 발전에도 기여하는 양날을 가진 칼로 이해해야 한다고 주장하면서 이러한 관료제에 대한 부정적 인식을 신화(神話)로 폄하하고 있다. 그러나 이러한 리처드 스틸만의 주장에도 불구하고 그가 신화로 제시한 관료제의 역기능이 실제 행정에서 피부로 와 닿는다는 사실을 부인하기는 어렵지 않다. 그만치 관료제에 대한 부정적 시각은 국민의 행정에 대한 불신과 혐오감을 심어주는데 큰 역할을 수행하고 있다고 볼 수 있는 것이다.

② 관료들의 부패

관료부패란 속성상 특정한 국가, 사회의 정치제도, 국민의 가치관 내지는 도덕성, 그리고 사회적 경향을 반영하는 것[232]이기 때문에 올바른 개념정의를 내리기가 매우 어렵다. 그래서 이에 대한 개념정의가 학자마다 다르며, 이렇게 개념정의 된 개념자체도 포괄적이거나 제한적인 경우가 많이 있다.

이런 맥락에서 우선 아놀드 하이덴하이머(Arnold J. Heidenheimer)의 관료부패에 대한 개념정의를 내려 보면 그는 비교방법을 택하여 부패의 개념을 세 가지 범주로 나누어 파악하는데 첫째는 공직과 관련된 개념, 둘째는 시장중심 적 개념, 셋째는 공직과 관련된 개념으로 나누어 보고 있다.[233] 군나 미르달(Gunnar Myrdal)은 "부패

232) James C. Scott, *Comparative Political Corruption* (Englewood Cliffs, New Jersey : Prentice-Hall, 1972), p.3.
233) Arnold J. Heidenheimer, *Political Corruption : Readings in Comparative Analysis* (New York : Holt, Rinehart and Winston, Inc., 1989), pp.4-6. 여기에서 하이덴하이머가 내린 개념정의는 세 가지 범

란 공공행정에서 차지하는 특수한 지위나 공직과 관계있는 영향력이나 권력을 이기적으로 부당하게 사용하는 행태나 수뢰(收賂)행위의 모든 형태"라고 규정하고 있다.[234)]

전수일은 "공직자가 사리사욕을 위해서 공직에 부수되는 공권력을 남용하거나 공직에 있음을 기화로 영향력을 직, 간접적으로 행사함으로써 법규를 위반하는 경우 및 의무불이행 또는 부당행위 등으로 규범적 의무를 일탈(逸脫)하는 경우"로 규정하고 있고[235)] 김영종은 "발전도상국에 있어서 관료의 행태, 관료체제의 역기능 그리고 사회, 문화적 환경의 수요와 공급의 3자적 관계의 부산물"로 규정짓고 있다.[236)] 윤태범은 "관료가 자신의 직무와 직, 간접으로 관련된 권력을 부당하게 행사하여 사익을 추구하거나 혹은 공익을 침해한 경우"로 비교적 포괄적으로 개념을 정의하고 있다.[237)]

이상의 부패에 대한 개념적 논의를 나름대로 정리해 보면 "부패란 공공생활에서 차지하는 특수한 지위나 공직과 관계있는 영향력이나 권력을 국민의 공익추구라는 본분을 망각하고 이기적으로 부당하게 사용하여 사회문화적 규범을 위반하거나 일탈하는 현상"으로 볼 수 있는 것이다.

개념정의와 연관 지어 논의해야 할 내용으로 공직부패에 대한 접근시각이 있는데 이에는 크게 기능주의적 접근과 후기 기능주의적 접근이 있다.

전자는 1960년대까지 주류를 이루었던 것으로 공직부패를 국가가 성장하여 어느 정도 발전단계에 들어섰을 때는 소멸되는 자기 파괴 적인 것으로 이해하는 입장이

주가운데 그 어느 하나도 독자적으로 완전무결한 정의라고 단언하기 어려우며 특히 그의 분류는 단일기준에 의해서 분류되지 못하였을 뿐만 아니라 부패의 주체, 결과 그리고 원인 등이 복합적으로 구성되어 있기 때문에 통일성을 찾기 어렵다고 지적하고 있다. 윤태범, "한국관료부패의 유형과 구조의 변화에 관한 연구 : 제3공화국에서 제6공화국까지", 서울대학교 대학원 행정학박사학위논문, 1992. 12., 17쪽.

234) Gunnar Myrdal, "Corruption : Its Causes and Effects", *Asian Drama : An Inquiry into the Poverty of Nations* (New York : Vintage Books, 1971), ch.14.

235) 전수일, "관료부패연구 : 사회문화적 접근", 『한국행정학보』, 18권, 1호 (1984), 145쪽.

236) 김영종, "개발도상국가들의 관료부패모형정립", 『한국행정학보』, 19권, 2호 (1985), 143쪽. 김영종은 부패의 실체에 대한 이해에서 학자들 간에 의견이 분분하며 시각이 단면적이라고 지적하고 각개의 개념을 통합하여 정리한 개념이 바람직하다고 보고 다음과 같이 부패를 개념정의하고 있다. "부패란 관료가 국민의 공익추구라는 본분을 망각하고 사회문화적 규범을 위반하거나 일탈하는 행정현상이며 그 주요변수인 관료의 행태체제 그리고 사회문화적 환경간의 상호 적절한 조절의 결함에서 야기된 관료현상 및 일탈현상이다." 김영종, "앞의 논문", 『신동아』, 162쪽.

237) 윤태범, "앞의 논문", 19쪽.

다. 이런 시각에서 볼 때는 공직부패란 후진국에서만 일어나는 병리현상 등으로 이해하며 발전의 부산물로서 사익을 위해 일시적으로 비도덕적인 공무원에 의해서 자행되는 개인적 행동으로 이해하는 것이다.[238)]

후자는 1970년대 이후부터 나타난 것으로 부패는 자기 파괴 적인 것이 아니라 자기영속적인 것으로 국가가 성장, 발전한다고 해서 파괴되는 것이 아니라 오히려 다양한 원인을 먹고 사는 하나의 괴물로써 파악하는 것이다.[239)] 이 입장은 전자가 공직부패를 논함에 있어 개인적, 윤리적 차원에 초점을 맞추고 있는데서 한걸음 더 나아가 체제적 혹은 구조적 차원까지 확대하여 부패를 이해하려고 하는 입장인 것이다.

이와 같이 관료들의 부패에 대한 시각의 차이는 다양하다고 할 수 있다. 그러나 분명한 것은 관료들의 부패가 올바른 행정의 나아갈 방향과 그것이 추구하는 가치를 좀먹는다는 사실이며 이것이 결국 국민들의 부담으로 와 닿게 된다는 점이다.

관료 부패는 그것이 내포하고 있는 도덕성 문제 못지않게 사회적 비용이라는 경제성의 측면도 가지고 있다. 공직사회가 부패하여 부당하게 정부사업이 추진될 경우 사회적으로 지불해야만 하는 비용이 크다는 점을 인식해야 한다. 예를 들어 지방자치단체가 교량을 놓아 도로교통을 보다 수월하게 만들기로 하였다고 가정 해 보자. 대개 교량을 건설하기 전에 이를 맡을 건설업자를 정해야 한다. 이를 위해 공개경쟁입찰을 실시하게 되는데 이 때 많은 건설업체들이 공사건을 따내기 위해 서로 경쟁을 할 것이고 이러한 과정에서 관청과 낙찰을 받게 될 건설업체간에 뒷거래가 성립되었다고 가정해 보자. 물론 뒷거래로 오간 돈은 뒤에 고스란히 건설비용에 추가 될 것이다. 결코 건설업체의 개인 호주머니에서 그 돈이 나올 것이라고 기대하는 것은 어리석은 일이다.

일단 이러한 뒷거래를 통해 접근을 한 건설업체가 교량건설 사업권을 따냈다고

---

238) Simcha B. Werner, “New Directions in the Study of Administrative Corruption”, *Public Administration Review*, Vol.43, No.2 (March/April, 1983). ; J. S. Nye, “Corruption and Political Development : A Cost-Benefit Analysis”, *American Political Science Review*, (June, 1967), p.424. ; 조셉 나이(J. S. Nye)는 부패가 자본의 형성에 도움을 주고 번문욕례(red tape)현상을 제거하고 기업가정신에 유인요소를 부여하고 경제발전을 도모한다고 까지 보아 부패를 순기능적으로 이해하고 있기도 하다. 그러나 일반적으로 부패는 계층 간의 갈등유발과 권력만능풍조 또는 물질만능주의사상 팽배를 가져와 건전한 인간의 존엄성과 가치를 소홀히 하게 되고 목적을 위해 수단과 방법을 가리지 않는 비민주적 행동양식이 유행해 민주주의발전에 저해요인이 됨을 역기능으로 지적하는 경우가 많다. 김영종, “한국관료 부패와 부패방지”, 『계간경향』(1988), 봄호.

239) 윤태범, “앞의 논문”, 27쪽.

가정 해 보자. 그러면 수주를 한 이 건설업체는 뒷거래에 충당된 돈을 건지기 위해 건설자재를 제대로 쓰지 않거나 또는 품질을 낮춰 사용할 것이며 공기(工期)를 단축하는 무리한 방법들을 동원 할 것이다. 이보다 심할 경우 설계도면 자체를 여러 구실을 들어 변형시키는 방법 등을 통해 상당한 돈을 빼돌릴 것이다. 결국 이러한 그릇된 행위들로 인해 부실공사가 이루어질 수밖에 없을 것이다. 만약 설계도면 등을 변형시켰다면 준공검사를 위해 또 다른 편법을 동원할 것이고 이를 위해 또 뒷거래가 이루어질 수도 있을 것이다.

이러한 과정들을 통해 낙찰가의 상당액이 교량건설을 위해 투여되지 못한 관계로 교량은 부실화 될 수밖에 없고 그만큼 내구연한이 떨어질 수밖에 없고 부실화의 정도에 따라 심하면 붕괴될 위험도 갖게 되는 것이다. 부실화된 교량을 수리하고 수선하기 위한 추가적 비용이 지속적으로 요구될 뿐만 아니라 만약 교량이 붕괴되어 무너져 내린다면 그에 따른 인명의 손실과 재정적 손실은 보다 크게 될 것이다. 실제로 서울의 성수대교의 경우에서 이를 목격한바 있다.

가정 해 본 예에서 볼 수 있듯이 이 모든 것이 결국 관료의 부패로 인해 우리 사회가 지불해야만 하는 비용이 되는 것이다.[240] 따라서 관료 부패를 척결하여야 하는 이유는 그것이 도덕적으로나 윤리적으로 바람직하지 못하고 비난받아야 할 일이기 때문이기도 하지만 경제적으로 이 사회에 비용을 지속적으로 유발하도록 강요하기 때문이기도 하다.

흔히 하는 말로 '생선가게를 고양이한테 맡길 수 없다'하는 경구와 마찬가지로 관료가 올바로 서있어야 함을 무엇보다 강조함은 그들이 부패할 때 관료에게 맡겨

240) 국제투명성기구(Transparency International : TI)는 『세계 부패현황 보고서』(Global Corruption Report 2005)를 통해 세계적으로 건설 분야에서 확대되고 있는 부패의 규모 및 역기능에 대해 우려를 표시하고 세계 건설업계를 포함한 민관단체의 자정 노력과 함께, 공개경쟁 입찰 및 계약 확대를 통한 투명성 확보를 촉구했다. 이 보고서는 연간 3조2000억 달러에 달하는 세계 건설시장에서 약 10%가 공사 발주처에 뇌물로 건네지고 있다며, 부패 고리를 끊지 않을 경우 사회간접자본의 누수현상이 심화되고 부실공사로 인한 사회적 위험 및 환경 파괴 현상이 확대될 것임을 경고하면서 실제 후진국의 대규모 기간시설 현장에서 심각한 폐해가 발생하고 있음을 전하고 있다. 한편, 이 보고서는 부패사례로 필리핀 바탄(Bataan) 원자력발전소 및 우간다 부자갤리(Bujagali) 댐 건설공사 등을 들고 있는데 '77년에 착공해 '84년에 완공된 바탄 원자력발전소는 시공계약사인 웨스팅하우스가 전임 마르코스 대통령 측근에 커미션으로 1700만 달러의 뇌물을 전달한 것이 알려진 가운데 부실공사에 따른 방사능 누출 위험으로 가동이 중단된 상태이며, 부자갤리 댐은 노르웨이 계 베이데키(Veidekke) 사가 우간다 고위공무원에 뇌물을 준 사건이 문제가 되면서 '02년 하반기이후 공사가 중단된 상태에 있다. http://www.globalwindow.org/

둔 우리의 생명, 신체, 재산 등 이 모든 것이 고양이에게 맡겨진 생선가게의 생선과 같은 신세가 될 것이 확실하기 때문이다. 생선을 지키는 고양이의 선의만을 믿을 수 없는 까닭은 우리의 생명, 신체, 재산 등 이 모든 것이 너무도 소중하고 중요한 것이기 때문이다. 따라서 관료가 올바로 서있도록 제도적 장치를 만들어야 함을 아무리 강조한다해도 지나침이 없을 것이다.

관료가 올바로 서야만 하는 또 다른 이유는 이것이 국가경쟁력을 떨어뜨리는 중요요인이 된다는 점 때문이다. 지금 세계는 세계화의 방향으로 좋든 싫든 나아가고 있다. 탈냉전이후 미국이 주도가 된 세계화는 이제 우리에게 있어선 선택이 아니라 필수가 되어버렸다. 국가생존을 위해 이 험난한 세계화의 물결을 타고 넘지 않으면 안 되게 된 것이다. 이러한 세계화의 거센 물결을 타 넘어가기 위해서는 무엇보다 중요한 것이 세계 유수 국가들과 경쟁에서 이기고 살아남는 길이다. 다른 말로 하자면 국가경쟁력을 가져야 한다는 것이다.

국가경쟁력을 상실하게 되면 국민의 삶의 질은 형편없이 하락할 수밖에 없을 뿐만 아니라 더 나아가서 국가의 생존까지 위협받을 수 있기 때문이다. 그래서 세계의 거의 모든 국가들은 국민의 삶의 질을 높이고 국가생존을 공고히 하기 위해 국가경쟁력을 높이기 위한 제반 노력을 아끼지 않고 있다. 특히 이러한 국가경쟁력을 높이는데 있어 가장 핵심적이고 빼놓을 수 없는 중요한 역할을 하는 주체가 바로 정부인 것이다.

따라서 무한 경쟁이 전제 된 세계화의 시대에서 살아남기 위해선 정부의 경쟁력을 증대시키지 않으면 안 된다는 생각은 자연스럽게 도출 될 수 있는 것이다. 그런데 정부를 구성하는 공직자들이 부패하고 국민의 신뢰를 받지 못하고 무능하여 정부의 경쟁력이 약화된다면 국가경쟁력은 필히 하락할 수밖에 없을 것이고 이것은 결국 국민의 삶의 질을 현격히 저하시키고 결과적으로 국가의 생존까지 위협할 수 있게 될 것이다.

실제로 20세기 초엽에 세계 7위권 안에 드는 부국(富國)을 일구어낸 남미의 아르헨티나 같은 국가들이 지금에 이르러서는 막대한 자원과 넓은 영토를 가졌음에도 불구하고 후진국으로 전락한 사례와 싱가포르와 같은 섬(島)으로 된 조그마한 도시국가가 국민으로부터 정부의 신뢰성을 인정받고 깨끗한 공직 상을 유지해 나감으로써 아시아권에서 가장 부유한 국가 중의 하나가 된 사례는 바로 이러한 생각을 잘 입증해주고 있다. 따라서 국가경쟁력을 키우는데 있어 정부 역할이 매우 중요하며, 정부의 역할을 증대시키기 위해서는 관료가 부패와 부조리와는 거리가 먼 존재로 올바로 서야만 하는 것이다.

관료가 올바로 서야만 하는 또 다른 이유 중의 하나는 이것이 올바른 길을 걷고자하는 많은 윤리적으로 깨끗하고 투명한 관료들의 사기에 부정적인 영향을 끼치며 시민들의 준법정신을 약화시킨다는 점이다. 소수의 타락한 관료들이 자행하는 부조리와 부패에 의해 대다수 선의의 관료집단이 예비 범죄 집단으로 시민들에게 인식이 될 수 있다는 점은 경계되어야 할 점이다. 이러한 관료집단에 대한 국민의 곱지 않은 시선은 올바르고 성실하게 국민에게 봉사하며 살아가는 많은 선량한 관료들의 사기에 악영향을 끼치게 되는 것이다.

또한 관료들의 부조리와 부패는 일반 시민들로 하여금 법을 지켜야 하겠다는 의지를 크게 약화시키는 결과를 낳게 한다. 정치가를 포함해 고위공직자들이 서민들의 수준에서 볼 때 상상도 할 수 없는 큰돈을 불법 정치자금이나 뇌물로 받아썼다는 사실을 알게 될 때, 그리고 한 걸음 더 나아가 이들이 그러한 범죄를 저질렀음에도 불구하고 무죄방면이 되거나 가벼운 형을 선고받거나 또는 특별사면 등이 되어 풀려 나온다고 할 때 시민들은 분노와 허탈감 그리고 좌절감을 맛보게 되며 이것은 사회 지도자들에 대한 실망과 기존 법질서에 대한 분노로 비화되어 법을 지키려는 의지의 약화를 자연스럽게 가져오게 하는 것이다. 준법정신의 와해에 따른 가장 커다란 피해자는 우리 자신들이 될 것이다. 따라서 관료를 포함한 공직자들은 앞에서 제기한 이러한 이유에서라도 국민의 제1의 종복으로써 준법정신을 지켜나가는 올바른 자세를 견지해 나가야 할 것이다.

앞에서도 실 예를 들어 자세히 설명을 했지만 정부의 부패는 여러 가지 측면을 지니고 있는 문제이며 정확하게 담세자의 부담과 비용을 측정하기 어렵게 만들고 있다. 더욱이 이러한 부패 적 처사에 의해 야기되는 간접비용 예를 들면 행정 관료들이 뇌물을 먹고 눈을 감어 줌으로써 발생한 환경오염의 비용이나 빌딩이나 건물 그리고 교량 등의 부실시공에 따른 사상자들의 비용이나 이러한 부실을 보전하기 위해 투하되는 보수비용 등도 간과할 수 없는 것이다.[241]

241) Joseph Zimmerman, *Curbing Unethical Behavior in Government* (Westport, Connecticut & London : Greenwood Press, 1994), pp.215-216.

민주정부는 정책결정과정에의 시민참여기반과 정책집행에 대한 시민지지기반에 근거하고 있는데 관료들의 이러한 부패행태는 이러한 민주통치과정을 손상시키게 된다는데 문제의 심각성이 있다. 이에 더불어 관료들의 부패는 부패하지 않은 건전한 관료들의 사기에 악영향을 끼칠 뿐만 아니라 시민들의 준법정신 고양에도 커다란 걸림돌이 된다는 점이다.[242)]

이러한 것들이 서로 영향을 주어서 결과적으로 행정에 대한 신뢰성을 저하시키게 된다는데 문제의 심각성이 존재한다고 할 수 있다.

참고적으로 한국의 부패수준을 살펴보면, 세계적 기준으로 볼 때 아직도 갈 길이 참으로 멀고도 먼 것 같다. 국제투명성기구(Transparency International : TI)는 지난해 12월 한국을 비롯한 세계 주요 22개국 기업들의 '뇌물공여지수'(BPI)[243)]를 발표하고 한국에 10점 만점에 7.5점을 주어 대만이나 남아프리카공화국과 함께 중하위권으로 분류했다. 정확히 순위로 보면 전체 조사대상 국가 중 14위이며, 대상을 OECD 가입국으로 좁혀보면 14개국 중 13위로 최하위권이다. BPI로만 보면 한국은 부패수준에서 볼 때 아직도 후진국에 머물러 있는 셈이다.

또한 2009년 국가별 '부패인식지수'(Corruption Perceptions Index, CPI)에서 한국은 10점 만점에 5.5점으로 지난해에 비해 0.1점 하락하였다. 이는 세계 180개국 중 브루나이, 오만 등과 함께 공동 39위에 머무는 것으로 지난 해 순위(180개국 중 단독 40위)와는 별 차이가 없다.[244)] 이번 조사에 포함된 나라는 180개국으로 지난해와 같으며, 세계 평균 CPI는 4.0점으로 지난해와 비슷하다. 이번 해의 1위 국가는 뉴질랜드로 9.4점을 얻었고, 2위는 덴마크로 지난해와 같은 9.3점이다. 뒤를 이어 스웨덴과 싱가포르가 9.2점으로 공동 3위를 기록하였고, 5위는 스위스로 9.0점이다. 이들 상위 그룹 국가들은 정치적 안정성, 오래전부터 확립된 이해충돌회피 규제조치, 견고하고 기능에 충실한 공공 기관이 확립되어 있다는 특성을 갖는다. OECD 30개국의 평균은 7.04이며, 한국은 지난해와 같은 22위를 차지하여 경제력에 비해 낮은 등급에 머물렀다.[245)]

---

242) Joseph Zimmerman, *Ibid.*, p.216.

243) BPI는 한 국가의 기업들이 해외 비즈니스를 하며 외국공무원에게 뇌물을 줄 가능성을 점수화한 것으로 10점에 가까울수록 뇌물을 줄 가능성이 적다는 것을 의미한다.http://www.yonhapnews.co.kr/bulletin/2009/09/16

244) http://www.newswire.co.kr/newsRead.php?no=440898

③ 정부에 대한 불신감

1996년 강릉지역에 침투하다 발각이 난 북한의 잠수함에서 미국의 민간단체에서 북한의 식량난 해소를 위해 인도적인 차원에서 지원한 식량이 발견되었다는 사실과 이를 알고도 군 관계 당국을 위시한 정부가 국민들에게 공표하지 않고 은닉시키려 했다는 사실[246]은 다시 한 번 정부에 대한 신뢰감을 져버리게 하는 중대한 사건으로 받아들여졌었다. 초동수사에선 간과했다가 뒤늦게 이런 사실을 발견한데 따른 문책의 두려움과 대북 식량지원에 대한 부정적인 여론이 일어 날 것을 두려워하여 공개하지 않기로 하였다니 그러한 정부의 표리부동한 태도를 긍정적으로 이해해 주기가 매우 어렵다.

더욱이 이러한 정부의 솔직하지 못한 태도나 정보의 왜곡 및 차단 등은 정부의 불신감을 더욱 조성시키게 되고 그 결과 행정에 대한 신뢰성에 커다란 손상을 입힐 수 있다는데 문제의 심각성이 존재하는 것이다.

문민정부가 들어서 정권의 정통성과 민주주의에 대한 국민적 공감대를 형성시켰고 공직자재산공개와 부정부패척결, 물리적 통치기관들의 개혁, 정치관계법의 개정 및 제정 등 우리정부의 민주화에 기여하였고 1993년 대통령령으로 행정쇄신위원회를 발족하여 행정개혁의 체감지수를 보다 높이려는 노력도 경주하였고, 뒤이어 들어선 국민의 정부와 참여정부에서 고질적이던 행정의 난제들을 나름대로 척결하고 개혁하고 혁신해 나왔지만 아직도 우리 정부 내에는 이러한 노력과 성과에도 불구하고 개혁이 되어져야 할 부분이 너무나 많이 산재해 있다고 볼 수 있다.

또한 개혁의 내용이 지나치게 정치적이라는데도 문제가 있으며 실제적인 효율적 정부를 만들기 위한 조치들은 간과되었다는 지적도 많다. 이러한 현실적 상황인식하에 공공부문의 신뢰성확보방안문제 그리고 정부생산성의 증대문제들이 관심의 대상으로 부상되는 것이다.

이렇게 관심이 경주되는 이유는 첫째, 정부의 신뢰성확보가 없이는 어떠한 행정개혁 적 노력이나 조치도 소기의 성과를 거두기 어렵다는 생각에서이다. 국민들과 함께 하는 개혁이 아니고서는 그리고 국민들의 기대와 욕구에 호응하는 개혁이 아니고서는 또한 국민의 깊은 신뢰에 뿌리를 내린 개혁이 아니고서는 그리고 국민을

245) http://www.newswire.co.kr/newsRead.php?no=440898
246) 『조선일보』, 1997년 10월 17일, 1쪽.

통치의 대상이 아닌 정부서비스의 주된 고객으로 보려는 사고의 대전환이 없이는 지금까지의 개혁노력에서 지켜보아왔듯이 어떠한 행정개혁과 관련된 정치적, 행정적 노력과 수사도 본래의 의미를 갖기 어려울 것으로 판단되기 때문이다.

둘째, 신뢰성은 바버(B. Barber)가 주장하듯 사회 각 구성원들과 이들이 몸담고 있는 조직들을 결속시키는 메커니즘이며[247] 워렌 베니스(W. G. Bennis)가 시사하듯이 이런 구성원과 조직들을 원활히 움직이게 할 수 있는 윤활유이기 때문이다.[248]

셋째, 국민의 신뢰성을 확보하기 위해서는 정부의 생산성이 제고되지 않으면 안 된다는 생각에서이다. 정부는 생산성의 증대를 통해 국민의 신뢰를 확보하여야 하며 또한 이러한 신뢰성확보는 국민들의 행정개혁과정에의 참여를 유도함으로서 생산성증대에 기여할 수 있는 상승적 작용을 가져올 것이라는 판단 때문이다. 이러한 이유로 우리 정부의 보다 민주적이고 효율적인 행정개혁을 위해 국민들의 신뢰성 확보와 생산성증대를 위한 방안들이 정책처방 적 차원에서 제시되고 시행 될 것이 요망되는 것이다.

2) 행정신뢰성제고전략

① 관료제의 부정적 시각을 해소하기 위한 전략

관료제의 형성에 영향을 끼치는 외부적 요인들을 살펴보면 첫째, 일반적 환경으로 국민들의 가치관, 국가목표 그리고 헌법구조 등을 들 수 있고 둘째, 사회경제적 요인들로는 인구경향이나 경제적 조건이나 상황 그리고 기술혁신 등 관료제가 활용할 수 있는 자원의 수준과 요구되는 과업을 결정하는 것과 관련된 요인들이며 셋째, 외부적 정치적 영향력은 여론, 고객집단, 언론매체, 공공이익집단, 권력엘리트 들이며 마지막으로는 기관 적 투입들로 대통령과 그를 둘러싼 참모집단 그리고 의회와 이 기관내의 참모들 그리고 사법부와 그의 참모 등이다. 여기서 간과하지 말아야 할 점은 이런 여러 외부요인들은 실제에 있어선 상호 교호하여 작용을 하고 있다는 점이다.[249]

---

247) B. Barber, *The Logic and Limits of Trust* (New Brunswick, New Jersey : Rutgers University Press, 1983). ; Peter M. Blau, *Exchange and Power in Social Life* (New York : Wiley, 1964).

248) W. G. Bennis, and B. Nanus, *Leaders : The Strategies for Taking Charge* (New York : Harper Collins, 1985).

249) Richard J. Stillman Ⅱ, *op. cit.*, pp.85-140.

정부의 책임성을 제고시키고 효율성을 제고시키기 위해선 우선 정부의 책임의 명확화와 결과 및 성과 중심 체제를 도입하고 경쟁을 확산시키고 일반화시켜야 할 것이다. 또한 이러한 노력은 결국 관료제가 지니는 부정적 시각을 완화시키는데 커다란 기여를 할 것이다.

이런 맥락에서 이계식과 고영선은 공청회 등을 통한 시정참여기회의 확대와 설문조사 등을 통한 시민참여확대전략, 조직목표와 이념을 설정하고 구체적 서비스 기준을 공표할 수 있게 하는 시민헌장제정, 실적평가제 도입, 실적 급의 일반화와 계약제의 신설, 그리고 권한의 하부이양 및 산출예산제도 그리고 복식부기회계제도 등으로 표현되는 인사제도와 예산제도의 개편 그리고 민영화, 민간위탁 그리고 사업부서화 등으로 대변되는 공공서비스 공급 상의 경쟁촉진을 전략으로 제시하고 있다.[250)]

이러한 맥락에서 관료제의 부정적 시각을 해소하기 위한 전략으로 다음과 같은 것을 고려 해 볼 수 있을 것이다.

첫째, 국민들의 가치관을 국민계도운동과 교육혁명을 통해 변화시킬 필요가 있다. 특히 관료제에 대한 부정적 시각은 편견 화 된 국민정서에서도 기인되는바가 크므로 이를 개선하기 위한 노력이 국가 사회적 차원에서 강구되어 질 필요가 있는 것이다. 이를 위해 국가목표도 보다 명료하고 투명하게 제시 될 수 있어야 할 것이다. 국가목표가 제대로 설정되지도 못하고 더 나아가서 이것이 국민들에게 제대로 인식도 되지 않는 상황이라면 관료제에 대한 국민들의 불신과 편견 화 된 사고는 더욱 경직화되어 화석화 될 가능성이 높은 것이다.

따라서 관료제를 병리적 현상에서 벗어나게 하고 또 이러한 잘못된 관료제와 격리되고 차별화된 관료제를 육성 발전시키기 위해서도 뚜렷한 철학과 가치관을 내포한 국가목표가 투명성 있게 설정될 필요가 있는 것이다. 당연한 수순으로 이러한 국가목표의 올바르고 투명한 설정에 따라 헌법구조 역시 바뀌어져서 구체적인 법집행의 기본 틀을 가질 수 있어야 할 것이다. 이러한 변화가 이루어질 수 있다면 우리는 관료제의 부정적 국면을 해소하고 보다 나은 관료제의 생산성과 효율성을 얻어 낼 수 있을 것이다.

---

250) 이계식·고영선 편, 『아래로부터의 정부개혁』(서울 : 박영사, 1997), 3-13쪽.

둘째, 관료제의 부정적 시각을 해소하기 위해서는 사회경제적 요인들에 대한 배려도 있어야 할 것이다. 특히 기술혁신 등 관료제가 활용할 수 있는 자원의 수준과 요구되는 과업을 균형 화시키고 이에 만족치 않고 더 높은 수준의 생산성을 얻어 낼 수 있는 방향으로 관료제에 대한 능력이 크게 개선되어져야 할 것이다.

종전까지 관료제에 의해 독점적으로 향유되던 자원은 더 이상 관료제에 의해 독점되기 어려운 상황에 도달해 있다. 또한 관료제 자체의 능력향상에 대한 요구가 국가적으로나 사회적으로 강하게 요구되고 있다. 단지 균형적 차원에서의 만족으로 그치지 않고 있으며 국민들은 보다 나은 성과를 관료제에게 요구하고 있는 것이다. 따라서 관료제는 기술혁신이나 자체 내부의 혁신과 개혁을 통해 이러한 국민들의 보다 세련되고 고급화된 기호에 호응할 필요가 생겼으며 이를 위해 관료제 자신은 보다 뼈를 깎는 노력이 요구되게 된 것이다.

셋째, 관료제도 이제 외부적 정치적 영향력에 대해 관심을 돌려야 할 시기가 되었다고 볼 수 있다. 관료제에 대한 여론에 민감해야 할 뿐만 아니라, 고객집단, 언론매체, 공공이익집단, 권력엘리트의 욕구와 기호에도 적절히 반응할 수 있어야 할 것이다. 종전까지의 관료제우위사고에 젖어 이러한 변화를 주도하지 못할 경우에는 관료제에 대한 부정적 사고는 더욱 심화될 것이다. 따라서 이러한 외부적 정치적 영향력에 대해 보다 전향적이고 적극적인 관심과 대응이 이루어져야 할 것이며 또한 관료제의 새로운 변신을 통해 이러한 영향력 세력들이 가지고 있는 기성관념이나 인식을 뒤바꾸어 놓을 필요도 있는 것이다.

마지막으로는 관료제의 부정적 시각을 해소하기 위해선 대통령에서 부터 그를 둘러싼 참모집단 그리고 의회와 이 기관내의 참모들 그리고 사법부와 그의 참모 등이 모두 새로운 가치관과 철학으로 변화되어져야 하며 특히 이들에 의한 관료제의 문화가 올바른 방향으로 변모되어져야 한다.

정치권에 대한 부정적 시각이나 사법부에 대한 편견 화된 그릇된 시각은 관료제 자체의 부패에 가속을 붙일 수 있게 된다. 따라서 정치권이나 사법부의 인식의 대전환과 자정의 노력이 지속적으로 경주되어져야 할 것이며 관료제도 이러한 흐름에서 스스로를 자정하려는 노력이 지속적으로 경주되어져야 할 것이다. 이런 과정에서 공무원윤리강령의 제정이나 공무원윤리법의 시대적 요청에 부응한 제정이나 개정 등은 의미를 더 해 줄 것으로 생각이 되는 것이다.

그리고 여기서 간과하지 말아야 할 것은 관료제 스스로의 자정노력 뿐만 아니라 이 사회의 모든 구성원들이 보다 깨끗하고 투명한 사회를 일구어 내야 되겠다는 의지가 실천적 차원에서 강구되어져야 한다는 점이다. 이런 노력들이 서로 상승작용을 일으켜 확산될 때 관료제에 대한 부정적 시각은 많이 해소될 것으로 판단되는 것이다.

이러한 지속적 노력이 결실을 맺게 된다면 관료제에 대한 부정적 시각은 일소될 것이며 그에 따른 국민이 치러야 할 비용도 상당한 정도 감소할 것이다. 그렇게 되면 관료제나 정부의 생산성은 배가 될 수 있을 것이고 그에 대한 반사적 이익을 국민들이 받게 될 것이다. 국민들은 보다 나은 행정서비스를 보다 낮은 가격과 비용으로 향유할 수 있게 되는 것이다.

② 관료들의 부패를 해소하기 위한 전략

막스 베버가 지적하였듯이 관료제는 그것을 필요로 하는 사회·경제적 조건에 따라 흥성하는 것이다.[251] 따라서 관료제가 제대로 된 방향으로 나아가지 못하고 또 이 속에 몸담은 관료들이 부패의 방향으로 나아가게 만드는 것은 바로 우리 사회라고 볼 수 있다. 그렇기 때문에 가장 우선적으로 관료들의 부패문제를 해소키 위해선 우리 사회·경제 환경과 정서 그리고 분위기가 바뀌지 않으면 안 된다는 것이다. 우리 사회가 부패의 온상으로 자리 잡고 있는 한 관료들의 부패는 끊이지 않을 것이며 오히려 더욱 탄력을 받아 그 폐해가 상상을 초월하는 단계로까지 파급될 우려도 있는 것이다. 따라서 무엇보다 우리 사회를 정화시키고 국민들의 그릇된 의식구조를 바르게 고쳐 잡는 노력이 필요로 되며 그릇된 관행과 행태 등도 의식전환과 병행되어 고쳐져야만 될 것이다.

이러한 맥락에서 관료들의 부패를 해소하기 위한 전략으로 다음과 같은 것을 고려 할 수 있을 것이다.

첫째는 국민들에 의한 통제를 들 수 있다. 국민들에 의한 선거권의 행사를 통해 관료의 부패를 견제할 수도 있을 것이다. 특히 지방자치가 완전하게 뿌리를 내리게 되면 지방주민들에 의한 지방자치단체의 선거권 그리고 여러 가지 방식으로 전개

---

251) H. H. Gerth and C. Wright Mills, *From Max Weber : Essays in Sociology* (New York : Oxford University Press, 1946), Introduction and Essay on Bureaucracy.

될 수 있는 주민참여를 통한 견제는 엄청난 영향력을 가질 수 있게 될 것이다. 또한 정치권의 자정은 관료들에게 엄청난 압박으로 와 닿게 될 것이며 이것이 관료들의 부패를 견제하게 될 것이다.

더 나아가서 정당에 의한 행정 통제를 통해 관료들의 부패를 해소시키는 방안도 고려 해 볼 수 있으며, 그 이외에 이익집단, 여론과 대중운동, 언론에 의한 행정통제 등을 통해 관료들의 부패를 해소시킬 수 도 있을 것이다. 물론 이러한 국민들에 의한 관료제의 통제에서 지식인들이 차지하는 역할은 크다고 할 수 있다. 여론의 선도자로서 올바른 행정 통제를 위한 지평을 전개해 나가야 할 것이다.

이외에 국회나 지방의회 등을 통한 입법부에 의한 통제, 사법부에 의한 통제 등을 통해 관료제의 부패를 해소하는 방안도 있을 것이다. 관료들의 부패에 대한 검은 유혹을 과감하게 척결할 수 있는 반부패법을 더욱 실효성 있게 개정해 나가는 것도 하나의 방법일 수 있고 이를 엄정하고 중립적으로 그러면서 투명성 있게 집행할 수 있는 사법부의 의지천명도 매우 중요하다 할 수 있을 것이다. 이와 더불어 관료들의 부패는 용납될 수 없다는 분명한 메시지가 전달될 수 있는 법제적 장치와 집행기구들의 완비가 이루어져야 할 것이다.[252] 물론 옴부즈맨(Ombudsman)제도의 활용도 이러한 차원에서 의미를 갖는다고 볼 수 있다.

그리고 보다 엄격하고 내실 있는 내부통제가 이루어져야 할 것이다. 대통령에 의한 행정통제, 국무총리에 의한 행정통제, 기획재정부, 행정안전부 등에 의한 행정통제, 중앙행정기관의 자체적 행정통제, 감사원에 의한 행정통제 등이 내실 있고 엄격하게 시행되어 관료들의 부패가 더 이상 창궐할 수 없게 만들어야 할 것이다. 지방자치시대에 있어 지방자치단체에 대한 중앙통제는 보다 유연하면서도 강도 높게 진행되어야 하며 또한 내실 있게 운영되어 지방자치단체의 본연의 목적을 달성할 수 있도록 지도 계몽이 이루어져야 하며 깨끗한 지방정부 상을 정립하는데 기여하여야 할 것이다.

이러한 지속적 노력이 결실을 맺게 된다면 관료의 부패는 우리사회로부터 그리고 우리 정부로부터 사라지게 될 것이며 그렇게 되면 관료제나 정부의 생산성은 배가

252) 윤태범은 효율적인 행정부패 방지를 위한 개혁 방안으로 통합적인 부패방지법의 제정, 엄격한 행정부패 수사를 위한 독립기구의 설치, 부정한 재산의 엄격한 몰수, 공직사회 내부비리 제보자의 적극적 보호, 돈세탁 방지 및 실명거래의 확립 등을 들고 있다. 윤태범, “한국의 행정부패”, 강인재 · 이달곤 외, 『한국행정론』 (서울 : 대영문화사, 2003), 402-410쪽.

될 수 있을 것이고 그에 대한 반사적 이익을 국민들이 받게 될 것이다. 국민들은 보다 나은 행정서비스를 보다 낮은 가격과 비용으로 향유할 수 있게 되는 것이다.

③ 정부에 대한 불신감

정부에 대한 불신감을 해소하기 위해서는 우선 깨끗하고 투명한 정부를 만들어야 할 것이다. 김정훈은 시민이 중심이 된 정부혁신을 이루어내기 위해선 첫째, 투명한 정부 둘째, 시민적 눈높이 정부 셋째, 가치창출력을 지닌 정부 넷째, 고객지향적 정부 다섯째, 시민의 평가를 받는 정부 등을 일구어 내야 한다고 주장하고 있다.[253] 이런 주장은 정부에 대한 불신감을 해소하는데 중요한 전략적 방향을 제시하는 것으로 이해 할 수 있다.

국민들이 정부가 무엇을 하고 있고 어떻게 일을 하고 있는가를 손바닥을 들여다보듯이 자세하게 알 수 있을 때 정부의 공신력도 살아난다고 볼 수 있다. 투명성 없이 어두운 밀실에서 이루어지는 행정에 대해 신뢰감을 부여하기란 여간 어려운 일이 아닐 것이다. 이를 위해 정부는 국가안보나 국가이익상 부득이한 경우를 제외하고는 행정을 공개하는 것을 원칙으로 하여야 한다. 마치 어항 속에 노는 물고기를 들여다보듯이 국민들이 정부가 하는 일을 모두 알 수 있도록 하는 것이다. 이것은 정부에 대한 불신감을 해소하는 효과뿐만 아니라 앞에서 문제가 되었던 관료제에 대한 부정적 시각이나 관료의 부패를 해소하는데도 많은 도움을 줄 수 있는 전략이다.

다음으로 고려해 볼 수 있는 것이 국민적 눈높이 정부의 구현전략이다. 국민들의 입장에서 국민들의 욕구와 기호를 파악하고 그들이 원하는 바를 해 줄 수 있는 정부가 되어야 되겠다는 것이다. 국민들의 위에서 군림하는 정부가 아니라 국민과 더불어 공존하는 정부 그리고 국민들의 입장에 서서 국민들이 바라는 바를 성취시켜 주는 정부가 되어야 한다는 것이다.

또한 정부에 대한 불신을 해소하기 위해선 가치창출력을 지닌 정부가 되어야 하겠다는 것이다. 무한 소모적이고 낭비적인 정부가 아니라 국민을 위해 가치가 있는 일을 해 낼 수 있는 정부가 되어야 되겠다는 것이다. 정부의 생산성을 증대시키고

253) 김정훈, 『이야기로 풀어보는 시민의 정부혁신론』 (서울 : 대영문화사, 1996).

성과를 제고시키며 효율적인 행정운영을 통해 가치 있는 정부를 만들어 내려는 것이 바로 이 전략의 목표가 되는 것이다. 국민들이 원하는 가치를 생산해 낼 수 있는 정부만이 국민들에게 신뢰를 받을 수 있는 것이다.

그리고 이에 못지않게 고객지향 적 정부가 절실히 요구된다고 할 수 있다. 국민들에게 보다 양질의 행정서비스를 제공해 주기 위해선 국민들을 행정고객으로 귀하게 여기는 기업가적 정신이 필요로 되는 것이다. '관(官)이 주인이고 국민은 객(客)'이라는 사고방식은 더 이상 통용될 수 없는 시대착오적 발상인 것이다. 지금은 국민을 귀한 고객으로 받아들이고 이들을 위해 값진 행정서비스를 제공하지 못할 때엔 파산도 각오해야 된다는 사고의 발상전환이 요구되는 시대에 살고 있는 것이다.

특히 지방자치시대에 들어선 지금 특정 지방자치단체가 다른 여타 지방자치단체보다 제대로 된 행정서비스를 제공하지 못할 때엔 지역주민들의 이탈현상이 심화될 것이고 결국 이 지방자치단체는 재원결핍으로 인해 파산하고 말 것이다. 이런 현상은 미국과 같은 먼 곳의 이야기가 아니라 바로 우리에게도 닥쳐 올 수 있는 문제라는데 심각성이 있는 만치 고객지향 적 행정이 가지는 의미는 더욱 중요하다고 할 수 있다. 행정이 고객지향 화되고 고객의 취향에 따른 행정서비스가 이루어질 때 국민의 행정에 대한 신뢰성은 더욱 높아 질 것이다.

마지막으로 국민의 평가를 받는 정부가 되어야 한다는 것이다. 정부의 잘되고 못되고 에 대한 평가는 정부 스스로가 하는 것도 아니고 관변이나 어용단체들이 하는 것도 아니다. 정부의 정책에 의해 영향을 받는 국민 스스로가 평가하는 것이다. 국민들의 평가를 무섭게 여기고 여기에 관심을 쏟으면서 노력하는 정부야 말로 신뢰받는 정부가 될 수 있을 것이다.

국민들에게 보다 나은 평가를 받기 위해 정부는 국민들의 욕구에 귀를 기울여야 할 것이며 그들의 취향에 맞는 행정서비스를 창출키 위해 노력할 것이다. 이렇게 되면 행정서비스의 질은 높아 질 뿐만 아니라 국민들이 원하는 행정서비스를 생산해 내게 될 것이다. 이렇게 될 경우 국민들의 정부에 대한 신뢰성은 더욱 높아 질 수밖에 없을 것이다.

3. 행정서비스증진을 위한 관리개혁과 관리기법의 적용전략

우선적으로 관리개혁을 하기 위해 필요로 되는 새롭게 지향되어야 할 정부 상을 설정하여야 할 것이다. 이것은 데이비드 오스본과 테드 게블러에 의해 잘 제시되고 있는데 이것이 우리의 행정개혁을 위한 정부 상으로 유용할 것으로 판단된다.

그들은 새롭게 지향해야 할 정부 상으로 첫째, 노를 젓는 것보다는 방향을 잡는 정부 둘째, 지역사회가 주도가 되는 정부 셋째, 경쟁적이고 경쟁력을 갖춘 정부 넷째, 임무지향적인 정부 다섯째, 결과나 성과위주적인 정부 여섯째, 고객지향적인 정부 일곱째, 지출보단 수입지향적인 기업가적 정부 여덟째, 치료보다는 예방지향적인 정부 아홉째, 계층 제에서 참여와 팀워크를 중시하는 분권지향적인 정부 마지막으로 시장을 통해 변화를 모색하는 시장지향적인 정부를 제시하고 있다.[254)]

이 글에서는 오스본과 게블러가 제시한 용어가 우리가 지향해야 할 행정개혁을 위한 정부상으로 유용할 것으로 판단이 되어 가감 수정 없이 그대로 사용을 하여 논의를 전개하기로 한다.

1) 목표와 방향을 잡아주는 행정으로의 개혁전략

이를 보다 구체적으로 전략 화시켜 논의하면 우선 목적 지향 적이고 개별적인 나무보단 전체 숲을 볼 수 있는 거시적 안목을 지닌 행정상을 관리개혁의 최우선과제로 삼아야 되겠다는 것이다. 즉흥적이고 미봉적으로 발등의 불만을 끄려 하는 행정개혁은 오히려 결과를 나쁘게 하거나 악화시킴으로써 국민들의 신뢰에 손상을 가하게 되는 경우가 많다. 더욱이 행정이나 정책이 만들어지고 집행될 때 뚜렷한 통치철학이나 행정목적에 의해 방향성이 주어짐으로써 시행착오의 오류를 적게 할 수 있게 됨으로써 행정의 생산성을 증대시키는데 기여하게 될 것이다.

이런 정부정책의 지속성과 일관성 그리고 정책의 높은 생산성은 국민들에게 행정에 대한 높은 신뢰성을 가져오게 할 수 있는 것이다. 그러나 안타깝게도 우리 정부에서는 이러한 발상전환을 따르는 관리개혁이 부족하지 않나 싶다. 부처 간 이기주의에 의해 부처끼리 물과 기름처럼 겉돌 뿐만 아니라 합의되고 수렴된 목적도

---

254) David Osborne and Ted Gaebler, *op. cit.* 참조.

없이 부처 간의 이해관계에 따라 표류하는 정책들도 많다. 또한 이러한 형편이다 보니 정책의 일관성과 지속성도 약할 수밖에 없고 그런 결과 정책에 대한 불신감이 날로 높아지고 있는 것이 사실이다.

따라서 관리개혁 적 차원에서 정부조직개편이 일관된 국가 및 행정목적에 따라 현실화될 필요성이 있으며 보다 확고하고 중립적이며 효율적인 통치철학과 행정목적이 접목되어야 할 것이다.

2) 지역사회가 주도가 되는 행정으로의 개혁전략

지금까지의 정부는 중앙정부가 주도해 왔다. 모든 것이 중앙의 입장과 처지 그리고 여건에 따라 이루어졌으며 지역정부는 단지 그 하수인으로써의 역할만을 수행해 왔다. 그 결과 지역사회의 여건과 정서 그리고 지역사회주민의 기호와 요구를 충족시키기가 매우 어려웠다. 이것은 전반적인 지역사회에 대한 행정서비스의 질을 저하시키게 된 주요인이 되었다. 따라서 앞으로 보다 행정서비스의 질을 제고시키고 지역주민들의 기호와 요구를 충족시킬 수 있는 행정을 이룩하기 위해선 지역사회가 주도가 되는 정부 상을 일구어 내어야 할 것이다.

1991년 이래로 지방자치가 실시되어 왔고 여러 차례의 지방선거를 통해 지방정부가 새롭게 또 다시 출범하고 있지만 지방의 주요 산업·경제발전 계획은 여전히 중앙정부의 타당성 조사를 거쳐 사업시행 여부를 결정하는 등 중앙정부 주도의 정책 집행 관행이 지속되고 있으며 특히 중앙정부는 대단위 지역 산업발전 프로젝트의 경우 전국을 몇 개의 권역으로 구분하여 시혜적으로 사업비를 배분하고 지방정부는 일부 사업비를 분담하는 등 지방정부가 중앙정부에 종속적으로 따라다니는 문제점을 노출시키고 있다.

사실 제대로 된 지방자치를 위해 선결적으로 해결되어야 할 국가재정과 지방재정간의 합리적인 배분이 이루어지지 않은 관계로 그리고 지방정부간의 재정자립도나 재정규모에 있어서의 엄청난 차이로 인해 중앙과 지방간 그리고 지방정부간의 재정불균형이 심화되어있는 현재로서는 중앙정부에 대한 의존성이 높아 질 수밖에 없다. 그리고 이러한 의존성은 전국 지자체의 재정건전성이 최근 들어 그렇게 밝지 않다는데서 더욱 심화될 가능성을 엿볼 수 있다. 2008년까지 20조원 가까이 흑자를 냈던 재정수지가 지난해는 7조원 적자로 돌아섰고, 지난해 말 현재 전국 지자체 지방채 발행액이 약 25조원으로 3년 만에 8조원 넘게 불어난[255] 현실을 감안한다면 지방정부의 재정여력이 부족하다는 점과 이로 인해 중앙정부에 대한 재정적 의존성이 더욱 심화될 가능성이 있다는 점에 이의를 제기하기가 어려울 것이다.

따라서 현재 많은 지방정부들이 추진하고 있는 지역의 주요 산업 경제정책의 상당수가 국비 및 시비로 구성될 수밖에 없어 중앙정부의 예산 지원 없이는 독자적으로 사업수행이 불가능하다. 따라서 중앙정부의 입김이 강해질 수밖에 없으며 이러한 현상은 지방자치의 본질적 의미를 희석시킬 수 있다는데 문제의 심각성이 존재한다.

돌이켜 보건대 종전까지의 행정은 중앙정부가 주도해 왔다고 해도 과언이 아니며 그 결과 지역사회의 여건과 정서 그리고 지역사회주민의 기호와 요구를 충족시키기가 매우 어려웠던 것이 사실이다. 이것은 전반적인 지역사회에 대한 행정서비스의 질을 저하시키게 만든 주된 요인이 되었던 것이다. 따라서 앞으로 보다 행정서비스의 질을 제고시키고 지역주민들의 기호와 요구를 충족시킬 수 있는 행정을 이룩하기 위해선 지역사회가 주도가 되는 정부 상을 일구어 내어야 할 것이다.

이를 위해 우선 국가재정과 지방재정을 합리적이고 형평성 있게 배분할 수 있는 중앙정부의 결단이 필요로 된다고 생각된다. 조세제도의 개편과 재정구조개선 등을 통해 지방재정을 보다 살찌워 재정 면에서 명실상부한 지방자치능력을 스스로 지방정부들이 가질 수 있도록 만들어 주어야 한다. 현재와 같이 지방재정이 다양하고 복잡할 뿐만 아니라 지방재정의 자주성이 결여되어 있고 비탄력적으로 운영되는 한 실질적 의미의 지방자치를 일구어 내기는 매우 어려울 것으로 사료된다. 이러한 개편과 개선이 이루어지지 않을 경우 지방정부들은 재정적 취약성으로 인해 계속 중앙정부에서 지원하는 의존재원에 종속될 수밖에 없고 이는 지방자치 본래의 의미가 퇴색되고 중앙정부와 지방정부, 그리고 지방정부간의 관계를 더욱 어렵게 만들게 될 것이다.

특히 행정수요의 고급화와 지역적 확대로 인해 광역행정이 무엇보다 필요로 되는 현시점에서 정부 간 관계의 올바른 설정과 운영이 긴요한 만큼 이에 대한 적절

---

255) 2002년 기준으로 지방자치단체의 총 채무액은 17조6천억 원을 상회하고 있다. 행정자치부, 『2002년도 지방자치단체 채무현황』, (2003).

한 정책적 배려가 있어야 할 것으로 판단된다. 따라서 행정개혁 적 차원에서 지방재정에 관련된 법령을 비롯하여 지방자치에 관련된 여러 법령들을 재정비하고 지방자치정부간의 관계를 새로운 발상의 시각에서 규정지을 수 있는 법제 적 개선노력이 필요로 된다고 할 수 있다.

물론 이러한 재정개혁을 비롯하여 지역사회가 주도하는 행정개혁이 정치적으로나 여러 가지 관점에서 결코 손쉬운 일은 아니지만 바람직한 지방자치의 먼 장래를 위해서는 반드시 성취해야 할 중요한 과제라고 생각한다.

3) 경쟁적이고 경쟁력을 갖춘 행정으로의 개혁전략

지금까지 정부는 독점적인 행정서비스를 제공해왔다. 국가공권력을 활용하여 민간 기업을 제압하고 필요에 따라 자기식의 행정을 구사함으로써 경쟁력을 상실한 행정을 펼쳐 온 것이다. 따라서 행정서비스의 질도 형편이 없어지게 되었고 생산성 역시 바닥을 기게 만들었다. 행정서비스의 질을 높이기 위해서는 경쟁적이고 경쟁력을 갖춘 행정을 만들어 내야 할 것이다.

이를 위해서는 먼저 정부조직의 방만함과 중복 성을 배제시켜야 한다. 과거 많은 정부가 들어서면서 작지만 강한 정부를 만들어 내겠다고 하였지만 말과 같이 되지 않았다는 것이 작금의 평가이다. 더 이상 구호성 행사로 끝날 것이 아니라 정부의 생산적인 경쟁력을 위해 뼈를 깎는 자기개혁이 요구되는 것이다. 이와 더불어 부처 산하기관이나 공기업, 정부투자기관 중 경쟁력과 생산력이 떨어지는 기관들은 과감하게 민영화시키거나 폐쇄시키는 혁신적 노력이 요구된다.

그리고 유사 민간기업과 생산성을 비교하여 우수한 민간 기업을 벤치마킹(bench marking)시키는 방법 등을 통해 기관의 생산성을 증대시키는 동기유인 화 작업도 병행해서 추진시켜 나가야 할 것이다. 여기에서 벤치마킹은 최적의 비교기준을 설정하여 이 기준과 자신의 조직이 거둔 결과를 비교분석하는 것을 의미한다. 더 중요한 것은 설정된 최적의 비교기준을 목표로 정하고 이 기준까지 자신의 조직결과 기준을 상향화하려는 노력이 경주된다는 점이다.

특히 행정서비스의 품질을 객관적으로 올바르게 측정 평가하기 위해서 TQM을 활용할 수 있다. TQM은 자기 조직의 품질기준을 최적의 기준까지 상향 화할 수 있도록 목표로 설정하고 이 수준에 도달하도록 노력을 하며 또한 자기의 품질수준이 어느 정도인가를 가늠토록 하는데 활용될 수 있다.256) 이 측정방법은 특히 외부 타 조직과의 비교기준을 제공하여 준다는데 의미가 크다 하겠다. 그러나 벤치마킹이나 TQM의 결과를 조심스럽게 해석해야 된다는 점에 유념을 하여야 할 것이다. 벤치마킹과 유사한 것으로 베이스라이닝(baselining)이라는 것이 있는데 이것은 주로 시간적으로 서로를 비교하는데 사용이 되는 측정방법이다.

4) 임무지향적인 행정으로의 개혁전략

모든 조직에는 그 조직이 존재하는 목적이 있는데 바로 그것이 이 조직이 성취해야 될 임무인 것이다. 만약 이 조직이 임무를 제대로 일구어 낼 수 없다면 조직의 존재의미는 상실되는 것이다. 따라서 자기에게 주어진 목적과 임무를 분명히 해 낼 수 있는 임무지향적인 행정이 만들어 질 수 있을 때 국민들이 바라는 행정서비스가 제공될 수 있을 것이다.

이를 위해서는 기존의 부처나 부서위주로 되어있는 구조적 벽을 허물 필요가 있을 것이다. 급변하는 환경변화에 따라 임무가 수시로 변하는 상황에서는 임무전담조직(task force)이나 행렬조직(matrix organization) 등 변화수용적인 임시조직(adhocracy)을 가동하여 환경변화에 유연하게 적응할 수 있는 조직형태가 만들어져야 할 것이다. 이것은 환경변화에 즉응 적으로 유연하게 대처할 수 있는 능력을 가지고 있을 뿐만 아니라 우수인력자원을 공동관리 할 수 있는 장점이 있을 뿐 아니라 임무가 완수된 후 조직을 해체할 수 있어 관리비용도 훨씬 낮게 들면서 임무 완수 도를 높일 수 있는 조직관리 방안이라는데 매력을 지니는 것이다. 또한 이것이 활용되면 높아진

---

256) 연방품질연구소(the Federal Quality Institute)는 품질에 대한 대통령상과 QIPA상을 시상하기 위해 이에 지원한 기관들을 평가할 등급을 만들기 위해 수상심사기준을 개발해 낸바 있다. 여기에서 특기할 점은 이 기준이 고객들의 요구와 취향이 상당히 반영된 품질의 개념이었다는 점이다. 개발되어진 수상기준은 리더십(125점이 만점), 정보와 분석(75점이 만점), 전략품질기획(60점이 만점), 인력개발 및 기획(170점이 만점), 과정품질관리(140점이 만점), 품질과 운영결과(180점이 만점), 고객만족(250점이 만점) 등이다. 이런 기준은 자기조직의 품질수준을 진단하는데도 사용될 수 있고 다른 기관과 비교도 해 볼 수 있으며 벤치마킹으로써 연방품질연구소의 5분 편차 척도(quintile scale : 80-100%가 나오면 세계수준의 품질을 갖는 조직으로 판정 할 수 있음)와 비교도 해 볼 수 있어 상당한 유용성을 가질 수 있다고 이해 할 수 있다. Arie Halachmi and Geert Bouckaert (eds.), *op. cit*.,, pp.189-190.

부처나 부서의 장벽을 허물어 내릴 수 있어 부처 이기주의나 기관간의 협조불비를 지양할 수 있게 되고 과도한 관료제 관리경비 등을 절감할 수 있다는 부가적 과실도 거두어들일 수 있을 것이다.

5) 결과나 성과위주적인 행정으로의 개혁전략

결과나 성과위주적인 행정도 보다 질적으로 내실 있는 정부 상을 만들어 가는데 없어서는 안 될 전략적 방향이다. 라이트(V. Wright)는 정부의 성과에 영향을 끼치는 12개의 변화영역을 제시한바 있다.257)

첫째, 예산을 가능한 긴축시키는 것과 둘째, 규제를 완화하거나 철폐하고 가능한 한 규제를 하지 않는 것과 셋째, 시장화(marketization)를 통해 자원의 효율적인 배분을 꾀하도록 하는 것 그리고 넷째, 새로운 첨단 기술 등을 도입하는 것과 다섯째, 관리혁신을 꾀하는 것 그리고 여섯째, 성과나 결과에 대한 올바른 평가를 위해 보다 새로운 메커니즘이나 기준을 개발하고 설정하며 일곱째, 분권화(decentralization) 다른 말로 하자면 권한의 분산을 꾀하고 여덟째, 과밀화 또는 과 집중화를 지양(deconcentralization)하며 아홉째, 반자치적인 기관의 확산과 분산을 꾀하고 열 번째, 관할권(jurisdiction)을 명료화하고 열한 번째, 기관재적응을 꾀하며 열두 번째, 민영화의 전파 및 확산을 꾀하는 것이다. 그는 이러한 변화가능영역이 성공적으로 변모가 되면 정부의 성과는 놀랄 만큼 신상될 것으로 내다보았던 것이다.

구이맨(J. Kooiman)은 공공조직과 민간조직 그리고 시민들 간의 새로운 관계와 접촉을 통한 새로운 긍정적 배열이 결국 정부의 성과를 제고시키게 된다고 주장하였다.258) 실질적으로 행정서비스에 시민이나 민간조직의 상호작용과 공생산(co-production)을 내포하는 행정전략은 공공서비스의 능률성, 효과성 그리고 정통성

---

257) V. Wright, "Public Administration in the Nineties : Trends and Innovations", in International Institute of Administrative Sciences, *Public Administration in the Nineties : Trends and Innovations*, Proceedings of the 22nd International Congress of Administrative Sciences (Brussels : International Institute of Administrative Sciences, 1992), pp.37-38.

258) J. Kooiman, "Governance and Governability : Using Complexity, Dynamics and Diversity", in J. Kooiman (ed.), *Modern Governance* (London : Sage, 1993), p.4. ; 그는 통치패턴이 지배하는 자가 지배를 당하는 자 쪽으로 명령을 내리던 일방통행 적(one-way traffic) 통치방식에서 양방향통행방식(two-way traffic model)으로 바뀌고 있다고 주장을 하면서 이런 것도 공공기관, 민간조직, 그리고 시민들 간의 새로운 관계에 따른 배열방식이라고 설명을 하고 있다.

이나 정당성을 개선시켜 정부의 성과제고와 행정신뢰성을 증진시키는데 크게 기여하게 될 것이다.[259] 그리고 이와 같은 맥락에서 시민이며 담세자들인 이들을 더 이상 공공서비스의 수동적인 수혜자로만 간주하여서는 안 되며 또한 재화와 용역의 생산과 분배에 시민을 통합시키는 것은 그들에게 통치과정에 능동적 역할을 부여하는 게 되어 결과적으로 보다 높은 정부에 대한 신뢰성과 성과를 제고시키는 결과를 가져오게 될 것이다.

라이트나 구이맨 등의 시각에 입각하여 성과를 제고시키는 전략으로 우선 고려해 볼 수 있는 것은 각 행정부처나 부서의 업무성과나 그 결과들을 그들이 제시한 변화영역이나 관점에 입각해 평가하여 기준에 미달하거나 현격히 생산성이 저하된 기관은 인사 상 또는 예산 상 그에 상응한 벌칙을 주도록 하고 반대로 기준을 웃돌거나 생산성이 높은 기관은 그에 상응하는 상을 주는 제도를 정착화시킴으로써 성과위주적인 정부를 만들어 나가야 할 것이다.

그리고 성과지향에 걸림돌이 되는 법규 등 (특히 규제와 관련된 법규 등)은 과감하게 개정, 폐지 등을 하여야 하며 전향적인 발상에서 성과개혁을 월등하게 이루어낸 조직에 대해서는 그에 상응하는 포상조치가 이루어 질 수 있도록 배려하여야 할 것이다. 특히 성과의 평가에 있어서는 국민들의 평가도 반영될 수 있도록 하는 제도적 장치를 마련하는 것이 바람직 할 것이다. 왜냐하면 정부의 최종적인 성과산출의 과실수혜대상은 국민이기 때문에 국민의 행정서비스에 대한 만족도가 반영되는 것이 보다 올바른 평가로 볼 수 있기 때문이다.[260]

---

259) G. Bouchaert, "Governance Between Legitimacy and Efficiency : Citizen Participation in the Belgian Fire Services", in J. Kooiman (ed.), *Modern Governance* (London : Sage, 1993), pp.156-157.

260) 여기에서 평가자는 보다 체계적이고 엄밀하며 객관적인 평가를 하기 위해선 사전에 결정된 요건들에 실제 조건들이 얼마나 일치하는가를 알아보는 방법을 사용할 수도 있으며 또 특정부서가 정확히 절차에 맞게 일을 했는지도 조사할 수 있다. 여기에서 하나 분명히 해야 할 점은 감사와 평가를 상호교호적인 동의어정도로 사용하는 경우가 비일비재하지만 감사(audit)와 평가(evaluation)간의 차이를 분명히 하는 점이다. 감사는 실제 주장과 이미 정립되어진 기준간의 일치여부를 가리기 위해 실제에서 행하여진 주장이나 사실들에 관한 증거들을 객관적으로 수집하고 평가하는 과정이며 그 결과를 의도된 이 결과의 사용자 (통상적으로 관할 감독책임이 있는 상급자나 상급기관) 에게 통보하는 과정이다. 그리고 평가는 체름스키(Chelimsky)의 개념정의에 따르자면 프로그램이나 정책에 의해 일어난 일을 측정하고 프로그램이나 정책 없이 일어 날 수 있는 일을 추정하여 프로그램이나 정책의 효과를 결정키 위해 이 두 개의 상황이나 결과를 비교하는 것을 의미한다고 한다. 따라서 올바른 평가를 하려면 국민들이 감사를 원하는 것인지 그렇지 않으면 진정한 평가를 원하는 것인지를 분명히 결정하여야 하는 것이다.

이외에 성과위주의 정부를 만들기 위해서는 전략기획(strategic planning)을 설계하고 집행시킬 수 있는 능력을 갖추어야 한다.[261] 조직은 임무, 목적, 전략, 예산, 활동 프로그램들을 공유되는 비전으로 개발해 내기가 매우 어려울 뿐만 아니라 집행 역시 매우 어렵다. 이러한 일에 참여하는 자들 간의 협력적 행동을 이끌어 내기 위해선 정보, 목표, 활동, 자원, 권력 혹은 권위들을 서로 공유할 필요가 있다. 그러나 이러한 공유에는 여러 가지 기술적 어려움이 수반되며 더욱이 이러한 것에 부가하여 자원의 희소성과 법적, 윤리적 문제까지 개입이 되면 더욱 문제가 복잡하고 심각하게 된다. 그러나 다행스럽게도 전략기획과 정보기술의 발전은 정책결정자나 관리자들이 이러한 어려움을 극복해 나가는데 커다란 도움을 주고 있으며 과거보다 더 효과적인 문제해결능력을 제공해 주고 있다.

전략기획이란 '조직은 무엇이며 무엇을 하고 왜 그것을 하여야 하는가?'에 대해 지도를 하고 형성을 해 나가는 기본적인 의사결정과 행동을 만들어 내려는 원칙적인 노력이라고 말 할 수 있다.[262] 이 전략기획을 통해 얻을 수 있는 효과는 첫째, 전략적으로 생각하고 효과적인 전략을 개발하는데 도움이 되며 둘째, 미래방향을 분명히 하는데 도움이 되고 셋째, 오늘의 결정이 내일의 결과를 낳는다는 생각에서 오늘의 결정을 신중히 내리게 하며 넷째, 의사결정을 위한 방어가능 한 기반을 제공해 줄 뿐만 아니라 다섯째, 조직통제 하에 있는 영역에 최대한의 재량권을 행사할 수 있게 해주며 여섯째, 수준과 기능을 넘나드는 의사결정, 경합되는 전략과 목표를 뛰어넘는 희소자원의 배분에도 큰 몫을 하고 일곱째, 주요하고 시급한 조직문제의 해결에도 도움이 되며 여덟째, 조직성과의 개선에도 도움을 주고 아홉째, 급속하게 변화되는 환경에 효과적으로 대처할 수 있게 하며 열 번째, 팀워크와 전문성을 육성하는데 도움이 된다는 것 등이다.

그러나 전략기획이 만능약이 아니라는 사실을 인식해야 한다. 따라서 다음과 같은 지원이 없이는 전략기획의 능력을 백분 발휘하기는 어렵다. 즉 조직에서 실질적인 권한을 가진 자의 지원이나 후원이 무엇보다 필요로 되며 숙련되고 추진력 있는 팀이 없거나 기술적인 해결책이 없이는 그리고 제안된 변화를 채택할 수 있을 만큼 충

---

261) Arie Halachmi, and Geert Bouckaert (eds.), *The Enduring Challenges in Public Management : Surviving and Excelling in a Changing World* (San Francisco, CA : Jossey-Bass Publishers, 1995), pp.185-186.
262) *Ibid*., p.248.

분하고 강한 지지 세력의 단결 없인 그리고 집행을 하는 동안 이것을 보호할 수 있는 지지 세력이 없인 결코 성공적으로 일을 해 낼 수가 없다는 것이다. 또한 전략기획은 정보기술의 철저한 지원이 수반되어야 한다. 특히 집단의사결정지원체계(group decision support systems : GDSSs)의 지원과 활용이 절대적이라 말 할 수 있다.263)

6) 고객지향적인 행정으로의 개혁전략

고객지향적인 정부를 만들기 위해선 우선 민원부서의 문턱을 더욱 낮추어야 한다. 그리고 행정절차도 간소화하여야 하며 행정전산화도 이를 위해 확대 실시되어야 한다. 그리고 양질의 행정서비스를 이루어 내기 위해 민원부서에 배치된 공무원들에 대한 지속적인 교육 훈련이 요구된다. 그리고 성공적인 민간기업의 성공사례들을 개발해 내어 이들을 벤치마킹하는 방법도 강구해 볼만 할 것이다. 그리고 리엔지니어링(Reengineering)기법을 전향적으로 활용할 수도 있을 것이다.

리엔지니어링기법의 으뜸 목표는 모든 과정이 제대로 일을 해 나가도록 하는 것이며 이를 위해 최상의 경쟁자를 벤치마크(기준점)로 설정하고 이에 필적토록 노력하며 기존의 업무수행방식에서 탈피하여 마치 백지위에 새로운 그림을 그리듯 처음부터 다시 시작하는 것을 의미한다.264) 이 말을 다른 말로 표현하자면 이제까지의 조직철학과 기본가정 그리고 조직구성의 원칙 등은 더 이상 변화하는 조직경영환경에 적합하지 않으므로 새로운 조직철학과 기본가정 그리고 조직구성의 원칙 등을 바탕으로 새로운 조직을 만드는 것이다. 기능단위나 부서별로 쪼개어져 나뉘어져 있는 과업중심적인 현재의 조직 구조를 본질적으로 고객가치를 증가시키는 과정(process)중심으로 재편성하는 것이다.265) 물론 이러한 것을 현실화할 수 있게

263) *Ibid.*, p.249.

264) TQM은 지속적인 개선(improvement)이라고 보는 반면 Reengineering은 급진적인 혁신(innovation)이라고 볼 수 있다. 품질개선은 고객의 목소리와 지속적인 과정개선에 역점을 두고 있으며 이를 위해 결점배제(zero defects), 사후감독보단 예방, 모니터링의 개선 등을 강조한다. 이런 관점에서 보면 Reengineering은 품질관리에 기반을 두고 있다고 볼 수 있으나 이와는 여러 가지 점에서 차이가 있다.

265) 안중호, "새로운 경영이론으로 부상하는 '비즈니스 리엔지니어링(BR)' : 고객가치 증대위한 '프로세스'중심의 구조 재편성", 『교수신문』, 1993년 11월 1일, 9쪽. ; 마이클 해머(Michael Hammer)와 제임스 챔피(James Champy)의 개념정의에 따르자면 Reengineering이란 비용, 품질, 서비스, 속도와 같은 핵심적 성과에서 극적인 향상을 이루기 위해 기업업무 프로세스(과정)를 기본적으로 다시 생각하고 근본적으로 재설계하는 것이라 한다. Michael Hammer and James Champy,

하는 구체적인 도구는 바로 정보기술이다.

이 리엔지니어링기법이 매력적인 까닭은 주기(cycle time)나 처리시간(processing time)을 절약시켜주며 동시에 운영비용이나 조직인원을 감축, 절약할 수 있어 난관을 극복해 나가는데 유용한 도구가 될 수 있다는데 있다. 고객의 가치는 높이고 조직비용은 감소시킨다는 것이 매우 매력적인 요소이다. 사실 리엔지니어링기법은 반드시 영리를 목적으로 하는 기업에만 국한되어 사용될 수 있는 것은 아니다. 즉 모든 조직에 적용가능 한 기법이다.

최대 규모의 서비스업체라고 할 수 있는 정부조직에도 이 기법을 도입, 적용할 수 있다. 서류작업이 많은 행정기관의 경우는 보다 나은 고객지향적인 민원처리를 위해서라도 서류의 각종형식을 컴퓨터에 입력시키고 이를 다른 부서와 온라인으로 연결함으로써 프로세스를 재설계할 수 있다. 이렇게 되면 담당자는 밀린 일감을 줄이고 담당업무를 신속 정확하게 처리할 수 있고 이에 따라 국민인 고객들은 불편을 덜고 대기시간을 감소시킴으로써 궁극적으로는 고객의 만족을 창출하는 업무의 혁신적인 향상을 기할 수 있게 되는 것이다.[266]

이와 더불어 하나 염두에 두어야 할 사실은 공공부문에 리엔지니어링과 TQM을 도입 적용하려는 노력을 경주할 때 가장 어려운 점 중의 하나는 정부부처가 생산해 내는 재화나 용역의 대상고객을 규명하고 정의하는 작업인데 이를 해결키 위해선 대상고객이 누구인가를 우선적으로 분명히 밝혀내고 그들의 만족도를 측정하여야 한다는 것이다. 이것이 제대로 이루어진다면 리엔지니어링이나 TQM의 효능을 배가시킬 수 있을 뿐만 아니라 그로 인해 고객지향성에서 한발 앞서는 행정서비스를 일구어 낼 수 있다는 점이다.

그리고 고객지향성을 이루는데 있어 무엇보다 중요한 것은 공무원들의 의식개혁인 만치 고객지향적인 마인드가 공무원들의 의식에서 생활화될 수 있도록 하는 프

Reengineering the Corporation (New York : Harper Collins Publishers, Inc., 1993), ch.2. ; 또 하라치미(Arie Halachmi)와 부카레트(Geert Bouckaert)의 개념정의에 따르자면 조직성과목적과 기관개발을 위해 비용의 운영과 지원, 서비스수준과 대응시간, 새로운 제품과 서비스의 질 혁신에 있어 극적이고 신속한 개선을 이루기 위하여 조직의 핵심적 작업과정을 재조명하고 재설계(revisualizing and redesigning)하는 것을 의미한다고 정의내리고 있다. Arie Halachmi and Geert Bouckaert, *op. cit.*, ch.5., & pp.166-167. ; 이러한 개념정의에서 알 수 있듯이 Reengineering에 있어 핵심이 되는 것은 기업업무 프로세스를 기본적으로 다시 생각하고 근본적으로 재설계하는 것이다.

266) 안중호, “앞의 글”, 9쪽.

로그램들이 강구되어져야 한다는 점이다. 또한 민원업무 중 공익의 필요상 꼭 행정부서가 해야 되는 것이 아니면 과감하게 민영화하거나 민간 위탁케 하는 것도 한 방법이 될 수 있을 것이다.

7) 지출보단 수입지향적인 기업가적 행정으로의 개혁전략

지출보단 수입지향적인 기업가적 정부로 나아갈 수 있도록 관리개혁이 이루어져야 할 것이다. 종전까지는 책정된 예산을 철저하게 회계연도 내에 지출하는 것을 최고의 덕목으로 여겨 왔으나 앞으로의 기업가적 정부에서는 예산의 이월가능, 관리개혁을 통해 얻은 이익과 예산절약분에 대해 해당 기관이 자율적으로 사용할 수 있도록 하는 인센티브개혁방안을 도입할 필요가 있다고 본다. 또한 공무원들에게 일정 범위 내에서 폭넓은 자율권을 인정하여 그들의 책임 하에 행정관련 계약 등을 시의성 있게 체결할 수 있도록 하는 자율방안 등도 전향적으로 검토될 필요가 있을 것이다.[267)]

더 이상 정부가 예산을 까먹는 기관이 아니라 수익성을 가지고 생산적인 일을 해 낼 수 있는 기관으로의 이미지변신이 요구되며 이를 위한 조치들이 전향적으로 강구되고 이를 뒷받침하는 법제적 변화가 수반되어져야 할 것이다. 조지 프레데릭슨은 기업가적 행정으로 바뀌는데 대해 조심스런 입장을 피력하고 있다.[268)] 그는 근본적으로 행정이 기업적인 마인드로 변모되는 것에 반대의 입장에 있는 것이 사실이긴 하나 기업적 마인드가 행정의 본래 목적을 달성하는데 필요하다는 점에 있어선 부인을 하지 않고 있다. 따라서 행정을 보다 기업적으로 운영하여 효율성을

---

267) 미국 캘리포니아 주의 비살리아(Visalia)시의 사례는 이러한 필요성을 잘 뒷받침해 주고 있다. David Osborne and Ted Gaebler, *Reinventing Government : How the Entrepreneurial Spirit is Transforming the Public Sector* (Reading, Massachusetts : Addison-Wesley Publishing Company, Inc., 1992), pp.2-5.

268) 프레데릭슨(H. George Frederickson)은 TQM을 지지하기 위해선 TQP(total quality politics)가 필요로 된다고 주장하면서 이러한 TQP가 가지고 있는 7가지 원리를 제시하였는데 이중에서 자유기업체제를 조심스럽게 유지해 나가자고 하였는데 이 의미는 행정에도 민간기업적 마인드가 필요하다는 뜻으로 해석 할 수 있을 것이다. 참고적으로 7가지 원리를 말하자면 첫째, 잘못된 문제를 문제화하는 것을 피하도록 하며 둘째, 시민중심의 정부를 현실화하고 셋째, 변화지향적인 정치에 몰입하며 넷째, 비용을 보다 솔직하고 용기 있게 받아들이고 사용해야하고 다섯째, 공평과 형평을 일구어내야 하며 여섯째, 공직이나 공적 서비스에 대한 존경심을 갖고 마지막으로 자유기업체제를 조심스럽게 유지해나가자는 것이다. H. George Frederickson, "The Seven Principles of Total Quality Politics", *PA Times*, 17 (1), 1994. p.9.

증대시키고 이에 기인된 반사적 이익으로 보다 양질의 행정서비스를 국민이 받게 된다면 이것도 행정의 궁극적 가치에 부합되는 일로 평가 할 수 있는 것이다.

8) 치료보다는 예방지향적인 행정으로의 개혁전략

치료보다는 예방지향적인 정부로 나아갈 수 있도록 관리개혁이 이루어져야 할 것이다. 어떤 사태가 발생한 후 그 문제를 해결하기 위해서는 엄청난 정신적, 물질적 비용이 지출되어져야 할 경우가 비일비재하다. 그러나 조금만 유념하여 그러한 커다란 대가를 요구하는 사태를 사전에 예방할 수 있다면 아주 적은 비용으로 문제를 해결하게 되는 이점을 가질 수 있는 것이다. 이럴 경우 절감된 비용만큼 국민들에 대한 행정서비스는 양적으로나 질적으로 향상되는 결과를 가져다 줄 것이다.

과거 우리사회를 강타했던 금융 외환위기도 관계행정당국이 보다 사태를 유념하고 이에 대해 보다 손 빠른 조치를 취했다면 IMF에 구제 금융을 구걸해야 되는 파국의 사태로까지 처참하게 전락하지 않았을 수도 있었을 것이다. 과거 우리가 치렀던 비용과 희생을 생각해보면 일이 터진 후 경황없이 문제를 해결하려는 것보다 예방적인 정책적 노력이 절실히 필요로 되는지 절감할 수 있는 것이다. 이런 관점에서 정부는 사전에 문제가 될 수 있는 부분에 대한 주도면밀한 조사와 검토를 거친 후에 예방적 차원에서 근본적인 문제해결을 도모하여야 할 것이다. 특히 현재 진행되고 있는 정부직제개편이나 구조조정도 이런 관점에서 추진되어야 할 것이다.

가능한 적은 비용으로 관리개혁을 성공적으로 이끌어내기 위해선 지금 당장은 직접적 문제가 나타나지 않는 부분이라 해도 이에 대한 근원적 문제해결에 대한 노력이 경주되어져야 할 것이다.

9) 계층 제에서 참여와 팀워크를 중시하는 분권지향적인 행정으로의 개혁전략

계층 제에서 참여와 팀워크를 중시하는 분권지향적인 정부로 나아갈 수 있도록 관리개혁이 이루어져야 할 것이다. 계층제가 지니는 한계를 우리는 많이 목격해왔다. 특히 현재와 같이 급변하는 상황에서 효율적으로 적응하기 위해선 중앙집권적인 방대한 계층 제보다는 참여와 팀워크를 중시하는 분권지향적인 행정이 보다 나을 것이다. 이러한 참여와 팀워크를 중시하는 분권지향적인 행정을 위해 TQM을 활용할 수 있을 것이다.

이미 설명하였듯이 TQM은 근로자들이나 근로 작업 팀이 자신들이 책임지고 있는 업무나 프로그램들에 응용된 연구를 적용할 수 있도록 하는 훈련을 통해 조직을 지속적으로 개선시키도록 하는 것이다.[269] 특히 이것은 경쟁과 통제에 초점을 두고 있는 개인적 성과보다는 조직성원간의 참여와 협력에 중점을 둔 집단성과를 더욱 강조한다는 점이 특기할 만하다.

이러한 협력적 노력은 보다 나은 참여와 팀워크를 만들고 통제지향적인 감독기능을 지양할 수 있고 작업역할과 책임에 대한 중첩된 기능들을 상호 교차적으로 배제시켜 줄 수 있기 때문에 행정서비스의 품질개선과 성과향상에 커다란 기여를 할 수 있다.

지방자치시대를 맞이하여 보다 많은 중앙정부의 권한을 지방으로 이양하고 방대해진 관료제를 감량 화시키고 임무와 상황에 따라 인적, 물적 자원을 효율적이고 즉응 적으로 재배치할 수 있는 신축적인 조직 구조를 만들고 업무의 절차나 과정을 단순화, 효율화하는 관리개혁을 이루어내는데 이런 TQM노력은 많은 도움을 줄 것으로 판단된다.

그러나 이미 지적했듯이 TQM적용이 만능 약은 아니라는 점에 유념하여 TQM을 적용했을 경우 얻을 수 있는 편익과 비용 그리고 적용하지 않았을 경우의 편익과 비용을 비교분석하여 적용시의 편익이 더 클 경우에만 TQM을 적용하는 것이 바람직 할 것이다.[270]

---

269) Arie Halachmi, and Geert Bouckaert (eds.), *op. cit.*, pp.177-178.

270) 비용-편익분석방법은 중대한 경제적 충격이나 영향이 예상되는 프로젝트의 집행 전에 통상적으로 이루어지는 것이다. 사실 TQM은 비용이 많이 들어가는 값비싼 방법이다. 그 이유는 훈련에 상당한 투자를 하여야 하며 생산과정에 대한 데이터를 수집하고 분석하여야 하며 새로운 생산방법을 익히는데 많은 비용이 소모되기 때문이다. 그래서 TQM의 유용성을 잘 알면서도 이것을 도입하여 실행해 보는 것을 망설이는 경우가 많은 것이다. 따라서 TQM 도입 시의 비용과 TQM을 도입하지 않고 현상을 유지했을 때의 비용을 비교검증해 보는 것도 괜찮은 방법이다. 바로 이러할 때 유용하게 사용할 수 있는 방법이 바로 비용-편익분석이다. 이것은 최고관리자에게 TQM의 진실 된 장점과 강점을 제시해 줌으로써 TQM의 유용성에 대한 강한 메시지를 전달할 수 있고 결국 TQM을 도입, 실행하는데 커다란 힘이 될 수 있을 것이다.

10) 시장을 통해 변화를 모색하는 시장지향적인 행정으로의 개혁전략

시장을 통해 변화를 모색하는 시장지향적인 정부가 되어야 하겠다. 정부라고 해서 특권을 인정해주던 시대는 지나갔다. 정부도 시장을 구성하는 한 주체에 불과하게 된 것이다. 시장에서 올바르게 생존하지 못하면 시장에서 퇴출할 수밖에 없는 것이 현금의 실정이다. 따라서 정부에서 사용되는 모든 자원도 시장원리에 따라 배분 및 분배되어야 하며 이것을 통해 효율성을 극대화시켜야 할 것이다. 관리개혁의 방향도 시장에 적응할 수 있는 구조로 정부를 바꾸어나가야 한다는데 모아져야 할 것이다.

시장원리를 따르기 위해선 정부나 행정도 엄청난 변화를 모색해야 할 것이며 이에 따른 비용도 상당 할 것이다. 그러나 이러한 어려움을 통해 행정의 변화가 오게 되면 보다 효율적이고 경쟁력 있는 행정서비스를 제공할 수 있게 됨으로써 결과적으로는 더 많은 수혜를 국민이 받게 될 것이다.

시장원리를 받아들이는데 여러 가지 장애물이 있는 것은 사실이다. 공공성과 민주성, 형평성이라는 행정이념이나 가치적 관점에서 이의를 제기 할 수도 있을 것이다. 그러나 이런 장애물을 타개하는데 있어 가장 중요하고 유념해야 할 사실은 공무원과 국민들이 조직의 상황과 여건 그리고 환경이 변하였다는 사실을 인지하고 이에 합의하고 동감하는 것이다. 급격히 변하고 있는 현 상황은 더 이상 생산성 낮은 공공부문의 관리, 국민의 정부불신 그리고 자원의 고갈을 기다릴 여유를 주지 않는다. 변화는 새로운 질서위에 서기 마련인 것이다. 따라서 공무원과 국민들의 인식과 발상에 대한 대전환이 요구되며 이에 입각한 국민적 합의가 도출되어져야 할 것이다.

마지막으로 한 가지 첨언하고 싶은 말은 관리개혁의 도구로서 널리 사용되고 있고 사용할 것을 권장하고 있는 TQM활동이 너무 비용이 많이 들고 지속적이지 못하다는 이유로 이를 기피하는 조직이 많은 것도 부인 할 수 없는 사실이라는 점이다.[271] 또 최고관리자의 관심미흡과 언론매체들에 의한 비판에 의해 소기의 성과를

271) 하이드(Hyde)는 TQM이 PPBS나 다른 관리처방전과 동일한 운명에 처해 질 수도 있음을 경고하고 있다. 따라서 이 기법에 대한 과대포장은 이것을 원칙 없이 마구 남용하게 만들고 그 결과 이 기법의 본래의 취지와 강점을 퇴색시키고 종언을 앞당길 수도 있다는 점에 유념하여야 할 것이다.

거두지 못하는 경우도 비일 비재했던 것이 사실이다. 또한 공공부문에서는 과거에 실시되었던 많은 관리개혁조치들(예를 든다면 목표에 의한 관리(MBO)나 영기준예산제도(ZBB)등)이 실패로 끝났던 사실들로 인해 더욱 이에 대해 부정적 시각을 가지는 경우가 많은 것도 사실이다.[272)]

1980년대 초에 품질개선을 위한 모임(Quality Circle)이 결성되었는데 이 모임은 근로자집단이 일본에서 거둔 성공에 자극을 받아 결성이 되었으며 이 모임은 정기적으로 모임을 갖고 이 자리에서 질(質)의 문제, 성과의 문제, 변화의 제안, 개선노력을 위한 모니터활동 등을 논의하고 이에 따른 후속적 노력을 경주하였었다. 그러나 이 모임은 조직변화모형으로서 민간부문 뿐만 아니라 공공부문에서도 모두 실패하고 말았다.[273)]

물론 실패원인은 일본과 미국근로자간의 문화적, 교육적 차이 때문이었다. 아이러니 한 것은 보수집단은 이 모임이 너무 조급했다고 비판을 하고 있는 반면 진보집단에서는 이 모임이 너무 느리고 나태했다고 비판을 하는 것이다. 이유야 어찌되었든 이러한 실패는 공공부문의 행정서비스품질개선을 위한 관리개혁에 회의적 시각을 두드러지게 나타나게 만들었다는 점이다. 그러나 행정서비스의 품질개선이 성과개선에 가장 중요한 전제가 되어야 한다는데 는 이론의 여지가 없는 것이 사실이다.

사실상 요즈음과 같이 개방적이고 다원적인 경쟁의 사회에서 고객의 기대를 초월하는 품질의 기준을 어떻게 획득하고 유지하느냐 하는 것이 가장 중요한 관건이 되는 것이 사실이기 때문이다. 사실 1993년에 앨 고어위원회에서 제시한 국정성과평가보고서에서도 품질관리, 고객에 대한 우선적 배려와 관심집중, 작업장에 실질적 권한을 부여하는 것을 골자로 하는 품질개선 측면에 가장 우선권을 부여하고 있음도 이와 맥을 같이 하는 것이다.[274)]

이것이 의미하는 뜻은 눈 가리고 야옹하는 식의 립 서비스는 지양되어야 한다는 분명한 메시지를 공공기관에 전한 것으로 생각할 수 있다. 따라서 행정서비스의 품질을 개선하고 향상시키는데 있어서의 관심은 그 전보다 더욱 높아졌다고 할 수 있으며 그런 맥락에서 관리개혁과 관리기법적용에 관한 전략적 사고가 더욱 절실

---

272) Arie Halachmi, and Geert Bouckaert (eds.), *op. cit.*, p.152.
273) *Ibid.*, p.153.
274) *Ibid.*, pp.153-154.

히 요구된다고 할 수 있다.

지금까지 논의된 관리개혁과 관리개혁기법들의 전략적 고려들이 바로 새로운 발상의 전환을 통해 모색될 수 있는 미래의 행정상으로 고려될 수 있는 것이며 이러한 전략적 방향들이 관리개혁의 나아갈 지향점이 되어야 하는 것은 당연하다고 할 수 있다.

4. 글을 마무리하면서

공공부문의 행정서비스증진을 위한 행정신뢰성제고방안은 우선 거시적 관점에서 이에 대한 행정가치 및 윤리의 의식적 대전환이 이루어져야 한다는 점이다. 사실상 행정신뢰성을 저해하는 문제로 관료제가 가지고 있는 부정적 시각을 무시할 수 없다. 관료제에 대한 거부감이나 혐오감뿐만 아니라 관료제에 몸담고 있는 관료들의 부정적인 행태는 행정신뢰성의 제고를 위해 암적인 존재로 의식되고 있는 것이다. 관료들의 부패상은 국민들로 하여금 관료뿐만 아니라 관료제 자체의 거부감으로 치닫게 될 소지가 크므로 이러한 국민들의 의식을 전환시키는 것 못지않게 관료자신들이 솔선수범적인 차원에서 자정의 기치를 높이 들고 나가야 할 것이다. 이러한 것이 해소되면 정부에 대한 불신감도 상당히 줄어들게 될 것이다. 국민들에게 보다 가까이 다가서는 행정, 그리고 믿음을 주는 행정이 되기 위해선 이러한 국민들이 가지고 있는 관료제에 대한 불신을 해소하는 것이 급선무로 고려되어야 한다는 것이다.

다음 행정서비스증진을 위한 관리개혁전략에 있어서는 정부의 구조적, 기능적 문제들을 해결하는데 중점이 주어지되 단지 기계적인 조직구조의 변경이나 기능상의 문제해결방식만으로 접근해서는 안 된다는 점이다. 능률성과 효과성을 지니도록 관리개혁이 이루어지기 위해선 구조적, 기능적 개혁이 절실한 바를 모르는 것은 아니지만 이를 위해서는 보다 광의적인 시각에서 접근을 하여야 한다는 것이다. 일단 관리개혁을 위한 기본관리좌표가 될 수 있는 관리 철학이 설정되어져야 하고 이에 입각한 관리개혁방안들에 따라 체계적이고 유기적으로 개혁이 이루어져야 하며 개혁에 대한 저항들도 효과적으로 제압, 포용하면서 소기의 성과를 거두는 방향으로 나가야 할 것이란 점이다. 특히 행정신뢰성을 확보하기 위해서는 관리개혁에 있어 투명성과 공개성, 그리고 형평성이 반드시 고려되어져야 한다는 것이다.

마지막으로 행정서비스증진을 위한 관리기법의 적용전략에 대해서는 관리기법 자체가 효율성에 초점이 맞추어진 수단적 방안임을 부인 할 수는 없지만 이러한 관리기법의 적극적 활용이 목적인 관리개혁의 방향이나 철학에 영향을 끼칠 수 있다는 점을 먼저 의식할 필요가 있다는 것이다. 그리고 총체적품질관리방법이나 리엔지니어링, 벤치마킹 등의 직접적 기법 적용보단 이 기법들이 가지고 있는 기본적 가치들을 우리 행정에서 받아 들여야 한다는 것이다. 행정서비스의 품질을 제고시키기 위한 방법으로 총체적품질관리방법을 사용할 때 항상 으뜸이 되어야 할 가치는 국민들의 욕구를 충족시킬 수 있는 방향으로 이루어져서 정부의 행정신뢰성을 제고시키는 방향으로 나갈 수 있게 하여야 한다는 점이다.

이러한 관점에서 공공부문의 행정서비스증진을 위한 한국 행정개혁의 전략적 고려 점을 다음과 같이 집약하여 제시하고자 한다.

우선 관료제의 부정적 시각을 해소하기 위한 전략으로는 첫째, 국민들의 가치관을 국민계도운동과 교육혁명을 통해 변화시킬 필요가 있으며 특히 관료제에 대한 부정적 시각은 편견 화된 국민정서에서도 기인되는 바가 크므로 이를 개선하기 위한 노력이 국가 사회적 차원에서 강구되어 질 필요가 있는 것이다. 이를 위해 국가목표도 보다 명료하고 투명하게 제시 되어야 한다는 것이다.

둘째, 관료제의 부정적 시각을 해소하기 위해서는 사회경제적 요인들에 대한 배려도 있어야 할 것이다. 특히 기술혁신 등 관료제가 활용할 수 있는 자원의 수준과 요구되는 과업을 균형 화시키고 이에 만족치 않고 더 높은 수준의 생산성을 얻어낼 수 있는 방향으로 관료제에 대한 능력이 크게 개선되어져야 할 것이다.

셋째, 관료제도 이제 외부적 정치적 영향력에 대해 관심을 돌려야 할 시기가 되었다고 볼 수 있다. 관료제에 대한 여론에 민감해야 할 뿐만 아니라, 고객집단, 언론매체, 공공이익집단, 권력엘리트의 욕구와 기호에도 적절히 반응할 수 있어야 할 것이다.

마지막으로는 관료제의 부정적 시각을 해소하기 위해선 대통령에서 부터 그를 둘러싼 참모집단 그리고 의회와 이 기관내의 참모들 그리고 사법부와 그의 참모

등이 모두 새로운 가치관과 철학으로 변화되어져야 하며 특히 이들에 의한 관료제의 문화가 올바른 방향으로 변모되어져야 한다.

다음 관료들의 부패를 해소하기 위한 전략으로 다음과 같은 것을 고려 할 수 있을 것이다. 첫째는 국민들, 정당, 이익집단, 여론과 대중운동, 언론, 입법부 및 사법부에 의한 통제를 들 수 있다. 물론 옴부즈맨(Ombudsman)제도의 활용도 의미를 가질 것이다. 둘째, 보다 엄격하고 내실 있는 내통제가 이루어져야 할 것이다. 대통령에 의한 행정통제, 국무총리에 의한 행정통제, 기획재정부, 행정안전부 등에 의한 행정통제, 중앙행정기관의 자체적 행정통제, 감사원에 의한 행정통제 등이 내실 있고 엄격하게 시행되어 관료들의 부패가 더 이상 창궐할 수 없게 만들어야 할 것이다.

다음 정부에 대한 불신감을 해소하기 위한 전략으로 다음과 같은 것을 고려 할 수 있을 것이다. 첫째, 투명한 정부 둘째, 시민적 눈높이 정부 셋째, 가치창출력을 지닌 정부 넷째, 고객지향 적 정부 다섯째, 시민의 평가를 받는 정부를 만들어 내는 것이다.

다음 공공부문의 행정서비스증진을 위한 한국 행정 관리개혁과 관리개혁기법의 활용을 위한 전략적 고려 점을 다음과 같이 집약하여 제시하고자 한다.

첫째, 목표와 방향을 잡아주는 행정으로의 개혁전략으로써 관리개혁 적 차원에서 정부조직개편이 일관된 국가 및 행정목적에 따라 현실화될 필요성이 있으며 보다 확고하고 중립적이며 효율적인 통치철학과 행정목적이 접목되어야 할 것이다.

둘째, 지역사회가 주도가 되는 행정으로의 개혁전략으로써 행정관리 개혁 적 차원에서 내무부의 지방자치에 관련된 법령을 재정비하고 지방자치정부간의 관계를 새로운 발상의 시각에서 규정지을 수 있는 법제적 개선노력이 필요로 된다고 할 수 있다.

셋째, 경쟁적이고 경쟁력을 갖춘 행정으로의 개혁전략으로써 부처산하기관이나 공기업, 정부투자기관 중 경쟁력과 생산력이 떨어지는 기관들은 과감하게 민영화 시키거나 폐쇄시키는 혁신적 노력이 요구된다. 그리고 유사 민간기업과 생산성을 비교하여 우수한 민간 기업을 벤치마킹시키는 방법 등을 통해 기관의 생산성을 증대시키는 동기유인 화 작업도 병행해서 추진시켜 나가야 할 것이다. 특히 행정서비스의 품질을 객관적으로 올바르게 측정 평가하기 위해서 TQM을 활용할 수 있을 것이다.

넷째, 임무지향적인 행정으로의 개혁전략으로써 급변하는 환경변화에 따라 임무가 수시로 변하는 상황에서는 임무전담조직(task force)이나 행렬조직(matrix organization) 등 변화수용적인 임시조직(adhocracy)을 가동하여 환경변화에 유연하게 적응할 수 있는 조직형태가 만들어져야 할 것이다.

다섯째, 결과나 성과위주적인 행정으로의 개혁전략으로써 각 행정부처나 부서의 업무성과나 그 결과들을 그들이 제시한 변화영역이나 관점에 입각해 평가하여 기준에 미달하거나 현격히 생산성이 저하된 기관은 인사 상 또는 예산상 그에 상응한 벌칙을 주도록 하고 반대로 기준을 웃돌거나 생산성이 높은 기관은 그에 상응하는 상을 주는 제도를 정착화시킴으로써 성과위주적인 정부를 만들어 나가야 할 것이다.

그리고 성과지향에 걸림돌이 되는 법규 등 (특히 규제와 관련된 법규 등)은 과감하게 개정, 폐지 등을 하여야 하며 전향적인 발상에서 성과개혁을 월등하게 이루어낸 조직에 대해서는 그에 상응하는 포상조치가 이루어 질 수 있도록 배려하여야 할 것이다. 특히 성과의 평가에 있어서는 국민들의 평가도 반영될 수 있도록 하는 제도적 장치를 마련하는 것이 바람직 할 것이다. 이외에 성과위주의 정부를 만들기 위해서는 전략기획(strategic planning)을 설계하고 집행시킬 수 있는 능력을 갖추어야 한다.

여섯째, 고객지향적인 행정으로의 개혁전략으로써 우선 민원부서의 문턱을 더욱 낮추어야 한다. 그리고 행정절차도 간소화하여야 하며 행정전산화도 이를 위해 확대 실시되어야 한다. 그리고 양질의 행정서비스를 이루어 내기 위해 민원부서에 배치된 공무원들에 대한 지속적인 교육 훈련이 요구된다. 그리고 성공적인 민간기업의 성공사례들을 개발해 내어 이들을 벤치마킹하는 방법도 강구해 볼만 할 것이다. 그리고 리엔지니어링(reengineering)기법을 전향적으로 활용할 수도 있을 것이다.

최대 규모의 서비스업체라고 할 수 있는 정부조직에도 이 기법을 도입, 적용하여야 한다. 서류작업이 많은 행정기관의 경우는 보다 나은 고객지향적인 민원처리를 위해서라도 서류의 각종형식을 컴퓨터에 입력시키고 이를 다른 부서와 온라인으로 연결함으로써 프로세스를 재설계할 수 있다. 이렇게 되면 담당자는 밀린 일감을 줄이고 담당업무를 신속 정확하게 처리할 수 있고 이에 따라 국민인 고객들은 불편을 덜고 대기시간을 감소시킴으로써 궁극적으로는 고객의 만족을 창출하는 업무의 혁신적인 향상을 기할 수 있게 되는 것이다. 또한 민원업무 중 공익의 필요상 꼭 행정부서가 해야 되는 것이 아니면 과감하게 민영화하거나 민간 위탁케 하는 것도 한 방법이 될 수 있을 것이다.

일곱째, 지출보단 수입지향적인 기업가적 행정으로의 개혁전략으로써 앞으로의 기업가적 정부에서는 예산의 이월가능, 관리개혁을 통해 얻은 이익과 예산절약분에 대해 해당 기관이 자율적으로 사용할 수 있도록 하는 인센티브개혁방안을 도입할 필요가 있다고 본다. 또한 공무원들에게 일정 범위 내에서 폭넓은 자율권을 인정하여 그들의 책임 하에 행정관련 계약 등을 시의성 있게 체결할 수 있도록 하는 자율방안 등도 전향적으로 검토될 필요가 있을 것이다.

더 이상 정부가 예산을 까먹는 기관이 아니라 수익성을 가지고 생산적인 일을 해 낼 수 있는 기관으로의 이미지변신이 요구되며 이를 위한 조치들이 전향적으로 강구되고 이를 뒷받침하는 법제적 변화가 수반되어져야 할 것이다.

여덟째, 치료보다는 예방지향적인 행정으로의 개혁전략으로써 현재 진행되고 있는 정부직제개편이나 구조조정도 이런 관점에서 추진되어야 할 것이다. 특히 가능한 적은 비용으로 관리개혁을 성공적으로 이끌어내기 위해선 지금 당장은 직접적 문제가 나타나지 않는 부분이라 해도 이에 대한 근원적 문제해결에 대한 노력이 경주되어져야 할 것이다.

아홉째, 계층 제에서 참여와 팀워크를 중시하는 분권지향적인 행정으로의 개혁전략으로써 TQM을 널리 활용할 필요가 있다. TQM은 경쟁과 통제에 초점을 두고 있는 개인적 성과보다는 조직성원간의 참여와 협력에 중점을 둔 집단성과를 더욱 강조한다는 점에서 작업역할과 책임에 대한 중첩된 기능들을 상호 교차적으로 배제시켜 줄 수 있기 때문에 행정서비스의 품질개선과 성과향상에 커다란 기여를 할 수 있다.

열 번째로 시장을 통해 변화를 모색하는 시장지향적인 행정으로의 개혁전략으로써 정부에서 사용되는 모든 자원도 시장원리에 따라 배분 및 분배되어야 하며 이것을 통해 효율성을 극대화시켜야 할 것이다. 관리개혁의 방향도 시장에 적응할 수 있는 구조로 정부를 바꾸어나가야 한다는데 모아져야 할 것이다.

지금까지 논의된 모든 행정개혁의 전략적 고려들이 바로 새로운 발상의 전환을 통해 모색될 수 있는 미래의 행정상으로 고려될 수 있는 것이며 이러한 전략적 방향들이 관리개혁의 나아갈 지향점이 되어야 하는 것은 당연하다고 할 수 있다. 이러한 지속적 노력이 결실을 맺게 된다면 그에 따른 국민이 치러야 할 비용도 상당한 정도 감소할 것이다. 그렇게 되면 행정의 생산성은 배가 될 수 있을 것이고 그에 대한 반사적 이익을 국민들이 받게 될 것이다. 국민들은 보다 나은 행정서비스를 보다 낮은 가격과 비용으로 향유할 수 있게 되는 것이다.

제4장 윤리시대에 있어 한국의 도덕 행정[275)]

2007년 여름에 시작된 미국 서브 프라임 모기지(Subprime Mortgage)[276)] 사태는 시장 내부의 일부 문제로 국한되었던 사건이 일련의 금융시장 붕괴사태로 걷잡을 수 없이 번지면서, 미국 월스트리트(Wall Street)를 비롯해 메인 스트리트로 대변되는 실물경제에 까지 엄청난 파급효과를 미쳤다.[277)]

이 파급효과로 150여 년이 넘게 금융제국을 유지해 왔던 '리먼 브라더스 금융그룹'(Lehman Brothers Holdings, Inc.)[278)]이 파산되었고 미국 최대의 보험회사인 '에이아이지 그룹'(American International Group Inc. : AIG)과 '뱅크오브아메리카'(Bank of America) 등이 연방정부로부터 구제 금융을 통한 금융수혈을 통해 위기를 넘겼고, 미국 최대의 자동차 제조회사인 '제너럴 모터스'(General Motors : GM)가 강도 높은 구조조정을 전제로 한 연방정부 지원으로 파산의 위기를 넘길 수 있었다. 그리고 미국 발 금융공황의 여파는 유럽을 비롯하여 아시아 각국을 강타하였으며 이로 인한 세계금융의 침체는 가속화되어 세계경제를 위협하였다.

이렇게 사태가 일파만파로 우려할만한 나쁜 방향으로 급진전하게 된데 에는 금융권의 식을 줄 모르는 탐욕과, 금융권과 정부의 안일한 문제인식, 그리고 이에 따른 그릇 된 대처에 탓이 크다. 이러한 맥락에서 볼 때 금융권과 정부의 도덕적 해이

275) 이 글은 이병철, "행정에 있어 도덕적 해이의 발생원인과 완화방안", 『사회과학논집』, 제17권 제2호 (2009), 15-43쪽에 게재하였던 글을 일부 수정하여 다시 실은 것임.

276) 신용등급이 낮은 저소득층을 대상으로 고금리로 주택마련 자금을 빌려주는 비우량 주택담보대출을 의미한다. 모하메드 엘-에리언 지음, 손민중 옮김, 『새로운 부의 탄생』 (서울 : 한국경제신문사, 2009), 16-17쪽.

277) 『앞의 책』, 17쪽.

278) 1850년 헨리 에마뉴엘(Henry Emanuel)과 메이어 리먼(Mayer Lehman)이 설립하였다. 1975년에는 에이브러햄 앤드 컴퍼니(Abraham & Co.)를 인수하여 더욱 큰 규모로 확장되었다. 기업, 단체, 정부, 전 세계의 투자가 등의 재정적 요구에 부응하는 전 세계적인 투자금융회사이다. 뉴욕에 있는 본사 및 런던과 도쿄[東京]에 있는 지역본부를 통하여 전 세계 40개 사무소를 관장함으로써 전 세계의 자본시장에 적극 참여하였으나 미국의 서브프라임 모기지(비우량 주택담보대출) 사태로 인해 회사가 어려워지면서 2008년 9월 14일 뉴욕 주 남부지법에 파산보호를 신청했다. 두산백과사전 EnCyber & EnCyber.com ; http://100.naver.com/100.nhn?docid=733741

가 바로 문제를 촉발하고 이를 확산시킨 주범이라고 볼 수 있는 것이다.

초기에는 혼란의 원인과 사태에 대한 이해부족으로 민간 및 공공부문 시장 참여자의 대응이 더뎠을 뿐 만 아니라, 당시 많은 전문가들은 이 같은 혼란이 일시적 현상이며 그 여파는 제한 적일 것으로 성급히 판단을 내렸다. 주식 투자자들도 이러한 혼란은 전염성이 없는 단지 일회적인 현상일 것으로 판단하였다. 그리고 초기에는 정책 당국 역시 혼란을 방관하면서 이를 빌미로 탐욕스런 채무자들과 양심 없는 채권자들이 그간의 벌인 행태에 대한 대가를 치르게끔 놔두겠다는 의도였다.

그러나 얼마 지나지 않아 금융업계와 경제를 이루는 근간이 통째로 주저앉기 시작했던 것이다. 뒤늦게 이를 감지한 정책 당국은 대규모 긴급유동성투입 등 대책 마련에 나섰으나, 이러한 대책으로는 붕괴를 근본적으로 차단할 수 없었다. 사태가 이렇게 비화가 되자 미국 정책당국은 대대적인 경기부양정책을 펼쳐나가면서 주택 부문을 직접 지원하기에 이르렀다.[279]

그러나 이러한 미국 정책당국의 노력에도 불구하고 미국 발 금융공황은 전 세계적으로 파급되어 나갔으며, 초기의 안이한 인식과 대처로 인해 빚어진 엄청난 비용은 결국 세계경제를 주름지게 만들었다. 이로 인해 많은 유수의 금융기업들이 붕괴되거나 엄청난 손실을 입었고 주식투자자들도 많은 손실을 입었으며 제조업을 비롯한 경제 주체들의 타격도 상상을 초월하는 수준으로 치닫게 되었던 것이다.

문제의 발단이 된 서브프라임 모기지를 관장하는 금융기관들이 탐욕을 자제하고 정도에 맞는 금융운용을 했다면, 그리고 대출상환능력이 없는 무주택자들이 자신의 경제적, 재정적 능력을 감안하여 무리한 투자를 자제했다면, 그리고 관련 정책 당국이 이러한 사태를 미리 감지하고 예방적 차원에서 재정적 능력이 부족한 무주택자에 대한 불량주택대출에 관한 정책을 보다 더 신중하게 접근을 하고, 사태의 초기에 이를 신속히 인지하고 이에 대한 대처방안을 효율적으로 내놓아 사태 진전을 차단했다면 이러한 세계금융공황은 촉발되지도 않았을 것이다.

서브프라임 모기지 금융관련자들이나 능력미달의 무주택자들, 그리고 관련 정책 당국의 도덕적 해이가 결국 선의의 주택마련을 위해 최선을 다한 주택대출자들 그리고 주식투자자들, 금융기관의 임직원들, 일반 시민들 나아가 세계 시민들의 지갑

---

279) 『앞의 책』, 17쪽.

을 가볍게 만들어 버린 것이다. 이를 다른 말로 표현하자면 금융을 책임지고 있는 대리인들의 무책임한 도덕적 해이는 60억이 넘는 세계인의 경제적 상태를 빈곤하게 만드는 결과를 낳게 한 것이다.

우리나라도 1997년 11월에 경험한 국제통화기금(International Monetary Fund : IMF) 구제 금융에서 이러한 도덕적 해이의 뼈아픈 교훈을 가지고 있다.[280] 도덕적 해이는 결코 한 개인만의 문제로 국한되는 것이 아니고 사회 전체, 나아가 국가와 세계 전체에 영향을 끼친다는 사실을 우리의 IMF 구제금융 사태와 서브프라임 모기지 사태를 통해 잘 목격하고 경험할 수 있었던 것이다.

본 글에서는 우선 도덕적 해이에 대한 여러 가지 개념정의를 고찰하고 이러한 개념들의 공통적인 속성과 의미를 정리하고 집약하여 도덕적 해이의 의미를 보다 명료화하려고 하였다. 특히 도덕적 해이를 낳는 정보의 비대칭과 역선택을 구별하였다. 그런 후 도덕적 해이를 낳게 하는 문제점들을 도출해 내기 위해 국내외 공공부문과 민간기업 부문의 유명한 도덕적 해이의 정책사례들을 분석하였다. 그런 후 이러한 사례분석에서 도출된 문제점들을 도덕적 해이의 발생 원인으로 정리를 하였다. 그런 후 이러한 도덕적 해이의 발생 원인을 완화하거나 해소할 수 있는 정책적 방안들을 제시하였다.

1. 도덕적 해이의 개념 정의

도덕적 해이를 영어단어 그대로 '모럴해저드'(moral hazard)라고 부르기도 한다. 모럴해저드는 원래 보험시장에서 사용됐던 용어라고 한다.[281] 화재보험에 가입한 보험가입자가 보험에 들지 않았더라면 다했을 화재 예방에 대한 주의 의무를, 보험을 들었다는 생각 때문에 게을리 함으로써 오히려 화재가 발생하여 보험 회사가 보험료를 지불하게 되는 경우를 일컫기 위해 사용되어졌다고 한다.

280) 박정태, 『아시아 경제위기 1997~1998』 (서울 : 부·키, 1998).

281) 원래 보험시장에서 사용하던 용어로, '리스크 관리' 분야에서도 사용하게 되었다. 정당한 리스크를 감수하는 것이 아니라 정부가 뒤를 받쳐줄 것이라는 믿음 하에서, 아니면 절대 망하지 않을 것이라는 믿음 하에 감수하는 리스크를 말한다. http://ko.wikipedia.org/wiki/%EB%8F%84%EB%8D%95%EC%A0%81_%ED%95%B4%EC%9D%B4

만일 보험회사가 보험가입자의 화재예방노력을 하나하나 모두 파악할 수 있다면 화재예방 노력에 따라 보험료를 다르게 적용하거나 보험가입 자체를 거부할 수 있겠지만 현실적으로는 불가능한 일이다. 이렇게 보험회사가 보험가입자를 개별적으로 다 파악할 수 없는 이러한 상황을 '정보의 비대칭'(asymmetry of information)[282]이라고 하며, 이같이 어느 한쪽이 상대방을 충분히 파악할 수 없는 정보의 비대칭 상황 하에서는 항상 '역선택'(adverse selection)[283]이나 도덕적 해이가 발생할 소지가 있다.[284]

우선, 도덕적 해이와 구별을 짓기 위해 역선택에 대해 설명을 하자면, 정보의 비대칭으로 인해 정보를 갖지 못한 사람이 바람직하지 못한 선택을 하게 될 가능성이 높아지는 것을 의미한다.[285]

이러한 역선택과 연계된 정보의 비대칭은 중고차를 사고 팔 때에 발생한다. 중고차를 팔려고 하는 사람은 그 중고차를 사고자 하는 사람보다 매물로 나와 있는 중고차에 대해 더 많은 정보를 가지고 있다. 따라서 중고차를 사고자 하는 사람과 팔고자 하는 사람 간에는 정보의 비대칭이 존재하게 되는 것이다. 이러한 관계로 해서 하자(瑕疵)가 있는 중고차를 구매한 사람이 손해를 보는 경우가 종종 있다.[286]

282) 금융 산업에서의 도덕적 해이는 정보가 이해관계자에게 균등하게 전달되지 않고, 한 쪽으로만 집중되는 정보의 비대칭 때문에 발생을 한다. 예를 들어 금융기관에서 돈을 빌려가는 기업은 자신의 돈이 아니므로 위험하지만 투자수익이 높은 투자 안에 자금을 투입하고 싶어 하는 반면, 금융기관은 안전하게 원리금을 받고 싶어 하므로 양자의 유인(incentive, 경제적 보상이 수반되는 자극)이 다르다. 한마디로 도덕적 해이는 양자의 유인동기가 다르기 때문에 발생을 한다고 볼 수도 있다. 전유문, 『금융지식이 미래의 부를 결정한다』(서울 : 원앤원 북스, 2006), 169쪽.

283) 역선택이란 의사결정에 필요한 정보가 충분하지 않아서, 불리한 선택을 하게 되는 것을 말한다. 이는 종종 '도덕적 해이'라는 개념과 혼동하는 경우가 있는데, 이와는 전혀 다른 개념이다. 대리인 문제에서의 역선택은 대리인의 능력에 관한 정보가 부족하여, 대리인의 능력에 비해 높은 보수를 지급하거나, 대리인을 선택함에 있어 능력이 부족한 쪽을 선택하는 것을 가리킨다. http://ko.wikipedia.org/wiki/%EC%97%AD%EC%84%A0%ED%83%9D

284) 정보의 비대칭으로 인해 비롯되는 손해를 도덕적 해이로 이해하느냐 그렇지 않으면 역선택으로 이해하느냐 하는데 대해 혼돈이 있다. 이를 구분하기 위한 방법으로 그 행위가 이루어진 시점을 기준으로 해서 시점 이전이면 역선택, 이후이면 도덕적 해이로 이해를 해야 한다는 주장이 있다. 예를 들어 중고차를 사고 팔 때 중고차를 파는 사람이 정보의 비대칭을 악용하여 부당하게 이득을 취했을 경우 정보비대칭이 자동차 거래 전에 나타나서 거래에 영향을 미쳤으므로 이를 역선택이라고 보는 것이며, 화재보험의 경우에는 보험가입이라는 거래 후에 보험가입자가 화재예방 노력을 소홀히 하게 되는 것이므로 이를 도덕적 해이로 보아야 한다는 주장이다.

285) 이러한 역선택으로 인한 문제를 해결하는 방법으로 선별(screening), 신호발송(signaling), 강제집행, 정보정책(information policy), 평판(reputation), 표준화(standardization), 그리고 할당(rationing) 등이 있다. 이상률, 『경제학의 유혹』(서울 : 네모북스, 2005), 170쪽.

이러한 상거래의 불공정성을 시정하기 위해 중고차 품질 보증제도, 사망위험이 높은 사람에게 할증보험료 적용, 손실의 일부만 보상해주는 공동보험제도, 내부정보의 활용 등 여러 가지 제도적 장치를 강구하고 있긴 하지만 이러한 정보의 비대칭성을 교묘하게 악용하는 사람들에 의해 여러 가지 폐단이 발생하고 있다.[287]

역선택의 예로 중고자동차매매와 관련된 내용을 설명하였는데, 도덕적 해이 역시 이와 유사하며 정보의 비대칭 상황 하에서 발생하게 된다. 이미 앞서 언급을 하였듯이 도덕적 해이라는 말은 미국에서 보험가입자들의 부도덕한 행위를 가리키는 말로 사용되기 시작하였으며, 윤리적으로나 법적으로 자신이 해야 할 최선의 의무를 다하지 않은 행위를 의미하며, 여기에서 한 걸음 더 나아가 법 또는 제도적 허점을 이용하거나 자기 책임을 소홀히 하는 행동을 포괄하는 용어로 확대되어 사용되고 있다.[288]

그리고 경제학적 관점에서 이해를 하자면, 정상적인 시장을 해칠 수 있는 경제주체들이 자신들의 이익에만 몰입을 하고 무책임하게 그저 빠져나갈 구멍만 찾지[289] 도덕적, 윤리적, 경제적 태도 및 행동상의 위험 또는 위협적인 요인을 떠안지 않으려고 하는 행위를 의미한다. 대표적인 예로 기업들이 대출을 과다하게 해 기업을 키워놓으면 정부가 그 기업이 망하도록 내버려 두지 못했던 과거의 우리 사회의 어두웠던 기업단면을 보면 쉽게 이해가 될 것이다. 과거 한 때 우리 사회에 널리 회자되었던 '대마불사'(大馬不死)라는 말도 이와 맥을 같이하는 것으로 이해 할 수 있다.

그리고 도덕적 해이란 앞서 이야기를 하였던 정보의 비대칭이 존재하는 상황에서 주인(principal)이 대리인(agent)의 행동을 완전히 관찰할 수 없을 때 대리인이 자신의 효용을 극대화하는 과정에서 나타난다.[290]

주인과 대리인의 관계에서 대리인이 원래의 계약대로 주인의 목적을 달성하기 위

---

286) 팀 하포드 지음, 김명철 옮김, 『경제학 콘서트』(서울 : 웅진 지식하우스, 2006), 164-168쪽.

287) 상대적으로 정보를 많이 가진 사람이나 집단이 정보를 갖지 못한 사람이나 집단에 대해 정보의 왜곡이나 정보의 오류를 통해 부당이익을 취하는 행위로 인해 사회적으로 많은 문제를 던져주고 있다.

288) http://ko.wikipedia.org/wiki/%EB%8F%84%EB%8D%95%EC%A0%81_%ED%95%B4%EC%9D%B4

289) 정보경제학에서는 도덕적 행위가 '숨겨진 행동'(hidden action)이 있을 때 발생한다고 분석한다. http://ko.wikipedia.org/wiki/%EB%8F%84%EB%8D%95%EC%A0%81_%ED%95%B4%EC%9D%B4

290) 도덕적 해이는 주인과 대리인의 관계에서 대리인이 주인의 이익을 위하여 행동하지 않고 자신의 이익을 위하여 행동하는 경우에 발생한다고 볼 수 있다.

해 노력하지 않고 자신의 이익을 위해 행동하는 것을 말한다. 주식회사의 예를 들면 주주와 경영자의 관계에서 경영자가 주주의 이익(주가 상승)을 위해 노력하기 보다는 자신의 이익(높은 임금, 복리 등)을 우선하면 이는 도덕적 해이에 해당한다.[291]

예를 들어 회사의 근로자가 감시가 소홀할 때 일을 열심히 하지 않는 것이나, 보험을 든 자가 보험에 가입하고 나서 사고에 대비한 주의를 덜 하는 것이나, 의사가 의료 보험금을 많이 타내기 위해 과잉진료를 하는 것이나, 국민들이 국정활동을 위하여 선출한 국회의원들이 제대로 의정활동을 하지 않고 개인의 사익을 위하여 활동하는 경우나, 소송사건 의뢰인이 변호사를 믿고 소송에서 이기려고 하는데 변호사는 수임료만 챙기고 성실하게 변호를 하지 않는 경우 등, 이 모든 것이 도덕적 해이에 해당이 된다.

또한 도덕적 해이는 금융기관이나 예금자가 행동의 절도를 잃어버리는 행위를 가리키는 말로도 많이 사용이 된다. 예를 들면, 예금자가 예금보호제도에 의해 원리금 상환이 보장되므로 이율이 높으면 경영이 위태롭게 보이는 은행에도 돈을 맡기는데 이를 예금자의 도덕적 해이라 하며, 경영 불안에 빠지고 있는 은행은 높은 이자를 주고 자금을 모은 만큼 다시 위험성이 높은 대출 상대에게 높은 금리로 융자해 주게 되는데 이를 금융기관의 도덕적 해이라고 한다. 이러한 맥락에서 은행이 정부의 보증을 믿고 부실기업에 대출을 해주는 것도 도덕적 해이에 해당한다.

요즈음은 법과 제도의 허점을 악용한 이익 추구, 자기 책임을 소홀히 하는 태도, 집단이기주의 등에 대해서도 도덕적 해이란 용어를 사용하여 이를 표현하고 있다. 국회가 본연의 임무를 저버린 채 각 이해집단간의 조정기능을 상실하고 예산낭비를 방조한다든지, 재개발 지역의 공사를 관리 감독해야 하는 임무를 담당하는 공무원들이 본래의 임무는 충실히 행하지 않고 재개발공사를 맡은 회사에 청탁하여 자신들의 아파트를 분양받은 행위, 기업이 회계처리를 불투명하게 하거나 고의부도를 내는 행위, 그리고 자신이 몸담고 있는 지역이나 집단의 이익을 위해 화장장이나 납골당, 쓰레기처리장 등 혐오시설 등은 기피하고 공원이나 공공기관 청사, 역세권 조성, 행정구역 조정 등과 같은 선호시설 등은 어떻게든 유치하려고 하는 행위로 인해 사회전체의 이익이나 비용을 무시하거나 경시하는 것 등이 대표적인 예이다.

291) 전유문, 『금융지식이 미래의 부를 결정한다』 (서울 : 원앤원 북스, 2006), 168쪽.

이상의 다양한 개념정의를 통해 알 수 있는 것은 도덕적 해이는 크게 네 가지의 의미로 이해될 수 있다는 것이다. 첫째, 주인-대리인 관계에서 정보 비대칭성으로 대리인의 사익추구와 주인의 손실을 초래하는 경우이다. 둘째, 법, 제도적 허점을 이용하여 사익을 추구함으로써 이해당사자나 국가사회에 경제적 피해를 입히는 경우이다. 셋째, 권한과 지위에 상응하는 책임을 제대로 지지 않는 경우이다. 넷째, 한 집단이 자신들의 이익을 관철하기 위해 사회에 경제적 손실을 입히고 그 폐해가 궁극적으로는 본인들에게 되돌아오는 경우이다.[292)]

실제로 이러한 도덕적 해이현상은 우리 사회의 곳곳에서 찾아 볼 수 있으며 특히 공공정책과 관련되어 나타나고 있다는 데 심각성이 더욱 크다고 볼 수 있다. 그리고 이러한 도덕적 해이는 특히 공공부문에 더욱 친화적이라는 점을 유념해 볼 필요가 있을 것이다.

다음에는 도덕적 해이의 사례들을 통해 도덕적 해이가 발생하는 원인을 도출해 낼 것이다. 그리고 이러한 사례들에 대한 고찰은 도덕적 해이가 가져다주는 윤리적인 문제에 대한 인식뿐만 아니라 정책적 딜레마를 이해하는데도 도움이 될 것이다.

2. 도덕적 해이의 여러 사례들

1) 쌀 소득보전 직불제도

농민의 마음인 농심(農心) 뿐만 아니라 양식 있는 국민들 모두를 허탈하게 하고 분노케 한 쌀 직불금[293)] 부당 수령사건은 우리 사회 전반에 걸쳐 도덕적 해이가 얼마나 광범위하게 퍼져있는지를 반증하는 사건이다. 이 사건은 실제로 농사를 짓지 않는 사람들이 부당하게 직불금을 수령했다는 도덕적, 법률적 문제뿐만 아니라 감사원이 이러한 중대한 문제에 대해 감사를 하고 문제가 있다는 것을 인지했음에도 불구하고 이를 즉각 발표하고 개선하려는 노력을 하지 않았다는데 따른 감사책

292) http://cafe.naver.com/paranoid1.cafe?iframe_url=/ArticleRead.nhn%3Farticleid=178

293) 쌀 소득보전 직불제도는 농산물 시장개방 확대에 따라 예상되는 벼 재배 농가의 소득감소를 보전, 농가소득을 일정 수준에서 안정시키기 위해 2005년 7월부터 시행하였다. 아울러 추곡수매제 폐지에 따라 쌀값이 떨어질 경우 이를 보전해 주기 위한 방안으로 시행을 하였다. 2001년부터 부분적으로 실시해 온 '논농업직불제', '쌀소득보전직불제'를 쌀소득 등보전직불제로 통합 시행하였다. http://web.maf.go.kr/wiz/user/rice/

임을 지고 있는 기관의 도덕적 해이의 문제로까지 비화가 되었다.

그리고 다른 한편으로는 정치적 해석도 분분하였다. 이러한 정치적 해석을 살펴보면 쌀 직불금과 관련 된 의혹은 감사원이 2007년도 7월에 감사종료[294]를 하고 왜 그 중요한 직불금 부당 지급 문제를 발표하지 않고 또 즉각 제도 개선에 임하지 않았는가 하는 점이다. 당시 대선을 앞두고 민주당 정권이 농심을 자극해서 대선에 악영향이 올 것을 우려해서 소위 민주당 정권 차원에서 이러한 직불금 사건을 덮은 것이 아닌가 하는 추측이 정치적 해석의 주종을 이루고 있는 것이다.

직불금은 공직자뿐만 아니라 의사, 변호사, 언론인 등 직불금 신청 자격이 없는 사람들까지 신청을 해서 받아간 돈들이 1,683억 원에 이르며, 이 제도가 처음 시작된 2005년도와 2006년도에 얼마나 많은 예산이 부당하게 집행되었는지를 고려한다면 천문학적 숫자의 혈세가 낭비된 것으로 판단이 된다.

이 모든 것을 조사해서 1차적으로 부당하게 수령된 직불금은 환수를 하고 불법하게 수령한 문제에 대해서 총리실에서 형사고발을 하였지만 이미 소 잃고 외양간 고치는 격이 되어버렸다.[295] 특히 일부 국회의원 들 까지 부당하게 쌀 직불금을 신청해 수령한 것으로 밝혀져 고위공직자들을 비롯하여 많은 공직인사들의 도덕적 해이를 실감하게 한 사건이었다.

이 사건을 통해 통감할 수 있는 것은 고위공직자들이나 사회적 유명 인사들이 솔선수범하여 법제도를 지켜나가야 함에도 불구하고 이들이 먼저 자신의 사익을 위해 위법 부당한 일을 저질렀다는 것이다. 서양에서 일상화되어 칭송받는 '노블레스 오블리주'(noblesse oblige)가 우리 사회에서는 제대로 이행되지 못했던 것이다. 공직자나 사회적 명사들의 솔선수범이 제대로 이루어지지 못했고 탐욕스런 사욕추구와 무책임성이 적나라하게 드러난 사건이었다.

---

294) 2007년을 기준으로 감사원 감사 당시에 부당하게 지급된 직불금이 1,683억에 이른다고 감사원 감사에서 밝혀졌다.

295) 검찰이 기소 대상으로 삼은 기준은 쌀 직불금을 자진해서 반납하지 않은 경우, 또 3백만원 넘는 직불금을 받아간 경우이다. 검찰은 농림수산식품부에서 명단을 넘겨받은 전체 쌀 직불금 부당 수령자 1만9천명 가운데 390명을 추려 사기와 농지법 위반으로 기소했으며 이 중 10명에 대해선 정식 재판을 청구했고, 380명은 벌금형으로 약식 기소했다. www.imnews.com ; http://news.naver.com/main/read.nhn?mode=LPOD&mid=tvh&oid=214&aid=0000119410

2) 적실성을 갖지 못하는 정부의 건설사 유동성 지원

2008년 10월 21일 정부는 건설사에 대한 유동성 지원을 위해 최소 10조 원 가량을 지원하겠다고 발표했었다. 정부의 건설사 유동성 지원에는 미분양 부동산 매입뿐 아니라 업무·비업무용 토지 매입과 각종 특혜성 금융지원까지 포함돼 있었다. 또한 한국은행은 10월 23일 금융통화위원회 회의를 열어 총액한도대출 규모를 기존 6조5천억 원에서 8조5천억 원으로 2조 원가량 확대했다.

금융기관이나 건설사 등에 대한 정부의 유동성 지원은 이들 업체의 부실·방만 경영에 대한 책임소재 규명이나 책임추궁 등이 전혀 이루어지지 않은 상태에서 추진되었다는데 문제의 심각성이 있다. 이로 인해 긴급 유동성 지원의 옳고 그름이나 시기의 적절성 여부를 떠나 금융기관이나 건설사 등 업체들의 도덕적 해이에 대한 비판 여론이 비등해졌다. 이에 접한 정부 관계자는 은행 임직원들의 책임지는 자세와 자구책 등을 담은 경영합리화 각서를 받겠다는 입장을 밝혔지만 도덕적 해이에 대한 책임치고는 너무나 미약하다는 여론이 압도적이었다.

참여연대 시민경제위원회는 글로벌 금융위기와 국내 부동산 시장의 급랭이라는 내부적, 외부적 요인에도 불구하고, 금융기관과 건설사의 유동성 위기의 책임은 정부 경제부처의 관리 감독 소홀과 뒤늦은 위기인식, 졸속적인 대책 때문이라고 보고 있다.[296] 이는 정부 경제부처의 도덕적 해이를 질타하는 것으로 이해를 할 수 있다.

이 사건을 통해 통감할 수 있는 것은 금융기관과 건설사의 자구적 노력도 없이, 그리고 이들의 책임소재 규명 등도 없이, 또 그에 상응한 페널티(penalty)도 없이 정부가 이들의 유동성 위기를 타개하기 위해 국민의 혈세로 지원을 하겠다는 것으로 금융기관, 건설사, 그리고 정부의 무책임성이 드러나는 일이다. 합리적인 조치가 이루어지지 않는 한 이러한 정책은 정부의 신뢰에 커다란 주름살을 지우게 될 것이다.

3) 방만 경영과 허위 회계처리로 무너진 지방공기업

'정남진장흥유통공사'는 1992년에 전남 장흥의 특산물인 표고버섯의 생산, 가공, 판매를 촉진하기 위해 설립된 지방공사로 장흥군이 97.2%의 지분을 가지고 있다.[297]

296) 참여연대 시민경제위원회, "금융기관·건설사 도덕적 해이는 정부의 관리책임 소홀과 그릇된 정책 때문", 2008년 10월 22일. ; http://blog.peoplepower21.org/Economy/23151

297) 『중앙일보』, 2007년 4월 2일, 14쪽.

지방공기업은 공기업 민영화를 중단한 노무현 정부 들어서면서 41개나 늘어나 2007년 현재 110개에 달하고 있다. 하지만 대부분 방만 경영으로 적자를 내고 있으며 이를 보전하기 위해 국민의 세금을 쏟아 붓고 있다.[298)]

정남진장흥유통공사의 임원들을 경영전문성이 떨어지는 퇴직공무원 출신들이 차지하면서 방만 그리고 주먹구구식 경영으로 일관하여 초기부터 적자를 면치 못하였다. 이에 대한 근본적인 해결책을 모색하고 이를 실행에 옮기지 않고, 오히려 이들 임원들은 경영부실을 감추기 위해 회계처리를 허위로 하는 등 도덕적 해이를 여과 없이 드러내기도 하였다.

이러한 결과 이 공사는 2005년도에 3억4000만원의 적자를 기록하였으며 행정자치부가 전국의 지방공기업을 대상으로 실시한 경영평가에서 2년 연속 최하위 등급을 받았다.

1999년부터 경영평가를 시작한 행자부는 지방공기업경영진단위원회의 진단 결과에 따라 재무상태도 악화되어있고 또 사업 전망도 없는 정남진장흥유통공사에 대해 청산명령을 내렸다. 이는 지방공기업을 퇴출시키는 것으로 지방공기업의 첫 사례가 되었다.

이 사건을 통해 통감할 수 있는 것은 전문경영능력이 미흡한 임원들의 방만 경영과, 이러한 경영부실을 감추려는 허위 회계처리와 같은 도덕적 해이현상에 따라 공사에 출자했던 표고버섯 생산농민들이 이탈하고 이로 인한 경영난으로 결국 침몰하고 말았다는 사실이다. 도덕적 해이현상이 낳은 지방공기업의 대표적 몰락사례라고 볼 수 있다.

4) 분식회계부정사건으로 붕괴된 파르마르트(PARMALAT)사

2003년에 터진 이탈리아 파르마르트 사의 분식회계 부정 사건도 경영진의 도덕적 해이를 잘 보여주는 좋은 사례가 될 수 있을 것이다. 세계적인 유제품 업체로 유럽과 미국 등 전 세계에 판매망을 가지고 있던 파르마르트 사는 2003년 9월 초에 1주당 3.09 유로로 연중 최고치를 기록하는 등 괄목할 만한 성장을 자랑하고 있었다.

---

298) 『중앙일보』, 2007년 3월 29일, 5쪽. 지방공기업은 인력만 2001년 3만 명에서 2005년 3만8400명으로 27%나 늘어났다. 그리고 경영수지는 2005년 기준으로 총 4336억 원의 대규모 적자에서 벗어나지 못하고 있다. 『중앙일보』, 2007년 4월 2일, 14쪽.

그런데 그로부터 불과 3개월 뒤에 파르마르트 사의 주식은 1주 당 0.11 유로까지 급락하였고 12월 말에는 이탈리아 증권거래소가 구체적인 그룹 정상화 조치가 취해질 때까지 무기한 주식매매를 금지한다고 발표하는 등 급격한 몰락의 길로 접어들었다.

그 뒤 미국 증권감독위원회(SEC)는 파르마르트 사를 재무제표를 허위 조작해서 공시한 금융사기 혐의로 고발함은 물론 법적인 보상을 요구했다. 법원에 제출된 검사단의 기소장에 의하면 당시 파르마르트 사의 은행 부채는 82억 유로, 회사 부채는 56억 유로에 달했다.[299)]

이 사건을 통해 통감할 수 있는 것은 정직하지 못한 최고경영자와 그를 둘러싼 측근세력(inner circle)들의 더러운 위선과 판에 박힌 듯한 도덕적 해이에 의해 명망있던 한 회사가 몰락의 길을 걸어가게 되는 과정을 보게 됨으로써 공공의 가치를 담고 있는 기업의 책무가 얼마나 중요한 것이며 그러한 기업들의 도덕적 해이가 얼마나 회사와 사회 그리고 국가적으로 커다란 부담을 던져주는가 하는 것을 새삼 느끼게 해 주는 사례라는 점이다.

5) 분식회계부정사건으로 붕괴된 '엔론'(Enron) 사와 '아더 앤더슨'(Arthur Andersen) 사

미국 텍사스(Texas) 주 휴스턴(Houston)에 본사를 두고 있었던 세계적인 에너지회사인 엔론 사(Enron Corporation)는 창업 15년 만에 미국과 유럽에서 거래되는 에너지의 20%를 담당하는 세계 최대 에너지 그룹으로 명성을 떨치던 회사였다.

1996년부터 2001년까지 6년 동안『포춘』지에 의해 '미국에서 가장 혁신적인 기업'으로 뽑히기도 했던 엔론 사는 2001년 12월 파산신청을 냈을 때, 부채 총액은 131억 달러로 이는 미국 연방정부의 파산법 시행 이후 최대 규모였다.[300)]

엔론 사의 파산의 원인은 앞에 소개된 파르마르트 사의 분식회계 부정 사건과 같은 회계부정사건이었다. 파산 직전까지 엔론 사의 재무제표는 100% 완벽한 상태임을 자랑했지만 그 모든 게 허위로 작성된 것이라는 사실이 파산 후에 밝혀졌다.[301)]

---

299) B. 조셉 화이트,『파충류처럼 냉정하고 포유류처럼 긍정하라』(서울 : 홍익출판사, 2007), 111-112쪽.
300)『앞의 책』, 91쪽.
301)『앞의 책』, 111쪽.

엔론 사의 회계부정이 세간에 발표가 되자 엔론 사의 주식은 한 때 1주 당 90달러에 달하던 것이 50센트도 안 되는 수준으로 폭락을 하였다. 이 엔론 사 스캔들로 인해 직접 이 회사의 회계부정에 관여했던 세계에서 다섯 손가락 안에 들었던 전문 회계법인인 '아더 앤더슨'(Arthur Andersen) 사도 동반 와해가 되어버렸다.[302)]

이 사건을 통해 통감할 수 있는 것은 엔론 사와 아더 앤더슨 사의 최고경영자를 비롯한 기업 관리자들의 정직하지 못함과 도덕적 해이로 인해 회사의 명망에 금을 가게하고 이것이 결국 파산이라는 최악의 상황을 맞게 만들어버렸다는 것이다.

이러한 최고경영자를 위시한 기업 관리자들의 정직하지 못한 기업경영과 이들의 도덕적 해이에 의해 파산이 되거나 명예를 더럽힌 회사들로는 데니스 코즐로스키(Dennis Kozlowski) 의 타이코 사 분식회계[303)] 스캔들(Tyco Scandal), 그리고 임클론(ImClone) 사 주식 내부자 거래 관련으로 최고경영자(CEO) 자리에서 낙마한 마사 스튜어트(Martha Helen Stewart) 등을 들 수 있다. 그리고 덧붙여 월드컴(WorldCom) 역시 분식회계와 같은 회계부정사건으로 파산을 하였다.

6) 금융권의 위기와 도덕적 해이가 낳은 윤리적 딜레마

1997년 11월 한국은 아시아경제위기의 여파로 닥쳐 온 일시적 외환유동성부족에 적절하게 대처하지 못함으로써 국제통화기금(IMF)으로부터 구제 금융을 받아야하는 상황으로 내몰렸다. 이로 인해 국가신용등급이 하락되었고 이의 여파로 경제는 어려움을 겪었으며 많은 기업들의 도산과 이로 인한 실업자 급증을 경험하게 되었다. 또한 금융권을 중심으로 한 사회 각계각층의 구조조정 여파가 사회적 긴장을 고조시켰으며 이로 인한 국가적 손실도 말로 형용키 어려운 지경에 처하여졌었다. IMF사태로 불리는 이러한 경제위기는 보는 시각에 따라 차이는 있을지 모르지만 도덕적 해이가 불러온 미증유의 사건으로 이해하는 것이 일반적인 견해이다. 1999년 국회 'IMF환란 조사 특별위원회'가 4주간의 경제청문회 활동을 종합분석 한 '국정조사 결과보고서'도 1997년의 환란을 한국경제 전반의 도덕적 해이 현상에서 기인한 것으로 파악하고 있다.[304)]

---

302) http://en.wikipedia.org/wiki/Enron_scandal
303) B. 조셉 화이트, 『앞의 책』, 75쪽.
304) 특위는 외환위기의 원인으로 관치 경제와 정경유착으로 인한 기업, 금융기관의 부실, 이를 부채

또한 이와 연관하여 IMF사태로 야기된 공적 자금의 상환에 따르는 세대 간 분담에 있어서도 도덕적 해이 현상이 나타나고 있다는 주장도 제기되었다. IMF위기와 관련이 없는 20대 이하 미래 세대가 공적(公的)자금 상환부담의 44%를 지는 것으로 나타난 '공적자금의 연령별 상환부담에 관한 연구' 보고서가 바로 그것이다.[305] 이 보고서에 나온 주장은 정부가 공적자금 상환계획을 마련하면서 'IMF위기의 당사자인 현 세대가 책임지고 상환 하겠다'고 설명한 것과 배치되는 것이어서 세대 간 모럴 해저드논란을 불러일으키고 있는 것이다.

그리고 IMF사태로 급증한 실업자에 대한 구제대책으로서 실업자 지원에 대한 정책이 강구되었는데 이것 역시 도덕적 해이의 한 현상으로 지적되고 있다. 골자는 실업자는 홍수를 이루고 있는데 3D업종은 구인난에 시달린다는 것으로 실업대책의 부작용으로 일자리가 있는데도 어렵고 힘들고 더럽고 위험한 직종에 대한 취업을 기피하는 실직자들의 도덕적 해이 현상을 꼬집는 지적이다.[306]

실업자 개개인이 재취업을 위해 얼마나 성실히 노력했는지 알 수 없는 정책당국이 필요 이상의 지원금을 지급할 가능성이 있다는 지적과 온정적이고 시혜 적인 실업대책이 방만히 운용되면 실업자가 구직활동을 태만히 할 우려가 있음을 지적하고 있다. 또한 기업에 대한 고용유지 지원의 경우에도 지원대상자 선정과정과 사후감독에 있어 고용조정 불가피성에 대한 판단, 지원금의 올바른 사용감독 한계 등의 문제로 도덕적 해이를 유발할 수 있다는 점과 실업자 직업훈련도 단지 훈련수당을 목적으로 교육을 신청하는 등의 도덕적 해이가 발생하고 있다는 주장도 있다.

질한 정치권, 정책 당국자들의 무지 및 무사안일을 지적하고 무분별한 임금인상과 사치성 소비로 외화를 낭비한 국민에게도 공동 책임을 물었다. 『경향신문』, 1999년 2월 12일.

305) 보고서는 정부가 매년 2조원씩 25년에 걸쳐 공적자금 49조원(이자 제외)을 상환하는 계획을 연령분포 및 연령별 세(稅) 부담을 토대로 계산해본 결과, 외환위기가 발생했던 90년대 당시 10대였던 현재의 20대가 공적자금 상환의 25.9%를 부담한다고 밝혔다. 또 현재 10대 청소년들도 13.4%의 부담을 지고, 9세 미만의 유아들과 아직 태어나지 않은 아이들도 5.04%의 상환책임을 지는 등 미래 세대가 부담할 몫이 44.4%에 이르는 것으로 계산됐다. 반면 IMF위기의 직접적 책임이 있는 기성세대의 부담은 상대적으로 적어, 90년대 당시 최고 소득계층인 연령(당시 35~49세)인 45~59세가 부담해야 할 몫은 13.06%로 10대의 부담보다 적었다. 또 90년대 사회 중심 연령층(당시 40대)인 50대의 상환책임은 5.2%로, 9세 미만의 유아와 아직 출생하지 않은 아이들 몫과 비슷했다. 특히 90년대 사회 지도 연령층(50대)인 60대의 부담은 0.46%로, 아직 태어나지 않은 아이들이 짊어져야 하는 부담(0.36%)과 별 차이가 없는 것으로 나타났다. 보고서는 386세대를 포함한 현재 30대의 몫이 29.9%로 가장 많은 것으로 분석했다. 『조선일보』, 2003년 11월 10일, B2쪽.

306) 『중앙일보』, "실업자 지원 따른 도덕적 해이 차단해야", 1998년 10월 1일.

또한 IMF이후 경기부양을 위해 과도한 소비 진작 정책의 일환으로 신용카드사용의 남발이 이루어졌고 이로 인해 엄청난 후유증이 우리 사회를 할퀴고 있다. 특히 도덕적 해이와 연관되어 문제가 되는 것은 채무탕감 정책과 연관된 것이다. 카드부채가 사회문제로 대두되자 정책당국이 이들의 카드관련부채를 탕감해 주려는 움직임[307]을 보였고 이것이 도덕적 해이 문제와 연계되어 사회적으로 뜨거운 이슈가 된 것이다.

신용불량자 사이에 '돈을 갚지 않으면 언젠가는 빚을 탕감해 주지 않겠느냐' 라는 식의 도덕적 해이가 퍼지고 있다.[308] 성실하게 돈을 갚아 나가는 선량한 신용불량자와 언젠가 부채를 탕감 해 줄 것이라는 막연한 기대감에 상환을 버티는 불량한 신용불량자사이에서 불량한 신용불량자의 부채에 대한 탕감 정책은 도덕적 해이문제 뿐만 아니라 양자의 형평성문제까지 야기 시키는 문제로 결코 가벼이 취급할 수 없는 사회적 이슈이다. 정책당국도 신용불량자 구제의 당위성[309]과 도덕적 해이간의 딜레마로 골머리를 앓고 있다.

7) 국책사업을 포함한 공공사업과 도덕적 해이가 낳은 윤리적 딜레마

방만하게 운영되고 있는 공공사업 역시 도덕적 해이의 예외가 될 수 없다. 철도청은 지난 92년 말부터 시작한 의정부와 동두천 간 복선전철 총사업비로 4천5백59억 원을 예산당국에 요구했다. 타당성 조사 당시 9백86억 원이었던 사업이 6년 만

307) '자산관리공사'(KAMCO)와 산업은행, 국민은행 등 금융계에서 360만을 상회하는 신용불량자를 대상으로 잇따라 구제책을 내 놓은바 있다. 금융계에 따르면 자산관리공사가 신용불량자 구제를 위해 부채를 총 70%까지 감면해주기로 했다는 보도가 나왔다 한다. 『디지털타임스』, 2003년 10월 20일.

308) 실제로 자산관리공사가 대규모 채무재조정안을 공개한 이후 신용카드사들의 채권회수 실적이 40% 정도 급감할 정도로 연체 고객의 빚 안 갚기 현상이 두드러지게 나타난 것이 이를 입증하고 있다. 좀 더 살펴보자면 자산관리공사의 대규모 채무재조정안이 나온 10월 16일이 포함된 주(10월 13-18일)의 일주일 동안 카드사 채권 회수규모는 1701억4500만원으로 집계됐다. 이는 직전 주(10월 6-11일)의 채권 회수액 2670억9300만원에 비해 36.3%나 줄어든 것이다. 또 자산관리공사의 채무재조정안 발표 다음 주(10월 20-25일)의 채권회수액은 1558억3700만원에 그쳐 직전 주보다 무려 41.7%감소했다. 자산관리공사의 신용불량자 구제를 위한 선의의 노력은 이해하지만 도덕적 해이를 부추길 수 있는 무책임한 채무재조정은 보다 신중하게 접근을 했어야 한다는 비판이 이에 근거하고 있음을 알 수 있다. 『조선일보』, 2003년 12월 24일, B2쪽.

309) 신용불량자를 구제시킨다는 의미보다는 신용불량자를 정상인으로 회복시킨다는 의미로 해석을 하고 신용회복 지원 프로그램도 단기적으로 자금사정에 어려움이 있지만 빚을 갚으려고 하는 사람만을 대상으로 하기 때문에 모럴해저드와는 관계가 없다는 시각에서 출발을 하고 있다.

에 5배 규모로 불어난 것이다. 물가가 올랐고 보상면적이 늘어났다는 게 표면적인 이유이긴 했으나, 애당초 주먹구구식으로 사업비를 추정했을 뿐 아니라 총사업비를 초과해 임의로 계약을 맺은 뒤 추가로 돈을 요구하는 등 잘못된 행정관행에도 문제가 크다고 볼 수 있는 사안이기도 했다.310)

이러한 공공사업의 도덕적 해이현상 등으로 인해 기획예산처는 96개 주요 투자사업에 대한 총사업비를 70조3천억 원으로 8조5천억 원(13.8%) 늘려 예산에 단계적으로 반영키로 했다 한다. 정부부처와 지방자치단체 및 공기업들이 이들 사업에 대해 당초 계획보다 15조원이나 늘려 달라고 보챈 데 따른 결과라 한다.

대형 공공사업의 총사업비가 고무줄처럼 늘어나는 데엔 물가상승 등 불가피한 경우도 있지만 일단 삽질만 시작하면 설계를 변경하고 추가 사업비를 얻어낼 수 있다는 정부 내부의 도덕적 해이 현상의 탓이 크다고 한다.311)

국책사업도 이에 예외일수는 없다. 국무조정실에서 경부고속전철 사업 등 30개 국책사업을 조사해 봤더니 착수 전에는 11조원으로 예상했던 사업비가 33조원으로 3배나 늘어났다고 한다.312) 시작만 해놓으면 국책사업이 중도하차 하는 일은 없을 것이라고 믿는 공무원들의 고질적인 폐습의 결과라는 시각도 있고, 타당성 조사나 경제성 평가를 조작해서라도 일을 벌여놓고 나중에는 이런저런 변명으로 사업비를 늘려가려는 심보가 작용했다는 시각도 있다.

한국개발원(KDI)이 건설교통부에 떠밀려 경제성 평가를 조작했던 경인운하 사업은 결국 중단됐지만 정부는 참여 기업에 사업비 1500억 원을 물어줘야 할 상황이며 민자 사업인 인천신공항고속도로도 교통량이 당초 예측 치의 절반에 지나지 않아 정부가 연간 1000억 원 이상씩 통행료 수입을 기업에 보전해주고 있다. 주도면밀하지 못한 사업 결정으로 관련 기업은 땅 짚고 헤엄치기로 돈 벌고 일부 해당 공무원은 나 몰라라 하고313) 결국 그 뒷감당은 애꿎은 국민만하고 있으니 이것도 또 하나

---

310) 『한국경제』, "공공사업의 도덕적 해이", 1999년 8월 12일.

311) 이러한 결과 감사원 보고서에 따르면 98년 말 현재 나라의 부채는 1백43조3천9백6억 원에 달한다 하며 이는 97년의 63조4천9백28억 원보다 2배 이상 늘어난 규모로 국민 1인당 3백10만 원꼴의 빚을 지고 있는 셈이 된다 한다.

312) 경부고속전철은 당초 5조원에서 18조원으로, 새만금은 8000억 원에서 1조9000억 원으로 증가했으며 의정부~동안 복선전철 사업은 980억 원에서 6400억 원으로 사업비가 무려 6.5배나 치솟았다는 것이다. 『조선일보』, 2004년 1월 8일, 사설. ; 『조선일보』, 2004년 1월 7일, A6쪽.

313) 베일리(Stephen Bailey)는 공공부문의 정책결정과 관련된 윤리적 딜레마는 상상을 초월할 만큼 복

의 도덕적 해이라고 볼 수 있을 것이다.

8) 농가부채 탕감과 연관된 도덕적 해이가 낳은 윤리적 딜레마

농가부채 탕감과 관련된 사안도 도덕적 해이현상과 무관하지 않다. 농촌지역 주민의 삶의 질을 향상시키고 도농(都農)간의 소득 격차[314]를 해소하기 위해 정책적으로 정부는 농가에 대해 지난 10년 간 수십조 원에 이르는 지원금과 융자금[315]을 투하하였다. 그러나 농촌의 사정은 이러한 정부지원과 투자에도 불구하고 더 나아지지 않았으며 농가부채[316]를 탕감해 달라는 등 오히려 농촌의 도덕적 해이현상만 부채질하였다는 비판이 나오고 있다.[317] 지난 2000년 발효된 '농가부채탕감특별법'에 의해 유예된 상환기간이 2003년 말로 끝이 남으로써 이와 관련된 긴장이 고조될 수 있으며 이것은 경우에 따라 사회적 비용을 강요하게 될 지도 모른다.

이러한 우리의 현실을 뉴질랜드의 농업개혁사례와 서로 비교를 해 보면 더욱 실감나게 이해를 할 수 있다. 뉴질랜드도 1984년 집권한 노동당 정부가 모든 농업보조금을 폐지하는 농업개혁조치를 취하기 전까지는 현재 우리에게서 벌어지고 있는 현상과 거의 다를 바가 없었다.[318] 농업개혁조치가 단행되자 농민들의 반대 시위가

잡하고 파급력이 엄청남에도 불구하고 적지 않은 공무원들이 균형 잡힌 윤리적 판단노력을 소홀히 하고 있다고 주장하고 있다. Stephen Bailey, "The Public Interest : Some Operational Dilemmas," In C. J. Friedrich (ed.), *NOMOS Ⅴ : The Public Interest* (New York : Atherton Press, 1962), p.98.

314) 도시 노동자 가구와 농가 간의 소득 격차도 점점 커지고 있다. 도시 노동자의 1년 평균 소득을 농가 소득으로 나눈 수치가 1993년에는 1.05이던 것이 2001년에는 1.32로 증가했다.

315) 정부는 1992년부터 세계화와 경쟁력 강화 등 농업 구조 조정 명목으로 농어촌 구조개선 사업비 46조2천억 원, 농어촌특별세(농특세) 13조2천억 원 등 무려 60조원 가까이를 농업에 투하하였다. 『시사저널』, 제728호 (2003).

316) 1993년 가구당 6백80만원 수준이던 농가 부채는 2001년 가구당 2천만 원까지 증가했다.

317) 정부가 농가부채를 경감해 준 것은 이번뿐 아니라 지난 2001년에도 정부는 IMF위기로 어려움을 겪는 농가를 위해 16조원 규모 부채경감 조치를 취했다. 그러나 이 부채경감 조치가 순기능 못지않게 역기능을 낳았다는 비판도 없지 않다. 당시 감면 혜택을 받은 농민은 정부의 잘못된 정책 유도로 무리하게 돈을 빌렸다가 신용불량에 몰린 경우가 많았고 심지어 낭비를 일삼다가 빚더미에 올라선 농민도 적지 않았다는 지적이다. 『조선일보』, 2004년 1월 6일, B1쪽.

318) 1984년 이전까지 뉴질랜드의 농가는 각종 보조금과 조세감면혜택, 1%대의 초(超) 저금리 융자 등의 혜택을 누렸다. 그 결과 농업보조금은 1984년 농업예산의 70%까지 치솟았다. 이러한 재정위기에 직면한 노동당 정부는 사실상 모든 농업보조금을 철폐하는 강력한 농업개혁을 단행하였고 이러한 조치의 일환으로 초 저금리 농업융자를 시장금리에 근접하도록 끌어올리고 무료로 제공하던 검사, 검역, 농촌지도사업 등의 정부 서비스에도 사용료를 부과하였다. 『조선일보』, 2004년 1월 6일, B1쪽.

있었지만 노동당 정부는 일관되게 시장원리에 입각한 농업개혁정책을 밀고 나갔고 그 결과 수렁에 빠진 농업을 살려내었다.[319)]

만약 그러한 농업개혁이 없었다면 많은 정부예산이 낭비되어졌을 것이고 농업의 손해를 보전하기 위해 공적 자금 등 다른 사회 부문의 희생과 국민전체에 대한 세금 부담 상승 등으로 이어져 사회전체의 손실을 강요함으로써 결국 도덕적 해이를 낳게 되었을 것이다.

이러한 뉴질랜드의 사례는 현재 우리 농촌문제 해결의 좋은 본보기 중 하나가 될 수 있을 것으로 사료가 되며 도덕적 해이 등과 연관된 윤리적 딜레마를 풀어나가는 하나의 방안으로 고려해 봄직도 하다.

3. 도덕적 해이 발생의 원인들

1) 정부나 정부 정책에 대한 신뢰 상실

'주인-대리인 이론'에서 대리인인 공직자들이 자신이 가지고 있는 공직을 사유화하여 자신들의 입지나 보신을 위해 국민이나 시민, 즉 주인의 뜻을 거스르게 될 경우, 도덕적 해이는 만연하게 된다.

국내나 국외를 막론하고 역대 정부들을 살펴보면 이러한 도덕적 해이 현상이 정도의 차이는 있지만 모두 존재하였음을 알 수 있다. 동서고금을 막론하고 공직자들의 고질적인 관료주의 화와 공직의 자의적인 사유화, 그리고 매너리즘에 빠진 공직자의 사고의 경직화, 화석화, 그리고 사고의 관성 화는 결국 민심을 등지게 만들고 자신들을 포함하여 온 사회를 도덕적 해이의 구렁텅이로 밀쳐 넣는 결과를 초래하였다.

일단 도덕적 해이가 만연하고 심화 될 경우 공직자는 물론이고 일반 국민들에게까지 정부정책이 올바르게 그리고 제대로 영향력을 행사하기 어려워지게 된다. 이렇게 되면 정부의 신뢰[320)]는 더욱 땅에 떨어지게 되고 이로 인한 도덕적 해이는

---

319) 1980년대 중반 이후 농업예산은 73%나 감소하였고 전체 예산에서 차지하는 비중도 1984년 3.75%(17,130백만 뉴질랜드달러 중 642백만 뉴질랜드달러)에서 2000년 0.57% (29,944백만 뉴질랜드달러 중 171백만 뉴질랜드달러) 수준으로 떨어진 반면 국내총생산에서 농업이 차지하는 비중이 14%에서 17%로 오히려 올라가게 되었고 축산농가의 평균소득도 개혁 전 4만 달러 수준에서 지금은 7만 1500달러 수준으로 상승하였다. 『조선일보』, 2004년 1월 6일, B1쪽.

320) 서문기는 국민의 기대에 바탕을 둔 정부에 대한 긍정적 평가태도를 정부신뢰로 보고 있으며,

더욱 악화되는 악순환을 겪게 된다.

이렇게 될 경우 복지부동, 무사안일 등으로 표현하듯 공직자들은 시간을 끌면서 일을 적정수준으로 유지하려 하고, 국민들 역시 정부의 정책 등에 대해 높은 신뢰성과 지지를 보내주지 않으면서, 자신들의 사익을 극대화하는 방향으로 치닫게 된다.[321)]

더욱이 정부에서 지속적으로 강도 높은 개혁이나 쇄신을 추진시켜나갈 경우 그리고 이러한 개혁이나 쇄신의 가시적인 성과가 잘 드러나지 않을 경우 국민의 개혁정책에 대한 신뢰성은 떨어지고, 쉽게 개혁 혹은 혁신 피로 증으로 변질되게 될 가능성이 농후해진다. 이렇게 되면 도덕적 해이가 더욱 악화될 소지가 커진다.

따라서 공직자나 국민이나 쉽게 누군가가 내 몫을 대신 해 줄 것이라는 매우 무책임하고 안이한 생각, 즉, 도덕적 해이에 빠지게 될 가능성이 높아지며 정부의 영(令)이 제대로 서지 않는 상황으로까지 치달을 수도 있다. 한마디로 정부나 정부정책에 대한 신뢰를 접는 상황이 되는 것이다. 정부의 잘못된 정책 등으로 인해 발생된 도덕적 해이는 결국 정부나 정부 정책에 대한 불신을 가속화시키고 이것이 도덕적 해이를 증폭시키고 만연시키는 악순환을 낳게 되는 것이다.

앞서 도덕적 해이와 관련된 여러 사례들을 살펴보았는데, 이러한 사례들에서 도출된 한국 사회의 도덕적 해이의 문제점, 다른 말로 표현하자면 도덕적 해의의 발

손호중과 채원호는 불확실한 상황 하에서 국민이 정부의 행동에 대하여 취하는 긍정적인 기대나 심리적 지지로 정의하고 있다. 서문기, "한국사회의 정부신뢰구조", 『한국사회학』, 35(5), 2001. ; 손호중 · 채원호, "정부신뢰의 영향요인에 관한 연구 : 부안군 원전수거물처리장 입지사례를 중심으로", 『한국행정학보』, 39(3), 2005. ; 김대욱 · 이승종, "정부신뢰의 참여에 대한 효과", 『한국사회와 행정연구』, 18(4), 2008, 45쪽에서 재인용.

321) 콕스(Cox)는 정부신뢰와 참여 간에 긍정적인 상관관계가 있다고 주장을 한다. 정부를 신뢰하므로 더욱 참여에 적극적이라 보는 것이다. 그러나 콕스의 주장과는 다르게 카스(Kasse)나 팀폰(Timpone) 그리고 장수찬은 정부신뢰와 참여 간에는 부정적인 상관관계가 있어 정부를 불신할수록 보다 적극적인 참여 경향을 보인다는 주장도 있다. 그리고 씨트린(Citrin)이나 맨검(Mangum), 그리고 이재철 등은 정부신뢰와 참여 간에는 유의미한 상관관계가 없다는 주장도 있다. Michaelene Cox, "When Trust Matters : Explaining Differences in Voter Turnout", *Journal of Common Market Studies*, 41(4), 2003 ; Max Kasse, "Interpersonal Trust, Political Trust and Non-institutional Political Participation in Western Europe", *West European Politics*, 22(3), 1999. ; Richard J. Timpone, "Structure, Behavior, and Voter Turnout in the United States", *American Political Science Review*, 92(1), 1998. ; 장수찬, "한국사회에 나타난 악순환의 사이클 : 결사체 참여, 사회자본, 그리고 정부신뢰", 『한국정치학회보』, 36(1), 2002. ; J. Citrin, "Comment : The Political Relevance of Political Trust", *American Political Science Review*, 68(3), 1974. ; Maurice Mangum, "Psychological Involvement and Black Voter Turnout", *Political Research Quarterly*, 56(1), 2003. ; 이재철, "정치문화와 투표행위 : 5·31지방선거에 나타난 인지적, 정서적, 평가적 정향과 투표참여", 『한국과 국제정치』, 23(2), 2007. ; 김대욱 · 이승종, "정부신뢰의 참여에 대한 효과", 『한국사회와 행정연구』, 18(4), 2008, 43-44쪽에서 재인용.

생 원인은 다음과 같은 것이 있다.

① 정부의 신뢰에 먹칠을 하는 도덕적 해이의 문제들

정부는 분명히 IMF사태로 야기된 공적 자금의 상환에 따르는 세대 간 분담에 있어서도 IMF위기의 당사자인 현 세대가 책임지고 상환 하겠다고 하였으나 실제적으로는 일정부분이 미래세대의 부담으로 전가된다는 사실을 의도적으로 저평가하였다는 점이다. 또한 실업자가 홍수를 이루고 있는 상황에서 3D업종을 기피하는 실직자들이나 재취업에 불성실하게 임하고 있는 실직자들을 지원하고, 온정적이고 시혜 적인 실업대책을 방만히 운용해 나갔다는 점이다. 또한 지원금이 목적과 용도에 맞게 올바로 사용되고 있는지를 감독하는데 있어 한계를 드러내고, 실업자 직업훈련도 단지 훈련수당을 목적으로 교육을 신청하는 실직자들에게 지원을 하는 등 정부 공직자의 도덕적 해이 행태가 심각하게 드러나게 함으로써 국민의 혈세를 낭비하고 이로 인해 정부 신뢰에 금을 가게 하였다는 것이다.

또한 IMF 후 경기부양을 위해 신용카드사용의 남발이 이루어졌고 이로 인해 엄청난 수의 신용불량자들이 발생했으며, 이들이 사회적으로 커다란 부담이 되었고 이를 해결하기 위해 특별지원형태의 채무탕감 정책을 추진하게 되었는데 이것이 신용불량자 들로 하여금 돈을 갚지 않으면 언젠가는 국가가 빚을 탕감해 주지 않겠느냐 라는 식의 생각을 가지게 만들어 도덕적 해이를 초래하였다. 그리고 이러한 정부가 촉발한 신용불량자들의 도덕적 해이에 대한 일반 국민들의 시선은 곱지 않았고 이는 정부 신뢰에 또 하나의 부담을 안기는 결과가 되었다.

또한 대형 공공사업의 총사업비가 고무줄처럼 늘어나는 데는 나름대로의 이유가 있는데 즉 일단 삽질만 시작하면 설계를 변경하고 추가 사업비를 얻어낼 수 있다는 정부 내부의 도덕적 해이 현상 때문인데, 이로 인한 혈세의 낭비로 정부의 신뢰에 흠집을 냈다. 그리고 농가부채 탕감도 오히려 농촌의 도덕적 해이현상만 부채질하였을 뿐만 아니라 혈세를 낭비했다는 측면에서 정부신뢰에 타격을 입혔다.

② 정치지도자나 고위공직자들의 솔선수범의 미흡이나 부재

쌀 소득 보전 직불제도의 사례에서 보듯이 일부 정치지도자 들 까지 부당하게 쌀 직불금을 수령해 갔고, 고위 공직자를 위시해 사회적 지도급 인사들인 의사, 변호사, 언론인들까지 부당하게 쌀 직불금을 수령해 갔다는 사실은 우리 사회의 정치지도자나 고위공직자들 그리고 사회적 지도급 인사들의 올바른 일에 대한 솔선수범이 미흡하거나 부재하다는 것을 잘 보여주었다. 선진외국의 지도층에게 널리 퍼져있는 노블레스 오블리주는 아직 우리에게는 먼 나라의 이야기인 듯 싶다.

이러한 정치지도자나 고위공직자들 그리고 사회적 지도급 인사들의 올바른 일에 대한 솔선수범의 미흡이나 부재는 정부 신뢰에 커다란 손상을 가하고 있다.

③ 법률을 위시한 사회문화적 규범이 제대로 지켜지는 법치주의의 미흡

파르마르트 사의 정직하지 못한 최고경영자와 그를 둘러싼 측근세력 들이 회계관련법을 위배하면서 까지 자신들의 이익을 위해 회계부정을 저지르는 행태는 법치주의의 위기로 받아들여지는 것이다. 그들은 공공의 가치를 담고 있는 기업의 책무가 얼마나 중요한 것이며 그러한 기업들의 도덕적 해이가 얼마나 회사와 사회 그리고 국가적으로 커다란 부담을 던져주는가 하는 것을 망각한 채 불법적 방법으로 자신들의 사익을 추구한 것이다.

이러한 점에서 엔론 사의 회계부정이나 이러한 회계부정을 도운 전문회계법인인 아더 앤더슨 사, 그리고 타이코 사 분식회계 스캔들, 그리고 임클론 사 불법 주식 내부자 거래 스캔들, 월드컵 분식회계사건 등은 모두 법치주의를 정면으로 부정하는 짓으로 이해 할 수 있다.

④ 신상필벌이 가능한 공권력의 미흡 혹은 부재

감사원은 2007년도 7월에 감사종료를 하고 쌀 직불금 부당 지급 문제를 발표하지도 않았고 또 즉각 제도 개선에 임하지도 않았다. 당시 대선을 앞두고 민주당 정권이 농심을 자극해서 대선에 악영향이 올 것을 우려해서 이러한 직불금 사건을 덮은 것이 아닌가 하는 추측이 정치적 해석의 주종을 이루기도 하였다. 감사원은 부당하거나 불법적인 행정부의 행정행위를 바로 잡으려는 것을 목적으로 존재하는 공권력 중의 하나이다.

합법적이고 올바른 행정행위가 이루어지려면 신상필벌을 엄격히 하는 공권력이 올바르게 서있어야 한다. 이것이 솜방망이가 되어 제대로 공권력을 행사하지 못한다면 국민의 조롱거리가 될 수밖에 없다. 이렇게 된다면 정부의 신뢰성은 손상을 입을 수밖에 없을 것이다.

⑤ 경직화된 마인드와 변화 적응을 제도화하려는 노력의 부족

정부의 건설사 유동성 지원의 사례에서 정부지원이 이들 업체의 자구노력의 정도를 평가하고 이에 상응한 지원을 한 것도 아니고, 나아가 부실, 방만 경영에 대한 책임소재 규명이나 책임추궁 등이 전혀 이루어지지 않은 상태에서 졸속으로 추진되었다는데 문제가 있다. 특히 건설사와 금융기관의 유동성 위기의 책임은 정부 경제부처의 관리 감독 소홀과 뒤늦은 위기의식 그리고 졸속적인 대책 때문이라고 볼 때 정부가 얼마나 경직된 마인드를 가지고 무사안일의 늪에 빠져 기계적으로 위기관리를 하고 위기에 대응을 하는가를 알 수 있게 하는 것이다. 또한 환경의 변화를 재빠르게 감지하고 이에 신속히 적응하는 제도적 노력에서도 매우 실망스런 모습을 보이고 있으며 나아가 기존의 관행을 답습하는 어리석음을 반복적으로 보이고 있다는데 문제의 심각성이 있다고 볼 수 있다. 이러한 정부의 모습은 정부의 신뢰성에 금을 가게 하는 것이다.

⑥ 낮은 전문성의 문제

'정남진장흥유통공사' 사례는 전문경영능력이 미흡한 퇴직공무원 출신들인 임원들의 방만 경영과, 이러한 경영부실을 감추려는 허위 회계처리와 같은 도덕적 해이 현상에 따라 경영난으로 결국 침몰하고 말았다는 사실을 잘 보여주고 있다. 지방공기업의 상당 부분이 전문경영능력을 갖추지 못한 퇴직공무원 출신의 임원들이 경영을 책임지고 있다. 전문성이 낮은 관계로 그들의 경영실적은 일반적으로 좋지를 않다. 적자투성이고 이러한 적자를 국민의 혈세로 메워 넣고 있다. 그래서 공기업을 바라보는 국민의 눈은 결코 곱지를 않다.

거기에다가 부진한 경영성과를 눈가림하기 위해 불법적인 회계부정까지 서슴없이 저지르고 있다. 혈세를 낭비할 뿐만 아니라 불법적인 회계부정까지 저지르는 이들의 도덕적 해이는 결국 정부의 신뢰를 좀 먹는 결과를 초래하게 되는 것이다.

프랜시스 후쿠야마(Francis Fukuyama)는 한국 사회를 문화적 차원에서 신뢰가 낮은 사회로 규정하고, 한국 사회에 만연한 불신은 사회적 비효율성의 원인이 되고 있음을 지적하였다.[322]

오경민과 박홍식 역시 정부가 정보의 비대칭을 통하여 국민과 시민에게 피해를 줄 수 있다는 점과 대리인 이익을 극대화하려는 도덕적 해이의 가능성이 있음을 지적하고 정부가 집사 직(stewardship)으로서의 역할을 다 할 것을 강조하는 것[323]도 정부의 신뢰와 깊은 연관성을 가지고 있기 때문에 그러한 것이다. 집사 직을 넘는 행위를 하여 국민과 시민에게 피해를 주게 된다면 이는 신탁적 신뢰(fiduciary trust)[324]의 기반을 상실하는 것을 의미하며, 이로 인해 정부 불신을 자초하게 되는 것이기 때문이다.

2) 불합리한 정부정책의 과도한 시장 개입 : 잘못된 메시지를 시장에 보내는 경우

정부가 기업이나 가계에게 불합리한 정책으로 잘못된 메시지를 보낼 때에도 도덕적 해이는 발생할 수 있다.

기업이나 금융기관뿐만 아니라 이제는 가계부문에까지 도덕적 해이가 확산되는 추세이다. 앞의 사례에서도 살펴보았지만 국민의 정부 당시에 IMF사태로 인해 야기된 경기침체에서 벗어나기 위한 경기부양을 위해 신용카드를 남발하였고 이로 인해 신용불량자가 400만 명에 이르고 가계신용위기가 깊어졌다. 그런데 문제를 더욱 꼬이게 한 것은 정부의 불합리한 일관성 없는 시장개입이었다. 정부는 이러한 신용불량자들을 구제하는 특별지원정책을 공약했고 신용불량자들은 이러한 정책에 대한 기대감이 높아져 빚을 갚기 위한 적극적 노력도 하지 않고 갚을 의사마저 없는 채무자로 전락하였다. 이들의 숫자는 엄청난 숫자로 늘어났던 것이다. 시장규율이 정부에 의해 훼손되는 이러한 풍토에서 경제주체 전반으로의 도덕적 해이가

322) Francis Fukuyama, *Trust : The Social Virtues and The Creation of Prosperity* (New York : Free Press, 1995). ; 손호중·채원호, “정부신뢰의 영향요인에 관한 연구 : 부안군 원전수거물처리장 입지사례를 중심으로”, 『한국행정학보』, 39(3), 2005, 88쪽에서 재인용.

323) 오경민·박홍식, “정부신뢰 수준의 측정과 비교에 관한 연구”, 『한국정책학회보』, 3, 2002. ; 손호중·채원호, “정부신뢰의 영향요인에 관한 연구 : 부안군 원전수거물처리장 입지사례를 중심으로”, 『한국행정학보』, 39(3), 2005, 89쪽에서 재인용.

324) “앞의 논문”, 89쪽.

확산되었고 결국 이는 미래의 시장 불안으로 나타났다.

이와 유사한 사례로는 농가부채 탕감 정책을 들 수 있다. 정치적 이유로 인해 불합리한 농업시장에 개입하게 되고 이로 인해 많은 정부예산이 낭비되고 이렇게 낭비된 농업의 손해를 보전하기 위해 공적 자금 등 다른 사회 부문의 희생과 국민전체에 대한 세금 부담 상승 등으로 이어져 사회전체의 손실을 강요하였다. 또한 농민들은 이러한 국가의 온정주의 적 손실에 기대어 농가부채를 갚으려는 노력보다는 탕감을 통해 털어내려는 비합리적 유혹에 빠졌다. 이러한 국가와 농민들의 도덕적 해이는 결국 정부와 정부정책에 대한 불신을 낳게 만들었다.

3) 정부나 정부 정책이 잘못된 보상을 할 경우

이것을 보다 쉽게 이해하기 위해 예를 들어보면, 나쁜 일이 발생할 때 고객에게 잘못된 보상을 해 줄 때 도덕적 해이가 발생하는 경우로 자신의 차가 도난 보험에 들어 있으면, 안전하지 않다고 생각하는 외진 길이라도 공간만 있으면 아무 데나 주차 하는 경우이다. 만약 내 보험이 도난에 대한 보장을 해주지 않는다면 돈을 조금 들이더라도 주차 요원이 있는 곳에 차를 세울 것이다. 직장을 잃었을 때 정부가 실업보장을 해 준다면 아무 소득이 없을 때처럼 서둘러 직장을 구하지 않을 것이다. 만약 나의 계좌에 있는 돈이 은행 파산 시에도 보장을 받을 수 있다면 그 은행이 재정적으로 안전한지 확인하는 수고를 하지 않을 것이다.[325]

IMF사태 이후 신용카드 남발 정책으로 양산된 신용불량자들에 대한 특별지원정책이나 농민들에 대한 농가부채 탕감 정책 등은 잘못된 보상을 한 것이다. 이러한 정책이 정당성을 갖으려면 신용불량자의 발생이나 농가부채를 짊어진 농민들이 그들 자신의 잘못이 아니라 사회적 잘못으로 인해 희생된 자들이라는 것이 입증이 되어야 하며, 더 나아가 신용불량자이건 농가부채를 짊어진 농민이건 간에 이들이 자신들의 부채를 갚기 위해 신의성실을 다해 노력을 했는가 하는 것이 검증이 되어져야 한다.

그러나 이러한 엄격한 검증과정 없이 단지 정치적 이유 등으로 이러한 정책이 추진이 된다면 이것은 또 하나의 새로운 형태의 도덕적 해이를 가져오게 되는 결과를

325) 팀 하포드 지음, 김명철 옮김, 『경제학 콘서트』 (서울 : 웅진 지식하우스, 2006), 181-182쪽.

초래하게 되는 것이다. 다시 말해 정부나 정부의 정책이 잘못된 보상을 해줌으로써 사태를 더욱 악화시키고 이로 인해 그 부담이 모두 사회적 비용 화 되어 국민의 몫으로 돌아옴으로써 정부의 신뢰를 허물어뜨리는 결과를 초래하게 되는 것이다.

이러한 사례들에서 보듯이 정부나 정부 정책이 잘못된 일, 나쁜 일, 또는 그릇된 일을 하는 당사자에게 잘못된 보상을 해주면 도덕적 해이는 발생하게 되는 것이다.

4. 도덕적 해이를 차단하기 위한 완화방안

도덕적 해이를 해결하기 위해선 다음과 같은 정책적 해결방안이 강구되어져야 할 것이다.

1) 정부나 정부 정책에 대한 신뢰성의 확보

정부의 정책에 대한 대 국민 신뢰성을 확보하기 어렵게 될 경우 정부의 어떠한 새로운 영이나 정책도 의미를 가지지 못하게 된다는 점은 이미 앞의 문제점 도출에서 언급을 하였다. 불신이 심화 될 경우 정부권위조차 위협받게 될 수도 있다. 따라서 정부의 정책이 신뢰를 받을 수 있도록 노력을 하여야 한다. 특히 부동산정책, 교육정책, 양극화 해소 정책 등을 포함 한 서민경제 활성 화 정책, 기업 친화적 정책 등이 제대로 취지에 맞도록 이루어져서 신뢰를 얻어 낼 수 있어야 한다.

손호중과 최원호는 정부신뢰에 영향을 미치는 요인들로 정부능력, 공정성, 투명성, 참여, 정부 PR, 근면성[326] 그리고 책임감[327] 등을 들고 있다. 그리고 정부능력의 세부 요인으로 정부의 전문성, 효율성, 일처리의 적절성과 성과 등을 들고 있다. 그리고 공정성은 정직성, 청렴성, 진실성 등이다. 투명성과도 깊은 연계를 가진다. 그리고 분배의 공정성을 의미한다. 그리고 참여는 개방성, 대응성 등이며 친밀성은

326) 한영환, "유교문화와 동아시아의 발전체제", 『중앙행정논집』, 13(2), 1999. ; 손호중 · 최원호, "앞의 논문", 96쪽에서 재인용.

327) Daniel McAllister, "Affect-Based and Cognition-Based Trust as Foundation for Interpersonal Cooperation in Organization", *Academy of Management Journal*, Vol.38., (1995) ; 손호중 · 최원호, "앞의 논문", 96쪽에서 재인용.

이념적 동질성, PR, 홍보 및 교육 등이다.[328]

① 정치지도자나 고위공직자들의 솔선수범

정부나 정부정책의 신뢰를 제고하기 위해선 정부의 정치지도자나 고위 공직 직들부터 투명하고 자기희생적인 면모를 내보여야 한다. 정치지도자나 고위 공직자의 부조리, 부패는 철저하게 척결해 나가야 할 것이다. 그릇된 정치지도자나 고위공직자를 물갈이하거나 올바르게 개혁하지 못하면서 국민이나 하급공직자들만을 개혁하려 한다면 오히려 저항이나 반발 등을 낳을 수도 있을 것이다. 그리고 불신의 골을 더욱 깊게 할 수도 있을 것이다.

② 법률을 위시한 사회문화적 규범이 제대로 지켜지는 법치 정립

정부나 정부 정책이 국민으로부터 신뢰를 받고, 국민이나 시장에게 잘못 된 메시지를 안보내기 위해선 법률을 위시한 사회문화적 규범들이 제대로 올바르게 지켜지는 법치가 정립이 되어야만 한다. 민주주의라고 해서 무엇이든 할 수 있는 것은 아니다. 무엇이든 법이 허용하는 한도 내에서 이루어져야 한다. 정치지도자나 고위공직자들이 특권의식을 가지고 자신이 국민과 법위에 군림하는 것으로 착각을 하고 법질서를 어지럽히면 그에 대한 상응한 엄중한 처벌을 지위고하를 막론하고 받아야 한다.

또한, 집단시위나 전투적 강경노조를 중심으로 한 노동운동 등도 도를 지나치는 경우가 비일비재한데 이것도 법의 한도를 벗어났을 때는 일벌백계하는 노력이 필요하다. 민주사회의 구성원인 이상 그 누구를 막론하고 법위에 군림하는 자는 없다. '법 앞에 만인이 평등하다'는 진리를 깊이 인식해야 할 것이다. 이렇게 하는 것이 각계각층의 도덕적 해이를 발본색원하고 일소하는 가장 좋은 방법이 될 것이다.

그리고 엄정한 인사관리제도를 구축하여 운영하는 것도 공무원의 도덕적 해이를 완화시키는 하나의 방법이 될 수 있을 것이다. 인사관리제도가 제대로 작동하지 않고서는 책임감 있는 업무추진을 공무원들로부터 기대할 수 없기 때문이다. 법에 따른 철저한 능력위주의 인사평가는 공무원들로 하여금 업무의 긍정적 요인에 대한

---

328) 손호중·최원호, "앞의 논문", 92-96쪽.

유인을 확보시켜 조직과 조직원 모두 무사안일 적 분위기 확산에 빠지는 것을 막아 줄 수 있을 것이다.[329)]

③ 신상필벌이 가능한 공권력의 전제

올바른 법치를 실현하기 위해선 신상필벌이 가능한 공권력이 전제되어야 한다. 집단시위대에 무차별 공격을 당하는 무기력한 공권력이라는 인상이나 정치권의 눈치를 보며 본연의 임무를 소홀히 하는 공권력은 결코 국민의 눈으로 볼 때 바람직하지 않다. 공은 공이고 사는 사이다. 법의 한계를 넘어설 경우 이에 대한 책임은 자신이 져야 한다는 인식을 분명히 각인시켜주어야 한다. 분명히 각인시키기 위해선 엄정한 공권력이 행사되어야 한다. 솜방망이식의 공권력은 오히려 조롱거리가 된다. 법과 공권력이 솜방망이로 조롱거리가 될 때 도덕적 해이는 마치 물고기가 물을 만나듯 거침없이 만연되어 나갈 것이다.

④ 마인드의 변화와 이를 제도화하려는 노력의 필요

정치도 무소불위의 권력이 아닌 하나의 사회적 가치로 인정하는 마인드의 변화가 있어야 하고 이를 제도화하는 노력이 경주되어야 할 것이다. 민주사회는 특권계급이 있을 수 없다. 정치가나 고위공직자나 모두 법 앞에 평등하다. 정치가나 고위공직자도 국민의 일원이며 단지 국민의 주권을 일정기간 위임받아 국민의 뜻에 따라 봉사하는 일꾼에 불과하다. 법에 규정한 이외의 어떠한 권력도 특권도 과감히 부정되어야 한다. 설혹 그러한 오해가 있다면 그러한 마인드는 반드시 바로 고쳐져야 한다. 마인드의 변화가 필요하다는 이야기이다. 이런 맥락에서 정치인, 고위공직자, 국민 모두 권력에 대한 새로운 이해가 필요하다.

⑤ 높은 전문성 확보

손호중과 최원호가 주장을 하듯 정부가 국민으로부터 신뢰를 받기 위해선 정부

329) 강제상 · 김상묵 · 김종래 · 강창민, "계약직 공무원의 직무태도에 관한 연구 : 일반직 등 비계약직 공무원과의 비교를 중심으로", 『한국행정학보』, 37(2), 2003, 31-34쪽. ; 강제상 · 최준호 · 임성범, "공공조직 부패통제 전략에 관한 연구", 『한국정책학회보』, 17(1), 2008, 180쪽에서 재인용.

능력을 인정받아야 하며, 이를 가능케 하기 위해선 정부의 전문성, 효율성, 일처리의 적절성과 높은 성과 그리고 책임성 등을 국민에게 검증을 받을 수 있어야 할 것이다. 문제해결능력이 낮은 전문성은 공무원으로 하여금 책임성의 약화와 함께 업무에 대한 프로의식을 상실시켜 자신의 일과 의무를 평가절하 시키는 결과를 낳는다.[330] 또한 질 낮은 행정서비스를 제공하여 국민을 실망시키는 결과를 초래하고 이로 인한 저항을 불러일으킨다. 또 이를 접한 공직자들 역시 위축이 되어 도전정신이나 창의성 등을 상실케 되고 결국 도덕적 해이라는 잘못된 은신처로 숨어들으려는 어리석음에 빠지게 된다.

2) 정부의 실패에 대한 솔직한 인정과 과도한 정부 개입의 자제 : 시장을 통한 문제해결

불합리한 정부정책의 과도한 시장 개입 때문에 초래되는 시장에 대한 잘못된 메시지를 주는 문제를 해결하기 위해선 보다 솔직한 정부의 용기가 필요로 된다.

정부의 실패는 정부에서 겸허하고 솔직하게 받아들이고 시장을 통한 처방으로 정책전환을 해나가야 한다. 우선은 실패를 은닉하거나 호도하지 말고 솔직히 시인하여야 한다. 그런 다음 실패를 치유하는 처방전을 제시하여야 한다. 정부의 정책개입으로 초래된 정부의 실패라면 시장의 복원 메커니즘을 통해 해결을 해야 할 것이다.

정부의 실패를 만회하기 위해 정부가 또 개입하여 문제를 해결하려 할 경우 문제는 더욱 꼬일 가능성이 크다. 그리고 이러한 무리수를 두는 과정에서 시장에게 잘못된 메시지를 보낼 수도 있다. 시장을 더욱 꼬이지 않게 하고 경우에 따라서는 시장에 잘못된 메시지를 보내 도덕적 해이를 자초하고 이를 만연시키는 어리석음을 저지르지 않기 위해서는, 시장의 실패를 정부가 개입하여 해결하듯 정부 정책의 실패로 발생한 문제는 시장 메커니즘으로 해결하는 것이 바람직하다.

필요하다면 물길이 막힌 물 흐름을 해결해 주기 위해 물길을 막는 장애물만 제거

---

330) N. Joseph Cayer, *Public Personnel Administration,* 4th edition (New York : Wadsworth Publishing Company, 2003), 70-71쪽. ; 강제상 · 최준호 · 임성범, “공공조직 부패통제 전략에 관한 연구”, 『한국정책학회보』, 17(1), 2008, 180쪽에서 재인용.

를 해주는 역할을 정부가 해주면 될 것이다. 물 흐름을 다시 재개하는 것은 물길 그 자체가 할 일인 것이다.

3) 정부의 올바른 정책에 관한 철학과 흔들리지 않는 정책의 일관성과 지속성 : 정부나 정부 정책의 잘못된 보상 해소 방안

정부나 정부 정책이 잘못된 보상을 하여 발생하는 문제를 해결하기 위해서는 정부의 올바른 정책에 관한 철학과 흔들리지 않는 정책의 일관성과 지속성이 요구된다.

예를 들어 어떤 사람이 직장을 잃었을 때 정부가 실업보장을 해 주어서, 아무 소득이 없을 때처럼 서둘러 직장을 구하지 않는 경우를 상정해 볼 수 있을 것이다. 이럴 경우 일반인이라면 분명 실업상태를 벗어나고자 하는 자구적 노력을 필사적으로 할 것이다. 그러나 이 사람은 그렇게 하지 않고 자기에게 닥친 불행인 이 실업은 자신의 잘못된 탓으로 비롯된 것이 아니라 이 사회가 더 나아가 이 국가가 경제정책을 잘못 시행한 탓으로 돌리고, 자신을 이러한 정책의 희생자로 생각을 하고 정부의 실업보장을 당연한 것으로 받아들이고 지금보다 더 많은 실업수당을 받기를 원하고 나아가 새로운 직장도 국가나 사회가 구해주어야 한다고 생각을 한다면 이것은 분명 정부가 잘못된 보상을 해주는 것이 된다. 정부 스스로가 이 사람의 도덕적 해이를 자초하고 부추긴 꼴이 되어버린 것이다.

이러한 정부의 잘못된 보상을 근절하여 도덕적 해이를 해소하기 위해서는 정부는 올바른 분배적 정의에 대한 철학을 가져야 한다. 그리고 그에 입각하여 관련 정책을 펼쳐나가야 할 것이다. 종전까지는 정부가 있는 자들에게 세금이라는 형식을 통해 돈을 거두어다가 불우한 자들에게 나누어지는 시혜적 분배정책을 펼쳐 왔다. 온정주의(paternalism)[331]적 사고가 지배하던 시대의 분배논리였다.

---

331) 드워킨(Gerald Dworkin)에 따르면, 온정주의는 "어떤 사람의 행위의 자유에 대한 간섭이 전적으로 간섭당하는 당사자의 복지, 행복, 필요, 이해, 관심, 가치관과 관련되어 있다는 이유로 정당화되는 그런 식의 간섭"을 의미한다. Gerald Dworkin, *Paternalism, Morality and the Law*, in P. A. Wasserstro (ed.) (New York : Wadsworth, 1971), pp.107-126 ; Gerald Dworkin, "Paternalism", in *The Monist : An International Quarterly Journal of General Philosophical Inquiry*, Vol.56 (1972), p.65 ; 김항규, 『행정철학』 (서울 : 대영문화사, 2004), 106-107쪽에서 재인용.

그러나 이러한 분배정책으로는 이들의 근본적인 가난을 구제할 수는 없는 일이었다. 그들은 더욱 더 종속적이 되었고 피폐해져갔으며 그럴수록 그들은 더욱 더 많은 것을 요구했다. 그릇된 분배정책으로 사회적 긴장은 고조될 수밖에 없었고 이로 인한 사회적 비용은 치솟을 수밖에 없었다.

이러한 한계를 간파한 현대 정부는 이들에게 시혜적 차원에서 무상으로 무작정 돈을 주는 방식에서 탈피를 하여 일을 할 수 있는 능력이 있는 자들에게 일자리를 주선해 주는 방식을 통해 빈곤의 그늘에서 그들 스스로 걸어 나오도록 하는 방법을 사용하고 있다.

일자리를 통해 소득도 얻고, 또 일의 성취감에서 오는 기쁨을 갖게 하고, 거지근성을 타파해줌으로 해서 종속적 심리상태를 벗어나게 해주고, 더불어 일을 통한 생산적 활동을 통해 전체 사회를 유익하고 건강하게 해주게 되는 일거양득 이상의 매우 현명한 정책적 선택인 것이다. 유태인의 지혜에서 나오는 '물고기를 잡아서 주는 것이 아니라 물고기를 잡는 방법을 가르치는 것'과 같은 이치인 것이다.

분배정책에 대한 잘못된 시각이 있을 수 있고 또 이것을 마치 사실인양 호도하는 무리들도 없지 않다. 그리고 이러한 분배에 안주하여 올바른 분배정책을 공격하고 폄하하려는 시도도 없지 않다. 중요한 것은 정부가 그것이 잘못되었다고 생각할 수 있는 올바른 통치철학이 정립이 되어있어야 하며, 나아가 올바른 통치철학에 근거한 분배정책을 지속적으로 일관성 있게 관철시킬 수 있는 용기와 혜안이 있어야 한다.

5. 글을 마무리하면서

도덕적 해이를 완화시키거나 해소하기 위해서 가장 중요한 것은 정부나 정부 정책에 대한 신뢰성을 확보하는 일이다. 이를 위해서 우선 정부의 정치지도자나 고위공직자들부터 투명하고 자기희생적인 면모를 내보여야 한다. 정치지도자나 고위공직자의 부조리, 부패는 철저하게 척결해 나가야 할 것이다. 그리고 법률을 위시한 사회문화적 규범들이 제대로 올바르게 지켜지는 법치가 정립이 되어야만 한다. 이러한 맥락에서 공직사회에 있어 법에 따른 철저한 능력위주의 인사평가는 공무원들로 하여금 업무의 긍정적 요인에 대한 유인을 확보시켜 조직과 조직원 모두 무사안일 적 분위기 확산에 빠지는 것을 막아줄 수 있을 것이다.

그리고 올바른 법치를 실현하기 위해선 신상필벌이 가능한 공권력이 전제되어야 한다. 솜방망이식의 공권력은 오히려 조롱거리가 된다. 여기서 한 걸음 더 나아가, 정치도 무소불위의 권력이 아닌 하나의 사회적 가치로 인정하는 마인드의 변화가 있어야 하고 이를 제도화하는 노력이 경주되어야 할 것이다.

또한 정부가 국민으로부터 신뢰를 받기 위해선 정부능력을 인정받아야 하며, 이를 가능케 하기 위해선 정부의 전문성, 효율성, 일처리의 적절성과 높은 성과 그리고 책임성 등을 국민에게 검증을 받을 수 있어야 할 것이다.

그리고 정부의 실패에 대한 솔직한 인정과 과도한 정부 개입을 자제해야 할 것이며 시장을 통한 문제해결을 도모해야 할 것이다. 마지막으로 정부는 정부나 정부정책의 잘못된 보상 해소를 위해 정부의 올바른 정책에 관한 철학과 흔들리지 않는 정책의 일관성과 지속성이 필요로 되는 것이다.

결론적으로 정리하여 말하자면 도덕적 해이를 발생하는 원인과 이의 문제점들을 정확하게 인식하고 이를 해결하기 위한 정책적 노력이 제대로 이루어지지 못할 경우 정치인, 고위공직자를 비롯한 일반 공직자, 그리고 국민들 모두 도덕적 해이에 빠질 수밖에 없고 이는 더욱 가중 될 가능성이 높다. 그 반대로 제대로 된 문제인식과 문제해결을 위한 올바른 처방전을 선택하여 실천 할 경우 도덕적 해이를 완화시키거나 해소시켜 나갈 수 있을 것이다.

제5장 민주시대에 있어 한국의 참여행정[332)]

2006년 5월 '주민소환에 관한 법률'이 통과된 이후[333)] 광역자치단체장으로는 최초로 제주특별자치도지사에 대한 주민소환투표가 실시되게 됨으로써 지금까지 수면아래에 잠복하고 있었던 주민소환제도[334)]에 대한 찬성과 반대 논쟁이 다시 뜨거운 정치적, 사회적 이슈로 제기되었다. 주민소환 논쟁의 소용돌이 중심에 위치하게 된 김태환 지사는 국책사업으로 추진하는 제주 서귀포시 강정마을 해군기지건설과 관련하여 이에 동의를 했다는 이유로 주민소환투표가 발의되었으며, 제주특별자치도 선거관리위원회는 8월 26일 투표를 실시한다고 발표를 하였다. 김태환 지사는 이 투표 결과가 공표될 때까지 직무정지가 계속되며 이 기간 동안에는 행정부지사가 권한을 대행하게 된다.[335)]

앞서 말했듯이 광역자치단체장을 대상으로 한 주민소환 투표는 이번이 처음이며 주민소환에 관한 법률에 의거하여 유권자 1/3이상이 투표하고 투표자의 과반수가 찬성을 하면 도지사직을 잃게 된다.

이와 같이 주민소환제가 도입되어 시행되게 된 까닭은 선출직 공직자들의 권한남용이나 오용을 방지하고 임기보장에서 오는 나태성을 근절시키며 대의민주제의 결함을 보완하기 위해 독선이 아니라 주민의 뜻을 성실하고 책임 있게 반영시키려는데 있다.

1991년부터 시작된 지방분권화와 지방자치가 점차적으로 확대되면서 지방자치단체의 장 및 지방의회의원의 권한이 강화됨에 따라 지방자치단체의 장의 자의적 권한행사와 지방의회의 비효율적이고 비합리적인 운영 등이 발생한 사례가 여러

332) 이 글은 이병철, "현행 주민소환제도의 문제점과 바람직한 미래적 방향", 『사회과학논집』, 제17권 제1호 (2009), 63-83쪽에 게재하였던 글을 일부 수정을 하여 다시 실은 것임.

333) 2007년 5월25일부터 '주민소환에 관한 법률'이 시행이 되었다.

334) 지방자치의 오랜 역사를 가진 미국과 유럽 여러 나라에서는 이미 100여 년 전부터 주민소환제도가 도입되어 운영되었다. 1903년 미국에서 소환제를 처음으로 도입한 지방정부는 로스엔젤리스(LA) 시였으며 로스엔젤리스 시장이 1909년 처음으로 소환되었다는 기록이 있다.

335) 『조선일보』, 2009년 8월 7일.

차례 있음에도 불구하고 이에 대한 견제기능이 매우 미약한 실정이었다. 따라서 선출직 지방공직자인 지방자치단체의 장 또는 지방의회의원의 위법·부당한 행위나 직무유기 또는 직권남용 등을 통제하고 주민의 직접 참여를 확대하는 주민소환 제도를 도입함으로써 지방자치행정의 민주성과 책임성의 제고와 주민복리의 증진을 도모하고자 하는데 주민소환에 관한 법률을 제정하게 된 이유가 있는 것이다.

최근에 들어서는 대의민주제의 결함을 보완하기 위해 정책과정에 주민참여 적 의사결정을 도입하여 이를 시행해나가는 사례가 많아지고 있다. '참여적 의사결정은 정부의 정책결정과정에 있어서 이해관계자들뿐만 아니라, 전문가 및 일반시민들을 포함시켜 이들과의 협의를 통해 의사결정을 이루어내는 과정을 의미한다.'[336]

빅터 브룸(Victor H. Vroom)[337] 그리고 니시 넬슨(Nici Nelson)과 수잔 라이트(Susan Wright)[338] 등은 지방정부의 주요한 의사결정에 대해 주민참여가 이루어진다는 것은 지방행정의 민주성 확보라는 점에서뿐만 아니라 보다 현실적인 문제해결능력의 증대와 지역사회의 통합이라는 이점을 제공해 준다고 주장하고 있다. 그리고 르네 어빈(Renee A. Irvin)과 존 스탠스베리(John Stansbury)[339] 등은 주민참여가 지방자치단체의 정책과정이 현실로부터 유리되는 것을 방지할 뿐만 아니라 정치행정에 대한 주민의사의 투입을 가능케 하고 정책결정의 오차 수정을 가능하게 한다고 주장하고 있다. 바로 이러한 점들 때문에 시간이 지날수록 주민참여는 더욱 더 늘어날 것으로 내다 볼 수 있다.

우리나라에서는 지방자치법이 2006년 5월 24일자로 개정이 되었는데 개정이유는 지방자치에 대한 주민의 직접 참여를 통해 선출직 공직자에 대한 통제장치를 마련함으로써 지방행정의 민주성과 책임성을 제고하고 주민의 복리를 증진하기 위하여

---

336) 김유환·강상규·권영인·김선희·김은주·박태순·정익철, "공공갈등과 참여적 의사결정", 『공공갈등관리의 이론과 기법』, 대통령자문지속가능발전위원회 (2005), 140쪽. ; 은재호, "참여적 의사결정기법의 제약요인 연구 : 울산 북구 음식물자원화시설 건립을 둘러싼 시민배심원제도 분석", 『한국정책학회보』, 18(2), (2009), 100쪽에서 재인용.

337) Victor H. Vroom, & Arthur G. Jago, *The New Leadership : Managing Participation in Organizations* (Englewood Cliffs, NJ : Prentice Hall, 1988). ; 강인성, "지방정부 주민참여제도의 정책과정과 참여유형에 따른 영향력 분석 : 16개 광역자치단체를 중심으로", 『한국행정학보』, 제42권 제3호 (2008), 216쪽에서 재인용.

338) Nici Nelson & Susan Wright, *Power and Participatory Development* (ITDG Publishing, 1995). ; 강인성, "앞의 논문", 216쪽에서 재인용.

339) Renee A. Irvin, & John Stansbury, "Citizen Participation in Decision Making : Is It Worth the Effort?", *Public Administration Review*, Vol.64 No.1 (2004). ; 강인성, "앞의 논문", 216쪽에서 재인용.

주민소환제에 관한 근거 규정을 마련키 위한 것이었다. 주민으로 하여금 법령이 정하는 바에 따라 당해 지방의회의원 및 지방자치단체의 장을 소환할 수 있도록 하고, 이에 따른 소환요건·방법·절차 등은 따로 법률로 정하도록 하였는데[340] 이에 따라 '주민소환에 관한 법률'이 제정[341]되어 2007년 5월 25일부터 시행되게 되었다.

주민소환제가 가져다 줄 정치적 의미는 다양하다. 우선, 진정한 풀뿌리 민주주의를 활성화하는 좋은 계기가 될 것이다. 지방자치의 궁극적 목적인 풀뿌리 민주주의 실현을 위한 또 하나의 제도적 장치의 마련으로 평가할 수 있다. 그리고 지방자치에 대한 지역주민들의 감시와 견제의 질을 높일 것이며, 지방자치 현장에서 선출직 공직자들에 의해 야기 될 수 있는 일탈 적 행동에 대한 사전 예방 적 억지효과가 기대가 된다. 선출된 지방공직자들의 많은 탈법행동이 잇달았으나 임기가 보장된 관계로 옥중결재를 하는 등 문제가 계속되어도 속수무책이었다.

또한 일탈행위를 한 선출직 공직자에 대한 실질적 임명권자로써의 주민에 의한 징벌을 가능케 함으로써 책임행정 구현에 이바지 할 것으로 기대가 된다. 더 나아가 지방자치의 성공을 결정하는 한 요소로서 지방정부 공직자의 전문적 문제해결능력과 책임문제 등에 관심이 고조될 것으로 기대가 된다. 드와이트 왈도(Dwight Waldo) 역시 앞으로 공직자도 법률가나 의사들처럼 조우하는 문제를 전문적으로 해결할 수 있는 능력을 갖추어야 하고 그 결과에 대해 책임을 질 수 있어야 한다고 주장을 한 바 있다.

본 글에서는 이러한 주민참여와 그의 실현방법인 주민소환제도가 가지는 문제점을 다각적인 관점에서 분석을 하고, 이에 입각하여 주민소환제도가 가지는 문제점을 해소하기 위한 미래적 처방전으로써 방향 좌표를 제시하고자하는데 목적을 두고 있다. 그리고 이러한 목적을 달성하기 위해 기존의 관련 문헌들을 분석하고 이에 입각한 문제점 도출과 이의 해소를 위한 미래적 처방전을 강구해 나가고자 한다.

이를 위하여 분석의 틀은 주민참여나 주민소환의 문제의 본질이 대의적 민주제와 직접 민주제간의 갈등과 충돌로부터 시작된다는 점에 착안을 하여 우선 갈등이나 이해충돌과 관련된 현상들을 설명하기 위한 이론들을 고찰한 다음, 이 중 가장 본 글의 목적과 내용에 부합되는 이론으로 '주인-대리인 이론', '지역 및 집단 이기

340) 제13조제3항 및 제4항 신설되었다.

341) 2006년 5월 24일 법률 제7958호로 제정되었다.

주의 이론', '정보의 비대칭에서 연유되는 도덕적 해이(moral hazard) 이론' 등을 선정하여 이를 바탕으로 집필을 해 나갈 것이다.

1. 갈등이나 이해충돌과 관련된 현상들을 설명하기 위한 이론 체계들

주민소환은 주민투표[342], 주민발안 등과 함께 대표적인 직접민주주의 요소이며 이를 실현하기 위한 수단이다. 그러나 지방자치단체장이나 지방의회 의원들을 주민의 대표로 뽑는 것은 대의제에 입각한 간접민주주의 제도이다. 그런데 잘못 될 경우 이 두 요소는 갈등이나 충돌 양상을 나타낼 수 있다. 이렇게 두 요소간의 갈등이나 충돌이 일어날 수 있는 것은 종전까지의 민주적 지방자치 실현의 주요 제도였던 대의제적 민주주의 제도가 본래의 기능을 제대로 수행하지 못했기 때문이다.

간접민주주의 방식인 대의제도가 제대로의 기능을 수행하지 못하게 되자 이를 보완, 수정하기 위한 입장에서 직접민주주의 요소들인 주민투표, 주민발안, 주민소환제 등이 입법화 된 것이다. 그러나 이러한 접근은 새로운 또 다른 문제를 발생하게 만든 것이다. 즉, 간접민주주의의 한계와 문제점을 보완하고자 하는 직접민주주의 제도가 간접민주주의 제도와 갈등을 일으키고 충돌을 일으키는 새로운 문제로 대두되기 시작한 것이다.

이와 같이 갈등이나 이해충돌과 관련된 현상들을 이해하고 설명하기 위한 이론 체계들이 여러 가지가 있다. 그 예로는 '주인-대리인 이론'(principal-agent theory), '동시소비의 과밀가능성', '공유자원의 비극'(tragedy of commons), '외부효과'(external effect), 그리고 '수인의 딜레마'(prisoner's dilemma), '지역 및 집단 이기주의 이론', '정보의 비대칭에서 연유되는 도덕적 해이(moral hazard) 이론' 등이 있다.

---

342) 2004년 초 주민투표법이 제정되어 2004년 7월 발효가 되었다. 주된 내용으로는 주민총수 1/20~1/5 범위 내에서 지자체 조례로 청구인수를 규정하고, 총투표인수 1/3 이상 투표와 유효투표 과반수 득표로 확정되도록 하였다. 법 시행 후 3차례의 주민투표가 실시되었다. 제주도 행정구조 개편, 청주시와 청원군 통합, 방폐장 건설지역 선정(4개 지역 동시실시) 등에 관한 주민투표 등이다. 이것은 모두 중앙 및 지방정부가 주도한 주민투표였다.

1) 주인-대리인 이론(principal-agent theory)

그런데 직접민주주의 제도와 간접민주주의 제도의 갈등과 충돌 현상을 가장 잘 설명을 해 줄 수 있는 이론이 바로 대리인 이론이다. 대리인 이론이란 나라의 주인인 국민이나 정치가들이 자신의 대리인인 관료제의 운영 실태를 감독하거나 공공기관의 성격상 나타나는 여러 가지 비효율을 감독하는데 한계가 있다는 점을 설명하는 이론이다.

이 이론에 따르자면 주인과 대리인은 언제나 똑같은 이해관계를 가지지 않을 수 있으며 주인과 대리인 모두 자신들의 이익을, 다른 말로 표현하자면, 효용을 극대화하려고 하며 이 때문에 주인이 대리인을 감독하는데 많은 비용이 들어 감독의 한계도 있고 이에 따른 사회적 비용과 주인이 대리인을 통제하기 위해 최소화하는 조직을 만들려고 하는데 드는 비용인 기관손실(agent loss)을 초래하게 된다는 것이다.[343)]

2) 동시소비의 과밀가능성 이론

소비자의 총수가 어떤 일정의 한계치에 다다를 때까지는 소비자의 수가 증가한다하더라도 소비자 개개인의 향유하는 효용을 얻는데 변화가 없지만, 그 수준을 초과하면 소비자의 수가 한 사람 증가할 때마다 그 재화의 소비를 위해 각인이 지불해야 할 비용이나 시간, 불쾌감 등이 점차로 증가하는 특성을 갖는 공공재(예를 들면 도로, 교량, 유원지 등)가 있는데 이러한 특성을 가지는 재화를 동시 소비의 과밀 가능성이 있는 재화라고 부른다.

이러한 재화를 사용할 때 동시 소비의 과밀 가능성이 나타나게 되면 이 공공재를 사용하는 사람들 간에 갈등이 촉발되게 된다. 이를 사전에 배제하기 위해 정부가 개입하여 요금을 부과하는 경우가 많다.[344)]

3) 공유자원의 비극(tragedy of commons) 이론

재화들 중에는 사람들 사이에서의 자유로운 거래를 규제하지 않으면 과잉소비, 자원고갈을 초래하여 결과적으로 그로 인한 피해를 고스란히 사용한 자들이 공동

---

343) 김항규, 『행정철학』(서울 : 대영문화사, 2004), 156쪽.
344) 『앞의 책』, 98쪽.

으로 지불하지 않으면 안 되는 것을 나타내는 것이다. 예를 들어 복수의 농부가 그들이 공유하고 있는 목초지에서 소를 방목한다고 할 때 농부들은 각각 자신 소유의 소들이 목초지의 풀을 최대한도로 뜯어먹을 수 있도록 행동할 것이다. 만약 모든 농부들이 이렇게 생각을 하고 소를 방목할 경우 제한된 목초지는 더 이상 먹을 수 있는 풀이 고갈이 되어 이용을 할 수 없는 상황에 이르게 될 것이다.

이러한 경우에는 각 행동주체의 자유에 목초지를 맡겨두는 것은 결국 그들 모두의 손해를 초래하게 되며 결국 각 주체들 간의 갈등적 상황으로 치닫게 되는 것이다.[345)]

4) 외부효과(external effect) 이론

흔히 스필오버 효과(spillover effect)라고 불리어지는 것으로, 재화나 서비스의 제공이 발생시키는 부수적 효과를 의미하는 것으로 이해가 되기도 하고, 한 개별 경제단위(생산자나 소비자)의 행동이 다른 개별경제 단위의 수익이나 비용을 증대 또는 감소시키는 것을 의미하기도 한다. 예를 들면 고속도로라는 공공재의 건설이 지역개발을 촉진하는 긍정적 외부효과를 가져오기도 하는 반면, 공장의 건설은 환경오염이라는 부정적 외부효과를 가져오기도 하는 것이다.

이러한 긍정적이거나 부정적인 외부효과가 고속도로나 공장 건설에 대해 호(好), 불호(不好) 혹은 찬성 또는 반대를 낳게 되어 갈등현상을 야기한다.[346)]

5) 수인의 딜레마(prisoner's dilemma)

두 사람 간의 비협동적, 비영합적 게임 상황을 예시하기 위해 수학자 터커(A. W. Tucker)에 의해 사용된 일화에서 유래되는 수인의 딜레마는 각자의 관점에서 보면 합리적인 의사결정이 전체적으로 보면 더 불합리한 결과를 가져오게 하는 상황을 잘 보여주고 있다.

현실적으로 한 마을에 혐오시설 중 하나인 화장장을 세우는 일과 연관 지어 살펴보면 이 일에 대해 마을 주민들 간에 자신의 이해관계에 따라 찬반양론이 있을 수 있을 것이다. 그래서 이러한 갈등을 해결하는 방법으로 투표방식을 사용할 수 있을

345) Garret Hardin, "The Tragedy of Commons", *Science*, 163 (1968), pp.1243-1248. ; 김항규, 『앞의 책』, 99-100쪽에서 재인용.

346) 『앞의 책』, 102쪽.

텐데 이 경우 각 투표자가 단지 자신의 이익만을 위해 투표를 하게 된다면 혐오시설인 관계로 부결이 될 가능성이 높다. 이럴 경우 비용-편익 적 관점에서 마을 전체적으로 이익이 될 수 있는 결과를 스스로 포기하는 일이 될 수도 있는 것이다. 이러한 것을 수인의 딜레마의 예로 상정할 수 있다.347)

6) 지역 및 집단 이기주의 이론

혐오시설이나 위험시설은 자신이 거주하는 지역에 설치할 수 없도록 하면서 친환경시설이나 편의시설 그리고 경제적 유용성이 높은 시설은 자신이 거주하는 지역에 설치하도록 종용하는 사회적 분위기는 지역 및 집단이기주의의 또 다른 표현에 불과하다. 최근에 화장장이나 납골당, 쓰레기 매립장, 그리고 원자력발전소 및 핵 폐기장 설치 등에 대해서는 격렬한 기피를 하면서 공원이나 행정관청, 대형유통마켓, 고속전철 역 등은 서로 유치하려는 노력을 마다하지 않는 이러한 현상을 자주 목격하게 됨도 이와 무관치 않다.

정부 정책이 외부 효과를 갖게 만들고 그에 따른 개발이익이나 불이익을 그 지역주민들이 갖게 되기 때문에 정책당국도 이에 대한 정책적 갈등과 윤리적 딜레마로부터 결코 자유로울 수 없는 것이다.

이러한 대표적인 지역 및 집단이기주의 이론으로는 '님비증후군'(nimby syndrome) 이론과 '핌피증후군'(pimfy syndrome) 이론이 있다. 우선 님비증후군 현상을 설명하는 이론은 '내 뒷마당에서는 안 된다'(not in my backyard)라는 영어 구절의 각 단어 머리글자를 따서 만든 신조어로 표현이 되는 것이다. '바나나증후군'(banana syndrome)과 비슷한 개념으로 사용이 되기도 한다.348)

늘어나는 범죄자, 마약중독자, 에이즈(AIDS)환자, 산업폐기물, 핵폐기물 등 각종

---

347) 『앞의 책』, 266-268쪽.

348) 바나나 증후군은 '어떤 것이든 우리근처에는 절대로 지을 수 없어'(build absolutely nothing anywhere near anybody)라는 영어 구절의 각 단어 머리글자를 따서 만든 신조어이다. 자기가 사는 지역권 내 어디에든 아무 것도 짓지 마라는 이기주의적 의미로 통용되기 시작했으며 각종 환경오염 시설과 같은 유해시설 설치 자체를 반대하는 것이다. 이 밖에 노비즘(nobyism)이라는 것도 있는데 이것은 이웃이나 사회에 피해가 가더라도 자신에게 손해가 되지 않는 일에는 무관심한 현상을 의미한다. 예를 들면 도로나 그 밖의 공공장소에 쓰레기를 버리는 것은 상관하지 않지만, 자신의 집 앞에 버리는 것은 용납하지 못하는 것 등이다. http://kr.encycl.yahoo.com/final.html?id=700268. ; 700272. ; 700285.

사회병폐를 수용하거나 처리할 시설물을 설치하려 할 때마다 해당 지역주민들이 거센 반발을 보이는 현상을 정의하는 말로 미국에서 처음으로 사용되기 시작했다 한다. 국가 전체적으로는 마약 퇴치센터나 교도소 혹은 구치소 그리고 방사능오염 쓰레기처리장 같은 시설의 필요성을 인정하면서도 이러한 시설들이 다른 곳이라면 몰라도 자기 주거지역에 들어서는 데는 강력히 반대하는 지역이기주의로 자기중심적이고 공공성이 결핍된 증상이며 특히 지방자치제를 시행하고 있는 나라의 경우 각 지방자치단체들마다 혐오시설이나 쓰레기를 남에게 떠넘기려고 하여 자치단체 간 법정투쟁이 끊이지 않고 있다.

이러한 님비증후군 현상은 국내문제로만 한정되는 것이 아니라 근자에 들어서는 국가 간의 문제로까지 비화되고 있다.[349] 한국의 경우에도 지방자치제 실시 이후 님비증후군 현상이 급증하는 추세이며, 국민들의 환경에 대한 의식이 높아감에 따라 일정 지역 거주민들이 지역 훼손사업 또는 오염산업의 유치를 집단으로 거부하고 있어 국가 차원의 공단설립이나 원자력발전소, 댐 건설은 물론이고 핵폐기물 처리장, 광역 쓰레기장 같은 혐오시설의 설치가 중단되는 등 많은 문제를 낳고 있다.

이러한 문제들은 정책을 통해 주어지는 편익은 선호하면서 비용은 극구 회피하려는 이기주의가 첨예화된 상황에서 결국 모두가 떠안기 싫은 것을 누군가에게 떠안겨야 하는 문제가 발생하게 된 다는데서 연유가 되는 것이다. 따라서 정책을 결정하고 집행할 때 어느 누구의 희생과 비용을 강요할 수밖에 없고 상대적으로 누군가에게 편익을 안겨주게 되는데서 정책의 갈등과 윤리적 딜레마가 발생하게 되는 것이다.

다음 '핌피증후군'(pimfy syndrome) 현상을 설명하는 이론은 님비와는 반대로 자기 지역에 이득이 되는 시설을 유치하기 위한 적극적인 행동을 일컫는 용어로 '제발 나의 앞마당으로'(please in my front yard)라는 영어 구절의 각 단어 머리글자를 따서 만든 신조어이다.

자기 지역에 이득이 되는 시설을 유치하거나 관할권을 차지하려는 현상을 의미하는 것으로 세수 원 확보나 지역발전에 영향을 미치는 행정구역 조정, 마세권 확

349) 미국, 유럽 등 선진 산업국가들의 제3세계로의 산업폐기물 수출에서 비롯되는 이 문제는 지난 1989년 유해폐기물의 국제 간 이동을 통제하기 위한 '바젤협약'이 체결이 되었지만 쓰레기재활용이라는 명분을 내세워 줄기차게 공해수출을 계속해오고 있다. 왜냐하면 이들은 자국 내에서는 폐기물처리에 대한 규제가 강화되고 처리비용이 높아지고 있기 때문이다.

보, 정수장 관리, 청사 유치 등을 위한 적극적 활동을 의미한다. 지방자치시대를 맞아 님비현상 못지않게 이러한 핌피현상이 심각할 정도로 나타나고 있는 것이 요즈음 우리네 사정이다.

7) 정보의 비대칭에서 연유되는 도덕적 해이(moral hazard) 이론

나아가 대리인 이론과 연관 지어 생각해 볼 수 있는 것이 정보의 비대칭을 들 수 있다. 정책을 형성하고 집행하는 지방자치단체장이나 지방의회의원 그리고 관료제의 성원들이 일반 주민들보다 관련 정책에 대해 보다 더 많은 정보를 가지고 있다는 것이다. 다른 말로 표현하자면 지자체장이나 지방의회의원, 공직자와 주민들 간에 정보의 불균형이 있다는 것이다. 바로 이러한 정보의 비대칭이 보다 정보에 있어 우월적인 입장에 있는 대리인인 공직구성원들로 하여금 도덕적 해이에 빠지게 만든다는 것이다.

참고적으로 도덕적 해이(moral hazard)는 원래 보험시장에서 사용됐던 용어로써 화재보험에 가입한 보험가입자가 보험에 들지 않았더라면 다했을 화재 예방에 대한 주의 의무를 게을리 함으로써 오히려 화재가 발생하여 보험 회사가 보험료를 지불하게 되는 경우를 일컫기 위해 사용되어졌다고 한다. 만일 보험회사가 보험가입자의 화재예방노력을 하나하나 모두 파악할 수 있다면 화재예방 노력에 따라 보험료를 다르게 적용하거나 보험가입 자체를 거부할 수 있겠지만 현실적으로는 불가능한 일이다.

이렇게 보험회사가 보험가입자를 개별적으로 다 파악할 수 없는 이러한 상황을 '정보의 비대칭'이라고 하며, 이같이 어느 한쪽이 상대방을 충분히 파악할 수 없는 정보의 비대칭 상황 하에서는 항상 도덕적 해이가 발생할 소지가 있다는 것이다.

도덕적 해이를 경제학적으로 보면 정보의 비대칭이 존재하는 상황에서 주인(principal)이 대리인(agent)의 행동을 완전히 관찰할 수 없을 때 대리인이 자신의 효용을 극대화하는 과정에서 나타나게 된다고 본다. 예를 들어 보면 노동자가 감시가 소홀할 때 일을 열심히 하지 않는 것이거나, 보험을 든 자가 보험에 가입하고 나서 사고에 대비한 주의를 덜 하는 것이거나, 의사가 의료 보험금을 많이 타내기 위해 과잉진료를 하는 것 등을 들 수 있다.

이러한 도덕적 해이는 금융기관이나 예금자가 행동의 절도를 잃어버리는 행위를 가리키는 말로도 많이 쓰인다. 예를 들면, 예금자가 예금보호제도에 의해 원리금 상환이 보장되므로 이율이 높으면 경영이 위태롭게 보이는 은행에도 돈을 맡기는데 이를 예금자의 도덕적 해이라 하며, 경영 불안에 빠지고 있는 은행은 높은 이자를 주고 자금을 모은 만큼 다시 위험성이 높은 대출 상대에게 높은 금리로 융자해 주게 되는데 이를 금융기관의 도덕적 해이라고 한다. 이러한 맥락에서 은행이 정부의 보증을 믿고 부실기업에 대출을 해주는 것도 도덕적 해이에 해당이 된다고 볼 수 있는 것이다.

요즈음은 법과 제도의 허점을 악용한 이익 추구, 자기 책임을 소홀히 하는 태도, 집단이기주의 등에 대해서도 도덕적 해이란 용어를 사용하여 이를 표현하고 있다. 국회가 본연의 임무를 저버린 채 각 이해집단간의 조정기능을 상실하고 예산낭비를 방조한다든지, 기업이 회계처리를 불투명하게 하거나 고의부도를 내는 행위 등이 대표적인 예이다. 실제로 이러한 도덕적 해이현상은 우리 사회의 곳곳에서 찾아볼 수 있으며 특히 정책과 관련되어 나타나고 있다는 데 심각성이 더욱 크다고 볼 수 있다.

이러한 도덕적 해이는 특히 공공부문에 더욱 친화적이다. 그러한 이유는 대리인 이론에서 대리인인 공직자들이 대통령선거와 정권말기라는 특수 정치적 상황에 민감히 반응하여 자신들의 입지나 보신을 위해 주인의 뜻을 거스를 수 있기 때문이다.

국내나 국외를 막론하고 역대 정부들의 말기를 살펴보면 권력누수현상(일명 레임덕 현상이라고 말함)이 정도의 차이는 있지만 모두 존재했다. 일단 도덕적 해이가 만연하고 레임덕 현상이 심화 될 경우 공직자는 물론이고 일반 국민들에게까지 정부정책이 영향력을 행사하기 어려워지게 된다. 복지부동, 무사안일 등으로 표현하듯 공직자들은 시간을 끌면서 일을 적정수준으로 유지하려 하고 국민들 역시 임기 말 정부의 새로운 정책 등에 대해 높은 신뢰성과 지지를 보내주지 않을 가능성이 크다.

더욱이 참여정부에서 지속적으로 실시해 온 개혁이나 쇄신이 가시적인 성과를 드러내지 못한다는 평가가 주류를 이루게 되면 국민의 개혁정책에 대한 신뢰성은 떨어지고, 쉽게 개혁 혹은 혁신 피로 증으로 변질되게 되며, 차기 정권의 흐름을 가늠하고자 하는 고위공직자들은 자신들의 판단에 의해 차기 정치권에 연줄을 대기 위한 줄 대기, 줄서기에 매진하게 될 가능성이 높다. 이럴 경우 레임덕이라 칭해지는 권력누수 현상은 더욱 가중될 수밖에 없고 모든 권력의 핵은 차기 정치권에 쏠리게 된다. 따라서 공직자나 국민이나 쉽게 도덕적 해이[350]에 빠지게 될 가능성이 높아지며 정부의 영(令)이 제대로 서지 않는 상황으로까지 치달을 수도 있다.

2. 주민소환제가 가져올 문제점들

주민소환제는 도입이 될 때부터 찬반 논란이 첨예하게 제기되어졌으며 이에 대한 갈등 역시 크게 나타났었다. 이러한 뜨거운 감자였기 때문에 많은 현행 주민소환제를 둘러싼 문제점들이 제기되었다. 여기서는 그 중 가장 대표적인 것들을 중심으로 논의를 전개해 나가고자 한다.

1) 직접민주주의와 간접민주주의 제도간의 갈등 문제

주민소환 등 직접 민주주의[351]와 대의제를 근간으로 하는 간접민주주의와의 갈등 및 충돌 우려이다.

앞에서 설명한 대리인 이론을 우리 현실에 접목시켜 살펴보면 직접민주주의와 간접민주주의의 갈등현상을 쉽게 이해할 수 있게 된다. 이해의 편의를 위해 예를 들어보자면 어떤 지방자치단체에서 주민의 직선에 의해 지방자치단체장이 선출되었다고 가정을 해보자. 이럴 경우 지방자치단체장은 대의제적 민주주의 제도에 의해 선출된 주민의 대표자인 것이다. 간접민주주의에서는 주민의 대표인 지방자치단체장은 자신을 선출한 주민들의 대리인이기 때문에 신의성실을 다해 주민들의 뜻을 정책에 반영을 하고 그들의 이익을 극대화시켜야할 의무가 있는 것이다.

그러나 현실은 그러하지 않다는 데 있다. 대리인 이론에 의하면 주인과 대리인 모두 자신들의 이익을 극대화하려고 행동을 하기 때문에 지방자치단체장은 자신이 대리인이라는 신분을 망각하고 경우에 따라서는 자신의 이익을 우선시 하여 정책

350) 누군가가 내 몫을 대신 해 줄 것이라는 매우 무책임하고 안이한 생각을 의미한다.

351) 주민이 직접 의사결정에 참여하는 직접 민주주의 제도 유형으로는 주민소환제를 비롯하여 주민투표제, 주민발안제와 주민감사청구제, 조례 제정 및 개정청구 그리고 참여예산제도 등이 있다.

을 펼쳐나갈 수도 있다는 것이다. 이럴 경우 주민의 전체이익과 상반되게 되고 이로 인해 갈등과 충돌이 야기 될 수 있다는 것이다.

이러한 이유로 인하여 근자에 들어서면서 간접민주주의를 보완하는 제도로 직접민주주의 요소들이 보완이 되게 된 것이다. 피터스(B. G. Peters)가 참여형의 직접민주주의 정부모형에서 볼 때 대의민주주의제도는 주민의 요구를 정책으로 전환하는데 불완전하다고 보고 있는 것도 이와 맥을 같이 하는 것이다.[352] 그래서 주민투표나 주민발안 또는 주민소환제도가 싹을 내리게 된 것이다.

그런데 이것이 사안에 따라 첨예하게 대립이 될 경우에는 심각한 갈등요인이 된다는 것이다. 즉 대리인인 지방자치단체장이 자신의 철학과 소신을 가지고 이 정책이 진정 자신이 몸담고 있는 지역사회의 이익에 도움이 된다고 믿고 정책을 추진시켜 나갈 때 주민들의 이익과 배치되는 경우 주민들이 자신들의 이익을 지키기 위해 지방자치단체장의 정책에 반기를 들고 저항을 하는 경우이다. 그리고 이를 위해 주민투표나 주민소환을 요구하게 될 경우 갈등은 촉발되고 사안에 따라 심화도 될 수 있는 것이다.

주민들이 직접 나서는 직접민주주의 제도도 그리고 대의제적 민주주의 제도아래에서 합법적으로 대리인으로서의 직무를 보장받고 있는 지방자치단체장간의 갈등은 가치요소간의 충돌을 낳게 되는 것이다. 주민들이 직접 참여를 통해 지자체장의 행정행위에 저항하거나 이를 인정하지 않을 경우 이로 인해 행정의 일관성이나 지속성 등이 위협받을 수 있고 나아가 민선의 기본 취지인 지방자치단체장의 행정철학과 관리이념이 위협을 받을 수 있다는 것이다.

다음의 두 사례는 직접민주주의와 간접민주주의의 갈등현상을 적나라하게 잘 보여주고 있다.

① 부안 핵폐기물처리장 유치와 관련된 갈등 사례

이러한 실제 사례로 2003년~2004년 전국을 뜨겁게 달구었던 핵폐기물처리장(이하 방폐장) 유치와 관련된 부안사태를 들 수 있다.

---

352) B. G. Peters, *The Future of Governing : Four Emerging Models* (Lawrence : University Press of Kansas, 1996). ; 강인성, “지방정부 주민참여제도의 정책과정과 참여유형에 따른 영향력 분석 : 16개 광역자치단체를 중심으로”, 『한국행정학보』, 제42권 제3호 (2008), 218쪽에서 재인용.

2003년 7월 11일 전북 부안군의 김종규 군수가 위도에 방폐장을 유치한다고 선언하면서 갈등의 서막이 열렸다. 유치의 명분은 안전문제의 당사자인 위도 주민들이 방폐장 유치를 청원하였고, 이를 계기로 지역발전을 촉진시킬 수 있다는 것이다.[353] 그러나 부안군의회는 같은 날 오후 위도주민들이 제출한 방폐장 유지청원을 부결시켰다. 또한 부안 군수에 대한 불신임을 권고하는 결의안을 채택하였고, 군의원 7명이 의회출석을 거부하여 지방의회가 마비되는 지경에 이르렀다.[354]

방폐장 유치선언에 대해 위도주민들은 경제적 보상에 대한 기대감으로 찬성을 하는 편이었고 부안군민은 찬성보다는 반대가 우세한 편이었다.[355] 이에 탄력을 받아서 부안군 지역 내 34개 단체가 '핵폐기장 백지화·핵발전소 추방 범부안대책위원회'를 결성하여 유치를 반대하였고 부안지역의 정치권도 방폐장 유치는 군수의 독단이며 원인무효라는 주장을 내세우며 유치에 반기를 들고 나왔다.[356]

한편 중앙정부는 부안군이 산업자원부에 방폐장 유치신청서를 제출한 7월 14일 이를 환영하면서 부지선정위원회를 구성하였으며 행정자치부는 7월 25일 부안군에 특별교부세 100억 원을 즉시 지원하고 지역발전을 위해 군이 요구한 사업 등을 모두 수용하여 재정적 지원을 할 것이라는 점을 시사하면서[357] 부안군의 결정을 적극적으로 엄호하였다.

이렇게 서로 다른 생각과 이해관계로 인해 갈등의 골은 더욱 깊어갔고 결국 9월 8일 유치를 반대하는 주민들에 의한 군수에 대한 폭행과 강경진압이라는 악순환을 낳게 되었다. 결국 정부는 12월 10일 원전 수거물 관리시설 부지선정 과정에서 부안군민의 의사가 충분히 반영되지 못한 점에 대해 사과를 하고 부지선정절차에 주민투표과정을 도입하는 등의 보완방안을 마련하여 발표를 하였다. 그리고 12월 12일 산자부 장관이 잘못에 책임을 지고 사임하였다.[358]

이후 2004년 2월 14일 부안군에서 주민투표가 이루어졌고 91.8%가 유치에 반대

353) 김길수, "정책집행과정에서 주민저항 사례 : 부안 방폐장 부지선정을 중심으로", 『한국정책학회보』, 제13권, 제5호 (2004), 160쪽.

354) "앞의 논문", 161쪽.

355) "앞의 논문", 161쪽. ; 6월 24일 산업자원부의 의뢰로 '리서치앤리서치'가 실시한 여론조사에 따르자면 부안군민의 38.5%가 유치에 찬성하고 52.2%가 유치에 반대했다. "앞의 논문", 162쪽.

356) "앞의 논문", 162-163쪽.

357) "앞의 논문", 164쪽.

358) "앞의 논문", 170쪽.

한다는 결과를 얻었다. 그리고 9월 16일 산자부 장관은 "부안에서 찬성과 반대단체 간에 논쟁이 끊이지 않고 있기 때문에 주민투표가 어렵다."고 말해 사실상 백지화를 선언하였다.[359] 이로써 부안군 사태는 일단락을 짓게 되는 것이다.

이 사태를 통해 민선으로 선출된 지자체장과 주민들 간의 갈등을 체험할 수 있었고 이러한 갈등이 결국 주민투표라는 직접민주주의 방식을 통해 해결의 접점을 찾고자 했다는 점에서 시사하는 바가 크다고 할 수 있다.

② 울산 북구 음식물자원화시설 건립을 둘러싼 갈등사례

이 사례에서도 앞의 부안 사태 사례와 유사하게 이러한 일면이 엿 보인다. '당시 북구 청장은 시민배심원단이 자원화시설 건립에 우호적인 결정을 내리자 시설 운영과정에서 주민들이 우려하는 악취가 발생할 경우 언제든지 주민지원협의체의 요청에 따라 가동을 중지하겠다고 하였다. 그러나 실제로 시설 운영 중에 악취가 발생하자 주민지원협의체는 가동중지권을 행사하겠다고 하고 북구 청장은 주민지원협의체가 가동중지 요청권을 가질 뿐이라고 함으로써 양측의 시각차와 새로운 갈등을 표출하였다.'[360]

2) 지역이기주의나 집단이기주의 비등 문제

앞의 대리인 이론과 관련된 사례들에서 이미 살펴보았지만 지역이기주의나 집단이기주의 등이 비등할 우려이다. 주민다수와 해당 지자체의 공익적 필요에 의해 추진되는 이른바 혐오시설, 예를 들면 화장장, 납골당, 쓰레기 소각장, 음식물 처리시설, 산업쓰레기폐기장 혹은 핵폐기물처리장 등의 설치 과정에서 발생하는 지역이기주의나 집단이기주의 적 현상이 주민소환제로 악용될 가능성이 있다는 점이다.

앞서 논의되었던 전북 부안군의 방사선폐기물 관리시설 유치사례에서도 이러한 지역 및 집단 이기주의적 현상의 편린들을 목격할 수 있었고, 울산 북구 음식물자원화시설 건립을 둘러싼 갈등사례에서도 이러한 현상의 일단을 목격할 수 있었다.

---

359) "앞의 논문", 170-171쪽.
360) 은재호, "앞의 논문", 123쪽.

① 부안군 방폐장 유치사례에서 드러난 지역 및 집단 이기주의

우선, 부안군 방폐장 유치사례에서, 방폐장 부지로 선정될 예정이었던 위도 주민과 많은 부안군민들의 생각이 서로 다름을 알 수 있는데 바로 그러한 생각의 차이의 근원이 바로 경제적 보상과 무관치 않다는 점이 이를 입증해주고 있다고 볼 수 있다. 위도 주민들이 방폐장 부지로 찬성을 한 이유 중 가장 큰 것은 바로 재정적 지원이었다. 그러나 다수의 군민들은 위도 주민처럼 직접적으로 재정적 지원을 받지도 못하면서 자신의 인접한 주거공간에 혐오시설이면서 위험시설인 방폐장이 들어온다는데 대해 강한 거부감을 갖게 된 것이다. 결국 이러한 생각의 차이는 지역 및 집단의 이해관계와 맞물려 있다는 점이다.

② 울산 북구 음식물자원화시설 건립을 둘러싼 갈등사례에서 드러난 지역 및 집단 이기주의

두 번째로 제시한 울산 북구 음식물자원화시설 건립을 둘러싼 갈등사례 역시 이러한 면을 배제하기 어렵다. 음식물자원화시설을 혐오시설로 간주하고 이것이 건립되어 가동이 될 경우 지역 지가나 주택 가격이 하락 할 것을 우려하여 지역주민들이 반대를 한 것이 가장 큰 이유가 되기 때문이다. 은재호는 음식물자원화시설 건립이 예정된 지역인 중산동주민들이 이를 반대한 이유로 첫째, 부지선정과 정책결정과정에서 민주적 절차를 무시한 일방적인 집행에 불만을 가졌으며 둘째, 악취와 해충 발생에 대한 우려로 자원화 시설을 '혐오시설'로 인식했으며 셋째, 그로 인한 지역 발전 저해 및 재산 가치 하락을 우려했고 넷째, 기왕에 낙후된 지역이라 더 무시하고 차별한다는 정서적 거부감 등[361]을 든 것이 바로 이를 잘 대변해 주고 있다.

사실 울산 북구 음식물자원화시설 건립을 둘러싼 갈등사례는 첨예화 된 비선호시설 입지갈등을 새롭고 신선한 '시민배심원제'라는 참여적 의사결정기법을 통해 해결한 대표적인 갈등관리 사례로 들 수 있다.[362] 그러나 애석하게도 본래의 의도

361) "앞의 논문", 122쪽.

362) 한상진, "울산 북구 음식물자원화시설 입지를 둘러싼 시민배심원제도의 사례", 폐기물처리시설 설치관련 갈등해소 워크숍 자료집 (2005). ; 김소연, "성공한 합의제도? '울산 북구 시민배심원제'의 평가와 함의", 『시민사회와 NGO』, 4(2), (2006), 175-205쪽. ; 김도희, "주민배심원제를 통한 비선호시설 성공적 입지사례의 정책적 함의 : '북구 음식물자원화시설' 유치사업의 실증적 분석을 중심으로", 『한국정책학회보』, 14(3), (2005), 261-284쪽. ; 조현석, "숙의 민주주의와 시민참여 :

와는 달리 울산 북구 사례는 정책실패 사례임은 물론 갈등관리 실패사례라고 볼 수 있다. 2008년 1월, 정책목표로 설정된 음식물쓰레기 자원화 사업이 시행 2년 2개월 만에 전격 중단되어 2009년 3월 현재까지 방치되어 있기 때문이다.[363)]

은재호는 울산 북구 음식물자원화시설 건립을 둘러싼 갈등사례의 실패요인중 하나로 북구청과 해당 지역 주민들 간의 입장 차이를 들고 있다. '해당 지역인 중산동 지역주민들의 입장은 첫째, 부지선정과 정책결정과정에서 민주적 절차를 무시한 일방적인 집행에 불만을 가졌으며 둘째, 악취와 해충 발생에 대한 우려로 자원화시설을 혐오시설로 인식했으며, 셋째, 그로 인한 지역발전 저해 및 재산 가치 하락을 우려했고 넷째, 기왕에 낙후 된 지역이라 더 무시하고 차별한다는 정서적 거부감이 존재했다는 것이다.'[364)]

앞에서도 이미 언급을 하였지만 한 마디로 말하자면 주민들은 북구청의 입장과는 달리 이 시설을 혐오시설로 보고 이로 인해 자신들이 살고 있는 지역의 발전 저해와 재산가치 하락을 우려했던 것이다. 이러한 주민들의 주관적인 정서를 북구청이 해소해 주지 못하고 시민배심원제로 이를 권고하지 않고 강제함으로써 내연된 갈등이 결국 이 정책의 실패를 자초하게 만들었다고 이해하고 있는 것이다.

결국 지방자치단체장의 철학과 해당 지역주민들의 생각과 이해관계가 서로 다름으로써 나타난 갈등사례이며 이를 해결하기 위한 시민배심원단제도 역시 이를 원천적으로 해결 하는 대는 실패를 해 버렸던 것이다.

③ 최초의 주민소환제가 적용 된 경기도 하남시 광역화장장 유치 및 건립사례에서 드러난 지역 및 집단 이기주의

실제로 이러한 지역 및 집단이기주의적 성향을 드러낸 갈등에 의해 주민소환이 최초로 이루어진 사례가 발생을 하였다. 이를 소개하면 다음과 같다.

2006년 10월 16일 경기도 하남시장이 하남시의회 설명회에서 경기도로부터

울산시 북구 음식물자원화시설 건립 사례를 중심으로", 한국산업사회학회 2005년 비판사회학대회(제8회, 11월 4일-5일) 발표문, (2005). ; 은재호, "참여적 의사결정기법의 제약요인 연구 : 울산 북구 음식물자원화시설 건립을 둘러싼 시민배심원제도 분석", 『한국정책학회보』, 18(2), (2009), 98쪽에서 재인용.

363) 은재호, "앞의 논문", 99쪽.

364) "앞의 논문", 122쪽.

2,000억 원의 지원금을 받는 광역화장장 유치 및 건립계획을 발표함으로써[365] 하남시 주민들 간의 갈등이 사회적으로 표출이 되기 시작하였다.

주민들은 유치계획이 발표 된 직후부터 반대와 항의를 하였고 이로 인해 당초 계획했던 10여 차례의 주민설명회가 모두 무산되었고 하남시장을 비롯하여 이 계획에 찬성한 한나라당 시의원 4명에 대한 출당조치 요구 시위가 이어졌다. 2006년 11월 4일 구성된 '하남시화장장유치반대위원회'가 12월 6일 '광역화장장유치반대범시민대책위원회'(범대위)로 확대 개편되었다.[366]

갈등이 고조되자 하남시장은 광역화장장 유치여부는 주민투표를 통해 결정하겠다고 하였고 이에 대해 범대위 측은 주민투표 실시권이 없는 하남시장이 주민투표를 하겠다는 것은 사기극이라고 맹렬히 비난하였다.[367]

2007년 5월 25일 주민소환법이 발효되면서 범대위가 '하남시주민소환추진위원회'(소추위)로 기구를 개편하고 활동에 나섬으로써 갈등은 주민소환운동으로 전환이 되었다. 하남시장과 소추위 간의 밀고 당기기 갈등은 계속 이어졌고 2007년 7월 1일부로 하남시장의 취임일로부터 1년이 경과함에 따라 하남시장에 대한 주민소환법의 적용이 가능해졌다.

이에 소주위는 법적 요건을 갖추어 7월 11일부터 본격적인 주민소환 서명에 착수하였고 하남시장과 해당 시의원들은 수원지법 성남지원에 '서명요청활동등금지가처분신청'을 제기하였으나 7월 20일 수원지법 성남지원이 이를 기각하고 이어 7월 23일 소추위가 법적 서명요청자 수를 초과한 서명부를 하남시 선관위에 제출함으로써 하남시장에 대한 주민소환투표 실시가 사실상 확정되었다.[368]

그러나 9월 13일 하남시장 및 시의원 4명이 하남시 선거관리위원회를 상대로 낸 '주민소환투표청구수리처분무효확인'소송에서 수원지법이 서명부 하자를 이유로 원고 승소판결을 내림으로써 첫 번째 주민소환투표운동은 무위로 끝나게 되었다. 그러나 소추위는 다시 재청구하였고 법원이 이를 받아들임으로써 결국 12월 12일

---

365) 하남시장의 계획은 하남시 내에 광역화장장을 건설하는 조건으로 경기도로부터 2,000억 원의 지원금을 받아 하남시의 열악한 사회, 경제적 특수성을 극복하기 위한 동력으로 삼겠다는 것이다. 허창수, "담론이론의 시각에서 바라본 정책과정과 정책갈등 : 경기도 하남시 광역화장장 유치사례를 중심으로", 『한국정책학회보』, 18(2), (2009), 140쪽.

366) "앞의 논문", 140쪽.

367) "앞의 논문", 141쪽.

368) "앞의 논문", 141-142쪽.

전국에서 처음으로 주민소환투표가 실시되었다. 투표결과는 하남시장의 결과 투표율 미달로 부결되었고, 시의원 3명 중 2명에 대해서는 소환이 확정되었다.[369)]

이 사례는 혐오시설 유치와 관련된 주민과 지자체장 간의 갈등이 최초로 주민소환을 통해 해결의 실마리를 찾아가는 것으로 지역 및 집단 이기주의적인 성향을 그대로 내포하고 있다. 지역주민들은 화장장이라는 혐오시설의 유치를 반대하였던 반면, 지자체장은 경기도의 엄청난 재정적 지원이 하남시에 큰 도움이 되며 이것이 결국 하남시민의 이익에 기여할 것이란 정책판단에 의해 혐오시설을 유치하기로 했던 것이다. 전형적인 지역 및 집단이기주의로 인한 갈등사례이며 최초의 주민소환을 통한 갈등해소노력이라는 점에서 의미를 갖는 사례라고 평가를 할 수 있는 것이다.

3) 정보의 비대칭이 가져올 도덕적 해이의 문제

앞에서 언급한 주인과 대리인간의 정보의 비대칭이 원천적으로 해소되지 않는 한, 이로 인해 야기된 도덕적 해이가 만연이 되어 결과적으로 주민소환제가 가진 본래의 취지와 뜻이 제대로 펼쳐지지 못할 가능성에 대한 우려이다. 주민들이 시의성과 적실성을 지니는 주민소환을 제기하기 위해선 정책 및 행정현안들에 관련 된 올바르고 정확한 정보가 주민들에게 입체적으로 공개되어야 하는데 현실적으로 어려움이 따른다는 것이다. 현재 일부 실시되고 있는 주민참여예산제도에서도 보듯이 지자체에서 이루어지는 정책과 행정에 대한 정보공개[370)]는 아직도 문제가 많은 것이 부인할 수 없는 사실이다.

에드워드 위크스(Edward C. Weeks)는 참여적 의사결정이 성공하기 위해서는 충분한 정보에 기초하는 주민의 판단이 전제되어야 한다는 점을 강조하고 있으며,[371)] 나태준 역시 투명한 정보공개의 필요성을 강조하고 있고[372)] 이종수도 주민홍보의 부족

---

369) "앞의 논문", 142쪽.

370) 정보공개청구는 1996년 '공공기관의 정보공개에 관한 법률'이 제정됨으로써 그 막이 올라갔다. 2004년 1월 공개여부 결정기간 단축(15일에서 10일로) 등의 개정이 이루어졌다.

371) Edward C. Weeks, "The Practice of Deliberative Democracy : Results from Four Large-Scale Trials", *Public Administration Review*, 60(4), (2000), p.361.

372) 나태준, "공공사업 갈등사례분석을 통한 해결기제의 모색", 한국행정학회 추계학술대회 발표논문 (2005). ; 은재호, "앞의 논문", 104쪽에서 재인용.

과 낮은 정보공개로 인해 주민참여의 확대가 이루어지지 않고 있다고 하면서 지자체들이 정책에 대한 유의미한 정보를 주민들에게 적시에 충분히 제공하여야 함을 주장하고 있다.373)

올바르고 정확한 정보를 시의성에 부합하도록 주민들에게 제공을 해 주지 않을 경우 주민들은 올바른 정보판단을 할 수 없고 이로 인해 잘못된 주민소환을 할 수도 있고 또 시의성에 맞게 주민소환을 청구할 수도 없게 된다. 그리고 관료제는 이러한 정보의 비대칭을 악용하여 도덕적 해이라는 잘못된 반사이익을 향유하게 될 우려가 있는 것이다.

4) 주민소환의 법적 요건, 절차의 복잡으로 인한 소송기간의 장기화 문제와 요건의 엄격성 문제

주민소환의 법적 요건이나 절차의 복잡으로 인한 소송기간의 장기화 우려이다. 주민소환의 법적 요건이나 절차가 복잡하고 소송기간이 장기화됨으로 인해 주민들이 바라는 바를 충족시키는데 어려움이 따를 가능성을 우려하는 것이다. 예를 들어 주민소환의 법적 절차를 거친 다해도 상당한 기간이 소요되므로 지방자치단체장은 임기를 마칠 수도 있다. 그러면 주민소환의 실질적 의미가 퇴색될 수 있는 것이다.

또한 이와 맞물려 있는 것으로 선출직 지방공무원의 임기개시일 부터 1년 경과하지 아니한 때, 선출직 지방공무원의 임기완료일부터 1년 미만, 주민소환투표를 실시한 날로부터 1년 이내에는 주민소환을 할 수 없도록 한 제8조 '주민소환투표의 청구제한기간' 역시 주민소환의 본래 취지를 살리는데 어려움을 주는 것이다.

민선으로 뽑힌 지자체장이 주민의 주권을 위임받아 자신의 정치철학과 소신에 따라 지자체를 안정적으로 관리 운영해 나가야 한다는 대의제적 민주주의 가치를 모르는 바는 아니지만 이것이 악용이 될 경우 주민소환의 실제 가능기간은 4년제 민선 지자체장일 경우 2년으로 줄어들게 되고 이 기간 동안에 주민소환이 청구되어 진행이 된다하여도 소송기간의 장기화 등으로 인해 자신의 잔여임기를 다 채우고 나갈 수 있는 소지가 없지 않기 때문에 문제의 소지가 있는 조항이라 판단이 되는 것이다.

---

373) 이종수·윤영진 외(공저), 『새 행정학』, 5정판 (서울 : 대영문화사, 2008), 569쪽.

이에 곁들여 소환요건이 너무 엄격하게 규정이 되어있어서 주민소환이 사실상 제 구실을 못하고 있다는 문제점이다. 실제로 주민소환 대상으로 거론이 된 공직자들이 많았음에도 불구하고 소환요건의 엄격성으로 인해 주민소환이 된 공직자는 아주 극소수였음이 이러한 문제점을 잘 시사해 주고 있다.[374)]

5) 주민소환 관련 법규의 내용 미흡으로 인한 지방행정 안정성 훼손 등 기타 문제

주민소환청구 사유가 정확히 규정되지 않고 청구자격 등이 구체적으로 제한이 되지 않아 지방행정의 안정성이 훼손 될 우려가 있다는 것인데 이는 주민소환의 대상이 될 수 있는 행위에 대해 구체적으로 규정을 하고 있지 않기 때문이다. 그리고 전국적으로 획일적 청구요건을 적용하여 지역 간의 형평에 문제가 생길 가능성이 없지 않다는 점과 일부에서 주장하는 것처럼 불순한 의도를 가진 주민들이나 선거에서 낙선된 정치인 또는 정치적으로 반대 입장에 있는 정당 그리고 특정 이익집단이나 이해관계자들이 진정한 주민여론 인양 포장을 하여 주민소환방식을 통해 지자체장이나 민선 의회의원들의 발을 걸어 넘어뜨리려 할 경우 지자체장이나 의회의원들이 의도하는 행정을 펴는데 어려움이 발생될 가능성도 염두에 두어야 한다는 점이다.

3. 주민소환제의 바람직한 미래 적 방향

주민소환제에 대한 정확한 문제인식과 이를 해결하기 위한 정책적 노력이 제대로 이루어지지 못할 경우 정치인, 고위공직자를 비롯한 일반 공직자, 그리고 국민

374) 2007년 6월부터 주민소환이 시행된 이후 지금까지 주민소환 대상으로 거론 된 공직자는 총 100명이었으나 실제 법적 서명수를 확보하여 소환절차가 이루어진 사례는 경기도 하남시가 유일하여, 2007년 12월 광역 화장장 유치문제로 시의원 2명이 소환되었을 뿐이다. 단체장에 대한 소환투표에서는 투표율 미달로 하남시장이 공직을 유지한 적 이 있으며 이번 제주특별도지사가 두 번째에 해당이 된다. 황아란, “주민소환제의 쟁점과 개선방안”, 『e-KRILA FOCUS』, 제10호, 2009년 8월 14일, 한국지방행정연구원.

들 모두 주민소환제라는 새로운 제도가 낳는 새로운 문제들에 직면하게 될 것이며 이로 인한 사회적 혼란은 지금 보다 더 많은 사회적 비용을 요구하게 될 것이다.

그 반대로 제대로 된 정확한 문제인식과 문제해결을 위한 올바른 처방전을 선택하여 실천 할 경우 주민들의 이익에 기여할 뿐만 아니라 올바른 지방자치 실현을 통한 민주주의 제도의 업그레이드가 가져다주는 혜택인 사회적 편익을 보상받게 될 것이다.

이러한 앞으로의 지방자치 발전을 위해 몇 가지 주민소환제와 관련 된 방향을 제시하고자 한다.

1) 주민들의 높고 성숙된 정치, 행정의식의 제고

주민들의 높고 성숙된 정치, 행정의식이 필요로 된다는 것이다. 그 이유는 주민소환제가 본래의 취지대로 꽃을 피우기 위해서는 시민이나 주민의 역할이 매우 중요하기 때문이다. 주민들이 제대로 깨어있고 민주적 지방자치의 파수꾼이 되어줄 때 주민소환의 본래의 뜻이 보다 쉽게 달성이 될 수 있을 것이다. 주민소환법 조항별 취지와 논점, 그리고 장점과 단점을 아울러 지니고 있는 주민소환제를 바로 쓰기 위한 성숙된 주민의 자세가 무엇보다 중요하게 간주되는 이유가 바로 이것이다.375)

선출직 공직자들은 물론 지방정부의 행정관료, 시민단체와 언론계의 지도자 그리고 주민들 모두가 주민소환제의 정치적 의미를 잘 이해하고 이러한 취지를 발전시켜 나가는데 기여 할 수 있도록 공동 노력을 기울여 나가야 할 것이다. 만약 이러한 희망과 노력이 결실을 이룰 수 만 있다면 앞에서 문제점으로 제기된 지역 및 집단 이기주의에서 파생되는 여러 복잡하고 어려운 문제도 쉽게 해결이 될 수 있을 것이다. 선출직 공직자, 지방 행정 관료들, 시민단체 지도자들 그리고 주민들의 이 제도에 대한 인식과 태도가 올바른 방향으로 조화롭게 접목될 수 있도록 노력 할 필요가 있다. 어느 특정 한 집단만의 노력과 열정만으로는 주민소환제의 궁극적 목적을 이루기 어렵기 때문이다.

---

375) 김영기는 주민소환제의 성공조건으로 성숙한 시민을 꼽았다. 그는 성숙한 시민으로 첫째, 공익 지향 둘째, 합리적 정향 셋째, 자기 절제 넷째, 이성적·자율적 다섯째, 관용적 태도 여섯째, 높은 식견과 지역사랑의 시민을 들고 있다. 김영기, 『한국의 주민소환제』 (서울 : 대영문화사, 2006), 361쪽.

2) 주민감시제도의 획기적 개선 노력

이러한 맥락에서 현행 주민소환제의 미비점들을 보완하고 수정해 나가면서 이와 병행하여 주민감시제도의 획기적 개선도 고려해 나가야 할 것이다. 현행 지방자치법(13조 4항)상의 주민감사청구권은 절차의 복잡성뿐만 아니라, 과다한 주민감사청구인수 규정 등으로 인해 제대로 활용되지 못하고 있다. 실제로 '대구참여연대'와 '대구 경실련' 등이 2000년 1월 대구지하철 건설공사 붕괴사고에 대해 2000년 11월 건설교통부에 주민감사청구를 요구한 적이 있지만 그 효과는 미미하였다는 점이 이러한 사실을 입증한다.

3) 주민소환의 법적 요건이나 절차의 간소화와 완화 그리고 소송 장기화폐해 해소 노력

주민소환의 법적 요건이나 절차를 취지가 손상되지 않는 범위 내에서 간소화하거나 완화를 하고 소송의 효율화를 통해 기간의 장기화로 인한 취지손상을 최소화하는 방안을 강구해 나가야 할 것이다.

특히 주민소환의 청구요건과 투표율은 주민소환에 관한 법률이 제정되게 된 입법 취지를 충분히 반영할 수 있도록 현실화될 필요가 있다. 현행 법률 제7조에 규정된 주민소환투표의 청구 조항에 따르자면 광역단체장의 경우 주민[376]의 10%, 기초단체장은 15%, 지방의원은 20% 이상의 서명을 받아야 주민투표를 청구할 수 있고[377], 제22조에 규정된 주민소환투표결과의 확정은 주민소환투표권자 총수의 1/3 이상투표와 유효 투표 총수의 과반수의 찬성으로 해임이 결정되도록 정하고 있다.

그러나 사실상 이러한 청구요건을 충족시킨다는 것이 현실적으로 볼 때 매우 어렵다는데 문제가 있는 것이다. 특히 자치단체의 규모와 인구수가 서로 현격히 다른 상황 하에서 일률적으로 서명요건을 규정함으로써 그 자체가 서명요건을 충족시키는데 어려움을 갖도록 하고 있다는 점에 유념을 하여야 할 것이다.[378]

---

376) 물론 투표권자, 유권자를 의미한다.

377) 특별, 광역시장, 도지사는 당해 지방자치단체의 주민소환투표청구권자 총수의 10/100 이상이며 시장, 군수, 구청장은 15/100 이상, 시도 의원(구군 의원 포함)은 20/100 이상이다.

378) 황아란은 '지금까지 하남시와 제주도 단 두 곳에서만 청구가 가능했을 정도로 유권자의 10%~20%의 서명을 받는다는 것은 현실적으로 매우 어려운 문제'라는 점을 지적하고 있다. 황아란, "앞의 논문".

이러한 문제를 해결하기 위해서는 주민소환의 청구요건을 자치단체의 규모와 인구수에 맞도록 현실성 있게 완화하여야 할 것이다. 이렇게 지역적 특성 등을 고려하여 청구요건을 탄력적으로 적용하게 될 경우 지역 간 형평에 따른 문제를 해소할 수 있게 될 것이다.

이와 더불어 유권자 1/3이상의 투표율을 요구하고 있는데 이것 역시 우리나라 현실에서 볼 때 요건 충족상의 문제를 가질 수 있는 것이다. 황아란이 '최근의 재선거 투표율이 20% 안팎이었던 경우를 감안하면 이 기준은 제고해 보아야 한다.'[379]고 주장하고 있는 것도 이와 맥을 같이 하는 것이다.

또한 황아란은 주민소환에 찬성하는 사람만이 선거장에 가는 일반적인 선거행태를 고려해 볼 때 거의 공개투표에 가까운 만치 만약 주민소환이 불발에 그쳤을 경우 신분상의 불이익이 우려되는 공무원이나 관변단체 임직원 등의 선거참여가 사실상 어렵다는 점도 지적을 하고 있다.[380] 이러한 관점에서 볼 때 투표율 요건을 완화하는 것도 전향적으로 검토해 볼 필요가 있을 것이다.

4) 자발적이고 전향적인 정보공개

자발적이고 전향적인 정보공개가 이루어져야 할 것이다.[381] 자발적인 공개강화를 유도하고 이를 위해 행정정보공개조례 등을 제, 개정하여 자발적 정보공개의 대상 및 방식, 시기 등을 구체화 할 필요가 있다. 그리고 필요하다면 부패방지법[382] 중 내부고발자 보호 규정들을 보다 현실화시키고 강화시켜 내부고발을 통한 정보획득에도 노력을 기울일 필요가 있을 것이다.[383] 현 시점에서 내부고발자를 통한 정보의 수집은 사실상 불가능하다. 미국도 내부고발자보호법(Whistle Blower Protection Act)[384]과 증인보호프로그램(Witness Protection Program) 등을 제정하여 운영하고 있

379) "앞의 논문".

380) "앞의 논문".

381) 정부가 보유하고 있는 정보를 국민과 공유하는 일은 정책의 투명성을 높이고 행정통제를 자연스럽게 가능하게 하며 나아가 부정부패를 방지시켜 준다는 점에서 중요하다. 그리고 국민의 알 권리를 충족시킬 뿐만 아니라 국민의 지적 수준을 획기적으로 높이는 수단이 된다. 이종수·윤영진 외(공저), 『앞의 책』, 220쪽.

382) 2001년 7월 24일 법률 제6494호로 제정되었으며 부패행위 신고자 보호 및 보상 제도를 실시함으로써 내부고발에 대한 전향적 입법을 시도한 것으로 평가받고 있다.

383) 『앞의 책』, 221쪽.

으나 이것도 한계에 부딪치는 사례를 많이 볼 수 있다.

5) 정부의 정책에 대한 신뢰성 확보

이러한 노력이외에 무엇보다 선결적으로 해결이 되어야 하고 필요로 되는 것은 정부의 정책에 대한 신뢰성을 확보하여야 한다는 점이다. 정부의 정책에 대한 대국민 신뢰성을 확보하기 어렵게 될 경우 정부의 어떠한 새로운 영이나 정책도 의미를 가지지 못하게 된다. 불신이 심화 될 경우 정부권위조차 위협받게 될 수도 있다. 따라서 정부의 정책이 신뢰를 받을 수 있도록 노력을 하여야 한다.

이를 위해 정부의 정치적 지도자나 고위공직자들부터 솔선수범하는 모습을 보여주어야 한다. 정부의 고위직들부터 투명하고 자기희생적인 면모를 내보여야 하고 부조리, 부패는 철저하게 척결해 나가야 할 것이다. 고위직은 개혁하지 못하면서 국민이나 하급공직자들만을 개혁하려 한다면 오히려 저항이나 반발 등을 낳을 수도 있을 것이다.

정치도 무소불위의 권력이 아닌 하나의 사회적 가치로 인정하는 마인드의 변화가 있어야 하고 이를 제도화하는 노력이 경주되어야 할 것이다. 민주사회는 특권계급이 존재할 수 없다. 따라서 정치가나 고위공직자나 모두 법 앞에 평등하다. 정치가나 고위공직자도 국민의 일원이며 단지 국민의 주권을 일정기간 위임받아 국민의 뜻에 따라 봉사하는 일꾼에 불과하다. 따라서 법에 규정한 이외의 어떠한 권력이나 특권도 과감히 부정되어야 한다.

이런 의미에서 정치인, 고위공직자, 국민 모두 권력에 대한 새로운 이해가 필요로 된다. 정부의 실패는 정부에서 겸허하고 솔직하게 받아들이고 시장을 통한 처방으로 정책전환을 해나가야 한다. 실패를 솔직히 시인할 수 있어야 한다. 그리고 실패를 치유하는 처방전을 제시할 수 있어야 한다. 정부의 정책개입으로 초래된 정부의 실패라면 시장의 복원 메커니즘을 통해 해결을 해야 할 것이다. 그렇지 않고 정부의 실패를 만회하기 위해 정부가 또 개입하여 문제를 해결하려 할 경우 문제는

---

384) 1978년 공무원제도개혁법(Civil Service Reform Act)이 제정되어 연방정부내의 합법적인 내부고발자 보호가 최초로 이루어졌고 이를 더욱 보강하여 1989년 내부고발자보호법을 제정하여 내부고발자에 대한 보호를 제도적으로 하고 있긴 하지만 모든 정부기관에서 효과를 얻고 있는 것은 아니다.

더욱 꼬일 가능성이 크다. 시장의 실패를 정부가 개입하여 해결하듯 정부 정책의 실패로 발생한 문제는 시장 메커니즘으로 해결하는 것이 바람직하다.

4. 글을 마무리하면서

직접민주주의제도와 간접민주주의제도의 조화로운 접목을 위한 헌법적 고민과 제도운영의 적실성 모색을 위한 노력이 필요로 된다는 점을 지적하고 싶다. 주민의 성실한 대리인으로써의 선출직 공직자들의 성숙된 주민 관[385]과 자기 절제 그리고 행정의 전문성 확보 노력도 이를 위해 필요로 된다.

주민소환제는 양날의 칼과 같다. 잘 쓰면 문명의 이기처럼 지방자치발전과 주민복리향상에 기여하겠지만 잘 못 쓰여 질 경우 문명의 흉기처럼 지방자치발전에 누가 되고 주민복리향상에 기여하지 못하는 역기능을 초래 할 수 있다. 따라서 법제적인 제도적 장치도 잘 마련해 나가야 할 것이지만 이의 운영에 있어서도 주민소환의 취지를 잘 살려 세심한 배려와 합의가 도출 될 수 있어야 할 것이다.

또한 무엇보다 중요한 것은 첨예한 갈등을 부드럽게 해결해 나갈 수 있기 위해 주민들, 정치인, 행정관료, 시민단체, 언론 등의 정치적, 행정적 시민의식의 성숙이 이루어져야 한다. 결국 지방자치의 성공여부의 관건은 바로 이러한 갈등관리에 뿌리를 둔다고 말해도 지나침이 없을 것이다. 이러한 사실을 직시하고 모든 정책과정에 참여하는 자들의 성숙된 의식개선을 위한 총체적 노력이 필요로 된다.

---

385) 주민의견의 합의도출과 수렴 노력 등이 전제가 되어야 할 것이다.

제6장 세계화시대에 있어 한국의 다문화행정[386)]

최근 우리나라에서 치러지는 부부 10쌍 중 1쌍은 국제결혼을 할 정도로 다문화가정이 빠르게 늘어가고 있다. 이러한 추세는 울산지역도 예외가 아니어서 이 지역에 거주하는 결혼이민자[387)]의 수가 2천명을 훨씬 넘어서고 있다. 이것만 보아도 이제 울산도 다문화시대에 들어섰다고 말 할 수 있게 되었다. 이것이 이제 더 이상 다문화 가정에 대한 지원과 관심을 등한시 할 수 없는 이유이기도 하다. 그러나 아직 이에 대한 준비가 미흡하다는 지적이 많으며 이는 어떻게 보면 사실일지도 모른다.

전국적 수준에서 볼 때 다문화 가정 급증추세에 따라 지역 행정기관과 단체에서 다문화 가정 관련 지원과 정책을 다양하게 펼치고 있다. 보건복지부, 여성부, 교육과학기술부, 법무부, 그리고 행정안전부 등에서 펼치고 있는 사업이나 정책들이 그러한 것 들 중 하나이다. 하지만 이들 사업 대부분이 결혼이민자의 한국화에 초점이 맞춰져 있어 한계가 있다는 지적이다. 또한 다문화가정 지원 사업이 현장 의견을 전혀 수렴하지 않은 채 진행이 된다는 비판도 거세게 일고 있다. 또한 공급자 위주의 지원이 이루어지고 있는데 이것을 수요자 중심으로 전환을 시켜야 한다는 목소리도 드높다. 이러한 것들이 모여 현 지원 정책의 문제와 한계를 드러내고 있기도 하다.

요즈음 가장 화두가 되고 있는 말 들 중에 하나가 세계화(Globalization)라는 말이다. 이제 세계는 하나의 지구촌(Global Village)이 되어 기존의 국경의 개념이 무색해지는 시대가 되었다는 것을 의미한다. 국경이 의미가 없어지니 보다 많은 사람들의

386) 이 글은 이병철, "울산광역시 다문화가정의 현주소와 미래상", 『울산학연구』, 제4호 (2009), 83-138쪽에 게재하였던 글을 일부 수정하여 다시 실은 것임.

387) 결혼이민자는 결혼을 통해 우리나라에 영구히 귀화하여 대한민국 국민이 되기 위해 온 외국인이다. 특히, 여성결혼이민자는 한국남성과 결혼하여 대한민국 영토에 거주하는 외국인 여성을 말한다. 이들은 결혼 후 국내체류기간이 2년 이상이 경과하면 일정심사를 거쳐 한국국적을 취득하게 되는데 이와 같이 결혼 후 일정 기간의 유예를 두는 것은 결혼사기 등의 문제를 방지하기 위함이다. 조석주·이상묵, 『지방자치단체의 결혼이민자 지원정책 개선방안』, 한국지방행정연구원, 2008년 12월

교류가 이루어지고 많은 문화들이 서로 만나게 되는 계기가 마련되어지고 있다. 국경을 하나의 축으로 하여 이루어져 오던 독특한 문화가 다른 이질적 문화와 어우러지는 과정이 바로 세계화의 과정이라고 말 할 수 있게 된 것이다. 이제 문화는 여러 문화가 상호 공존하면서 서로 융화되고 동화되면서 또 다른 문화를 만들어 내고 있는 것이다. 이러한 변화의 과정과 그 결과들을 다문화라고 표현할 수 있을 것이다. 이제 세계화라는 말은 다문화라는 말과 거의 같은 개념으로 이해되고 또 통용되고 있는 것이다.

이러한 다문화는 보는 시각과 이해에 따라 다소 차이는 있겠지만 분명 우리에게 장점과 단점을 동시에 던져주고 있다. 장점으로는 다문화가 서로 공생을 하고 경우에 따라서는 문화 간의 조화와 융화를 통해 시너지적 효과를 낳고 이것이 문화의 융성과 풍요를 낳고 또 새로운 문화를 창출해 내는데 있어 커다란 자양분의 역할을 한다는 것이다. 그러나 다른 한편으로는 이러한 조화로운 접목이 잘못될 경우에는 문화 간의 충돌이나 갈등현상이 나타날 수 있다는 바람직하지 못한 단점도 가지고 있다. 이러한 관점에서 다문화를 보면, 그야말로 날카로운 양날을 가진 칼로 비유될 수 있는 것이다.

이러한 문화 간의 그리고 문명 간 의 갈등과 충돌에 대한 우려를 21세기의 으뜸가는 화두로 던진 인물이 바로 사무엘 헌팅턴(Samuel P. Huntington)이다. 그는 21세기에 기독교 문화권과 아랍 이슬람 문화권 간에 갈등과 충돌현상이 일어날 개연성이 높다는 점을 분명히 하고 이러한 문화적 혹은 문명적 갈등과 충돌(Clash of Civilization)이 커다란 지구적 위기로 비화될 가능성을 우려하고 있는 것이다.[388]

헌팅턴의 이러한 우려와 한 단계 더 나아간 경고는 반드시 그러한 현상이 도래하여 지구적 위기가 도래할 것이란 어두운 그림자를 담고 있는 의미만을 뜻하는 것은 아니다. 이러한 현상의 도래를 미리 예견하고 이를 예방하는 차원에서 다문화간의 조화로운 접목을 위한 긍정적이고 전향적인 노력이 필요하다는 방향제시의 의미도 가지고 있다는 점[389]을 결코 간과해서는 안 된다는 의미를 담고 있기도 한 것이다.

이러한 관점에서 이해를 한다면 문화의 갈등과 충돌을 피하면서 다문화간의 조

388) 새뮤얼 헌팅턴 지음·이희재 옮김, 『문명의 충돌』 (서울 : 김영사, 2000).

389) 그래서 헌팅턴은 문화적 가치가 인류의 발전을 결정할 것이라는 주장까지 서슴없이 하고 있다. 새뮤얼 헌팅턴 편저·이종인 옮김, 『문화가 중요하다 : 문화적 가치가 인류발전을 결정한다』 (서울 : 김영사, 2001).

화로운 접목이 가능하도록 이끌고 나가야 할 것이며 이를 위한 노력이 다른 어느 때보다 필요하다고 볼 수 있다. 그리고 이러한 필요성을 공감한다면 다문화사회로의 이행을 자연스럽게 받아들일 수 있을 것이다.

다문화가정이란 이러한 다문화사회의 도래가 가져 온 하나의 산물로 볼 수 있을 것이다. 서로의 이질 적인 문화를 가진 자들이 하나의 독립된 가정을 구성하는 것이다.

이러한 맥락에서 교육과학기술부는 다문화 가정을 '우리와 다른 민족·문화적 배경을 가진 사람들로 구성된 가정'으로 정의를 하고 있다. 그리고 이러한 다문화 가정에 대한 개념정의는 국제결혼이라는 용어가 내포한 내국인 간의 결혼과 외국인과의 결혼으로 구분하는 국적에 따른 차별성 대신 한 가족 내에 다양한 문화가 공존하고 있다는 의미로 해석할 수 있을 것이다.

이를 의미는 같지만 다르게 표현을 하면, 다문화가정은 한국인 남성과 결혼한 이주여성 가정, 한국인 여성과 결혼한 이주남성 가정, 노동자나 유학생과 같은 이주민가정 등을 포함하는 한 가족 내에 다양한 문화가 공존하고 있는 가정의 개념으로 이해 할 수 있다.[390]

본 글에서는 이러한 다문화가정의 이해의 틀 위에서, 울산광역시의 다문화가정의 현황과 실태를 살펴보고, 다문화 가정이 지니는 문제점을 도출해 내고자 한다.

그리고 여기에서 한 걸음 더 나아가 울산광역시 다문화가정이 지니고 있는 문제점을 해결하기 위한 정책적 방안을 제시하여 향후의 울산지역의 다문화가정이 지향코자하는 미래비전의 밑그림을 그려내는데 도움을 주고자 하는데 이 글의 목적을 두고 있다. 그리고 이 글의 범위는 공간적으로는 울산광역시로 한정을 하고 집필대상은 다문화가정의 구성체 중 결혼이민자 가정으로 한정을 한다.

390) 모선희·이인희·이선행·김성운, "다문화가정의 문제점과 정책적 지원방안 연구", 『기획연구 2008-02』, 충남발전연구원, 2008., 21쪽. ; http://www.kwfamily.or.kr

1. 다문화 관련 이론과 외국의 다문화교육

1) 다문화 관련 이론

다문화는 일반적으로 성별, 종교, 직업, 계층, 인종 등에 따라 각 사회집단들의 고유한 문화적 특성이 다양하게 존재하고 있음을 의미한다.

다문화 관련이론으로는 서로 대립되고 있는 '다문화주의'(multi-culturalism)와 '동화주의'(assimilationism)가 있다.

우선 다문화주의란 '샐러드 보울 이론'(Salad Bowl Theory)에 근거를 하고 있는데 이는 한 국가 내에 존재하는 서로 다른 문화의 존재를 인정하고 독자성을 인정하는 입장을 취하는 것이다.[391] 이에 반해 동화주의는 '용광로 이론'(Melting Pot Theory)에 근거를 하고 있는데 이는 접촉, 경쟁, 화해, 동화의 과정을 통해 이민자들을 주류사회에 동화시키는 입장을 취하는 것이다.[392] 과거 일본 강점기에 우리가 겪었던 창씨개명, 황국신민(皇國臣民)의 서사 암송 강요, 한국어 말살, 한국역사의 왜곡과 날조 등의 정책은 바로 이러한 동화주의 적 접근이었다고 볼 수 있는 것이다.

최근 우리나라에서는 다문화가정정책을 '비빔밥문화론'으로 표현을 하고 있는데, 이는 우리나라의 기존 가정과 다문화가정과의 융합을 마치 비빔밥이 여러 재료가 어우러져 특유한 맛을 만들어가는 것에 비유한 것으로 샐러드 보울 이론보다 한 단계 더 앞서나가 완전한 통합을 의미하는 것이다.[393]

이와 같은 다문화 논의는 지속적으로 이주문화가 오랫동안 형성되어왔던 서구사회를 중심으로 이슈화되었으나, 최근에 들어 우리나라나 일본 등에서도 다문화사회 현상이 나타나면서 학문적, 실천적 측면에서 연구되어 오고 있다.[394]

2) 외국의 다문화교육

① 프랑스의 다문화교육(Education Interculturelle)

프랑스에서는 시민교육(l'Education Civille)이 실시되고 있다. 이 교육은 초등학교 1학년부터 고등학교 3학년까지 공통필수과목으로 개설이 되어있다. 이것은 프랑스

---

391) 모선희 외, "앞의 글", 68쪽. ; http://en.wikipedia.org/wiki/Salad_bowl_(cultural_idea)
392) "앞의 글", 67쪽. ; http://en.wikipedia.org/wiki/Melting_pot
393) "앞의 글", 7쪽과 20쪽.
394) "앞의 글", 20쪽.

시민교육의 핵심이 되고 있다.

프랑스에 거주하는 모든 학령기 아동들은 실질적으로 부모의 신분과 관계없이 교육권이 보장되어있으며 불법체류자라도 일정한 심사를 거쳐 학업을 마칠 때까지 부모를 임시로 체류하도록 허가함으로써 자연스럽게 합법적으로 프랑스에 거주 할 수 있는 길을 열어 주고 있다. 그리고 '이주민자녀 학습프로그램 지원센터'(Centre Académique pour la Scolarisation des Nouveaux Arrivants et des enfants du Voyage : CASNAV) 제도가 있는데 이것은 프랑스에 새롭게 이주를 하여 정착을 하는 이주민 자녀들의 학습을 도와주는 학습프로그램 지원센터를 의미한다. 이것은 다문화교사들을 위한 연수 프로그램을 운영하고 있을 뿐만 아니라 파리에 소재한 CASNAV는 일반인까지 다문화 강좌를 개설하여 교육을 시키고 있다.

② 독일의 다문화교육(Interkulturelles Erziehung)

상호문화교육의 개념(1980년대 들어서면서 활성화)을 띠고 있으며 이는 토착문화와 주변문화 간의 갈등 해소를 위한 노력의 일환으로 볼 수 있다. '시민교육'(politische bildung)의 일환으로 시민을 대상으로 하여 실시하고 있다. '이주청소년담당'(JMD) 기관을 개설하여 운영을 하고 있는데 이 기관은 연방정부의 재정지원으로 운영되고 있으며 이주 청소년들의 통합, 편입, 적응 기회를 높이는데 주안점을 두고 있다. 이외에 이주민의 사회적응을 위한 프로그램을 운영하고 있다. 사회적응 오리엔테이션 과정이 총 30시간이며 기초 및 재교육 언어과정이 초급, 중급, 고급 과정 총 600시간이다.

③ 미국의 다문화교육

미국의 다문화교육은 1966년 제임스 콜먼(James S. Coleman)이 제시한 '교육의 기회균등에 관한 보고서'(Report on Equality of Educational Opportunity)[395]에서 비롯되었으며 소수민족과 저소득층을 대상으로 인종차별 없는 교육의 발단을 마련하였다. 미국의 교육은 문화 다원주의를 지향하고 있다. 다양한 언어 및 문화습득

395) 간단히 줄여서 '콜먼 보고서'(Coleman Report)라고도 부른다. http://en.wikipedia.org/wiki/Coleman_Report#Coleman_Report

을 위한 프로그램들을 운영하고 있으며 학교 내에 심리학자나 사회복지사를 배치하여 다문화 갈등에 따른 심리치료나 학업 및 취업진로에 대한 상담을 한다. 그리고 학교 밖에서는 다양한 다문화교육기관들이 운영이 되고 있다. 그러한 예로는 '루터 이민 및 난민서비스센터'(Lutheran Immigration and Refugee Service : LIRS), '가톨릭 이민 난민지원센터'(the United States Conference of Catholic Bishops : USCCB) 등이 있다.

2. 한국의 다문화 사회화 현황과 실태

한국사회도 다문화사회로 매우 빠른 속도로 진입하고 있다. 종전까지 순혈주의적 입장에서 단일민족임을 자랑스럽게 생각해 왔지만 세계화의 추세에 따른 인적교류의 확대와 혼인율 및 출산율저하에 따른 인구감소 그리고 3D업종 기피 등에 따른 해외인력의 수입, 농어촌 총각 결혼 문제[396]를 해결하기 위한 방편으로 국제결혼의 장려 등으로 인해 다문화사회로의 진입이 자연스럽게 이루어지고 있다. 특히 2003년 이후 국제결혼은 매년 만 건 이상씩 증가하고 있으며 2006년에는 결혼하는 10쌍 중 1쌍이 국제결혼 일 정도로 이미 우리 사회의 보편적 현상으로 자리잡고 있다.

이를 좀 더 구체적으로 살펴보자면 1990년도에는 우리나라 전체 결혼의 1.2% 정도에 불과하였던 것이 2002년에는 3.7%로 늘어났고 2005년도에는 13.6%까지 증가한 것이다.[397] 2008년 11월 기준으로 국제결혼은 122,552명에 달하고 있다.[398] 2001년의 25,182명과 비교를 해보면 거의 5배 정도 급증했음을 알 수 있다. (<표 1> 참고)

---

396) 지난 2006년 농림어업에 종사하면서 결혼한 남성가운데 외국인 신부를 맞이한 비율은 8,596명 중에서 3,525명(41%)으로 매우 높았다. 이 업종 종사자 혼인 남성 10명 중 4명은 국제결혼을 한 셈이다.

397) 이상묵, "결혼이민자 지원정책과 지방자치단체의 역할", 『e-KRILA FOCUS』, 제7호, 한국지방행정연구원, 2009년 6월 26일. ; 조석주·이상묵, 『앞의 글』, 2008년 12월.

398) 2009년 5월 기준인 통계에 입각해 보면 126,290명으로 집계되고 있다. 이상묵, "앞의 글". ; 조석주·이상묵, 『앞의 글』, 2008년 12월.

〈표 1〉 국제결혼의 연도별 증감추이

○ 연도별 증감 추이 (2008.12.31 현재, 단위 : 명)

연 도	2001	2002	2003	2004	2005	2006	2007	2008.11
인 원	25,182	34,710	44,416	57,069	75,011	93,786	110,362	122,552
증감률 (전년대비, %)	--	37.8	27.9	28.5	31.4	25.0	17.7	11.0

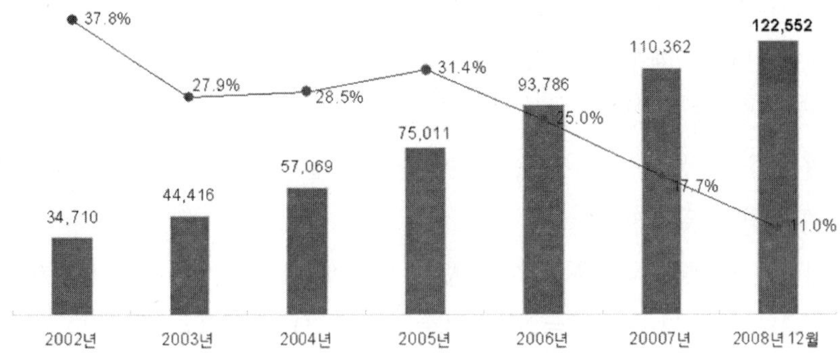

이러한 다문화 사회로의 진입은 통계자료를 통해서 볼 때 확연하게 드러난다. 2008년 기준으로 국내체류 외국인이 약 110만 명에 달하고 이 중 12만 명이 결혼이민자이며, 결혼이민자들 중 약 88%는 여성들이다.[399] 인구통계 예측에 따르자면 2015년에는 26만 6천명에 이르고 2020년에는 35만 4천명으로 까지 지속적으로 증가할 것으로 전망이 되고 있는 것이다.[400]

또한 현재의 출산율(2005년 기준 합계출산율 1.08%)을 고려 할 때 2020년 이후에는 외국으로부터 생산인력을 수입해 들어와야 현재의 경제수준을 유지 할 수 있다는 것이다. 한국의 합계출산율을 살펴보면 1960년에는 6.0이었으나 1974년에는 3.6, 1984년에는 2.1, 1993년에는 1.8, 2003년에는 1.13, 2005년에는 1.08까지 하락이 되었다. 우리보다 선진국이라고 할 수 있는 미국의 경우 2005년 기준으로 볼 때 2.04이고 일본은 같은 기간 1.33이었으며 선진국 평균이 같은 기간 1.56임을 감안 할 때 우리의 출산율 저하는 매우 심각한 상태임을 알 수 있다.

이러한 한국의 다문화 사회화 현황과 실태를 차례대로 살펴보면 다음과 같다.

399) 이상묵, "앞의 글". ; 조석주·이상묵, 『앞의 글』, 2008년 12월.
400) 설동훈, "한국의 결혼이민자 가족 : 현황과 정책", 한국가정관리학회 추계 학술대회, 1-20., 2006.

1) 외국인 주민의 수

불법체류자를 포함한 외국인주민의 수는 1,106,884명으로 주민등록인구 수인 49,593,665명의 2.2%에 해당이 된다. 2008년 891,341명 대비 215,543명이 증가하였으며 증가율은 24.2%이다. 참고적으로 2006년부터의 외국인 주민의 수 증가와 증가율을 살펴보면 2006년은 536,627명이었으며 2007년은 722,686명으로 늘어나 증가율이 전년 대비 34.7%이었다. 그리고 2008년은 891,341명으로 늘어나 증가율이 전년 대비 31.4%이었다.401) 매우 빠른 속도로 그리고 지속적으로 외국인주민의 수가 늘어나고 있음을 알 수가 있다.

울산의 경우 외국인 주민의 수는 18,914명으로 울산시민 전체인구 1,112,644명의 1.7%를 차지하고 있다.402)

외국인주민 중 한국국적을 가지지 않은 자는 925,470명으로 전체 외국인주민의 83.6%에 해당한다. 그리고 외국인근로자는 575,657명으로 전체 외국인주민의 52%에 해당한다. 이는 2008년도 대비 137,930명이 증가된 것으로 증가율은 31.5%이다. 그리고 결혼이민자는 125,673명으로 전체 외국인주민의 11.4%에 해당하며 2008년도 대비 22,960명이 증가된 것으로 증가율은 22.4%이다.403) 외국인근로자의 증가율 못지않게 결혼이민자의 증가율도 빠르게 증가하고 있다.

외국인주민 자녀는 107,689명으로 전체 외국인주민의 9.7%에 해당하며 2008년도 대비 49,682명이 증가하였으며 증가율은 85.6%이다. 그리고 이 중 만 6세 이하가 64,040명, 만 7~12세 이하가 28,922명으로 외국인주민 자녀의 86.3%를 차지하고 있다. 이것은 2008년 대비 41,131명이 증가한 것이며 증가율은 79.4%이다.404)

외국인주민 자녀 중 12세 이하의 비율이 86.3%에 이르고 있다는 사실은 이들의 대부분이 초등학교 이하의 연령 군에 속해있다는 것을 의미한다. 이는 다문화갈등이 학교생활 중 특히 초중학교와 같은 초급학력 단위수준에서 발생하는 빈도가 높음을 고려할 때 이들에 대한 관심이 제고되어야 하는 이유 중 하나가 된다. 그리고 지역별로 볼 때 자녀증가율에 있어서는 경기도가 가장 앞서고 있다. 경기도에 거주

401) 행정안전부 자치행정과, 『2009년 지방자치단체 외국인주민 현황조사 결과』, 2009년 7월.

402) 행정안전부 자치행정과, "외국인주민 현황 통계", 『2009년 지방자치단체 외국인주민 현황조사 결과』, 2009년 7월.

403) 행정안전부 자치행정과, 『2009년 지방자치단체 외국인주민 현황조사 결과』, 2009년 7월.

404) 행정안전부 자치행정과, 『앞의 자료』.

하고 있는 다문화가족 자녀들이 1년 새 130%나 증가하였다.405)

울산의 경우 외국인 주민의 자녀의 수는 2,489명이다.406)

2) 외국인 주민의 국적별 분포

국적별 분포를 살펴보면 조선족을 포함한 중국 국적 자가 624,994명으로 전체 외국인주민의 56.5%로 가장 많다. 중국국적자 중 조선족은 2008년에 비해 65,491명(증가율은 17.3%) 증가한 443,836명으로 전체 외국인주민의 40.1%에 달하고 있다. 동남아시아(21.2%), 미국(5.4%), 남부아시아(3.9%), 일본(2.4%), 대만·몽골(2.1%), 그리고 중앙아시아(1.8%) 순이다.407) (<표 2> 참고)

〈표 2〉 2008년도 대비 국적별 증가현황

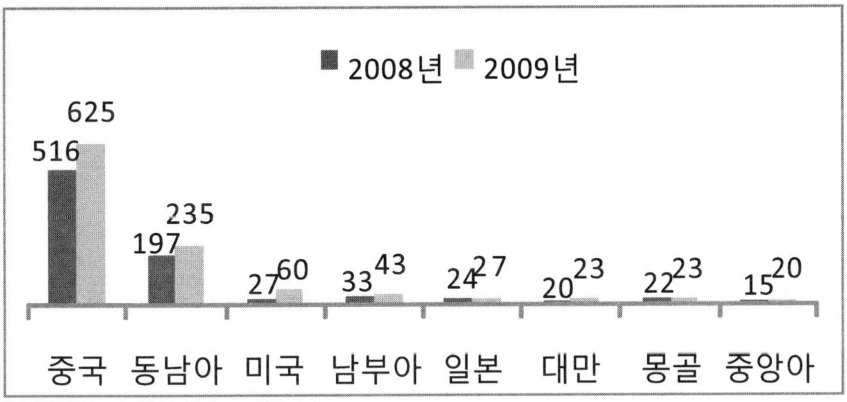

자료 출처 : 행정안전부 자치행정과, 『2009년 지방자치단체 외국인주민 현황조사 결과』, 2009. 7.

외국인근로자는 575,657명인데 이 중 조선족 포함한 중국이 60.3%, 동남아시아 24.3%, 남부아시아 5.7%, 중앙아시아 2.4%, 몽골 2.3% 순으로 조선족 포함한 중국과 동남아시아 국적 자가 다수이다. 성별로는 남성이 67.1%(386,204명)로 다수이나, 조선족 포함한 중국의 경우 여성이 44.1%(152,948명)로 상당한 비중을 차지하고 있다. 결혼이민자는 125,673명인데 이 중 조선족 포함한 중국이 54.8%, 동남아시아 32.1%,

405) 『연합뉴스』, 2009년 10월 22일.
406) 행정안전부 자치행정과, "외국인주민 현황 통계", 『앞의 자료』, 2009년 7월.
407) 행정안전부 자치행정과, 『2009년 지방자치단체 외국인주민 현황조사 결과』, 2009년 7월.

일본 4%, 몽골 1.8%, 중앙아시아 1.5% 순으로 조선족 포함한 중국과 동남아시아 국적 자가 다수이다. 성별로는 여성이 87.9%(110,483명)로 대다수를 차지하고 있다.

외국인주민의 자녀수는 107,689명이고 이중 조선족 포함한 중국이 50.7%, 동남아시아 34.9%, 일본 6.3%, 몽골 1.6%, 중앙아시아 1.5% 순으로 조선족 포함한 중국과 동남아시아 출신 부모의 자녀가 다수이다. 성별로는 남성이 51.1%(54,362명)로 여성과 비슷하다.[408]

외국인근로자이거나 결혼이민자이거나 조선족 포함한 중국 국적 자가 가장 많으며 그 다음이 동남아시아 국적자임을 알 수 있다.

3) 외국인 주민의 시도별 분포

시도별 분포를 살펴보면 외국인주민은 수도권(서울 · 경기 · 인천) 지역에 65.1%가 거주하고 있으며, 특히 서울에 가장 많이 거주하고 있다. 서울이 334,910명이 거주하고 있어 30.3%를 차지하고 있고 그 다음이 경기도로 29.3%(323,964명)이며 그 뒤를 이어 경남 5.8%(64,298명), 인천 5.6%(61,522명) 순이다.[409] (<표 3> 참고)

〈표 3〉 시도별 외국인주민 분포율

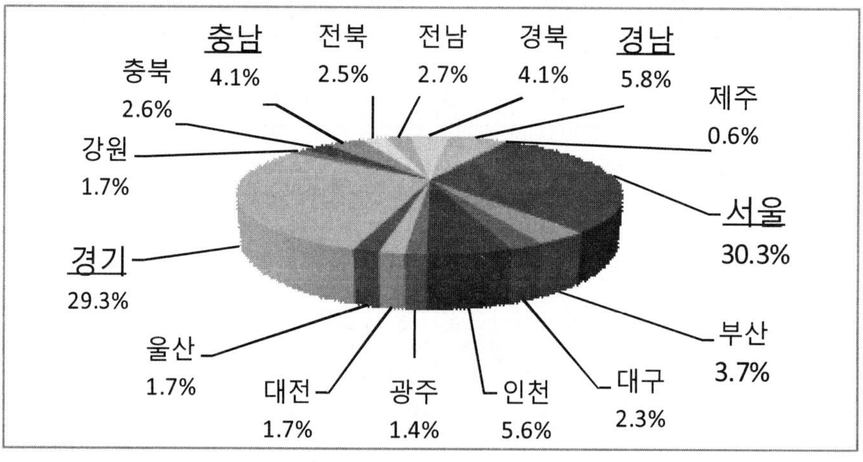

자료 출처 : 행정안전부 자치행정과, 『2009년 지방자치단체 외국인주민 현황조사 결과』, 2009. 7.

---

408) 행정안전부 자치행정과, 『앞의 자료』.

409) 『앞의 자료』.

외국인근로자는 경기 35.7%(205,239명), 서울 29.6%(170,385명), 경남 6.6%(38,034명), 인천 5.7%(32,758명), 충남 3.6%(22,076명) 순이며 수도권에 집중된 비율이 70.9%에 이른다. 결혼이민자 및 국적취득자는 서울 28.7%(57,281명), 경기 27.1%(53,998명), 인천 6%(11,872명), 경남 5.1%(10,107명), 충남 4.3%(8,614명) 순이며, 수도권 거주자가 61.8%로 비중이 높다.[410] 외국인 근로자나 결혼이민자나 수도권 거주비율이 높음을 알 수 있다.

그리고 인구대비 외국인 주민 비율을 지역별로 살펴볼 때 울산의 경우는 5개 구·군 중 1지역만 4~3%이고 나머지 4지역은 2~0.7%이다.[411] (<표 4> 참고)

〈표 4〉 지역별 인구대비 외국인 주민 비율 (단위 : 개)

구분	시군구	5%이상	5~4%	4~3%	3~2%	2~0.7%	0.7% 미만
합계	232	15	6	17	45	140	9
서울	25	6	1	5	4	9	
부산	16	1			1	11	3
대구	8					5	3
인천	10	1		2	2	5	
광주	5					3	2
대전	5					5	
울산	5			1		4	
경기	31	4	3	5	9	10	
강원	18				3	15	
충북	12	2			2	8	
충남	16			1	7	7	1
전북	14			1	3	10	
전남	22	1			5	16	
경북	23			1	6	16	
경남	20		2	1	2	15	
제주	2				1	1	

자료 출처 : 행정안전부 자치행정과, 『2009년 지방자치단체 외국인주민 현황조사 결과』, 2009. 7.

4) 외국인 주민에 대한 지원기관 및 단체

① 개요

외국인주민 지원기관 및 단체는 743개(시군구별 평균 3.2개)로 2008년(564개)에 비해 179개(31.7%)가 증가하였다. 지원주체별로 보면 공공기관이 304개, 종교단체가

410) 『앞의 자료』.
411) 『앞의 자료』.

87개, 그리고 민간단체가 352개이다. 공공기관으로는 다문화가족지원센터, 외국인근로자센터, 국제교류재단, 종합사회복지관, 고용지원센터 등이고 종교단체는 교회 등 선교센터, 불교, 천주교 등이며 순수민간단체로는 외국인근로자상담소, 쉼터, 이주여성인권센터 등이다. 그리고 전 지자체에서 외국인주민 지원업무 담당인력을 확보하고 있으며[412] 2008년도에 비해 외국인주민 전담부서의 설치가 확대되었다.[413]

울산의 경우는 지원기관이나 단체로 공공기관이 4개, 종교단체가 3개 그리고 민간단체가 10개이다.[414] (<표 5> 참고)

〈표 5〉 지원기관 및 단체 현황 (단위 : 개)

구분	계	공공기관	종교단체	민간단체
합계	743	304	87	352
서울	66	38	5	23
부산	39	30	1	8
대구	37	18	2	17
인천	33	11	6	16
광주	35	9	4	22
대전	16	4	-	12
울산	17	4	3	10
경기	158	39	40	79
강원	33	13	2	18
충북	36	15	2	19
충남	53	26	1	26
전북	72	32	4	36
전남	35	19	5	11
경북	41	18	6	17
경남	60	24	6	30
제주	12	4	-	8

자료 출처 : 행정안전부 자치행정과, 『2009년 지방자치단체 외국인주민 현황조사 결과』, 2009. 7.

② 다문화가정지원정책 주체기관별 분류

ㄱ. 중앙정부와 지방자치단체

우선 주무부처인 보건복지가족부는 2008년도에 '다문화가족지원법'을 공포하고 이를 시행하였으며 이를 근거로 다문화가정을 지원하는 '다문화가족지원센터' 80개소를 운영하고 있다.[415] 다문화가족지원법은 법률 제8937호로 2008년 3월 21일

412) 자치행정, 사회복지, 시민협력 부서 등에서 담당하고 있다.
413) 행정안전부 자치행정과, 『앞의 자료』.
414) 『앞의 자료』.
415) 모선희 외, "앞의 글", 8쪽.

제정되어 2008년 9월 22일부터 시행이 되었다. 이로 인해 다문화가정에게 필요한 생활정보제공과 교육지원, 아동의 보육 및 교육지원, 다국어에 의한 서비스 지원 등 결혼이민자와 가족구성원의 사회적응을 지원하기 위한 법적 근거가 마련이 된 것이다.[416)]

이외에 혼혈인 생계비 및 학비 보조, 빈곤층 혼혈인에 생계, 의료, 주거급여 지원, 결혼이민자 가족이 기초생활수급 신청 시 여성결혼이민자 소득, 재산 제외, 건강보험 가입안내 외국어 리플릿 제작, 국제결혼 중개업의 등록제로의 전환 등을 시행하고 있다.[417)]

다음으로 여성부는 '3차 여성정책 5개년 기본계획'(2008~2012년)에 입각하여 여성결혼이민자에 대해 다각적인 사회통합지원을 하고 있다.[418)] 그리고 이외에 부부교육 및 가족상담, 여성결혼이민자 멘토링, 한국어 교재 개발 및 한국어 교실 운영, 모성보호가이드 발간, 결혼이민자 지원센터 설립 등을 시행하고 있다.[419)]

또한 교육과학기술부는 2008년 '다문화가정 학생교육 지원방안'(2009~2012년)을 수립하여 전국 16개 시, 도교육청을 중심으로 다문화가정 유아와 초등학생의 한국어, 기초학력 향상 지원, 다문화가정 학부모의 자녀교육 역량 강화지원, 다문화 교육기반 구축, 다문화 이해제고 및 확산의 4대 정책과제를 700억 원 예산규모로 계획하고 있다.[420)] 그리고 이외에 결혼이민자 자녀의 학교생활 적응 지원, 다문화교육을 위한 교사역량 강화, 한국어 및 문화교육 프로그램 운영 등을 시행하고 있다.[421)]

그리고 문화체육관광부는 2007년 11월에 다문화정책팀을 신설하고 다문화 문화향수실태조사 실시, 다문화체험지원, 문화예술교육 확대, 그리고 문화 바우처 제공 등 다양한 지원책을 실시하고 있다.[422)] 이외에 국제결혼이주여성 언어사용 실태조사 실시, 이주 여성 자녀를 위한 한국문화체험 행사, 한국어 강좌 개설 운영, 사회문화 예술 교육 지원 사업을 통해 문화예술교육 지원 등을 하고 있다.[423)]

---

416) "앞의 글", 8쪽.
417) 조석주 · 이상묵, 『앞의 글』, 33쪽.
418) 모선희 외, "앞의 글", 8쪽.
419) 조석주 · 이상묵, 『앞의 글』, 33쪽.
420) 모선희 외, "앞의 글", 8쪽.
421) 조석주 · 이상묵, 『앞의 글』, 33쪽.
422) 모선희 외, "앞의 글", 8쪽.
423) 조석주 · 이상묵, 『앞의 글』, 33쪽.

또한 농림수산식품부는 농촌사회여성팀을 중심으로 다문화가정 관련 정책을 추진하고 있으며, 법무부는 결혼이민자 영주자격 신청요건을 완화해 주고 결혼이민자의 이혼, 별거 시에도 자녀접견을 위해 국내체류를 허가 하고 있으며, 행정안전부는 지방행정연수원에 다문화 사회 관리과정을 신설하여 담당 공무원들을 대상으로 사례, 실무 위주 교과과정을 운영하고 있다.[424] 그리고 결혼이민자에게도 지방선거에서 참정권을 부여하였다.

이러한 중앙정부의 지원정책 외에 지방자치단체들도 중앙정부의 지원정책을 집행하면서 다른 한편으론 자신들의 특성에 맞는 지원정책들을 펼치고 있다. 즉, 결혼이민자들이 거주하고 있는 지방자치단체는 다문화가정과 이들에 대한 서비스 제공을 위하여 중앙정부의 기본적인 결혼이민자 정책을 바탕으로 구체적인 시책을 마련하고 집행하고 있으며 나름대로 지역특성에 부합되는 정책을 구현하고 있다.

구체적으로 지방자치단체가 수행하는 결혼이민자 지원기능 및 역할은 결혼이민자들의 언어소통 문제를 해결해 주기 위한 커뮤니케이션지원, 취업과 주거 및 사회보장과 같은 생활지원, 상담 및 생활정보제공, 그리고 지역 내의 외국인 및 결혼이민자 지원 시민사회단체 내지 교육기관 등과의 네트워크 형성을 통한 조직적 지원체계 마련 등이 있다.[425]

ㄴ. 민간단체

다문화가정 지원 사업은 민간단체들이나 종교단체 등에서 부분적으로 이루어지고 있으나 주로 다문화가족지원센터를 중심으로 실시되고 있다. 다문화가족지원센터는 다문화가정의 현황 및 실태 조사를 실시하여 정확한 다문화가정의 문제점을 적출해 내고 한걸음 더 나아가 이에 대한 해결책을 강구하고 있으며, 지역의 다문화가족지원센터에서는 다문화가정의 언어소통, 문화적 차이, 자녀교육의 어려움 등의 문제를 위해 방문교육서비스를 통한 한국어 교육, 가족 및 자녀양육 상담, 사회, 문화적응사업 등을 주로 지원하고 있다.[426]

---

424) 모선희 외, "앞의 글", 8쪽.

425) 조석주 · 이상묵, 『앞의 글』, 34쪽.

426) 다문화가족지원센터에서는 공통사업으로 한국어교육, 가족통합교육, 가족생활상담사업, 한국문화이해교육, 가족생활교육, 정보화교육, 취업교육, 자조집단 운영 등을 실시하고 있다. 모선희 외, "앞의 글", 8-9쪽.

다문화가족지원센터는 2006년 21개소, 2007년에 36개소이던 것이 2008년에는 80개소로 확대가 되었다.[427] 정부는 2008년 9월 9일에 국무회의의 의결을 통해 센터의 명칭을 변경하여 기존의 '결혼이민자가족지원센터'가 '다문화가족지원센터'로 바뀌었다. 최근 보건복지가족부 발표에 의하면 2009년에는 100개소, 그리고 2010년에는 140개소로 다문화가족지원센터를 확대하여[428] 다문화가정의 어려움과 인간적 삶을 보장하려는 노력을 더욱 배가시켜 나갈 예정이다.

3. 울산광역시의 다문화가정과 지원기관의 현황과 실태

1) 결혼이민자의 현황

① 국제결혼 건수

울산광역시의 국제결혼 건수를 살펴보면 2001년부터 2004년까지 481건(2.71%)이었고 2005년 313건(4.44%), 2006년 393건(5.14%)으로 해마다 증가를 하였다. 이러한 결과 결혼이민자의 수는 2009년 2월 말 현재 2,288명에 달하고 있다.

2007년 6월 말에 결혼이민자의 수가 1,448명이었음을 고려 해 볼 때 매우 빠른 속도로 증가를 했음을 알 수 있다.[429]

그리고 통계청의 2008년 자료에 의하면, 울산에서의 외국인과의 결혼특징은 한국인남편-외국인아내의 혼인건수(570건)가 외국인남편-한국인아내의 혼인건수(76건)보다 75%정도나 많다는 것이다. 다시 말해 여성 결혼이민자가 울산 지역도 예외없이 남성 결혼이민자보다 많다는 것을 의미하는 것이다.

그런데 한국인남편-외국인아내의 혼인건수가 2006년을 기점으로 하락추세에 있는 반면 이들의 이혼건수는 해가 갈수록 늘어나고 있어, 5년전 보다는 100배, 2007년보다는 40% 가까이 증가한 것으로 나타났다.[430] 이것이 의미하는 바는 울산 지역 역시 해외결혼이민자들의 이혼율 상승이 높다는 것을 뜻한다. (<표 6> 참고)

427) "앞의 글", 8쪽.
428) "앞의 글", 8쪽.
429) 2009년도 울산광역시 내부자료.
430) 울산발전연구원 여성가족정책센터,『울산여성』통계브리프, Vol.27., 2009년 5월 25일.

〈표 6〉 울산지역 외국인과의 혼인 · 이혼 추이

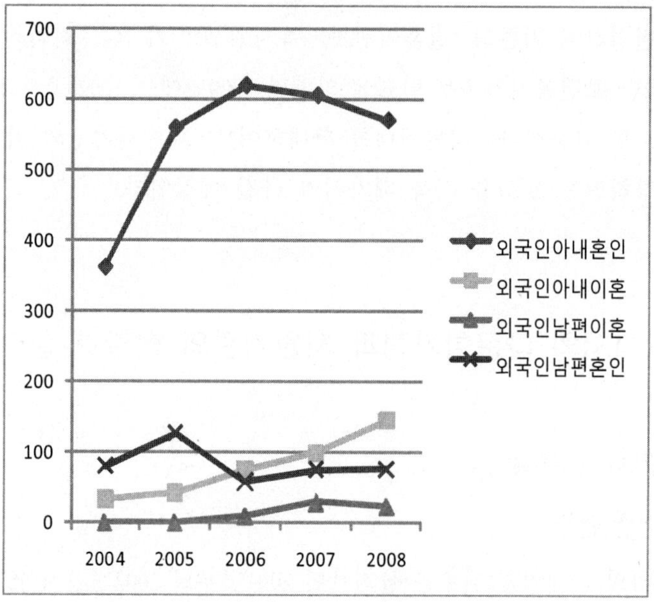

자료 출처 : 울산발전연구원 여성가족정책센터, 『울산여성』 통계브리프, Vol.27., 2009. 5. 25.

② 국제결혼 지역별 분포

2008년 8월 말 현재 남구(662명), 울주군(511명), 중구(459명), 동구(311명), 북구(242명) 순으로 결혼이민자 수가 많다.

농촌 지역에 결혼 이민자들의 분포가 월등히 높은 타 시, 도에 비해 울산은 도시와 농촌에 골고루 분포되어 있음 (<표 7> 참고)

〈표 7〉 국제결혼 울산광역시 구 · 군 지역별 현황 (단위 : 명)

연도별	합계	중구	남구	동구	북구	울주군
합계	2,185	459	662	311	242	511
~2006	1,178	226	351	147	124	330
2007	640	151	222	89	68	110
2008.8	367	82	89	75	50	71

자료출처 : 2008년도 울산시 내부자료

③ 국제결혼자의 성별 그리고 연령 별 분포

2008년 8월 말 현재 전체 2,185명 중 여성이 2,073명으로 전체의 94.8%를 차지하고 있다. 연령대별로는 20세~29세의 젊은 층이 1,283명으로 58.7%를 차지하고 있다. 여성이 그리고 20세~29세의 젊은 층이 국제결혼 증가를 주도하고 있음을 알 수 있다. (<표 8> 참고)

〈표 8〉 성별, 연령별 결혼 이민자 현황 (단위 : 명)

연도별	성별			연령대별				
	계	남	여	계	20세 미만	20~29세	30~39세	40세 이상
합계	2,185	112	2,073	2,185	266	1,283	359	277
~2006	1,178	69	1,109	1,178	140	621	223	194
2007	640	18	622	640	66	449	78	47
2008.8	367	25	342	367	60	213	58	36

자료출처 : 2008년도 울산시 내부자료

④ 출신국가별 결혼이민자 분포

2008년 8월 말 현재 베트남이 46.8%(1,023명)로 가장 많다. 그리고 조선족(407명)을 포함한 중국(340명)이 34.2%(747명)를 차지하고 있다. 그 다음으로 필리핀(82명), 몽골(68명) 순이다. 베트남이 거의 절반에 육박하고 있음을 알 수 있으며 베트남과 조선족을 포함한 중국을 합하면 81%로 거의 압도적인 점유비율을 나타내고 있다. (<표 9> 참고)

〈표 9〉 출신국가별 결혼이민자 현황 (단위 : 명)

연도별	합계	베트남	한국계 중국	중국	필리핀	몽골	캄보디아	일본	우즈베키스탄	태국	러시아 연방	기타
합계	2,185	1,023	407	340	82	68	54	58	26	23	10	19
~2006	1,178	540	332	125	31	28	5	34	12	11	3	57
2007	640	331	46	122	27	32	29	10	10	3	5	25
2008.8	367	152	29	93	24	8	20	14	4	9	2	12

자료출처 : 2008년도 울산시 내부자료

⑤ 연도별 출신국가 변화추이

2004년까지는 중국(조선족을 포함)이 절반 이상을 차지하였으나, 2005년부터 이러한 현상이 바뀌어 베트남이 중국을 앞지르고 있다. 출신국가도 기존의 동남아시아 지역에서 러시아, 남아메리카 등으로 그 지역을 넓혀나가고 있는 것이 눈에 뜨인다.

⑥ 취학 다문화가정 자녀 수

교육부는 취학 다문화가정 자녀들의 인원 통계에서 2005년부터 2007년까지 매년 30%이상씩 큰 폭으로 늘고 있다고 밝히고 있다.[431] 울산 다문화가정 자녀는 초·중·고 모두 2008년 3월 현재 252명으로 그 중에 국제결혼자녀가 242명이고 나머지가 외국인 근로자 자녀이다.[432] 초 · 중 · 고 재학 비율은 초등이 203명으로 월등히 많고 저학년으로 갈수록 숫자가 많아진다.

2) 다문화가정에 대한 지원기관 및 단체

① 개요

현재 울산광역시는 다문화가정과 이들에 대한 서비스 제공을 위하여 주무부서인 보건복지가족부를 위시해, 여성부, 그리고 교육과학기술부 등 중앙정부의 기본적인 결혼이민자 정책을 바탕으로 구체적인 시책을 마련하고 집행하고 있으며 나름대로 지역특성에 부합되는 정책을 구현하고 있다. 이러한 일을 전담하고 있는 조직은 울산광역시 복지여성국 '여성가족청소년과'이다. 그리고 기타의 지원기관이나 단체로 공공기관이 4개, 종교단체가 3개 그리고 민간단체가 10개이다.[433]

이러한 지원기관 중 다문화가정에 대해 가장 효율적인 지원을 해주는 기관으로는 다문화가족지원센터를 들 수 있다. 울산광역시는 현재 2개의 다문화가족지원센

---

431) 2007년도 교육인적자원부 내부자료, 2007년 5월.

432) 최근통계자료에 의하면 2007년에 비해 30% 늘어난 264명의 다문화가정 학생들이 학교에 다니고 있는 것으로 나타났다. 다문화가정의 출산율이 낮다고는 하지만 지금까지 외국인과의 혼인 증가율을 볼 때, 다문화가정의 학생 수는 앞으로도 계속 증가할 것으로 예측된다. 울산발전연구원 여성가족정책센터, 『울산여성』 통계브리프, Vol.27., 2009년 5월 25일.

433) 『앞의 자료』.

터를 가지고 다문화가정 지원활동을 하고 있다. 첫 번째 다문화가족지원센터는 2006년 3월 28일 개소하였으며[434] 두 번째 다문화가족지원센터는 울주군에 2009년부터 개소를 하여 활동을 하고 있다.

② 울산광역시 다문화가족지원센터 활동 현황

울산광역시 다문화가족지원센터는 울산시에 거주하는 결혼이민자 가정이 한국사회에 안정적으로 정착을 하고 나아가 가족관계의 증진을 원만하게 돕기 위해 사회적, 문화적 지원강화를 하고 있으며, 이러한 지원을 위해 다양한 홍보, 교육, 상담, 정보제공 등의 사업을 시행하고 있다. 2007년에는 80개 다문화가족지원센터 중 최우수기관으로 선정이 되어 여성가족부 장관상을 수상하기도 하였다.

ㄱ. 다문화가족지원센터의 다양한 프로그램

울산광역시 다문화가족지원센터에서는 한국어 교육, 다문화사회이해, 가족교육, 상담, 자조집단, 정서지원, 가족역량강화, 전문 인력 양성, 그리고 다문화인식개선 프로그램들을 운영하여 결혼이민자 가정의 한국사회 적응과 가족관계의 증진을 적극적으로 돕는 활동을 하고 있다.

이를 좀 더 구체적으로 살펴보면 한국어 교육은 전문적이고 체계적인 수준별 수업(기초반, 초급반, 중급반, 그리고 고급반) 진행을 통하여 한국어 이해 및 일상생활에의 활용을 돕고 있으며, 다문화사회이해는 결혼이민자들의 한국의 역사적, 사회적, 문화적 배경에 대한 이해를 증진시키고 가정, 지역사회, 한국생활 전반에 대한 적응을 용이하도록 돕는 프로그램이다. 이의 내용으로는 전통무예, 한국민요, 전통악기다루기, 전통놀이체험, 문화유적지 탐방, 생활요리, 전통공예, 전통예절, 다문화이해 등 다양한 프로그램이 운영되고 있다.

가족교육은 의사소통의 미숙이나 부재로 인한 가족 간 갈등을 예방하고 친밀한 부부관계 및 가족관계를 형성하고 사회적응을 돕기 위한 프로그램이며, 가족 상담은 상담을 통해 결혼이민자 내부 스트레스를 완화시켜주고 나아가 자존감을 향상시키는데 도움을 주기 위한 프로그램이다. 그리고 자조집단은 결혼이민자들의 자

---

434) 울산광역시 남구 옥동 336-2 가족문화센터 A동(3층)에 울산광역시 다문화가족지원센터가 있다.

조모임을 지속적으로 가지게 하여 심리적 안정과 이웃과의 유대감을 형성하도록 돕고 상호정보교류 및 심리적 지지 기반을 만들 수 있도록 돕는 프로그램이다.

정서지원은 결혼이민자들이 다양한 영역의 사회문화체험을 하게 함으로써 한국사회에 대한 이해와 적응력을 높이면서 한국여성들과의 멘토링을 통해 상호문화교류 및 정서적 지지를 경험할 수 있게 돕는 프로그램이다. 가족역량강화는 결혼이민자들이 가진 가족적 잠재 자원을 활용하여 다양한 분야에서 역량을 강화하고 우리사회구성원으로 자리 잡을 수 있도록 돕는 사업이며 전문 인력 양성은 결혼이민자가족들에게 휴먼서비스를 제공할 수 있는 전문 인력을 양성하여 지원체계를 구축하는 사업이다.

그리고 다문화인식개선은 결혼이민자들과 지역사회 구성원들이 다양한 문화를 체험하는 기회를 통해 서로에 대한 이해를 높이고 공동체의식을 갖게 하고 이를 통해 서로 간 문화에 대한 인정과 자긍심을 바탕으로 문화교류 활성화 및 다문화사회에 대한 긍정적 인식을 제고하기 위한 사업이다. 이를 위해 한국전통 민요공연 및 결혼이민자가족 노래자랑 대회 등의 프로그램들이 있다.

ㄴ. 2008년도 실적

울산광역시 다문화가족지원센터의 2008년도 실적을 살펴보면 다음과 같다. (<표 10> 참고)

우선 센터사업 이용현황을 살펴보면 한국어 교육의 경우 194명, 다문화사회이해는 244명, 가족교육은 379명, 상담 163명, 자조집단 136명, 정서지원 900명, 가족역량강화 141명, 전문 인력 양성 108명, 그리고 다문화인식개선은 21건이다. 정서지원이 가장 많은 이용률을 보여 주고 있다. 그리고 센터사업을 이용한 총 연인원은 21,092명에 이름을 보여주고 있다.

다음 센터이용 및 등록 현황을 살펴보면 센터이용자의 총 수는 3,157명이고 이중 결혼이민자가 1,834명이다. 결혼이민자의 배우자나 시부모 그리고 자녀들보다 결혼이민자 본인이 가장 많은 이용을 하였다. 그리고 센터를 이용한 결혼이민자 중 베트남 국적의 출신자들이 738명(40.0%)으로 가장 많은 이용률을 보여주고 있고 그 다음이 중국 국적의 출신자들로 568명(30.8%), 몽골 157명(8.5%), 일본 141명(7.6%), 필리핀 101명(5.5%) 순이다.

〈표 10〉 울산광역시 다문화가족지원센터 2008년도 실적

기관명	울산광역시 다문화가족지원센터	수탁기관	
사업기간	208. 01. 01.~ 2008. 12. 31	개 소 일	2006. 03. 28

2008 센터사업 이용현황	구분 / 합계(명)		한국어 교육	다문화 사회 이해	가족 교육	상담	자조 집단	정서 지원	가족 역량 강화	전문 인력 양성	다문화 인식 개선	기타
	실인원	총 2,265 명	194	244	379	163	136	900	141	108	21건	건
	연인원	총 21,092명	14,252	650	686	163	1,217	2,451	1,301	372		
	목표달성도%		134.8	137.9	122.5		120.9	181.5	157.1	154.3		
	평균만족도%		73.4	87.2	88.2		90.4	92.8	94.4	78.1		

2008 센터 이용·등록 현황	구분 / 합계		결 혼 이민자		배우자		시부모		자 녀: 0~36 개월		자 녀: 만4~7세		자 녀: 초등		자 녀: 중등 이상		기타	
			여	남	여	남	여	남	여	남	여	남	여	남	여	남	여	남
	센터 이용자	총 3,157명	1834	12		397	63	35	70	84	28	32	25	29	6	4	456	82
	기 타 : 친인척, 멘토, 전문인력양성사업대상자, 상담대상자(해당 이용자 기입 요망)																	

2008 센터 이용·등록 현황	출신국 / 합계		중국	베트남	일본	필리핀	태국	몽골	러시아	우즈베키스탄	캄보디아	인도네시아	기티
	센터이용 결혼이민자 출신국 (실인원)	총 1,846 명	568	738	141	101	21	157	8	18	16	16	62
	백분율(%)	100%	30.8	40.0	7.6	5.5	1.1	8.5	0.4	1.0	0.9	0.9	3.3

자료출처 : 2009년도 울산시 내부자료.

ㄷ. 2009년도 실적

울산광역시 다문화가족지원센터의 2009년도 실적을 살펴보면 다음과 같다. (<표 11> 참고)

우선 센터사업 이용현황을 살펴보면 한국어 교육의 경우 147명, 다문화사회이해는 300명, 가족교육은 345명, 상담 204명, 취·창업 교육 196명이며 협의체 구성이 36건, 홍보가 83건이다. 가족교육이 가장 많은 이용률을 보여 주고 있다. 그리고 센터 사업을 이용한 총 연인원은 13,664명에 이름을 보여주고 있다.

〈표 11〉 울산광역시 다문화가족지원센터 2009년도 실적

사업기간	2008. 1 . 1 . ~ 2009. 7 . 31 .				
총 목표달성도 (연인원 달성도)	142.6%	총 실인원	1,192명	총 만족도	4.5점
		총 연인원	13,664명		

센터 사업 실적		구분 / 합계(명)		한국어 교육	우리 사회 이해	가족 교육	상담	자조 집단	정서 지원	가족 역량 강화	전문 인력 양성	다문화 인식 개선	기타
	'08 1.~12. 1)	실인원	총 2,265명	194	244	379	163	136	900	141	108	21건	건
		연인원	총 1,092명	14,252	650	686	163	1,217	2,451	1,301	372		
		목표달성도(%)		134.8	137.9	122.5		120.9	181.5	157.1	154.3		
		평균만족도(%)		73.4	87.2	88.2		90.4	92.8	94.4	78.1		

센터 사업 실적		구분 / 합계(명)		한국어 교육	다문화 사회 이해	가족 교육	상담	취·창업 교육	통번역자조 모임	가족 자원 봉사단	다문화 인식 개선	협의체 구성	홍보	종사자 역량 강화
	'09 1.~7.	실인원	총 1,192명	147	300	345	204	196				36건	83건	
		연인원	총 13,664명	6,625	707	1,039	204	2,016	60	1,041	1,183	480		309
		목표달성도(%)		110.4	122.1	158.6		116.9	150.0	203.3	147.9	120		154.5
		평균만족도(점)		4.4	4.4	4.5		4.5	4.3	4.5	4.5	-		4.6

자료출처 : 2009년도 울산시 내부자료.

4. 울산광역시 다문화 가정의 문제점

한국이 기회의 땅이라 생각을 하지만 막상 이들이 한국으로 이주를 한 후 생활을 하면서 부딪치고 느끼는 생각은 이러한 코리안 드림이 한갓 물거품에 불과하다는 것이다. 이들은 국제결혼을 한 후 문화의 이질성에서 오는 문제들을 비롯해 다양한 문제들에 노출이 되고 이로 인해 자신뿐만 아니라 가정까지 황폐화시키는 결과를 갖게도 된다.

1) 다문화가정의 문제점

이들이 부딪치는 문제로는 결혼이주자의 경우 배우자나 시댁식구들과의 가정 내 갈등, 언어소통의 어려움과 문화적 적응의 어려움 그리고 이로 인한 인간관계나 사회관계의 형성과정에서 나타나는 어려움, 취업 등 경제적 문제가 수반되는 어려움, 자녀의 양육과 교육에 따르는 어려움, 친척 그리고 이웃과의 관계 및 사회적 편견

문제에서 비롯되는 어려움, 결혼 이민자에 대한 지원체계의 미흡에서 오는 어려움 등이 있다. 이를 구체적으로 살펴보면 다음과 같다.

① 다문화 가정 내 갈등

가정 내의 폭력과 인신공격으로 인한 정신적 고통을 호소하는 사례가 많다. 특히 최근에 이슈가 되고 있는 불법적인 국제결혼 대행업체 문제로 인한 정신적, 물질적 피해로 인한 가정 내의 갈등문제[435]나 결혼 이후 나타나는 성격적 차이에 기인 된 갈등이나 문화적 차이에서 기인되는 갈등 등을 그러한 예로 들 수 있다. 이러한 가정 내의 갈등과 폭력 그리고 인신공격으로 인한 정신적 고통 등으로 인해 이혼사례가 급증하기도 한다.[436]

이혼사례의 증가속도를 보면 전국기준으로 볼 때 2002년에 총 이혼 중 국제결혼의 이혼건수는 1,866건이던 것이 2003년에는 2,164건, 2004년에는 3,400건, 2005년에는 4,278건, 2006년에는 6,280건으로 매우 빠르게 진행이 되고 있다. 그리고 2007년에는 총 이혼 중 국제결혼의 이혼건수는 8,828건으로 총 이혼의 7.1%를 차지하고 있어 매년 급격히 증가하고 있음을 알 수 있다. (<표 12> 참고)

〈표 12〉 한국인과 외국인 부부의 이혼 (단위 : 건, %)

	2002	2003	2004	2005	2006	2007
총 이혼(A)	145,324	167,096	139,365	128,468	125,032	124,590
외국인과의 총이혼	1,866	2,164	3,400	4,278	6,280	8,828
총이혼 대비 구성비	1.3	1.3	2.4	3.3	5.0	7.1
증감률	-	16.0	57.1	25.8	46.8	40.6
한국인남편+외국인 처	401	583	1,611	2,444	4,010	5,794
총이혼 대비 구성비	0.3	0.3	1.2	1.9	3.2	4.7
증감률	-	45.4	176.3	51.7	64.1	44.5
한국인처+외국인 남편	1,465	1,581	1,780	1,834	2,270	3,034
총이혼 대비 구성비	1.0	0.9	1.3	1.4	1.8	2.4
증감율	-	7.9	13.2	2.5	23.8	33.7

자료 출처 : 통계청, 2006년 혼인·이혼 통계 결과, 2007.

435) 이상묵, "앞의 글". ; 조석주·이상묵, 『앞의 글』. ; 일종의 노예계약이라고 불리어지는 것으로 인해 결혼이민자들이 고통을 받고 있다. 그리고 이러한 악질 결혼대행업체들로 인해 사기를 당해 물질적, 정신적 피해를 입기도 하여 고통을 받기도 한다. 또한 한국으로의 입국을 목적으로 결혼을 한 후 일정한 돈을 갈취한 후 무단으로 가출을 하여 상대방 한국 남자들을 농락하는 사례도 비일비재하게 발생하였다.

436) 장혜경, "여성결혼이민자 가족의 실태와 정책과제", 『한국자치행정연구』, Vol.5, 2006, 98-99쪽.

② 언어소통, 문화적 적응의 어려움

결혼이민자 가정을 구성하는 구성원들에게 있어 언어적 소통의 어려움은 우리나라 사회에 적응하며 살아가는데 있어 가장 큰 어려움 중의 하나가 된다. 언어라는 것이 단기간에 습득할 수 있는 것이 아니기 때문에 생계를 위해 당장 취업에 뛰어들거나 또는 지역사회에 참여하는 일 등에 제약으로 작용을 하게 된다.

언어적 소통의 문제는 시간이 지나면 어느 정도 해소될 수 있는 문제이기는 하나 이주한 지 얼마 되지 않는 결혼이민자의 경우에는 절박한 문제로 와 닿는 것이 부인할 수 없는 사실이다. 실제로 외국인 아내가 한국어로 의사소통이 안 될 경우 상대방의 의견을 알아들을 수 없고 자신의 의견을 제대로 전달할 수 없기 때문에 소통의 불가능에 따르는 심한 고립감과 소외감을 느낀다는 주장도 있다.[437]

그리고 외국인 아내가 언어적 능숙함이 따르지 않을 때 남편은 극단적인 갈등표출 방법으로 신체적, 정서적 폭력을 행사 한다는 주장도 있다.[438] 외국인 아내의 심리적 상태가 임계점에 도달을 하고 남편이 극단적인 갈등표출을 할 경우 가정의 해체도 가능하게 된다는데 문제의 심각성이 존재하게 되는 것이다.

의사소통의 어려움 외에 문화적 차이로 인한 갈등도 다문화가정의 갈등을 이해하는데 결코 간과할 수 없는 요인이다. 상대방의 문화에 대한 이해부족과 차이로 인한 오해와 충격이 더 많은 갈등을 촉발하고 있는 것이다. 전혀 다른 문화 속에서 살아 온 이들이 상대방의 문화에 대한 자세한 정보도 그리고 이러한 문화를 이해할 기회도 주어지지 않는 상태에서 대부분 상업적인 성격을 가지는 국제결혼중개업소들에 의해 결혼이 신속하게 주선됨으로 인해 문화적 갈등과 충돌은 필연적이 되어버리는 것이다.

국내의 연구결과를 보면 기후, 음식, 관혼상제, 의사소통의 규칙, 자녀양육과 교육방식, 친족과의 관계 등 풍습과 문화적 차이에서 오는 혼란과 어려움이 생활전반에 나타난다고 한다.[439]

---

437) 모선희 외, "앞의 글", 15쪽.

438) 김상일, "상담사례를 통해 본 한국남자와 결혼한 이주여성의 삶", 이주여성인권센터3주년기념 심포지엄, 한국이주여성인권센터, 2004. ; 김정옥 · 전형미 · 이현혜, "아내학대와 관련된 변인파악 및 아내학대척도개발에 관한 연구", 『여성문제연구』, 18, 효성여대 한국여성문제연구소, 1990. ; 모선희 외, "앞의 글", 16쪽에서 재인용.

439) 양성화, "상담사례에서 본 국제결혼 이주여성의 삶", 광주 전남지역 국제결혼한 이주여성 실태 보고 및 토론회, (사)광주여성의 전화부설 가정폭력상담소자료집, 2004. ; 모선희 외, "앞의 글",

특히 외국여성결혼이주민들이 가장 힘들어하는 문화적인 요인은 한국의 가부장제적인 관습이다. 권위적인 남편의 태도, 며느리의 업무과중, 남성위주의 문화, 시부모의 간섭이나 남편의 시부모에 대한 의존 등이다. 이러한 관습은 사고방식의 차이에서 기인되는 것인 만큼 적응을 하는데 는 상당한 시간이 요구된다. 그럼에도 불구하고 한국인 남편과 시댁식구들은 외국인 아내와 며느리가 이러한 관습에 순응하고 따라야 함을 당연시 할 뿐만 아니라, 되도록 빠른 시간 내에 받아들이고 습득하기를 강요하는데서 문제의 소지를 더욱 크게 만들고 있는 것이다.[440]

③ 취업 등 경제적 문제가 수반되는 어려움

결혼이민자가정의 상당수가 빈곤에 허덕이고 있다. 빈곤가구수가 다수를 차지하고 있는 것이 현실이다. 전체 가구 중에 소득이 최저생계비 이하인 가구가 50%를 넘어서고 있다.[441] 이러한 경제적 어려움은 직접 생활상의 어려움을 가져오고, 나아가 자녀교육의 어려움으로 연결이 된다. 결혼여성이민자와 결혼한 한국 남편들의 직업유형을 보면 육체노동직과 자영업이 가장 많으며, 남편의 경제적 지위가 낮을수록 외국인 아내들이 취업을 하여 가계에 보탬이 되고자 하는 경향이 높게 나타난다.[442] 그러나 이들은 언어소통도 자유롭지 못할 뿐만 아니라 정보의 사각지대에 놓여 있는 관계로 일자리를 찾기가 매우 어렵다. 일자리를 찾지 못하면 경제적 어려움은 더욱 가중될 수밖에 없고 이들은 결국 절대빈곤의 상태로 추락할 수밖에 없게 된다.

그리고 외국인 아내들은 대부분 본국에 있는 가족들에게 경제적 도움을 줄 수 있을 것이라는 기대를 가지고 있으나 절반 정도가 그렇게 하지 못하고 있으며 설사 해외 송금을 한다 해도 매우 적은 돈을 보내고 있다. 또한 남편들이 경제권을 쥐고, 외국인 아내에게는 아주 적은 돈을 용돈 등으로 주면서 금전적 압박을 가하고 있는

15쪽에서 재인용.

440) 한건수, “농촌지역 결혼이민자 여성의 가족생활과 갈등 및 적응”, 『한국문화인류학』, 39-1, 2006. ; 모선희 외, “앞의 글”, 30쪽에서 재인용.

441) 결혼이민자 가구의 52.9%가 최저생계비 이하의 가구소득을 가지고 있으며, 더욱 심각한 것은 18세 미만의 아동이 있는 경우 절대빈곤율이 57.5%이다. 설동훈, “한국의 결혼이민자 가족 : 현황과 정책”, 한국가정관리학회 추계 학술대회, 1-20, 2006. ; 모선희 외, “앞의 글”, 18쪽에서 재인용. ; 장혜경, “여성결혼이민자 가족의 실태와 정책과제” 『한국자치행정연구』, Vol.5., 2006., 98쪽.

442) 모선희 외, “앞의 글”, 18쪽.

관계로 해서 이를 둘러싼 부부간의 갈등이 잦다. 그리고 어렵사리 취업을 한다 해도 급여의 질은 상대적으로 낮을 수밖에 없을 뿐만 아니라, 직장 내에서 한국인들의 외국인에 대한 차별대우를 감내해야 하는 어려움도 갖게 된다. 특히 한국보다 못한 개발도상국에서 온 결혼이민자 일수록 이러한 차별대우나 편견의 희생양이 되는 경우가 많다.443)

④ 자녀의 양육과 교육에 따르는 어려움

다문화가정 자녀의 학교재학 수치도 2007년 대비 2008년에 39.6%로 증가하여 급격하게 증가하는 추세를 보이고 있으며, 2008년의 경우, 결혼이민자 가족의 자녀 중 초등학교 재학생이 84.2%, 중학생이 11.7%, 고등학생이 4.0%로 아직까지는 초등학생이 가장 높은 비율을 차지하고 있는 것으로 나타났다.444)

결혼이민자 가정에 2세가 태어나면 취학하기전의 어려움도 있겠지만 취학한 후의 어려움도 만만치 않다. 법적으로 다문화가정의 자녀들도 한국인 가정 아동들과 같은 교육을 받을 권리가 보장되어 있음445)에도 불구하고 법과 현실은 상당한 괴리감을 가지고 있는 것이 현실이다. 또한 엄마의 언어미숙으로 인한 언어적 어려움이 있는 경우에 자녀의 교육문제가 심각하다. 한국어 습득에 어려움이 발생하여 자녀까지 한국어 습득이 지연이 되며 이로 인해 학교생활의 적응에 많은 어려움을 갖게 된다.

그리고 학업지도 역시 손쉽지 않다. 언어적 어려움을 갖고 동시에 문화를 달리하는 엄마로는 학업지도를 제대로 해낼 수 가 없다. 또한 2세 아이들도 엄마의 한국어 미숙 등으로 인해 어린 시절 언어발달이 지체되어 학습이해도가 낮아 학업지도에 대한 효과도 그리 높지 않다. 그리고 친구들로부터 엄마의 피부색이 다르다는 이유

---

443) 모든 국제결혼에 대해 부정적 시각을 가졌던 종전의 인식과는 달리 국제결혼을 하는 배우자의 국적에 따라 보는 시각이 상이하게 나타나고 있다. 즉 선진국 출신 사람과의 결혼은 주변의 부러움과 함께 긍정적인 시선으로 보지만 제3세계나 후진국 출신 사람과의 결혼에 대해서는 차별적이고 냉소적이다. 배우자의 출신 국에 따른 한국인의 이중적인 잣대를 엿볼 수 있는 대목이다. 전수현, “필리핀 노동자와 결혼한 한국여성의 주변적 지위”, 서울대 석사학위논문, 2002. ; 모선희 외, “앞의 글”, 28쪽에서 재인용.

444) 행안부, 2008. 7.

445) 국제결혼 가정 자녀는 한국인과 결혼한 외국인 배우자 사이에서 출생한 아동으로, 국적법 제2조 1항에 따라 출생과 동시에 한국 국민이 되므로 헌법 제31조에 의한 교육권을 보장받는다. 조영달, 『다문화가정 교육 지원을 위한 자료 개발 연구』, 2006년도 교육인적자원부 정책연구과제, 2006.

로 친구들로부터 집단 따돌림을 받는 경우도 생긴다. 이로 인해 학교생활 적응이 어렵게 된다.

국제결혼 가정 자녀는 10명 중 2명 정도가 집단 따돌림을 경험한 것으로 조사되었다. 이 수치는 우리나라 초등학생이 집단 따돌림을 경험하는 비율(13.4%)과 거의 유사하다. 그러나 우리나라 학생이 경험하는 집단 따돌림과 국제결혼 가정의 자녀가 경험하는 집단 따돌림은 그 내용에 있어서 전혀 다르다. 우리나라 학생의 경우, 집단 따돌림을 경험하는 주된 이유는 '잘난 척해서'(29.4%)인 반면, 국제결혼 가정의 자녀는 그들의 성격상의 특성과는 무관하게 단순히 국제결혼 가정의 자녀라는 이유 때문(34.1%)에 따돌림을 당하고 있는 것으로 나타났다.[446]

특히 친구들로부터의 따돌림은 결혼이민자 가정의 자녀들에게 심한 정신적 충격, 예를 들면 자살충동이나 적개심 고조 등을 주어서 일탈행동(deviant behavior)을 일으킬 가능성을 높게 만든다.[447] 설상가상으로 가정의 경제적 어려움은 자녀들의 사교육에 대한 지원도 약할 수밖에 없어 학업성과가 친구들에 비해 떨어지기도 한다.

⑤ 친척이나 이웃과의 관계 및 사회적 편견에 따른 어려움

결혼이민자들에 대한 사회적 편견도 큰 문제이다. 한국인들의 외국인에 대한 닫힌 사고가 큰 몫을 하고 있다. 그나마 우리나라보다 선진국이라 생각되는 나라에 대해서는 차별적으로 닫힌 마음이 열리기도 하나 우리나라보다 후진국이라고 생각하는 나라출신들에 대해서는 얕잡아보고 깔보는 경향이 없지 않으며 같은 이웃이라고 하여도 그들을 거들떠보지도 않고 왕따를 시키는 경우도 많다.[448]

심지어 이들에게 자신의 우월감을 보이고 이들에게 잘난척하는 목불인견의 잘못된 행태도 나타나곤 한다. 이러한 한국사회의 외국인에 대한 배타적인 태도문화를 접하게 된 외국인들은 당황하고 한국인에게 가까이 접근하려는 마음을 이내 접게 되는 것이다.

---

446) 조영달, 『앞의 글』, 2006.

447) 정하성 · 유진이 · 이장현, 『다문화청소년이해론』 (서울 : 양서원, 2007).

448) 한국인들은 국적여부와는 관계없이 한국인의 범주 안에 이들 결혼이민자들을 넣어주지 않으려는 성향이 강하다. 한건수, "다민족, 다문화사회의 도래와 한국사회 : 국제결혼의 증가를 통해 본 한국사회의 과제", 한국가정관리학회, 2006. ; 한건수, "한국사회의 다민족, 다문화 사회이행과 사회문화적 통합의 과제와 현실", 한국가족상담학회 와 한국가족치료학회 추계공동학술대회, 2006.

결혼이민자들이 가지고 있는 이질적이고 다양한 문화가 한국사회에 흡수 또는 양립하는 과정에서 갈등과 고통의 시간을 겪게 되는 것이다. 앞에서도 언급했듯이 우리나라보다 경제적으로나 정치적으로 뒤쳐져있다고 판단되는 지역이나 국가 출신의 결혼이민자들에 대한 사회적 차별이 공공연히 이루어지고 있음을 부인하기 어렵다. 이들에 대한 인권보호가 사회적 이슈가 되고 있긴 하지만 여전히 한국인들의 이들에 대한 일부 편견이 있는 것은 사실이다.449)

⑥ 결혼이민자에 대한 지원체계의 미흡

중앙정부는 장기적인 비전과 목적에 대한 뚜렷한 정책적 방향을 잡지 못하고 단지 사회적 약자에 대한 정책적 배려의 차원에서 임기응변식의 대응에 머물고 있다. 지방자치단체의 결혼이민자 지원정책 역시 체계적으로 이루어지지 못하고 있다. 중앙정부에서 시달되는 정책만 수행하였고 결혼이민자에 대한 인식이 부족할 뿐만 아니라 그들을 이웃으로 받아들이는데 대해 매우 소극적이었다. 그러나 지방자치단체는 주민과 밀접히 연관되어있고 실질적인 도움을 줄 수 있기 때문에 이들이 적극적이고 체계적인 지원정책을 수립하고 시행을 한다면 보다 효과적인 결과를 얻어낼 수도 있을 것이다.450)

정책적인 측면에서도 내국인과 결혼이민자의 의사소통을 위한 한국어교육, 생활정보 제공, 상담창구 설치 등 커뮤니케이션 관련 서비스가 부족하고 자녀교육지원, 보건, 의료 등 사회복지 서비스, 자연재해, 화재 등의 사회생활 지원 서비스가 부족하다.

2) 다문화가족지원센터 운영상의 애로점

울산시는 2006년 3월 28일 울산대학교에 다문화가족지원센터를 위탁하여 다문화가족지원 사업을 추진하고 있으나 운영상의 애로점이 있다. 특히 재정, 인력, 그리고 시설 등의 문제점이 다문화가족지원센터 운영의 애로점이다.

① 제도권의 지원을 받기 때문에 발생하는 문제

우선 다문화가족지원 사업이 제도권에 들어가 지원을 받으면서 일정한 관리와

449) 조석주 · 이상묵, 『앞의 글』, 2008년 12월.
450) 이상묵, "앞의 글". ; 조석주 · 이상묵, 『앞의 글』.

실적을 요구하는 과정에서 나타나는 문제이다. 예를 들면 한국어교육도 실제로 일상생활에 필요한 표현과 말을 가르치기보다는 정해진 교재에 맞게 어느 정도 진도를 맞추는지 등 일지 기록이 더 중요시 되는 것이 현실이다.[451] 다문화가족지원센터에 대한 평가는 객관적인 기준과 발전을 위해 필요하지만 외부사업 유치, 지원금의 지출여부 등 외적, 양적 기준에 중점을 두는 점은 개선되어야 할 것이다. 수행되는 사업의 질적인 평가 기준도 마련이 되어야 할 것이다.[452]

② 차별화된 맞춤형 서비스 제공의 어려움

중앙의 여러 부처의 지원 사업이 다양하게 시행이 되고 있는데 국가의 지원정책들은 지역의 현실과 특색을 고려하기 보다는 일괄적으로 지원되는 경향이 강하다.

그러다보니 같은 지역 내에서 각기 다른 부처의 지원 아래 각기 다른 기관에서 동일한 사업이 실시되는 중복현상도 빈번하게 발생이 된다. 각 지역, 각 센터의 특색을 반영한 '차별화된 맞춤형 서비스'를 제공하는데 많은 어려움이 따른다.

③ 과도한 재량권 제한에 따른 어려움과 교육 참여 시 동반자녀 보육시설 미비

차별화된 맞춤형 서비스를 제공하려해도 이에 대한 재량권이 제한되어 있다. 재정지원도 전반적으로 부족하지만 실제로는 지원되는 예산이 항목별로 고정이 되어 있어 실제 집행 시에 지역의 현실을 반영할 수 없는 점이 어려움이다. 예를 들어 교육비 명목이면 강사들이 가정방문이 불가피할 경우 교통비로 전환할 수 없는 등 너무 획일적인 경우가 많다.

그리고 직업교육이나 한국어 교육 등 참여시 동반한 자녀들을 돌 봐 줄 수 있는 간이 보육시설이 부족하거나 미비 되어 있다.

④ 직원들에 대한 역량강화교육의 미흡과 중앙 센터의 의결 및 심의위원회에 지역센터장 참여 문제

직원들이 행정업무를 원활하게 할 수 있는 회계교육, 조직, 인적 관리 교육, 지도자 역량강화교육 등이 미흡하다. 그리고 지역의 센터현황과 문제점, 욕구 등을 수

451) 모선희 외, "앞의 글", 86쪽.
452) "앞의 글", 86쪽.

렴할 수 있는 통로로 중앙 센터의 의결, 심의위원회 등에 지역 센터장이 일정 비율 이상 포함되어야 하는데 이게 이루어지지 못하여 지역의 현안이나 수요가 중앙 센터에 제대로 반영이 되지 못하고 있다.

울산광역시는 우리 사회의 중요한 가족유형으로 자리잡아가고 있는 다문화가정을 우리 사회에 제대로 적응시키기 위해 언어 장벽이나 문화갈등 등 이러한 문제를 조기에 해소하기 위해 다문화가족지원센터를 2개소 운영하고 있을 뿐만 아니라, 다문화가정 방문교육사업, 다문화가정 사회조기정착 및 사회통합 사업 등 다양한 사업을 추진하고 있으며, 2009년에는 2008년보다 2배나 많은 7억 5천여만 원의 예산을 지원하고 있으나 다문화가정의 모든 어려움을 해결하기에는 아직도 해야 할 일이 많이 남아있다.

5. 울산광역시 다문화가정 관련 정책의 나아갈 방향

1) 다문화 가정 내 갈등 해소 방안

현재 발생하고 있는 다문화 가정 내 갈등은 결혼과정에서부터 시작이 되고 있다. 사랑이나 이해에 입각한 결혼이 아니고 금전과 상호 이해관계에 따른 결합이 많다. 한마디로 첫 단추부터 잘못 채워지는 형국인 것이다.

금전관계에 얽혀 갈등을 낳고 이러한 갈등이 결혼 생활을 지속하면서 상승작용을 낳아 결국 가정 내 폭력이나 급기야 파경으로까지 치닫게 만드는 것이다.

이러한 문제를 해결하기 위해서는 건전한 결혼풍토가 조성될 수 있도록 국제결혼중개업에 대한 행정지도를 강화해 나가는 등 다각적인 국제결혼 건전화를 위한 노력이 경주되어져야 할 것이다.

그리고 문화적 차이에서 기인되는 갈등 역시 다문화 가정 내 갈등을 유발하는 원인이 되고 있다. 시부모들과의 갈등이나 시댁 식구들과의 갈등은 상당수 이러한 이유에서 발생이 된다. 따라서 이러한 문화적 차이에서 기인되는 오해와 갈등을 방지하려는 당사자적 노력뿐만 아니라 언론매체 그리고 이와 관련된 유관부서의 사회적 계몽과 이들과 연계되어 질수 있는 상담, 교육기관들의 노력이 요구된다 하겠다.

그리고 가정 폭력의 희생자가 된 여성결혼이민자를 가정폭력, 성폭력, 성매매 등에서 보호하기 위해 이주여성 쉼터를 개설 운영해야 할 것이며 이곳에서 베풀어지는 서비스의 양과 질도 한 단계 더 업그레이드 시켜 나가고 보다 많은 가정 폭력의 희생자들을 보호하기 위해 이주 여성 쉼터를 여러 지역으로 그리고 숫자를 확대해 나가는 노력도 병행하여 실시해 나가야 할 것이다.

2) 언어소통, 문화적 적응의 어려움의 해소 방안

언어소통의 문제나 문화적 적응의 문제는 삶의 터전을 마련하고 나아가 사회적 편견을 뚫고 나아가 사회적 적응을 도모 하는데 있어 매우 중요한 수단이 된다. 언어가 미숙할 경우 소통의 문제가 발생할 수 있고 이는 주변사람과의 인간관계나 사회관계에 좋지 않은 영향을 끼칠 수 있을 뿐만 아니라 취업 등에 걸림돌로 작용하여 경제적 삶을 이끌어나가는데 있어 많은 어려움을 가져오게 한다.

또한 문화적 적응의 어려움 역시 우리 사회에의 적응을 지체시키는 결과를 초래하여 삶의 질을 현격히 저하시킬 수 있는 것이다. 따라서 언어소통을 원활하게 하고 문화적 적응을 신속히 이루어 우리사회의 구성원으로 손색없이 살아나갈 수 있게 하기 위해서는 언어소통 능력과 문화 적응을 위한 교육과 훈련이 필요할 뿐만 아니라 이를 주변에서 인내해 줄 수 있는 가정적, 사회적 용인이 필요로 된다고 하겠다. 다문화지원센터나 학교 교육기관 등을 통해 언어소통의 문제를 해결하고 문화적 적응을 보다 신속하게 일구어낼 수 있는 범사회직 노력이 필요로 되는 것이다.

그리고 가능하면 한국어에 능통한 결혼이민자 및 다문화 강사를 활용하여 그들을 교육시키는 것이 더 효과적일 것이다. 왜냐하면 이러한 강사들이 우리 강사들보다 그들에겐 더 동질적으로 다가갈 뿐만 아니라 교육을 받는데 있어서도 그들의 자존감을 살릴 수 있기 때문이다. 따라서 한국어에 능통한 결혼이민자 및 다문화 강사로 활동하고자 하는 의욕이 있는 자를 다문화강사로 양성하여 다문화 가족에 대한 사회적 인식을 향상해 나가야 할 것이다.

실제로 통일 독일의 사례를 통해 우리는 다문화 교육을 담당할 강사 충원에 대한 시사점을 얻을 수 있다. 통일 이후 동독지역시민들을 대상으로 한 교육에서 서독출신의 교육자보다는 동독 출신의 교육자가 보다 나은 교육적 효과를 나타냈다는 연구 보고는 참고할 가치가 있다.

다문화가정의 자녀들에게는 한국인이 아닌 자신들과 이전 국적이나 민족이 같은 강사가 자신들의 문화와 글을 가르치는 인력으로 가 준다면 학습의 효율성도 높아질 뿐만 아니라 그들이 가지고 있는 자신들 나름대로의 사회통합이나 자기 정체성 확립에 많은 도움이 되어 줄 수 있을 것이다. 이러한 맥락에서 앞으로 펼쳐질 이들에 대한 다문화 교육 정책에 이들을 참여할 수 있게 하는 방안도 이 시점에서 고민해 볼 필요가 있다.

3) 취업 등 경제적 문제가 수반되는 어려움의 해소방안

다문화가정이 가장 현실적으로 부닥치게 되는 높은 벽이 취업이다. 삶을 영위하기 위해서는 경제력을 확보하여야 하는데 이들은 앞서 살펴보았듯이 언어소통에도 문제가 있고 문화적인 적응도 제대로 안되어 있는 상태이다. 따라서 취업을 한다는 것은 매우 어려운 일이다. 그러나 취업을 하지 않을 경우 그들의 삶은 매우 피폐해질 수밖에 없고 이것이 결국 가정 내 갈등과 폭력 그리고 파국으로 치닫는 동인이 될 수 있다는 데 문제의 심각성이 있다. 그리고 이러한 다문화가정의 파국은 결국 사회적 비용을 증대시킬 수밖에 없게 된다는 점이 심각성을 더욱 부채질하게 되는 것이다.

이들이 취업 등 경제적 어려움으로 인해 빈곤층으로 전락되는 것을 막기 위해 필요하다면 체계적이고 효율적인 직업 알선 서비스를 제공해야 할 것이다. 이를 위해 관련 유관부처 뿐만 아니라 다문화지원센터 등의 노력도 필요하며 이들과 민간기관들과의 네트워크를 통해 취업을 보다 다각적으로 알선해 줄 수 있는 서비스망이 구성이 되고 활용될 수 있어야 할 것이다.

이와 더불어 이들을 위한 취업촉진을 위한 고용과 복지를 통합한 서비스 기반체계를 구축해나가야 하겠다.[453] 또한 이들과 이들 가족들의 사회참여를 위한 브릿지(bridge) 프로그램을 도입, 보호와 지원의 대상에 머무르지 않도록 역량을 강화하고 정책프로그램에의 적극적 참여를 위한 경로를 제공해 줄 필요가 있을 것이다.[454] 경남 의령군은 이들을 효과적으로 지원하기 위해 결혼이주여성 워크넷 지원 사업

---

453) 『앞의 글』, 13쪽.
454) 『앞의 글』, 15쪽.

을 추진하고 있기도 하다.[455)]

또한 취업을 보다 더 원활하게 해 줄 수 있는 방편이 언어소통의 능력을 갖게 하는 것이므로 이를 위해 언어습득을 담당하고 있는 교육기관들의 이에 상응한 노력도 필요로 되는 것이다.

제주특별자치도에서는 이미 결혼이민자가정[456)]을 대상으로 한 생활실태와 욕구조사를 2007년 9월부터 2개월 여간 실시한 결과를 보면, 이들 대부분은 취업을 원하고 있었으며, 관광통역과 번역 등의 업무를 담당하기를 선호하고 있다고 조사결과를 밝히고 있다. 또한 가사도우미 인력지원센터에 따르면 최근 중국인 출신 가사도우미를 원하는 수요가 급증하고 있어 사실상 수요에 비해 공급이 모자라는 형편이라고 한다. 이러한 현상이 발생되는 이유는 중국어에 대한 관심이 늘면서 가사도우미 역할도 하면서 생활 속에서 어학을 배울 수 있는 기회가 제공되기 때문이라는 것이다. 외국어의 경우 원어민 강사를 통한 학습의 기회를 갖고자 하는 사람들이 많을 뿐만 아니라 이러한 이유 때문에 어학연수까지 보내고 있는 실정이라 여성결혼이민자들의 자질과 여건 평가, 지원체계마련 등을 통해 원어민 강사로서 인력개발을 위한 노력이 필요해 보인다.

더 나아가 이들에게 일자리를 제공하는 것만으로 끝나는 것이 아니라 보다 인간적인 삶을 영위할 수 있는 괜찮은 일자리(decent job)를 가질 수 있도록 하는 장기적인 사회적 노력이 필요로 된다 하겠다.

4) 자녀의 양육과 교육에 따르는 어려움의 해소 방안

자녀의 양육과 교육은 다음 미래 세대의 한국 정착이라는 측면에서 매우 중요한 의미를 가진다. 그들이 제대로 양육되지 못하고 교육되지 못한다면 그들은 이등 시민으로 살 수밖에 없을 것이고 이것은 그들 자신의 불행뿐만 아니라 결국 우리 사회의 비용을 증대시키는 결과를 가져 올 것이다. 이에 수반되는 모든 비용을 우리가 미래에 떠안을 수밖에 없음을 의미하는 것이다.

따라서 미래 비용을 줄이기 위해서라도 이들 자녀들에 대한 양육이나 교육에 대한 지원이 효율적으로 이루어져야 할 것이다. 따라서 자녀의 양육과 교육에 따른

---

455) 『뉴시스』, 2009. 10. 27.

456) 745가구 중 여성결혼이민자가정이 719가구이다.

어려움을 해소해 주기 위해 학교적응, 언어습득, 문화적응에 대한 특별 기관 설치를 전향적으로 고려해 보는 보다 적극적인 노력과 함께 이에 대한 교육을 실시해 나가야 할 것이다. 이를 위해 외국의 선진 사례들에 대한 연구가 필요할 것이다.

결혼이민자 가정에 가장 필요로 되는 것은 언어 및 적응교육이다. 당사자들뿐만 아니라 이들의 자녀들에 대해서도 한국어 교육 및 한국의 전통문화에 대한 교육이 전문적인 교사와 교재를 통해 이루어져야 한다. 또한 이들의 배우자들과 자치단체 공무원 및 일반 국민들에 대해서도 우리 사회의 다문화현상을 이해할 수 있게 하는 교육이 필요하다. 또한 결혼이민자들이 본인과 관련된 정보를 몰라서 혜택을 받지 못하거나 피해를 당하는 경우가 많으므로 해당 거주 지역에서의 생활에 필요한 정보를 제공할 필요가 있다.[457]

5) 친척이나 이웃과의 관계 및 사회적 편견에 따른 어려움의 해소방안

친척이나 이웃과의 관계성은 삶을 살아가는데 있어 중요하다. 그러나 다문화가정의 구성원들은 이러한 측면에서 볼 때 매우 많은 어려움을 겪고 있는 것 역시 부인할 수 없는 사실이다. 사회적 관계성을 증대시키는 있어 이와 유관한 기관에서 체계적인 지원을 통해 도움을 주어야 할 뿐만 아니라 그들 자신 스스로 우리 사회와의 긍정적인 사회성을 가질 수 있도록 계도하고 계몽하는데 한 치의 느슨함도 있어서는 안 될 것이다.

그리고 사회적 편견을 없애기 위해 이와 관련된 시민계몽운동을 매스컴 등을 이용해 실시하며 법 제도를 개선하여 이들을 제도적으로 보호할 수 있는 장치를 마련해 나가야 할 것이다. 물론 이와 관련된 교육, 상담, 문화이해 등이 함께 진행이 되어야 할 것이다.

6) 결혼이민자에 대한 지원체계의 효율화 모색

중앙의 여러 부처의 지원사업의 중복이나 비효율을 제거하기 위해 지원 사업을 체계화 할 수 있는 통합시스템을 강구하는 한편, 지역 내 협의체 구축 등을 통해 효율적으로 해결해 나가야 할 것이다. 필요하다면 관련법을 개정하거나 다문화가

---

457) 이상묵, “앞의 글”. ; 조석주 · 이상묵, 『앞의 글』.

족지원법 등의 미비점을 보완해야 할 것이다.

이와 관련된 법으로 다문화가족지원법, 재한외국인처우기본법, 다문화사회의 문화적 지원에 관한 법률(안) 등을 들 수 있고, 동화 및 통합의 시각에서 다문화주의적 시각이 반영된 내용이 추가되어야 할 것이다.[458]

그리고 보다 효율적인 지원체계를 구축하고 이를 활용하기 위해 지방자치단체별로 조사 파악된 다문화가족의 기초현황 등의 자료를 개인적 사생활이 보장되는 한에서 공유할 수 있는 시스템을 구축하여 관련 부처 및 지자체, 다문화가족지원센터들에서 활용할 수 있어야 할 것이다.[459] 또한 다문화가족지원센터의 운영 효율화를 위해 재정, 인력, 시설 등 미비점을 보완하거나 개선시켜 나가야 할 것이다.

지방자치단체의 결혼이민자 지원정책은 우선 지원체계를 통합적으로 운영할 필요가 있다. 현재 전담부서가 명확하지 않거나 지원인력이 충분치 않은 문제를 개선하기 위하여 하나의 통합 지원 부서를 만들어 결혼이민자 지원행정이 효율적으로 실시될 수 있도록 하여야 한다. 또한 결혼이민자들의 민원해결을 신속하게 해결해 줄 수 있는 외국인 거주자 전용 원스톱(One-Stop) 행정민원 서비스 창구의 설치가 필요하다. 그리고 지역적 특성을 반영하고 결혼이민자 및 가족 수에 비례하여 적정 규모로 차등 지원하는 탄력적인 정책이 필요하다.[460]

7) 다문화가족지원센터 운영상의 애로점 해소 방안

① 지원체계와 평가기준의 전향적인 개선 노력

다문화가족지원센터의 운영을 보다 탄력적이고 효율적으로 이끌어 내기 위해선 경화된 법이나 규정에 얽매여서는 안 된다. 물론 법의 테두리 내에서 운영의 묘를 기해 나가야 하겠지만 운영의 효율성을 극대화하기 위해서는 필요할 경우 법이나 규정의 개정을 통해서라도 실효성 있고 적실성 있는 운영방안을 모색해 나가야 할 것이다. 보다 나은 본래의 취지를 얻어내는데 있어 법이나 규정이 발목을 잡아서는 안 되기 때문이다.

이러한 관점에서 볼 때 너무 지나치게 규정에 따라 일을 추진해 나가는 것도 고

---

458) 모선희 외, "앞의 글", 9쪽.
459) 모선희 외, "앞의 글", 9쪽.
460) 이상묵, "앞의 글". ; 조석주·이상묵, 『앞의 글』.

려해 볼 일이다. 즉 한국어교육도 실제로 일상생활에 필요한 표현과 말을 가르치기보다는 정해진 교재에 맞게 어느 정도 진도를 맞추는지 등 일지 기록이 더 중요시되고 있는데 이러한 외양적 성과나 실적보단 내실을 다지는 것이 보다 중요하고 긴요하다 할 수 있다.

이와 연관되는 것으로 다문화가족지원센터에 대한 평가 역시 객관적인 기준과 발전 못지않게 수행되는 사업의 질적인 측면에 대한 평가기준도 마련되어 균형 있는 평가가 이루어지도록 노력해 나가야 할 것이다.

② 차별화된 맞춤형 서비스 제공 방안

각 지역의 특색을 반영한 차별화 된 맞춤형 서비스가 제공될 수 있도록 민간주도의 다문화가족지원센터를 확대해 나가야 할 것이다. 그리고 다문화가족지원정책은 국가차원의 정책뿐만 아니라 각 지방자치단체에서도 지역별 특성을 반영한 정책을 주도적으로 추진하여야 할 것이다. 또한 전 구·군에 다문화가족지원센터를 설치하여 수혜자의 범위를 널리 확대할 뿐만 아니라 서비스의 질도 고양시켜 나가야 할 것이다.

③ 과도한 재량권 제한과 교육 참여 시 동반자녀 보육시설 미비 해소 방안

센터업무의 번문욕례(red tape)나 스테레오 타입(stereo type)한 관료주의 화를 배제하고 내실 있는 지원이 이루어지도록 행정재량권을 부여해야 할 것이다. 실제로 지원되는 예산이 항목별로 고정이 되어있어 실제 집행 시에 지역의 현실을 반영할 수 없다면 이것은 예산이 있으되 그 기능을 목적한대로 이루어낼 수 없다는 것을 의미하는 것이다.

예를 들어 교육비 명목이면 강사들이 가정방문이 불가피할 경우 교통비로 전환할 수 없는 등 너무 획일적인 경우가 많은데 이러할 경우 본래 취지에 부합된 목적을 달성할 수 없게 된다는 것을 의미하는 것이다. 따라서 센터에 일정한 범위 내에서 또는 일정한 내규를 통해(필요하다면 법 개정을 통해서라도) 재량권을 부여하여 소액의 운영 예산 집행에 대해서는 신축성을 부여해 주어야 할 것이다.

그리고 다문화가정 구성원이 직업교육이나 한국어교육 등에 참여 할 시 동반한 자녀들을 돌 봐 줄 수 있는 간이 보육시설 설치 등 수요자 중심의 배려 서비스(servant service)가 이루어져야 할 것이다.

④ 직원들에 대한 역량강화교육과 중앙 센터의 의결 및 심의위원회에 지역센터장 참여 방안

직원들이 행정업무를 원활하게 할 수 있게 하기 위해서는 회계교육, 조직, 인적관리교육, 그리고 지도자 역량강화 교육 등이 필요로 된다. 따라서 이러한 교육을 시킬 수 있는 여건을 조성하고 이의 실행을 위한 계획과 예산을 마련해 나가야 할 것이다. 그리고 지역의 센터현황과 문제점, 욕구 등을 수렴할 수 있는 통로로 중앙센터의 의결, 심의 위원회 등에 지역 센터장이 일정 비율 이상 포함될 수 있도록 하여야 할 것이다.

⑤ 지역사회의 자원을 최대한 활용

모선희 등이 주장을 하고 있듯이 다문화가족지원기관들의 인력, 재정 부족을 보완하기 위해 지역사회의 자원을 최대한 활용하여야 할 것이나.[461] 예를 들면 교사, 사회복지사, 상담전문가, 의사, 간호사 및 의료직 전문가, 조리사, 이·미용사 등의 다양한 전문 인력의 효율적 활용을 위한 방안이 모색되어져야 할 것이다.

그리고 결혼이민자들 역시 지역사회가 가지고 있는 중요한 인적 자원이다. 그들은 해당 국가의 언어에 능통할 뿐만 아니라, 다른 다문화가정 구성원들과 언어, 인종, 그리고 문화적 동질성을 가지고 있기 때문에 훨씬 자연스럽고 부드럽게 그들에게 다가갈 수 있다. 따라서 다문화가정 구성원들을 교육시키는데 있어 원어민 강사로 활동할 수 있도록 배려를 해 나간다면 지역사회를 위해 많은 도움을 줄 수 있을 것이다. 이러한 의미에서 다문화지원센터에서는 이들을 원어민 강사로 활용할 수 있는 방안을 나름대로 강구하고 이를 지원할 수 있는 체계를 마련해 나가야 할 것이다.

이러한 활용방안으로는 이들을 국공립 유치원의 원어민 강사, 초·중·고 방과 후 교육 담당 강사, 주민자치센터나 문화센터 등에서의 강사, 관광통역과 번역 등의

461) 모선희 외, “앞의 글”, 10쪽.

업무담당 등을 예로 열거 할 수 있다. 이외에 이들을 위한 다양한 일자리 발굴을 위한 노력이 다각적으로 펼쳐져야 할 것이다. 그리고 유념해야 할 점은, 이러한 측면에서 인적자원으로서의 활용도를 높이려면 이들을 대상으로 한 한국어 교육, 문화교육, 그리고 정보화 교육 등의 체계적인 한국 교육 네트워크 구축과 이를 통한 교육도 함께 이루어져야 할 것이다.

이를 위해 울산시가 중심이 되어 이러한 기관이나 관계자들과 정기적인 간담회를 개최하고 다문화가족지원센터, 유관기관과의 네트워크를 확대해 나가야 할 것이다. 이와 더불어 국가와 민간 간 그리고 민간과 기관 간의 역할분담 및 협조체계의 확립이 필요하다.

⑥ 수요자 중심의 지원체계 모색

지금까지의 다문화가정 지원 사업은 주로 여성결혼이민자의 우리나라의 언어, 문화, 생활양식 적응이 중심이었으나, 이제는 이들의 문화와 생활방식을 수용, 고려한 수요자 중심의 지원 프로그램을 발굴 및 개발, 시행하여야 할 것이다.

모선희 등도 다문화가족 입장에서의 수요자 중심의 정책이 펼쳐져야 함을 강조하면서 지금까지의 다문화가정 지원 사업은 주로 여성결혼이민자의 우리나라의 언어, 문화, 생활방식 적응이 중심이었으나 이제는 이들의 문화와 생활방식을 수용, 고려한 수요자 중심의 지원 프로그램을 발굴 및 개발하여 시행하여야 한다고 주장을 하고 있다.[462]

⑦ 다문화 지원정책의 다양화와 참여적 통합 노력 경주

결혼이민자의 인권, 사회적 지위, 결혼이민자 2세를 위한 지원 등에도 관심이 기울여져야 할 것이며 다문화 지원정책도 현재의 결혼이민자 가족 중심에서 앞으로는 외국인 근로자 등도 포함하는 다양한 사업으로 확대되어야 할 것이다.

그리고 다문화가정도 결혼이민자, 외국인 근로자, 유학생, 그리고 새터민 등 다양하면서도 특성을 달리하는 구성체로 복잡하게 얽혀 있는 점을 감안해야 하며, 더 나아가 이들도 성별, 학력, 소득으로 표현되는 경제적 수준, 그리고 종교 등에서 현

---

462) 모선희 외, “앞의 글”, 9쪽.

격한 차이들을 보이고 있다는 점에 유념을 하여 지원정책을 구상하고 이를 추진해 나가야 할 것이다.

이를 위해 이들의 형편과 여건에 맞는 맞춤식 지원정책이 다양한 각도에서 강구되어져야 할 것이다. 예를 들어 이들에 대한 한국어나 한국문화를 이해시키는 교육도 획일적인 방법이나 수단으로 일관하지 말고, 이들의 여러 가지 여건과 특성들을 고려하여 차별적으로 교육시켜 나가는 식의 방안이 강구되어질 필요가 있는 것이다.

그리고 다문화가정 들이 우리 사회에 적응을 하여 사회의 일원으로 활동하기 위해서는 이들의 자발적인 참여가 무엇보다 필요로 된다. 결혼이민자들이 지역모임과 지역사회 활동에 적극 참여할 수 있도록 환경을 조성하고 유도할 필요가 있다. 예를 들면 반상회, 시민단체 모임, 아파트 부녀회, 주민자치회, 지역축제, 마을회의, 마을체육회 등에 결혼이민자들을 적극적으로 참여시켜 지역사회 일원으로서 공동체 의식을 갖게끔 할 필요가 있다.463) 이를 위해 공공기관이나 다문화가정지원센터의 노력도 필요하지만 이에 못지않게 최근 속속 생겨나고 있는 민간단체의 역할과 기능도 매우 긴요하다는 점이다. 관과 민이 함께하는 다문화가정지원서비스의 공생산(Co-production)이 조화롭게 접목되어 이루어진다면 다문화가정의 우리 사회 적응과 우리 사회 일원으로 활동하려는 의지가 고양이 되어, 자발적 참여도는 더욱 높아질 것으로 사료가 되기 때문이다.

6. 글을 마무리하면서

이제 다문화 가정은 우리 사회 속에서 그리고 생활 속에서 자연스럽게 자리를 함께하고 있지만, 우리 사회의 인식과 제도는 시대적 변화에도 불구하고 아직 자연스럽게 이를 받아들일 준비가 제대로 되어있지 않은 듯싶다. 다문화 가정이 소외된 이방인이 아닌 우리의 진정한 이웃으로 받아들여지는 성숙한 시민의식과 제도적 장치가 앞으로도 지속적으로 마련되어야 한다. 그리고 이를 위한 정책은 울산광역시나 구군으로 표현되는 지방정부와 울산 지역사회가 함께 고민하고 해결을 위

463) 이상묵, "앞의 글". ; 조석주 · 이상묵, 『앞의 글』. ; 모선희 외, "앞의 글", 9쪽.

한 노력을 경주해 나가야 할 것이다.

이러한 노력의 일환으로 다문화가정의 구성원들에게 동기부여를 하고 부모와의 교류를 위해 다문화 가정 엄마의 일일교사, 여성클럽과 부인들과의 자매결연을 통한 멘토링(수양엄마, 수양언니), 친정엄마 모시기, 결혼식, 의료혜택, 전통문화 교류를 위한 축제 한마당, 장기간 만나지 못한 몽골, 베트남, 태국 출신 며느리의 친정어머니 초청 상봉, 법률상담소 운영, 종합병원 수준의 진료 실시, 결혼식을 올리지 못한 다문화 가정을 위해 전통혼례방식으로 혼례 올려주기, 다문화 가정 어린이들을 대상으로 하는 글짓기, 사생대회를 개최, 각국의 전통음식과 풍물, 문화를 체험하는 자리 마련, 외국인 며느리들을 위한 한글, 음식, 문화 교육 실시 등의 프로그램들[464]이 바로 이들에게 한 국민으로의 자긍심과 한국사회로 뛰어들게 만드는 동기를 만들어내는 좋은 견인차가 될 것으로 사료가 된다.

다문화사회로의 이행에 있어 성공과 실패는 다양한 요인들에 의해서 좌우된다. 소수이주자들의 권리확보를 위한 집단적 노력, 국가의 정책적 지원, 정부와 NGO사이의 성공적인 역할배분과 공조체제 확립, 그리고 보편주의 적 시민권 확보와 문화적 특수주의와 존중 사이의 조화가 필요하며, 무엇보다도 진정한 다문화주의란 일상생활 속에서 이루어지는 실천이라는 점에서 정체성과 문화적 차이를 유연한 자세로 받아들일 수 있는 열린 감수성과 다른 문화에 대한 관용(tolerance)이 요구되는 것이다.[465]

우리 사회에 편입되고 있는 결혼이민자들의 고유문화와 전통을 이해하고 아직은 소수자들인 이들 결혼이민자들을 우리 사회에 편입시켜 문화적 갈등을 최소화시키는 것이 최대의 과제이다. 특히 안정적인 사회구조를 만들어 가기 위해서는 결혼이민자에 대한 소극적 대응보다는 적극적인 지원정책을 통하여 다문화사회에 본격적으로 대응해 나가는 노력이 필요하다.[466]

모선희 등은 다문화가정의 문제를 해결하기 위해서는 첫째, 통합에서 상호공존으로 다문화에 대한 시각의 전환이 필요로 되며, 둘째, 체계적이고 통합적인 다문

464) 『로타리 코리아』, 2009년 5월, 60쪽.

465) 장미혜 외, "다민족 · 다문화사회로의 이행을 위한 정책 패러다임 구축(II) : 다문화역량 증진을 위한 정책 사회적 실천 현황과 발전방향", 『경제 · 인문사회연구회협동연구총서 08-17-01』, 한국여성정책연구원, 2008. p.xii

466) 이상묵, "앞의 글". ; 조석주 · 이상묵, 『앞의 글』.

화가정 지원정책이 추진되어야 하며, 셋째, 차별화 된 맞춤형 다문화가정 지원정책이 수립되어야 한다고 주장을 하고 있다.[467] 맞는 말이다. 다문화에 대한 성숙된 시각으로의 전환과 체계적이고 통합적인 지원정책 그리고 차별화된 맞춤형 다문화가정 지원정책이 이루어질 수 있도록 노력을 해나가야 할 것이다. 이러한 노력이 결국에는 우리 사회에서 싹트고 있는 다문화가정의 문제점을 해소해주고 나아가 자연스럽게 다문화가정을 우리의 친근한 이웃으로 받아들이게 만드는 견인차의 역할을 해 주게 될 것이다.

결론적으로 울산 다문화가정의 밝은 미래를 위해서는 앞에서 제시한 모든 정책적 고려를 우리 지역의 특색과 다문화 가정의 욕구를 고려하여 우리 지역에 적합하고 효율적인 정책으로 정비하여 발전시켜 나가는데 초점을 두어 나가야 할 것이다.

467) 모선희 외, "앞의 글", 9-10쪽.

제7장 미래 한국지방행정의 과제와 방향

21세기 한국 지방행정이 경쟁력을 갖추기 위해서는 무엇보다 도덕적이어야 하고 민주적이어야 하며 나아가 세계화가 되어야 한다. 그리고 여성에 대한 사회참여와 우수한 여성자원 육성과 활용에 대한 관심이 높아야 한다.

개인이나 기업이나 국가 모두 도덕적이고 윤리적이지 못하면 성공할 수 없다. 앞으로 다가오는 미래에 있어 가장 커다란 가치적 기준 중 하나가 윤리성 또는 도덕성이다. 윤리성과 도덕성을 중요한 척도 중 하나로 사용할 것이기 때문에 이를 충족시키지 못하고는 결코 성공하지도 못하고 경쟁에 이길 수도 없을 것이다. 아무리 재능이 있고 뛰어난 경쟁력을 갖고 있다하여도 윤리성과 도덕성이 결여되면 그것으로 끝이다.

얼마 전에 파산이 된 세계 굴지의 에너지 회사인 미국의 엔론(Enron) 사의 경우를 보더라도 윤리성과 도덕성이 얼마나 중요한 경쟁력인지 그리고 기업의 생존을 위해 얼마나 필요불가결한 것인지를 알 수 있다. 엔론 사는 세계 굴지의 에너지 기업으로서 주위의 부러움을 받으며 승승장구를 하였다. 어느 누구도 이 거대 기업이 한 순간에 분해되어 날라 갈 것이라고는 생각도 하지 않았다. 그러나 어느 한 순간 분식회계 부정이 드러났고 이를 통해 엔론 사의 도산은 현실로 나타났다. 엔론 사만큼 모든 부문에서 경쟁 우위를 점하는 기업도 그리 흔치 않았다. 그러나 엔론 사에게 유감스럽지만 한 가지 부족 한 것이 있었던 것이다. 바로 윤리성과 도덕성을 갖추지 못했던 것이다. 그 결과는 기업의 파산이라는 엄청난 고통이었다.

이러한 점에 있어 공공부문이나 공공기관도 예외는 아니며, 어떻게 보면 오히려 민간부문이나 민간기업보다 더하면 더했지 덜하지는 않다. 지방자치단체도 그리고 중앙정부도 예외는 아닌 것이다. 윤리성과 도덕성을 상실할 때 더 이상 생존의 의미는 없어지는 것이다. 그리고 앞으로 도래하는 세계에서는 이러한 윤리성과 도덕성의 잣대가 더욱 엄격해지고 강해지게 될 것이란 점이다. 이러한 엄하고 강한 윤리적 도덕적 기준을 충족시키지 못하면 결국 경쟁력은 떨어질 수밖에 없고 결과적으로 파산과 붕괴의 길을 걸어갈 수밖에 없게 되는 것이다. 단언컨대 미래의 사회는 지금보다 더 투명해 질 것이다. 그렇기 때문에 지금처럼 내놓고 하는 부정과 부패 그리고 부조리는 더 이상 공직사회에서 의미를 갖기는 어렵게 될 것이다.

미래 사회에서 윤리성이나 도덕성과 연계하여 더 큰 문제로 대두될 것으로 생각해 볼 수 있는 것은 바로 도덕적 해이라고 말할 수 있다. 지방자치단체가 만약 도덕적 해이에 빠지게 된다면, 그 피해는 고스란히 지역 주민들에게 돌아갈 수밖에 없다. 또한 이로 인해 경쟁력을 상실한 지방자치단체는 더 이상 존속할 수도 없게 된다. 결국 이러한 지방자치단체는 엄청난 사회적 비용을 지불하고 주민들의 삶의 질을 비참하게 전락시키는 결과를 초래하게 될 것이다.

이러한 맥락에서 볼 때 도덕적 해이와 같은 소프트(soft) 한 도덕적 문제에 어떻게 효율적으로 대처해 나갈 수 있느냐 하는 것이 미래의 지방자치단체와 지역 주민들이 가지는 중요한 과제가 될 것이다. 따라서 이러한 과제에 대처할 수 있는 방안을 모색해 나가는 것 또한 지방자치단체나 지역 주민들에겐 중요한 일이 될 것이다.

다음으로 미래 지방자치단체가 격렬하게 조우하게 될 과제는 민주성의 문제이다. 우리가 많은 시행착오를 거치면서 또 그로 인한 사회적 비용을 감내하면서 까지 지방자치를 하고 지방정부와 지방행정을 영위하고자 하는 이유는 민주성을 증대시키기 위해서이다. 아무리 능률적이고 효과적이고 생산적이라 하더라도 이러한 과정을 통해 도출된 결과가 주민을 위한 것이 아니고 일부 계층이나 일부 주민만을 위한 것이라면, 능률성, 효과성 그리고 생산성은 아무런 의미를 가질 수 없는 것이다.

행정이나 정책에 있어 효율성, 생산성도 중요하지만 그 것 못지않게, 아니 어떻게 보면 이것보다 더 중요한 것이 이러한 정책 및 행정행위가 민주적 절차에 따라 이루어졌고 또 이러한 절차에 의해 이루어진 결과가 주민의 이익에 부합되느냐 하는 것이다. 아무리 비용을 적게 들이고 편익을 극대화하는 방안이라 하여도 결과적으로 주민에 의해 그리고 주민을 위한 것이 아니라면 의미가 없는 것이다. 이러한 관점에서 볼 때 민주적 가치 그리고 이의 실현은 행정을 펼쳐나가는데 있어 가장 중요한 가치 중에 하나라고 볼 수 있는 것이다. 21세기 미래의 지방행정에서 이러한 민주성이라 표현되는 민주적 가치를 충족시키지 못한다면 그러한 지방정부는 주민들로부터 철저하게 외면을 당하게 될 것이다.

미래 학자들은 미래 사회가 한 군데 오랫동안 정주를 하는 정착적인 사회가 아니라 높은 기동성을 바탕으로 하여 이곳저곳으로 옮겨 다니는 유목 적 사회(nomad society)가 될 것으로 내다보고 있다. 미래 학자들이 주장하듯이 다가오는 미래에는 많은 주민들이 자신들의 이익을 극대화하기 위해 기동성을 가지고 이동을 하며 사는 사회가 될 것이다. 이러한 사회에서는 조상의 뼈가 묻힌 고향이다 또는 피붙이 들이 살고 있는 곳이다 뭐다 하는 것이 커다란 의미를 가지지 못할 것이다. 오직 주민들이 생각하는 자신의 이익에 따라 자신의 주거지가 결정 될 것이다. 이럴 경우 자신에게 이익보다는 해악을 주는 그런 지방정부를 선호하여, 그 지방정부에 세금을 내면서 정착을 할 사람은 별로 없을 것이다. 그리고 이미 정주를 하고 있는 주민들 역시 이러한 지방정부에 더 이상 의지하고 싶은 마음도 그리고 미련도 없을 것이고 더 이상 지체하고 싶지도 않을 것이다. 이런 쪽으로 마음을 정한 주민들은 자신에게 보다 큰 이익을 줄 다른 지방정부로 뛰어난 기동성을 발휘해 이동을 할 것이다.

결국 주민들로부터 철저하게 외면을 당한 지방정부는 파산이라는 고통을 현실로 받아들일 수밖에 없게 되는 것이다. 다른 말로 표현을 하자면 주민의 뜻을 가장 잘 받들고 그들에게 최대의 이익을 가져다주며, 나아가 주민이 진정한 주인이 되는 그런 민주적 가치를 가장 중시하는 지방정부가 최후의 승자로 남게 된다는 것이다. 다가오는 미래에 민수적 가치가 가장 중요한 의미를 갖게 된다고 생각하는 것도 바로 이러한 연유에 기인하는 것이다. 따라서 지방정부를 어떻게 하면 주민의 뜻을 받들고 이를 실현시켜 나가는 정부로 만드는가 하는 것이 가장 중요한 과제로 대두될 것임은 명약관화(明若觀火) 한 일이 될 것이다.

다음으로 한국 지방행정이 경쟁력을 확보하기 위해서는 세계화의 물결을 거부할 수는 없을 것이다. 지구는 지구촌(global village)이라는 말이 상징적으로 의미하듯이 하나의 촌락, 동네 또는 부락이 되었다. 이제 세계의 한 일원이 되지 않고는 그리고 세계 질서를 따르지 않고서는 더 이상 국가나 기업을 운영해 나가기 어려운 세상이 되었다. 세계 일원이 되고 세계의 질서를 지키면서 서로 상생할 수 있는 방안을 강구해 나가지 않으면 안 되는 이유가 바로 여기에 있는 것이다.

여기에 덧붙여 한국의 내재된 성격 그리고 지정학적 위치 등과 같은 특성을 고려한다면 세계화의 일원이 되고 세계의 질서를 지켜나가지 않으면 안 되는 이유를 분명히 이해하게 되는 것이다. 우선 한국은 자연 자원에 있어서 매우 취약한 나라이다. 영토부터가 아주 작고 좁은 나라이다. 큰 나라인 러시아, 캐나다를 제외하고 중국, 미국 등과 비교해 볼 때 우리의 영토면적은 이들의 1/100정도에 불과하다. 인구를 보아도 작은 나라이다. 인구가 많은 나라로 중국, 인도, 미국 등을 들 수 있다. 13억 인구를 가지고 있는 중국은 5,000만 남짓한 인구를 가진 우리보다 26배 정도 많고, 11억 인구를 가진 인도는 22배, 3억의 인구를 가진 미국은 6배 정도 많다. 넓은 영토와 많은 인구를 가진 나라는 인적, 물적 자원이 비교적 풍부하다. 그러나 우리는 그렇지 못하다. 그래서 우리는 자원빈국으로 분류가 자연스럽게 된다.

이러한 한계를 뛰어넘어 성장을 지속하기 위해선 외래의 자원을 받아들여 내 것으로 만들어야 한다. 그리고 이를 기반으로 하여 높은 기술력을 가지고 보다 높은 부가가치를 창출해서 해외시장에 내다 팔아야한다. 자원빈국이 자원부국과 어깨를 겨루기 위해 취할 수 있는 가장 좋은 방법인 것이다. 우리보다 약간 형편이 좋긴 하지만 결코 자원부국이라 칭할 수 없던 일본 역시 2차 세계대전 이후 이러한 국가발전전략을 통해 세계 경제대국이라는 타이틀을 거머쥐는데 성공을 하였다. 그래서 우리도 외국으로부터 자원을 받아들이고 이를 고부가가치상품으로 전환을 시켜 이를 수출함으로서 그 힘으로 우리의 경제를 지탱도 하고 성장도 시켜 나가고 있는 것이다. 그리고 이러한 성장의 과실을 통해 우리의 삶을 보다 풍요롭게 가꾸어 나가고 있는 것이다.

1960년대 초에 우리의 경제지표는 너무나 초라했다. 경제지표 중 하나인 1인당 국민소득을 보면 60달러 남짓했다. 그러나 50년이 지난 2010년을 보면 어림잡아도 2만 달러를 넘어서고 있는 것이다. 거의 330배가 넘는 성장을 한 것이며 삶의 질이 놀라울 만큼 높아진 것이다. 물론 삶의 질을 1인당 국민소득으로 설명하는 것에 대해 여러 다른 견해 들이 있겠지만 어쨌든 우리의 삶이 보다 풍요롭고 다양해진 것은 부인할 수 없는 사실이 되었다.

그런데 이와 같이 이러한 열린사회에서 열린 활동을 통해 이익을 얻기 위해서는 열린사회의 일원이 되고 열린사회의 질서를 지키지 않으면 안 된다. 만약 우리가 이러한 냉혹한 현실을 망각하고 세계 질서를 지키지 않는다면 우리는 더 이상 열린 세계의 일원이 될 수 없고 그럴 경우 우리는 열린 세계로부터 고립이 될 것이며 우리의 삶의 터전은 철저히 망가지게 될 것이다. 따라서 세계화에 얼마나 우리가 순응하며 이 세계화의 물결을 우리가 잘 이용하느냐 하는데 따라 우리의 미래가 결정될 것이다. 이러한 맥락에서 볼 때 앞으로 세계화에 성공할 경우 우리의 삶은 더욱 풍부해 질 것이지만 그렇지 못할 경우 우리들의 삶은 정말 비참하게 될 것이다.

지방정부도 마찬가지이다. 세계화를 이해하지 못하고 이에 지혜롭게 편승하지도 못하며 나아가 이를 이용할 수 없는 지방정부는 낙오될 수밖에 없다. 그리고 그로 인한 고통과 피해를 그 지방정부에 살고 있는 주민들에게 고스란히 전가시키게 될 것이다. 이러한 고통과 피해를 주민들에게 주지 않으려면 지방정부도 지혜롭게 세계화에 앞장을 서 나가야 할 것이다. 세계로 뻗어나가 그 활로를 넓혀 나가는데 앞장을 서야 한다는 뜻이다. 해외자본도 유치를 하고 이를 통해 고용을 창출하고 이를 통해 소득을 증대시켜 경제적 풍요를 성취함으로써 주민들의 삶의 질을 증대시켜 나가야 할 것이다.

지방정부도 열린사회의 일원이 되어야 하고 열린 마음으로 나가지 않으면 파멸이란 생각을 가지고 능동적이고 적극적으로 세계의 일원이 되고 세계화에 순응하고 필요하다면 이에 도전하고 이를 선도해 나가는 열린 의식으로 항상 깨어있어야 할 것이다. 또한 앞에서도 언급을 하였지만 도덕성을 증대시키고 민주성을 중요가치로 인식하고 이를 정책과 행정에 반영하여 발전시켜 나가고 열린 세계로 나가는 행정을 펼쳐나갈 때 지방정부인 지방자치단체의 성공도 기약할 수 있게 되고 그에 따른 주민의 삶도 풍요롭게 되는 것이다.

도덕성, 민주성 그리고 세계화와 더불어 여성의 문제에 대해서도 미래의 한국지방행정은 깊은 관심을 가져야 할 것이다. 왜냐하면 앞으로의 세계화시대에는 경쟁력 극대화를 이루기 위해 국민총력전이 필요로 된다. 여성자원은 가지나 자원이 빈곤한 우리로서는 아주 소중한 자산이다. 우수한 여성자원을 극대화 시켜 나가는 것이 우리의 국제적 역량을 증진시켜 나가는데 좋은 전략적 선택방안이 되는 것이다. 따라서 이 글에서는 여성자원을 극대화 할 수 있는 전략적 대안을 강구하는 한편 민주성이라는 관점과 세계화라는 관점과 연계하여 논의를 진전시켜 나가면서 이러한 과정에서 불거져 나오는 문제점과 이에 대한 해결방안들을 나름대로 강구해 나가고자 하였다.

앞서 언급한 주제별 분야에 따라 논의를 해 나가는 과정에서 한국 지방행정의 구체적인 공간적 사례로 전국적 범위일 경우에는 전국을 단위로 하였고 만약 지역적 단위의 사례가 필요할 경우에는 한국 지방행정의 모형으로 울산광역시를 선정하였다. 울산광역시는 새롭게 도래되는 다각적인 도전을 극복하면서 가장 역동적으로 발전해 나가는 지방정부 중의 하나이며 앞서 언급한 세계화, 민주화, 도덕성 그리고 여성의 시대에 가장 걸 맞는 지방정부 중 하나라고 생각을 하였기 때문이다.

그리고 이 글은 다음과 같이 구성을 하였다.

우선 다각적으로 도전을 받고 있는 한국 지방행정을 살펴보고자 하였다. 그래서 울산광역시의 사례를 들어 이와 관련된 부분을 분석하고 평가하는 식으로 논의를 전개시켜 나갔다. 다각적인 도전의 실체와 이에 대한 대응방안 그리고 이러한 도전에 맞서 미래 울산행정의 나아갈 방향 그리고 이를 주도할 리더십의 실체 그리고 하드파워뿐만 아니라 소프트파워까지 지닌 미래 울산으로 도약하기 위해 앞으로 4년간의 민선5기 시정운영방향과 문제점 그리고 해결방안 들을 폭넓게 그려보았다.

다음으로 여성시대에 있어 한국의 지방행정에 대해 살펴보고자 하였다. 여성인적 자원의 적극적 활용, 여성인적 자원의 활용을 위한 양성평등의 실현, 여성의 취업, 여성과 정보화, 저 출산에서 탈출하려는 울산의 과제와 노력 등을 중심 주제로 하여 논의를 전개시켜 나갔다.

그 다음으로 민주시대에 있어 한국의 지방행정에 대해 살펴보고자 하였다. 바람직한 지방자치, 우리가 바라는 진정한 지역 일꾼 상, 주민 편에 선 행정사무감사, 주민과 함께하는 시·군 자율통합, 민간위탁에 대한 발상의 전환, 장애인을 위한 적극적 복지 등을 중심 주제로 하여 논의를 전개시켜 나갔다. 그리고 마지막으로 세계화 시대에 있어 한국의 지방행정에 대해 살펴보기 위해 새롭게 틀을 짜는 다문화 가정을 주제로 하여 논의를 전개시켜 나갔다.

1. 다각적으로 도전받는 울산 행정의 미래 청사진

1) 다각적으로 도전받는 울산[468]

요즈음 우리 지역의 주된 화두는 세종 시(世宗市)[469]와 연계된 혁신도시(革新都

468) 『경상일보』 "경상시론" 2010년 3월 16일 게재된 원고를 수정한 것임.

469) 세종 시는 충청남도 연기군, 공주시 일원에 건설 중인 행정중심복합도시이다. 시의 이름은 조선 제4대 왕인 세종에서 따왔다. 수도 서울의 과밀화를 억제하기 위해 행정기능의 상당부분을 이전하는 계획이 진행되고 있었다. 이명박 정부에서 행정기능을 제외한 교육, 문화, 복지 등의 자족 형 복합도시를 건설하는 것으로 수정하고자 하였으나 2010년 6월 22일 국회 국토해양위원회 전체회의, 2010년 6월 29일 본회의 표결에서 모두 부결되었다. http://ko.wikipedia.org/wiki/%EC%84%B8%EC

市)[470]문제와 전지산업의 향후 추이, 그리고 정체상태에 빠져있는 인구문제와 일자리 창출에 대한 우려인 것 같다.

① 세종 시와 연계된 혁신도시 문제와 전지산업의 향후 추이 및 대책

우선 울산시에서 추진하고 있는 혁신도시와 연관 지어 볼 때 세종 시 문제는 가볍게 볼 문제는 아닌 것 같다.

따라서 세종 시에 대한 중앙정부의 적극적인 지원이 울산 혁신도시에 끼칠 파급효과와 부정적 영향 등에 대해서도 깊이 있는 검토가 이루어져야 할 것이다. 이와 연계하여 지역적 '역차별'에 대한 문제도 분명히 집고 넘어가야 할 것이다.

물론 중앙정부에서는 혁신도시에 대한 역차별이 발생하지 않도록 세종 시와 동일한 혜택지원에 대한 각종 관련법 개정 등을 추진하겠다고 하지만 이러한 우려를 말끔히 해소하기에는 부족함이 없지 않다.

또한 울산시가 제4의 주력산업이며 차세대 울산을 짊어지고 나갈 미래첨단산업 동력으로 생각하고 있는 전지산업과 관련된 영향도 깊이 있는 검토가 이루어져야 할 것이다. 울산의 3대 주력산업 중 하나인 자동차산업과 전지산업의 시너지적 효과가 상당할 것으로 평가될 뿐만 아니라, 새로운 울산의 성장 동력으로 기대가 되기 때문이다.

사실 울산의 3대 주력산업인 자동차, 조선, 석유화학 등이 앞으로 10년 후 20년 후까지 지속적으로 제 역할을 다 할 것이라 기대하기는 어려운 상황에 처해 있다. 중국을 비롯한 후발국들의 추격이 매우 빠른 속도로 이루어지고 있고 기술이나 자본 면에서 우리를 앞서 있는 기술 선도 국들의 견제와 발전 속도도 매우 빠르게 이루어지고 있기 때문이다. 또한 장치산업인 석유화학 분야는 장치의 노후화로 인한 생산성, 안전성 등에 따르는 문제를 앞으로 가질 가능성이 크다.

이미 조선의 경우는 가능성이 아니라 현실로 자리를 잡아가고 있다. 올해 들어

%A2%85%EC%8B%9C

470) 국가균형발전위원회가 주도하는 혁신도시는 공공기관 이전을 계기로 지방의 거점지역에 조성되는 '작지만 강한' 새로운 차원의 미래형 도시를 말한다. 기업과 대학, 연구소 등 우수한 인력들이 한 곳에 모여 서로 협력하면서 지식기반사회를 이끌어 가는 첨단도시로 구성된다. 동시에 수준 높은 주거와 교육, 문화를 갖춘 쾌적한 친환경도시의 개념이 포함되어 있다. http://terms.naver.com/item.nhn?dirId=114&docId=18927

1위의 자리를 중국에 내주어야 할 형편에 처해있는 것이다.

> 국제 조선해운 분석기관 클락슨에 따르면 국내 조선업계의 상반기 선박 건조량은 747만889CGT(표준화물선환산톤수)로 801만4148CGT를 기록한 중국에 선두를 내줬다. 상반기 수주량 면에서도 국내 조선사들은 462만CGT(점유율 38.0%)로 중국(502만CGT, 41.2%)에 뒤졌으며 6월 말 기준 수주잔량 역시 4925만1753CGT로 5330만7252CGT의 중국에 이어 2위에 머물렀다.471)

이러한 상황을 고려할 때 새로운 미래 첨단 산업동력이 필요하며 그것이 바로 전지산업과 같은 것이라 사료된다. 따라서 초기투자에 그치지 않고 후속적인 투자가 울산을 중심으로 지속적으로 이루어질 수 있도록 하는 가시적인 노력이 필요하다.

만약 삼성이 기존의 입장을 바꾸어 세종 시로 방향을 선회하게 되면, 이러한 미래발전의 청사진을 가지고 있는 울산으로서는 막대한 피해를 보게 되는 만치, 세종 시로의 방향전환이 이루어지지 않도록 하는 조치를 강구하고 만약 그렇지 못할 경우에 대한 대비책과 대응전략 등을 시당국은 사전에 주도면밀하게 준비를 해 놓아야 할 것이다.

이에 대해 시당국이 자동차, 조선, 그리고 석유화학의 3대 주력산업을 고도화하고 전지산업을 제4의 주력산업으로 육성하겠다는 계획472) 하에 전지산업육성을 금년의 10대 핵심과제로 선정하는 한편, 세종 시 발전방안 발표 이후 문제해결을 위해 중앙정부에 대해 건의문을 제출하고 '세종 시 발전 안이 우리 시에 미치는 영향과 대응방안' 등을 발표하며 관련 기업들과 협의를 하는 발 빠른 행보를 하고 있는 점은 시의성과 적실성을 충족하는 노력으로 평가할 수 있는 것이다.

---

471) 『중앙일보』, 2010년 7월 18일. http://article.joins.com/article/article.asp?ctg=11&Total_ID=4320373

472) 울산시가 2차 전지 산업을 지역 4대 주력산업으로 육성한다. 울산시에 따르면 삼성그룹은 최근 휴대전화와 노트북컴퓨터 등에 들어가는 2차 전지 울산공장 건립 방침을 굳힌 것으로 알려졌다. 이에 앞서 삼성은 지난해 8월부터 삼성SDI가 독일 보쉬와 함께 자동차용 2차 전지 생산 공장인 SB리모티브㈜를 울산 울주군 삼남면 가천리 일원에 짓고 있다. 울산시는 이 같은 흐름에 맞춰 전지산업을 집중 유치한다는 방침을 세웠다. 시가 이런 계획을 추진하는 데는 세종 시 수정안 국회 상임위원회 부결과도 관련이 있다. 삼성은 세종 시 수정안 발표 당시 '발전용 2차 전지 공장'과 '실리콘 박막 태양전지 공장'을 세종 시에 짓겠다는 계획을 밝힌 바 있다. 시는 세종 시 수정안이 국회에서 최종 부결되면 삼성이 추진하는 발전용 2차 전지와 실리콘 박막 태양전지 공장을 울산에 유치한다는 전략이다. 『동아일보』, 2010년 6월 29일. ; http://news.dongascience.com/HTML/News/2010/06/29

② 정체상태의 인구문제와 일자리 창출에 대한 우려

그리고 이에 덧붙여 울산시 인구 증가율의 정체현상도 한번 짚고 넘어가야 될 문제이다. 140만~150만 명을 목표치로 하는 울산시 인구계획을 볼 때 인구증가율의 정체는 결코 바람직한 것이 아니다.

또한 인구의 역외유출의 가능성은 더 좋지 않은 현상이다. 더 많은 양질의 일자리(decent job)를 창출하여 역외의 인구를 울산으로 유입시키고, 아이를 낳아 키울 수 있는 좋은 여건과 환경을 지닌 도시로 다듬어 나가는 노력이 필요하다.

이에 대해 시 당국이 기존 산업단지 156만6000㎡ 조성과 삼성SDI, 한국솔베이 정밀화학 등 10조원 규모의 국내·외 투자유치를 통해 6만4천명의 신규일자리를 창출하기 위해, 앞서 언급한 기존 3대 주력산업의 고도화와 전지산업의 육성을 통해 신규 일자리를 창출하며, 이미 추진 중인 신 일반산업단지 등 10개 단지의 산업시설용지의 적기조성으로 투자 인프라를 확충하고 전략적 투자유치 활동을 적극 전개하여 4만개의 일자리를 새로이 추가 창출하겠다는 계획 추진은 이러한 우려의 일면을 해소해줄 것으로 기대된다.

2) 미래 울산행정의 청사진

울산광역시 시장이 지난 2010년 6.2 지방선거에서 제시했던 선거공약은 경제 산업, 환경 녹지, 문화 복지, 도시기반, 감동 행정 등 5대 분야 70개 사업이었다. 민선 5기에는 민선 3기와 4기에서 추진되었던 시정의 기조를 안정적으로 유지하는 바탕 위에, 이들 공약을 하나하나 실현하여 울산의 품격을 한 단계 업그레이드 시켜 나간다는 구상이 드러나고 있다.

① 민선 3기, 4기의 노력과 성과

우선 ‘녹색산업 글로벌 거점도시’로의 도약을 위해 민선 3, 4기 때 그린 카 오토벨트, 과학연구단지 조성사업, SB리모티브(주)의 리튬2차 전지 울산공장과 대우버스 울산공장 유치 등의 성과를 거두었으며, 울산테크노파크, 울산정밀화학센터, 한국화학연구원 울산지원센터 등 연구개발(R&D) 기능을 대폭 확충했다. 또한 산업단지 조성에 박차를 가해 매곡·길천·중산 산단 등을 준공하여, 기업을 유치하고 첨단 신산업 육성을 위해 정부로부터 자유무역지역 지정을 이끌어 냈다.

다음 '하늘도 강도 맑은 그린시티'를 구축하기 위해 민선 3, 4기 때 태화강 살리기를 실천에 옮겨 정부의 4대강 살리기 사업의 선도 모델이 됐으며, 생활하수 유입을 차단하고 자연 형 하천 정화사업을 벌여 태화강 수질을 1~2급수로 개선했다. 또 태화강 십리 대밭(太和江十里竹田)[473]교(인도교) 건설과 전망대 설치, 태화강과 동천의 산책로 및 자전거 전용도로 확충 등을 통해 태화강을 친수공간으로 시민의 품에 안겨주었다. 이에 덧붙여 시는 주거지로 둔갑한 태화들을 하천부지로 전환, 국내 최대의 수변공원인 태화강대공원으로 재탄생 시켰고, '덩굴식물 100만본 식재'와 온산공단 그린웨이 조성사업도 추진하여, 회색 빛 도시를 녹색의 도시로 변모시켰다.

그리고 '모두가 행복한 문화 복지도시'를 구축하기 위해 민선 3, 4기 때 박물관 하나 없던 울산에 암각화박물관[474], 고래박물관[475], 대곡박물관[476]을 개소하는가 하면 시립박물관[477] 건립공사에 착수해 박물관도시 울산 시대를 열어 나갔다.

② 민선 5기의 핵심과제와 해결되어야 할 문제들

이러한 민선 3, 4기의 성과를 바탕으로 민선 5기에는 다음과 같은 5가지 핵심과제를 중심으로 하여 울산의 시정을 주도해 나갈 것으로 사료가 된다.

---

473) 울산광역시 남구 무거동에서 중구 태화동에 걸쳐 태화강을 따라 펼쳐진 대나무밭으로 폭은 20~30m, 전체면적은 약 29만m^2이다. 한때 주택지로 개발될 뻔하였으나 시민들의 반대로 대숲을 보존할 수 있었다. 그 후 간벌 작업과 친환경호안 조성작업, 산책로 조성작업을 벌여 현재는 울산을 대표하는 생태공원이 되었다. http://100.naver.com/100.nhn?docid=817925

474) 2008년 5월 30일 울주군 두동면 천전리 333-1 일원에 건립하여 운영 중인 울산암각화전시관이 '박물관 및 미술관 진흥법'(제16조) 및 '시행령'(제8조)에 규정된 등록요건을 갖춰 '1종 전문박물관'(제4호)으로 등록되었다. 이로써 울산지역 등록박물관은 울산대박물관(제1호)과 울산고래박물관(제2호), 대곡박물관, 울산암각화 박물관까지 모두 4개로 늘어났다. 『경상일보』, 2010년 4월 26일.

475) 장생포 고래박물관은 2005년에 개관을 하였으며, 국내 유일의 돌고래수족관을 보유한 고래생태체험관은 2009년 11월24일 개관했다. 『경상일보』, 2010년 5월 11일.

476) 울산권광역상수도(대곡댐)사업 편입부지에서 출토된 유물 중심의 청동기시대부터 조선시대까지 대곡천 유역의 역사를 조명하는 대곡박물관은 2009년 6월 24일에 개관했다. 5차에 걸친 발굴조사로 출토된 다종다양한 유구와 각종 토기류, 철기류, 도자류, 기와류 등을 종합 전시하였다. http://dgmuseum.ulsan.go.kr/museum/museum2.jsp

477) 시립박물관인 울산박물관은 종합박물관으로서 앞으로 울산시의 박물관정책의 중심이자 문화의 핵심 콘텐츠로 자리 잡을 것이다. 현재 공사 진도가 57%인 울산박물관이 예정대로 공사를 진행한다면 2011년 6월중 개관한다. 『경상일보』, 2010년 4월 29일.

ㄱ. 경제 산업 분야

이 분야는 민선 5기 동안 다른 어떤 분야보다 가장 중점이 주어질 것으로 판단이 된다.

공약에 따르면 자동차, 조선, 석유화학 등 3대 주력산업을 더욱 고도화하고, 차세대의 먹을거리인 녹색산업을 중점 육성해 나간다는 계획이다. 또한 삼남 하이테크 벨리를 중심으로 2차 전지사업을 제4의 주력산업으로 자리매김을 하고, 세계 4대 그린 카 클러스터와 바이오화학 글로벌 허브, 원전산업 메카 구축도 추진 해 나간다는 계획이다. 이에 덧붙여 산업용지 1천650여만㎡(500만평)을 탄력적으로 조성해 5조원의 기업투자를 유치하여, 3만여 개의 새로운 일자리를 창출함으로써 고용 없는 성장에 종지부를 찍겠다는 구상도 이 계획 속에 녹아있다.

이와 더불어 야심차게 추진되고 있는 동북아 오일 허브 사업도 성공적으로 추진될 경우 울산의 경제 산업분야의 또 다른 이정표를 제시해 줄 것으로 볼 수 있다. 연간 1억3000만t의 액체화물을 처리하고 있는 울산항이 오일허브로 향후 10년 내에 최대 4억3000만 배럴(6000여만t)의 신규 물동량을 유치해 세계 3대 액체 물류 항을 넘어 세계 4대 오일허브를 구축하게 되는 것이다. 세계 굴지의 대규모 정유공장이 들어서 있는 울산이 오일허브 구축을 통해 세계적 정유도시에서 석유거래 도시로 발돋움하게 되는 것이다.478)

그러나 민선5기에 주의를 기울여야 할 국면도 없지 않다. 동북아 오일허브 사업이 성공하기 위해선 그 전제조건으로 방파제 등의 기반시설이 반드시 국비로 지원이 되어야 한다. 만약 국비지원 없이 민자 사업만으로 추진이 될 경우 기업 투자유치 효과 부족 등으로 사업추진이 장기화될 가능성이 높다는 우려도 없지 않다.

또한 지역 간 유치경쟁이 치열한 원전산업 육성전략(원전 메카), 그린 카 오토벨리 구축, 바이오화학의 메카 등의 장밋빛 청사진도 정부의 정책적인 지원 없이는 차질이 우려되는바 이에 대한 대책과 해결방안이 민선 5기 동안 집중적으로 검토되고 추진되어야 할 것이다.

478) 『경상일보』, 2010년 5월 13일.

ㄴ. 환경녹지 분야

이 분야 역시 민선 5기 동안 지속적으로 중점이 주어질 것으로 사료가 된다.

공약에 따르면 현재 국가적 차원에서 추진되고 있는 4대강 사업의 가장 선도적인 모델이 될 만큼 성공적인 생태하천 복원으로 칭송을 듣는 태화강 살리기의 성공경험을 토대로 회야강, 동천강, 외항강 등 울산의 4대강 살리기에 본격 나선다는 계획이다. 그리고 솔마루 길[479] 등 테마가 있는 4대 숲길 조성과 도심 명품공원 조성도 가시화할 계획이다.

이러한 공약의 이행과 계획의 달성을 위해서는 몇 가지 문제들이 해결될 수 있어야 할 것이다. 민선 5기에 이러한 문제에 대한 집중적인 해결노력이 요구되는 것이다. 그러한 실 예로 울산 권 맑은 물 확보와 반구대 암각화 보존문제를 들 수 있다. 울산 권 맑은 물 확보와 반구대 암각화[480] 보존 문제는 울산시의 사연 댐 수문설치(수위조절 안) 수용으로 해결의 첫 단추는 꿰었지만 대구·경북 권과의 원만한 협의 등이 난제로 남아있다. 특히 운문 댐 맑은 물의 안정적인 공급을 가능하게 하기 위해선 대구·경북 권과의 원만한 협의가 필요로 되는 것이다.

ㄷ. 문화 복지 분야

이 분야에 대해선 지난 민선 3기나 4기에 비해 민선 5기 동안 상대적으로 더 많은 중점이 주어질 것으로 사료가 된다.

문화 복지 분야에 대한 투자나 노력이 상대적으로 다른 분야에 비해 부족한 감이 없지 않았다는 여론에 화답을 할 필요가 있기 때문이다. 공약에 따르면 미술관, 도서관, 문학관 등 문화 인프라를 계속 확충해 문화의 질적 성숙과 양적 확대를 도모해 나간다는 계획이다. 더불어 제2 장애인체육관 건립, 출산과 양육지원 확대 등 취약계층별 맞춤형 복지 실현에도 초점을 맞춰나간다는 계획이다.

479) 솔마루 길은 남구 선암댐 수변공원~신선산~울산대공원~문수 국제양궁장~삼호산~남산~태화강 둔치 총 24km의 도심 생태 축을 잇는 순환 산책로로 울산광역시 남구가 완공했다. http://news.naver.com/main/read.nhn?mode=LSD&mid=sec&sid1=102&oid=001&aid=0002617261

480) 울산 대곡리 반구대 암각화(蔚山大谷里盤龜臺岩刻畵)는 울산광역시 울주군 언양읍(彦陽邑)에 있는 선사시대의 암각화로 1995년 6월 23일 국보 제285호로 지정되었다. 반반하고 매끈거리는 병풍 같은 바위 면에 고래·개·늑대·호랑이·사슴·멧돼지·곰·토끼·여우·거북·물고기·사람 등의 형상과 고래잡이 모습, 배와 어부의 모습, 사냥하는 광경 등을 표현하였다. http://100.naver.com/100.nhn?docid=471372

이를 위해 복지 분야에선 장애인과 저소득층에 대한 복지수급 불균형을 해소하는 사업을 추진했고 장애인을 위한 생활지원 도우미 운영, 장애인문화센터 운영, 장애인 콜택시 운영 등의 시책을 추진했으나 아직도 피부로 체감하는 수준에서는 부족함이 없지 않다는 정서이다. 따라서 이 분야에 대한 보다 피부로 와 닿는 입체적인 정책적 노력이 민선 5기에 집중적으로 이루어져야 할 것이다.

ㄹ. 도시기반 분야

이 분야 역시 민선 5기 동안 지속적으로 중점이 주어질 것으로 사료가 된다.

경쟁력과 품격의 도시 인프라 구축을 공약으로 하여 KTX 역세권 개발, 울산대교 건설 착수[481] 등 편리하고 경쟁력 있는 미래도시 건설에도 박차를 가해나갈 계획이다.

그러나 2012년 공공기관 이전을 코앞에 두고도 지지 부진한 혁신도시 건설 및 공공기관 이전은 민선 5기에서 꼭 해결해 나가야 할 핵심과제 중 하나가 될 것으로 사료된다. 그리고 경전철과 같은 대중교통체계의 구축과 이의 실현을 위한 노력이 행정, 재정적으로 이루어질 수 있도록 이에 대한 정책적 노력이 가일층 민선 5기에 절실하다. 특히 이러한 과제를 이루어내기 위해선 정부의 정책적인 지원이 절실한 만큼 이에 대한 노력도 병행해서 이루어져야 할 것이다.

ㅁ. 감동 행정 분야

이 분야 역시 민선 5기 동안 지속적으로 중점이 주어질 것으로 사료가 된다.

지속적인 행정혁신과 구조조정 등을 통해 행정의 과실이 시민의 품으로 돌아갈 수 있는 고객만족(CS) 행정을 추진시켜 나간다는 계획이다.

그러나 행정혁신은 성과가 가시적이지 않을 수 있고 혁신에 대한 저항에 따른 문제점, 그리고 혁신 피로 증을 유발시키는 문제 등을 여하히 해결해 나가느냐 하는 것이 중요한 관건이 되는 만치 민선 5기는 이러한 문제점에 대한 대비책도 같이 강구하면서 문제해결을 위한 접근을 해나가야 할 것이다.

---

481) 세계에서 세 번째로 긴 '단경간' 현수교인 울산대교 및 접속도로 민간투자사업(BTO)의 재원이 당초 금융권의 재무적 투자 유치에서 시공사의 직접투자 형태로 변경 추진된다. 울산시 관계자는 "울산대교 민간투자사업에 굴지의 국내 대형건설업체가 직접 참여하게 돼 금융권의 재무적 도움 없이 시공사 중심의 안정적인 사업 시행이 가능하게 됨에 따라 울산대교 건설 사업이 제 궤도에 오르게 됐다"고 밝혔다. 『경상일보』, 2010년 3월 17일.

3) 미래의 울산행정을 이끌 리더십

울산이 하드파워(hard power)만 가진 도시가 아니라 이제 소프트파워(soft power)까지 명실상부하게 겸비하고자 하는 부드러우면서도 역동적인 도시로 성장해 나가는데 필요한 감성적 리더십을 행사할 수 있어야 할 것이다.

탄탄한 지역경제력을 바탕으로 문화와 복지를 살찌워나가는 한편 환경을 살리고 풍요롭게 가꾸어 나가는 일에 시장으로서의 리더십을 발휘해 나가야 할 것이다. 이를 위해 시장은 앞으로 문화 인프라 구축과 복지, 특히 지역사회에서 소외된 계층을 어루만지고 이들의 상처 난 가슴을 치유해 줄 수 있는 인간적 향기가 묻어 나오는 복지인프라 구축에 앞장을 서는 리더십을 보여주어야 할 것이다. 또한 이를 위해 문화, 복지 그리고 환경부문에 보다 많은 관심을 경주하고 가용자원을 극대화하여 이 분야에 집중적인 투자를 해 나가야 할 것이다.

강력한 하드웨어인 산업경제의 발전과 더불어 소프트파워를 가진 에코폴리스, 그리고 문화 복지의 요람으로 울산이 거듭나기 위해서는 이러한 선택과 집중의 전략적 사고가 실천이 되는 환경을 만들어 나가는데 시장으로서의 리더십을 발휘해야 할 것이다.

이와 더불어 위민(爲民)의 이상을 실현해 나가기 위해선 시민사회 일각에서 제기되는 비판에 대해서도 겸허하게 귀를 기울이고 이를 정책에 조화롭게 접목시켜 피부로 체감할 수 있고 누구나 공감할 수 있는 행정을 일구어내는데 앞장을 서야 할 것이다.

그리고 오케스트라의 지휘자처럼 화합과 포용 그리고 조정의 대가와 같은 조율의 리더십을 발휘할 수 있어야 할 것이다. 다원적 사회에서는 많은 다양한 의견들이 표출되고 이렇게 표출된 의견들이 서로 얽혀서 갈등과 대립, 분열을 야기 시킨다. 그럴 때 성공적인 지도자는 실타래처럼 엉킨 난제를 쾌도난마(快刀亂麻)식으로 해결하고, 날선 대립각을 높이 세운 다양한 의견간의 충돌을 완화하고 조정하여 최종적인 합의와 화합을 도출해 낸다. 한 마디로 상생의 게임으로 모두가 서로 이기며, 나아가 이러한 갈등을 시너지적 효과로 승화시킬 수 있는 리더십을 발휘하는 시장이 되어야 할 것이다.

특히 지난 6·2 지방선거에서는 구청과 시, 구, 군의회에 야당출신 인사들의 진출이 유난히도 많았다. 앞으로 시정을 이끌어 나가는데 있어 생각의 차이와 이해관계에 따라 날선 대립이 예상이 된다. 잘못되면 시정이나 구정이 파행으로 치닫고 그로 인한 피해를 모두 시민이나 구민이 고스란히 뒤집어 써야 할 형국이 될 수도 있다. 이러한 바람직하지 못한 정책 및 행정 상황을 예방하고 이를 효과적으로 타개해 나가는데 있어 광역시장의 화합과 포용 그리고 조정을 바탕으로 하는 조율의 리더십이 다른 어느 때 보다 필요로 될 것으로 사료가 된다.

4) 민선5기 시장 공약 이행계획의 내실화482)

울산시가 '민선5기 시장 공약 세부 이행계획'을 확정해 발표했다. 2011년부터 2014년까지 민선5기 임기 내 19조5297억 원, 임기 후 4조3149억 원 등 5대 분야 70개 사업에 28조5881억 원의 사업비를 투입하는 것으로 돼 있다. 이 가운데 임기 내 투자재원은 국비 4조9426억 원과 시비 2조4505억 원, 민자 등 기타 12조1366억 원이다.

이같이 시가 공약 이행계획을 확정, 적극 이행하려 하는 것은 울산의 미래나 시민을 위해 바람직스러운 일이다. 그러나 이를 주도면밀하게 이뤄내기 위해서 무엇보다 중요한 것은 소요될 재원을 어떻게 마련하느냐이다.

전국 지방자치단체의 재정건전성이 최근 들어 그렇게 밝지만은 않다. 2008년까지 20조원 가까이 흑자를 냈던 재정수지가 지난해는 7조원 적자로 돌아섰고, 지난해 말 현재 전국 지방자치단체 지방채 발행액은 약 25조원으로 3년 만에 8조원 넘게 불어났다.

특히나 최근 성남시가 지난 4년 동안 판교특별회계에서 5400억 원을 전용해 쓰고, 정부 등에 갚아야할 5200억 원에 대해서 지불 유예를 선언한 초유의 사태에 대해 지방정부의 방만한 예산 운영이 결국 이러한 결과를 초래했다는 곱지 않은 시선이 있는 만치 이를 타산지석(他山之石)으로 삼아 재원의 확보와 운영에 대해 남다른 고민이 필요하다.

시 발표에 따르면 임기 내 공약사업을 추진시켜 나가는 데만 국비가 5조원 가까이 필요하지만, 당장 올해부터 국비 확보에 어려움이 가중되는 듯하다. 기획재정부에 신청한 2011년도 울산지역 국가 예산 규모가 당초 신청 액보다 16.7%인 3270억

482) 『경상일보』 "경상시론" 2010년 7월 14일 게재된 원고를 수정한 것임.

원이 적고 2010년 확보 액보다도 2400억 원이나 삭감됐다. 울산지역의 국가예산 규모는 2007년부터 증가 하다가 2010년 들어서면서 감소를 하고 있다.

지방재정 운영의 건전성이나 지역 개발은 물론 민선5기 울산발전의 청사진에 어두운 그늘을 드리우게 하는 것이다. 시당국에서 8월말까지 기획재정부의 심의 과정에서 최대한 미반영사업을 반영시켜 나가고, 지역 국회의원 등의 협조를 얻어내는 등 국가예산 확보에 행정력을 집중해 나가기로 한 일은 시의성과 적실성을 지닌 조치로 사료가 된다.

다음으로 공약이행계획 중 산업용지 500만평을 탄력적으로 조성해 5조원의 기업투자를 유치, 3만여 개의 새로운 일자리를 창출함으로써 고용 없는 성장에 종지부를 찍겠다는 내용이 나온다.

현재 전국적으로 고용 없는 경제 성장이 계속 되면서 실업 문제가 날로 심각해지고 있으며, 이와 연관되어진 양극화 현상도 심화되고 있다. 1997년 외환위기에 이어 2008년 말 글로벌 금융위기 이후 양극화현상의 고착화로 인해 중산층 위기가 심화되고 있다. 서울시정개발연구원이 발표한 자료에 따르면 서울의 경우 중산층 비중이 2000년 67.8%에서 2008년 59.4%로 감소하였고, 삼성경제연구소 자료에 의하면 전국 중산층의 비중이 1997년 64.8%에서 2000년 61.9%, 2005년 59.5% 등으로 점차 감소하고 있다.

또한 통계청 자료에 따르면 중산층 안에서도 중상층과 중하층의 소득격차가 점차 벌어지면서 중산층 자체가 감소하는 현상과 중산층 안에서의 소득불균등이 함께 나타나고 있다.

이럼에도 불구하고 현행 복지정책은 저소득층 대상 공공부조 중심으로 이뤄져 있어 중산층은 사회안전망의 사각지대에 놓여 있다. 따라서 중산층 복지는 공공부조사업을 통한 소득이전 방식이 아니라 노동과 교육, 훈련 기회를 제공하는 고용정책이 핵심이 돼야 하며, 이러한 관점에서 볼 때 공약이행계획에 나오는 새로운 양질의 안정적 일자리 창출 노력은 시의성과 적실성을 충족하는 것으로 받아들여진다.

앞으로 시당국은 이러한 정책을 적극적으로 추진시켜나가는 한편, 빈곤층으로 전락할 위험이 가장 높은 한계중산층인 중하계층을 위한 정책문제, 비정규직들의 처우문제와 정규직으로의 전환 문제, 기업 형 슈퍼마켓(SSM) 규제를 통해 지역 재래상권과 자영업 일자리를 보호하는 문제, 여성 및 장애인 일자리 확대 문제 등 소홀하게 다룰 여지가 있는 부분까지 세심한 관심을 기울여, 민선5기의 공약 세부 이행계획이 내실 있게 이루어지도록 혼신의 힘을 모아 나가야 할 것이다.

5) 소프트파워를 가진 울산으로 거듭나기[483]

21세기에 중심적인 화두가 삶의 질 향상이라는 점에 이의를 제기할 사람은 없을 것이다. 인간적 삶을 보장받기 위해서는 경제적 풍요가 당연히 선행되어져야 한다. 그러나 인간은 빵만으로는 살 수가 없다. 그래서 그 다음으로 필요로 되는 것이 문화적 풍요이며, 이에 한걸음 더 나아가 인간을 인간답게 존재할 수 있도록 해주는 복지와 환경에 대한 갈증의 해소이다.

울산이 삶의 질을 고양시키는데 있어 필요한 제반 조건을 모두 갖춘 도시라고 이해를 해도 지나침은 없을 것이다. 자타가 인정하듯이 경제적으로 볼 때 울산은 전국에서도 가장 잘 사는 도시가 되었다. 그리고 때 늦은 감이 없지는 않지만 이에 만족치 않고 이를 기반으로 하여 문화적 인프라를 비롯한 복지, 환경 인프라를 가장 역동적으로 구축해 나가고 있다. 하드파워만 가진 도시가 아니라 이제 소프트파워[484]까지 명실상부하게 겸비하고자 하는 부드러우면서도 역동적인 도시로 성장해 가고 있는 셈이다.

이러한 성장과정에 한 편린으로 나타난 노력의 결과가 도심 속 생태·문화 공간인 '대화강 대공원'의 준공이다. 명정천에서 용금소에 이르는 태화동 일원에 서울 '여의도 공원'의 2.3배에 달하는 총 53만1000㎡ 규모의 생태공원을 조성하여 울산 시민의 품으로 되돌려준 것이다. 울산시민이 가장 선호하는 휴식 공간 중 하나로

483) 『경상일보』 "경상시론" 2010년 6월 17일 게재된 원고를 수정한 것임.

484) 소프트 파워(soft power) 그리고 하드 파워(hard power)를 최초로 국제정치에서 용어 화 한 인물은 조지프 나이(Joseph S. Nye)이다. 그는 소련을 누르고 냉전의 승리자가 된 것은 미국의 군사력으로 표현되는 하드 파워 때문이었지만, 그 이후 전 세계인의 마음을 사로잡아 세계유일의 강대국 대접을 받을 수 있었던 것은 다름 아닌 소프트 파워 때문이었다고 주장을 하고 있다. 그렇지만 그는 미국이 소프트 파워의 이점을 소홀히 하고 하드 파워만을 강조한 결과 제국주의자로 전락하고 있다고 쓴 소리를 하면서, 앞으로 미국이 전 세계인의 마음을 다시 사로잡기 위해서는 미국이 소프트 파워를 강화하여 세계인과 함께 하는 강한 리더십을 키워 나가야 한다고 주장하고 있다. 이러한 조셉 나이의 주장에서 비롯된 이 용어는 정치력, 경제력, 군사력과 같은 것을 하드 파워로 표현하고 문화, 복지, 정보 소프트웨어(IT), 도덕 윤리와 같은 것을 소프트 파워로 표현하는 것으로 일반화 되고 있다. http://www.yes24.com/24/goods/1439937 ; Joseph S. Nye Jr., *Soft Power : The Means To Success In World Politics* (New York : PublicAffairs, 2005). ; 조지프 S. 나이 지음, 홍수원 옮김, 『소프트 파워』 (서울 : 세종연구원, 2004).

자리매김을 하고 있는 울산대공원[485]에 이어, 앞으로 울산 시민의 사랑을 듬뿍 받게 될 태화강 대공원은 죽어가던 태화강과 그 수변생태환경을 다시 되살린 뜻까지 보태어져 남다른 상징적 의미까지 갖게 될 것이다.

이제 울산의 나아갈 방향은 분명해진 것 같다. 탄탄한 지역경제력을 바탕으로 문화와 복지를 살찌워나가는 한편 환경을 살리고 풍요롭게 가꾸어 나가는 일이 아닌가 싶다. 더 이상 울산이 문화와 복지의 사각지대 또는 소외지역으로 남아있어선 안되며 환경오염도시의 대명사로 회자되어서도 안 될 것이다. 이를 위해서 시 행정당국은 앞으로 문화, 복지, 그리고 환경부문에 보다 많은 관심을 경주하고 가용자원을 극대화하여 이 분야에 집중적인 투자를 아끼지 말아야 할 것이다. 바로 이 시점이 선택과 집중의 전략적 노력이 가장 절실히 요구되는 때라 사료된다.

"오직 한 가지 일에 몰두하는 편집광만이 살아남는다."[486]는 유명한 말을 한 인텔(Intel)의 회장 앤드루 그로브(Andrew S. Grove)는 "경쟁자가 뒤쫓아 오고 있다면 그들을 앞질러야만 살아남을 수 있다. 그러기 위해서는 한 방향을 정하고 온힘을 다해 달려야 한다. 이쪽저쪽 헤매다간 힘만 분산될 뿐이다"라는 말로 선택과 집중의 가치를 강조했다.

니콜로 마키아벨리(Niccolo Machiavelli) 역시 '고대의 군사지휘관들은 절박한 필요성의 강력한 힘과, 그것이 병사들로 하여금 필사적으로 용기를 발휘하게 한다는 것을 잘 알았기 때문에 부하들이 절박한 필요성을 느끼게 만드는 일을 우선적으로 행하였다'고 주장을 했다.[487] 더 이상 물러설 것이 없다는 한계상황은 경우에 따라서는 인간에게 초능력을 낳게 만들기도 한다.

임진왜란 당시 충무공 이순신(李舜臣) 장군의 "죽으려고 하는 자는 반드시 살 것이요, 살려고 하는 자는 반드시 죽을 것이다"라는 결연한 사생관이 패배할 수밖에

485) 울산대공원(蔚山大公園)은 울산광역시 남구 옥동과 신정동에 걸쳐 있는 도심 공원으로서 전체 면적은 약 362만㎡이고, 시설 면적은 79만㎡이다. 울산광역시는 부지를 매입하고, SK는 시설 공사를 하기로 1995년 11월에 양측이 협약을 맺고 공원 조성에 착수하였으며. SK는 2005년에 공원 조성 공사를 완료하여 울산시에 무상으로 기증하였다. http://ko.wikipedia.org/wiki/%EC%9A% B8%EC%82%B0%EB%8C%80%EA%B3%B5%EC%9B%90

486) Andrew S. Grove, *Only the Paranoid Survive : How to Exploit the Crisis Points That Challenge Every Company* (New York : Doubleday, Random House, Inc., 1996). ; 앤드류 그로브 지음, 유영수 옮김, 『편집광만이 살아 남는다』(서울 : 한국경제신문사, 1998).

487) Niccolo Machiavelli, *The Prince* (New York : Arcturus, 2010).

없는 전쟁을 '23전 23승'의 승리로 바꾸어 놓았던 것이다. 결연한 의지로 정신을 집중할 때 초능력적 힘이 발휘가 되는 것이다.

강력한 소프트파워를 가진 에코폴리스로 울산이 거듭나기 위해서는 이러한 선택과 집중의 전략적 사고가 실천이 되는 환경을 만들어 나가야 할 것이다. 이와 더불어 정약용 선생이 강조한 글자 그대로 백성을 위한다는 뜻이 담긴 위민(爲民)의 이상을 실현해 나가기 위해선 시민사회 일각에서 제기하는 비판에 대해서도 겸허하게 귀를 기울일 필요가 있다.

쏠림행정이나 탁상행정 그리고 전시행정의 공통점은 진실성의 결여다. 피부로 체감할 수 있고 누구나 공감할 수 있는 진실이 담긴 행정을 일구어내어 미래 울산의 청사진이 밝은 장밋빛으로 채색되어질 수 있도록 행정당국은 물론 울산시민 전체가 혼연일체가 되어 노력해 나가야 할 것이다.

2. 여성시대에 있어 한국지방행정

1) 여성인적 자원의 적극적 활용

우리나라뿐만 아니라 선진 외국국가들까지 무한경쟁을 전제로 하는 세계화가 일반화되면서 지금까지 소홀시 되어 온 여성자원의 발굴과 활용에 대한 관심이 고조되고 있으며 실제로 많은 여성자원이 사회각계각층에 포진되어 삶의 질을 높여나가는데 기여를 하고 있다.

언론보도에 따르자면 우리나라도 여사장이 100만 명을 넘어섰다 한다. 집에서 혼자 하는 인터넷 쇼핑 몰부터 제조업, 정보통신업체까지 여사장이 속속 탄생 중이라고 한다. 여성이 대표자인 사업체는 2001년 통계청 발표에 따르자면 102만 2,662개로 전체의 33.9%를 점유하는 비율이며 이를 손쉽게 표현하자면 사장 100명을 한 곳에 모을 경우 34명이 여성이라는 것을 의미하는 것이다. 전체 숫자로는 아직 열세지만 2000년 여성 사업체 증가율이 4.2%이고 남성 사업체 증가율이 2.5%임을 감안할 때 여성에 의한 창업이 남성을 앞지르고 있음을 알 수 있다.

이러한 현상은 여성들의 사회 진출 조류에 덧붙여, 여성에 보다 친화적이라고 하는 지적 정보화 시대를 맞이하여 소자본과 아이디어로 승부 할 수 있는 사업 환경이 조성되면서 여성 창업이 붐을 이루고 있음을 보여주는 일면이기도 하다.

또한 앞의 객관적 수치 못지않게 주관적 인식지수 역시 이러한 흐름을 잘 대변해 주고 있다. 즉 여성 기업가들이 인식하는 기업환경도 여성에게 친화적으로 변모하고 있음을 나타내고 있다. '중소기업청'과 '한국여성경제인협회'가 여성이 대표로 있는 업체 2,000곳을 대상으로 조사한 결과에 따르자면 여성이 기업 활동하는 것이 남성과 비슷하거나 오히려 유리하다고 답한 비율이 71%인데 반해 불리하다고 답한 여성은 29% (99년 40.8%)로 나타났으며 지난 2년간 성적인 차별대우를 겪었다는 여성 경영인은 불과 9.2% (99년 30.4%)로 나타나 여성 경영인들의 기업 활동에 대한 사회적 인식이 크게 개선되었음을 보여주고 있다.

나라 밖으로 눈길을 돌려보면 미국이나 유럽 쪽에도 여성 기업가들의 활동이 근자에 들어 매우 두드러지게 나타나고 있다. 세계적으로 명성을 날리는 여성 최고경영자로는 휴렛패커드(HP)사의 전 회장이었던 칼리 피오리나(Carly Fiorina) 그리고 영국 버버리(Burberrys)의 CEO인 로즈 마리 브라보(Rose Marie Bravo)[488]와 핀란드 휴대폰회사인 노키아(Nokia)의 네트웍스 부문 사장인 사리 발다우프 사장 등을 열거할 수 있다. 한때 실리콘밸리의 여제(女帝) 등으로 불리어졌던 칼리 피오리나는 휴렛패커드사와 미국 3위의 컴퓨터 제조업체 인 컴팩(Compaq)사를 같이 엮는 그야말로 남성 최고경영자들도 엄두를 내기 어려운 기업 간 대 합병을 시도하여 세상을 놀라게 한 바 있다.[489]

이러한 선진 외국의 여성최고경영자들과 비교해 볼 때 우리 나라의 여성 기업가들은 나름대로의 한계를 가지고 있다. 아직 여권신장의 역사가 그들에 비해 일천(日淺)할 뿐만 아니라 여성을 바라보는 사회적 시각도 그들보다는 덜 개방적이며 기업문화 역시 여성에게는 불리하게 작용하고 있는 것이 사실이다. 외국과 달리 국내 대기업에 여성 임원은커녕 부장급 이상 간부도 거의 없는 게 바로 이러한 사실을 입증하고 있는 것이다. 또한 많은 여성 기업가들이 운영하는 사업체가 상대적으로 영세하고 소규모적이라는 점도 이와 맥을 같이 하는 것이다.

---

488) 영국의 고급 의류업체 버버리의 최고경영자(CEO)인 로즈 마리 브라보가 월 스트리트 저널이 2002년 선정한 유럽에서 가장 성공한 여성 경영인으로 뽑혔다. http://article.joins.com/article/article.asp?ctg=11&Total_ID=1116465

489) Carly Fiorina, *Tough Choices : A Memoir* (New York : Portfolio Trade, The Penguin Group(USA) Inc., 2006).

그러나 이러한 한계를 넘어설 수 있을 때 우리나라의 기업경쟁력과 국가경쟁력은 증대될 수 있을 것이다. 21세기 들어 우리가 희망하는 고도의 안정적인 경제성장을 이룩하기 위해선 우수한 여성자원을 적극적으로 발굴 활용해 나가야만 한다. 특히 정부부문에서 여성인적 자원의 전향적이고 적극적인 활용은 기업을 비롯한 사회 기타 부문에 파급되는 영향력을 크게 하여 전체적인 국가경쟁력을 증진시키는데 크게 기여할 것으로 사료된다. 이러한 관점에서 많은 우수한 여성인력이 공직에 투신하는 것을 긍정적으로 평가할 수 있다.

2) 여성인적자원 활용을 위한 양성평등의 실현 : 여성할당제를 중심으로[490)]

많은 사람들이 아직도 정치는 남성의 전유물로 생각을 하고 있는 듯싶다. 그러나 이러한 생각은 시대의 변화에 뒤처지는 것으로 사료가 된다. 이미 일반적인 대중교육을 통해 양성평등이 실현이 되어가고 있을 뿐만 아니라, 여성들로 구성된 고급인적 자원들이 넘쳐나고 있는 시대에 살고 있기 때문이다. 그리고 이러한 것에 힘입은 탓인지 모르지만 사회적인 통념도 양성평등의 방향으로 가파르게 치닫고 있으며, 이미 우리보다 앞서나가고 있는 여러 선진국들을 살펴보면 정치가 남성의 전유물이었던 시대는 종언을 고하지 않았나 싶은 생각이 저절로 그리고 많이 들게 한다.

타르야 할로넨(Tarja Halonen) 핀란드 대통령이나 안제라 메르켈(Angela Merkel) 독일 총리 등 여성 국가 지도자들이 나라를 책임지고 관리해 나가고 있을 뿐만 아니라 매들린 올브라이트(Madeleine Korbel Albright) 그리고 콘돌리자 라이스(Condoleezza Rice) 전 미국 국무장관이나 힐러리 클린턴(Hillary Rodham Clinton) 현 미국 국무장관들을 보아도 이제 정치는 남성 전유물이라는 생각이 한계에 부닥치고 있음을 느끼게 되는 것이다. 이러한 관점에서 볼 때 이제 정치는 남성의 전유물이 아니라 여성과 공유하는 것으로 이해를 하여야 될 시기에 도달한 것이다.

① 뜨거운 감자가 되고 있는 여성할당제

2010년 6월에 실시하게 될 지방선거로 인해 지금 정치권은 겉으로는 평온한 척

---

490) 이병철 '공론화되고 있는 지역구 여성할당제', 『2010 지방선거 여성공천 확대방안 세미나』, 의회를 사랑하는 사람들 울산광역시지부, 2009년 11월 23일 토론 자료 원고를 수정한 것임.

가장하지만 내면적으로는 엄청난 동력을 실어 변화의 움직임이 자신들의 이해와 맞아떨어지게 하기 위한 노력들을 경주하고 있다. 그러한 노력 들 중 하나가 바로 여성할당제이다. 2010년에 실시하게 될 지방선거에서 지역구 여성할당 30% 실현을 위한 여성계를 비롯한 정치권의 움직임은 벌써 뜨거운 감자가 되고 있는 것이다.

여성할당제에 대한 논란은 이미 2000년에 접어들기 이전부터 제기가 되어왔었다. 그러다가 2000년 16대 총선을 앞두고 국회의원 비례대표제 후보에 있어 여성공천할당 30%를 정당법에 명문화하였고, 2002년 3월 제3차 지방선거를 앞두고는 광역의회의 비례대표에 2인중 1인을 여성으로 하는 여성공천할당 50%와 지역구 대표에 여성공천할당 30%제를 정당법 31조에 노력사항으로 명문화하였다. 그러나 노력사항인 만큼 이를 강제할 수단이 없었던 까닭에 정당들은 당초 명시한 여성공천할당제의 비율을 제대로 지키지 않았다.

그런 탓인지는 모르지만 2002년 지방선거 결과를 볼 때 여성들의 지방의회 진출비율이 매우 저조하였다. 광역의회의 경우 비례대표를 포함해서 9.2% 정도에 머물렀고, 기초의회는 생활정치공간임에도 불구하고 2.2% 정도에 머무르는데 그쳤다. 그러나 그나마 다행스런 것은 이러한 명문화된 노력의 결실이 시간이 흐르면서 약간씩 효과가 나타나고 있다는 점이다. 2004년에 41명의 여성의원이 당선될 수 있었던 것이나 2006년에 실시된 지방선거나 2008년 총선에서 여성들이 나름대로 약진할 수 있었던 것도 이러한 노력이 일조를 했기 때문이라고 볼 수 있다.

② 선진 외국의 여성할당제

여성 할당제는 주로 영국이나 프랑스 그리고 스웨덴, 노르웨이 등 선진화된 유럽국가에서 활발하게 적용되고 있다. 이 중 영국의 사례를 들어보면 영국 노동당은 1992년 총선에서 패배를 한 후 패인분석에 따르는 반성에서 여성 할당제를 도입하기로 결정을 하였다. 노동당은 1997년 총선에서 여성할당제를 적용하여 당선 가능성이 높은 지역구에 여성 후보 155명을 내 이 가운데 101명을 당선시키는 쾌거를 일구어 내었다. 이러한 결과에 힘입어 노동당은 보수당을 압도적으로 누르고 18년 만에 재집권을 하였다.

이러한 양상은 영국을 비롯한 유럽국가로만 한정되는 것은 아니다. 유럽국가 이외에도 아시아 국가 중에 일본의 경우를 보면 여성들의 의회진출에 이것이 큰 몫을 하고 있음을 알 수 있다.

③ 한국 정치권에서의 여성의 초라한 현 주소

이러한 세계적 추세와 비교를 해 볼 때 앞에서도 잠시 살펴보았지만 한국 정치권에 대한 여성 진출 비율은 저조하게 나타나고 있다. '국제의원연맹'(Inter-Parliamentary Union : IPU)[491]이 발표한 세계 여성 의원 비율에 따르면 한국은 13.0%로 조사 대상 184개국 중 65위에 머물러 있어야만 했다. 이는 일반적으로 한국보다 정치적 수준이 한 수 아래라고 생각하고 있는 중국(20.2%)이나 모잠비크(34.8%) 수준에도 못 미치는 비율이었다.

이러한 저조한 수치는 이것으로 끝나는 것이 아니다. '유엔개발계획'(United Nations Development Programme : UNDP)[492]이 발표한 국회의원 및 전문직 여성 비율로 측정하는 여성권한측도에서도 한국은 75개국 중 최하위권인 68위에 그쳤다. 그리고 '세계경제포럼'(World Economic Forum : WEF)[493]이 발표한 세계 성(性)격차지수의 여성 정치 역량강화 분야에서도 130개국 중 102위를 차지하여 저조한 수준을 여과 없이 드러내 주었다. 더욱이 2008년 제18대 국회의원 선거에 당선한 여성 수는 41명으로 전체 의석수의 13.7%였다. 12년 전과 비교해 볼 때 4배 이상 증가한 것이지만 '국제의원연맹' 집계로는 하위권인 84위였다.

이러한 수치들이 바로 이 땅의 여성이 소외되고 있는 우리 정치현실을 가감 없이 그대로 드러내고 있는 것이다. 시대도 그리고 세계도 변화되어가고 있는데 유독 우

491) 국제의원연맹 (Inter-Parliamentary Union, IPU) 이란 1889년에 설립된 국제적인 의회기구이다. 설립 목적은 국제평화 및 협력 도모, 그리고 의회제도 정착이다. 2010년 현재 총 회원국은 152개국이며 본부는 스위스 제네바에 위치하고 있다.http://ko.wikipedia.org/wiki/%EA%B5%AD%EC%A0%9C%EC%9D%98%EC%9B%90%EC%97%B0%EB%A7%B9

492) 국제 연합 개발 계획(약칭으로 유엔 개발 계획 또는 UNDP)은 세계의 개발과 그에 대한 원조를 위한 국제 연합 총회의 하부조직으로 영어의 정식명칭은 "United Nations Development Programme"이다. 머리 글자를 따서 UNDP라고도 부른다. 1965년에 설립되었고, 본부는 미국 뉴욕에 있다. 세계 132개 곳에 상설 주재소가 있다. http://ko.wikipedia.org/wiki/%EC%9C%A0%EC%97%94%EA%B0%9C%EB%B0%9C%EA%B3%84%ED%9A%8D

493) 세계경제포럼(World Economic Forum, WEF)은 스위스의 휴양도시 다보스에서 열리는 세계경제포럼이다. 본부는 스위스 제네바에 있으며,주로 다보스에서 열리기 때문에 다보스 포럼으로 불리기도 한다.http://ko.wikipedia.org/wiki/%EC%84%B8%EA%B3%84%EA%B2%BD%EC%A0%9C%ED%8F%AC%EB%9F%BC

리만 아직 변화의 속도를 따라잡지 못하고 있는 것이다.

④ 정치권에서 논란의 중심이 되고 있는 여성할당제 : 역차별문제

정치권에서 여성할당제를 가장 먼저 공론화하고 이를 실현시켜 나가고자 했던 정당은 민주노동당이다. 민주노동당은 이미 2006년에 정당 최초로 지역구 선출직과 공직에 20% 여성 할당제를 실현한 바 있으며 2008년에도 지역구 선출직에 30%의 여성 할당제를 적용한 바 있다. 그러나 민주노동당 이외의 다른 정당은 이에 미치지 못하고 있다. 공직선거법 47조에 국회의원, 지방의원 선거 지역구 30% 여성추천을 권고규정으로 두고 있는 탓이다.

물론 일부에서는 여성 할당제가 역차별(reverse discrimination)을 초래하게 된다는 주장도 있다. 20% 또는 30%를 여성에게 쿼터로 할당을 하여 여성을 뽑음으로 인해 뽑혀진 여성보다 더 정치적 자질과 역량에서 앞서는 남성이 탈락되는 것을 상정한 이야기이다. 분명 이점으로 한정을 해서 본다면 상대적으로 여성보다 정치적으로 자질과 역량에서 앞서는 남성은 역차별을 당했다고 말 할 수 있을 것이다. 그러나 이에 대한 반론으로 할당제라는 제도적 장치가 없었다면 여성들이 정치무대로 나서기 매우 어려웠을 것이란 점을 강하게 제기하고 있다. 현재의 정당공천제 방식의 후보 경선은 여성후보에게는 높은 진입장벽이기 때문이라는 점을 내세우고 있는 것이다.

앞에서 간단하게 여성할당제와 관련된 역차별의 문제점과 이에 대한 반론을 살펴보았지만, 이러한 역차별과 관련되어 많은 논란들이 사회 여러 부문에서 제기되고 있는 것이 사실이다. 따라서 이것은 정치부문에만 한정되는 것이 아니다. 다양한 분야에서 역차별의 문제가 제기가 되었는데 군필자에 대한 가산점 제도나 사범대학 출신에 대한 가산점 제도 등이 그 대표적인 예이다. 이러한 역차별의 문제는 우리나라에서만 발생하는 것은 아니다. 미국 같은 선진국에서도 역차별의 문제는 매우 심각한 사회적 이슈가 되고 있다.

한 가지 예를 들어보면, 캘리포니아 주립대학교(University of California) 데이비스(Davis) 의과대학원에 들어가려고 했던 백인청년 알란 바키(Allan Bakke)에 의해 촉발된 대학 입학과 관련된 역차별의 문제는 커다란 사회적 쟁점이 되어 대법원(Supreme

Court of the United States)까지 판결이 비화되는 커다란 사건이 되었었다. 이러한 역차별의 문제는 선진국이나 우리나 모두 겪게 되는 꼭 넘어야할 산인 것이다.

⑤ 공직부문의 여성할당제 현황과 문제점

사실상 여성할당제 도입이 가장 활발한 부문은 공직 분야이다. 특히 1996년부터 공무원 임용 시험 령에 따라 여성 채용 목표제가 시행됨에 따라 9급 공무원시험의 경우 직급별로 최고 30%, 7급은 25%를 여성에게 할당하도록 제도적으로 배려했다. 또 2000년 7급과 9급 공무원시험부터 군필자에 대한 군가산점제도가 헌법재판소의 판결에 의해 폐지되어 여성의 공직 진출이 상대적으로 수월하게 되었다. 군(軍)도 여성의 진출을 할당제로 보장하고 있는 분야이다. 육군사관학교, 해군사관학교, 그리고 공군사관학교는 1997년부터 여성에게도 입학 기회를 부여하는 것은 물론 그 비율을 정원의 10%까지 보장했다.

이렇게 여성할당제 도입을 가장 활발하게 추진했던 공직 분야에서는 시간이 흐르면서 이에 대한 역기능이 표출이 되고 있다. 일부 직군에서 남녀의 성비가 역전되는 현상이 발생하기 시작한 것이다. 남성의 점유비율이 상대적으로 높았던 직군에서 여성의 점유비율이 높게 나타나기 시작한 것이다. 이 제도의 도입과 시행으로 인해 이제 남성이 법적 보호를 받아야하는 입장으로 바뀌게 된 것이다.

이러한 역전현상이 가져오는 사회적 문세를 최소화하기 위한 방책으로 정부는 2003년부터 여성할당제를 양성평등채용목표제494)로 바꾸기 시작 하였다. 행정고시와 7급, 9급 공무원시험에서 어느 한 성의 합격자가 70%를 넘지 않게 한다는 것이 양성평등채용목표제의 취지로 자리 잡게 된 것이다.

그러나 일부에서는 여성할당제나 양성평등제에 의해 이루어진 여성인력의 약진에 대해 일반의 시각과 달리하는 입장이 없지 않다. 즉 이러한 제도에 힘입어 공직

---

494) 여성채용목표제가 2002년 말로 그 적용시한이 만료됨에 따라 그간 실시된 여성채용목표제에 대한 시행효과 분석을 바탕으로 이를 발전적으로 개선·보완하여 공직 내 성비의 균형유지와 양성평등을 제고할 수 있는 새로운 제도로 '양성평등채용목표제'를 도입하였다. 양성평등채용목표제는 공무원 채용 시 어느 한쪽 성의 합격자 비율이 30% 미만일 때 합격선 범위 내에서 해당 성의 응시자를 추가 합격시키는 제도로 2003년부터 2007년까지 한시적으로 운영된다. 양성채용목표제가 적용되는 직급은 5급, 7급, 9급 공채시험으로 여성채용목표제가 10명이상 뽑는 직렬을 대상으로만 적용됐던 것과 달리 모집단위 5명 이상을 뽑는 시험단위에도 모두 적용된다. http://mybox.happycampus.com/dongchae/350122

부문에 여성 공무원의 수는 많이 늘었지만 아직은 하위직에 한정되어있으며 상대적으로 고위직인 관리직에 임용되는 여성은 극히 적고 각 부처 과장급 이상은 여성이 거의 전무한 실정이란 것이다. 아직도 여성으로서 중견 및 고위직 공무원으로의 진출이 상대적으로 어렵다는 것을 의미한다 하겠다.

따라서 진정한 양성평등이 이루어지려면 중견 및 고위직에도 여성할당제와 같은 제도적 장치가 마련되어 여성의 이 분야에 대한 진출을 늘려나가야 한다는 것이 이들의 공통된 시각인 것이다. 이러한 시각의 연장에서 보면 국회나 지방의회에서 여성의원의 비율을 높이고자 하는 것은 고위직의 성적 불평등을 해소하는 하나의 방법이 될 수 있는 것이다.

⑥ 여성할당제가 올바르게 정착되기 위해선

이와 같이 사회적 분위기의 변화와 제도적 변화에 의해 여성의 사회 진출이 다른 어느 때보다 활발히 이뤄지고 있는 가운데, 정치권에서 불거진 여성전용선거구제와 비례대표 여성 50% 할당 논란까지 가세되어, 여성할당제에 대한 관심과 논의는 더욱 가열되고 있는 양상이다.

이러한 논란의 중심에 위치하고 있는 여성할당제가 제대로 정치권을 비롯하여 이 땅에 정착되기 위해서는 무엇보다 먼저 남녀평등을 낳을 수 있는 이념과 문화가 형성되어 정착이 되어져야 할 것이다. 그리고 정당을 중심으로 하여 정치권의 결단을 통해 여성할당 30%가 법제화되고 이에 따른 정당 내 여성후보 공천할당제가 현실화되어야 할 것이다.

또한 여성의 정치적 자질과 능력을 키우고, 나아가 정치지도력 향상을 위한 교육훈련이 새롭게 개발되고 또한 확대되어져야 할 것이며 여성단체의 조직력 및 연대강화 등이 이루어져야 할 것이다. 이를 위해서 특히 각 정당과 정부, 그리고 무엇보다도 여성자신들의 적극적인 노력이 요구가 된다. 그리고 여기서 하나 유념할 점은 여성이 여성후보를 지지하는데 인색하다는 연구결과를 고려하여 여성들에 대한 보다 정확하고 올바른 이에 대한 홍보와 계몽이 지속적으로 병행이 되어져야 할 것이다.

그리고 정당들이 당리당략적 차원이나 개인들의 정치적 이해관계에 입각하여 이 문제에 접근하는 것을 지양하고 과연 어떠한 선택이 우리 정치의 발전과 밝은 미래를 위해 그리고 국가이익에 크게 보탬이 되는 가를 숙고하고 그에 따른 올바른 판단에 의거하여 여성할당제에 대한 결단이 내려져야 할 것이다.

⑦ 글을 마무리하면서

이제 여성할당제는 선택의 문제가 아니라 필수의 문제로 바뀌어졌다. 주요 정당에서 지역구 후보자를 공천하면서 여성후보 할당제를 실시하는 것이 여성의 정치참여 확대를 위한 현실적인 대안이라는 점을 많은 사람들이 주지하게 되는 시점에 이르고 있는 것이다.

궁극적인 가치로 양성평등이 나름대로 의미를 가진다고 생각을 한다면 여러 다른 부문에서 적용이 되어 효과를 보이고 있는 여성할당제를 정치에만 제한을 하여 여성의 진출을 막는 진입장벽을 높게 쌓아나가는 그런 우(愚)에서 벗어나려는 결단에 대해 깊이 있게 고민을 해 볼 시기가 된 것이 아닌가 싶다.

다가오는 2010년 지방선거에서 여성할당제가 제대로의 의미를 가지고 작동이 되느냐 그렇지 않으면 또 미완의 완성으로 만족해야 하느냐 하는 물음에 대한 답은 정당과 이에 몸담은 정치인들을 비롯한 정치권의 노력과 이에 대해 깊은 관심을 가지고 지켜보고 있는 여성과 이들을 대변하고 있는 여성단체들 그리고 일반시민들의 몫이 아닌가 사료가 된다.

3) 여성취업과 정보화495)

① 여성취업

한국여성정책연구원이 발표한 통계자료에 의하면 여성취업률이 2008년도 기준으로 볼 때 울산의 경우 36.8%를 기록하여 서울(41.1%), 부산(40.2%), 대구(41.0%) 등 다른 광역시에 비해 다소 낮게 나타났다. 그리고 취업여성 중 실제 임금을 받는 임금근로자 비율 역시 70.2%로 나타나 서울(74.4%), 부산(72.7%), 대구(72.9%) 등 다른 광역시에 비해 다소 뒤처졌다. 임금근로자가 많다는 것은 실질적인 경제활동에 참여하는 인구가 많다는 것을 의미하는 것이기 때문에 70%가 넘게 나타난 울산의 경우 다행스런 일이란 생각이 들면서도 다른 한편으로는 비교 대상이 된 다른 광역

495) 『경상일보』 "경상시론" 2010년 4월 15일 게재된 원고를 수정한 것임.

시보다 다소 뒤처지는 결과와 울산 여성 취업의 질과 관련지어볼 때 이에 대한 관심과 시정노력 역시 필요하다는 생각이 든다.

또한 울산 거주 여성 임금근로자의 종사상 지위를 살펴볼 때 상용근로자가 50%인 반면, 임시근로자가 42%, 일용근로자가 8%를 점유하고 있는 점과 상용근로자보다 종사상 지위가 상대적으로 불안정한 임시근로자나 일용근로자의 비율이 다른 광역시에 비해 다소 높은 점도 관심과 시정노력이 요구되는 사항이다.

이에 덧붙여 지난 10년 동안 좋지 않은 성적에서 벗어나 2008년도 들어 여성경제활동참가율이 증가된 점은 긍정적으로 평가를 하면서도 임시근로자나 일용근로자의 증가를 상대적으로 고려치 않고 단지 양적인 증가만으로 평가를 하는 것은 무언가 부족한 점이 있지 않나 싶다. 이는 비교적 저임금 일자리는 많은 반면 괜찮은 일자리가 적다는 것을 의미하며 울산 거주 여성들의 취업의 질을 낮추는 결과를 가져오기 때문이다.

울산 거주 여성장애인들의 취업률은 다행스럽게도 다른 광역시들보다 높은 편으로 나타났다. 2006년도를 기준으로 볼 때 남성장애인의 경우는 다른 광역시와 비슷한 수준이지만, 여성장애인의 경우는 광주 35.26%, 울산 26.05%, 대구 21.83%, 대전 18.86%, 인천 17.58%, 서울 14.81%, 부산 11.17% 순으로 나타나 광주에 이어 2위를 기록했다. 그렇지만 이러한 좋은 성적의 이면에 묻혀 간과하기 쉬운 점은 취업률이 26.05%에 지나지 않는다는 사실이다. 구직을 원하는 여성 장애인 4명 중 1명만이 취업을 하였다는 것을 의미하기 때문이다. 따라서 이에 대한 관심과 시정노력 역시 필요하다.

② 정보화

이러한 여성취업과 관련하여 생각해볼 문제가 하나 더 있는데 바로 정보화와 연관된 문제이다. 정보화 사회에서 정보가 가지는 가치는 이미 검증이 되어졌다. 정보를 가지거나 정보화기기에 쉽게 접근하여 이를 활용하는 자와 그렇지 못한 자간의 격차는 산업사회에서의 빈부격차보다 더욱 크다는 사실이 이를 잘 보여주고 있다.

정보화기기에 대한 차별적인 접근과 정보를 활용하는 능력에서 비롯되는 격차는 정보 빈곤층과 취약계층을 양산해 내게 되며 이는 취업시장이라고 해서 예외는 아니다. 여성의 정보화기기에 대한 차별적인 접근과 정보 활용능력은 여성의 취업이나 고용 등에 커다란 영향을 미칠 수 있는 것이다.

한국인터넷진흥원의 자료에 따르자면 지역별로는 울산이 83.1%의 인터넷 이용률을 기록해 조사지역 중 가장 높게 나타났으나, 간과해서는 안 되는 점은 한국여성정책개발원 자료에서도 드러나고 있듯이 울산 거주 여성들의 인터넷 이용시간과 기본적인 컴퓨터 활용능력이 광역시 중 대전을 제외하고는 가장 낮다는 것과 62.7%가 컴퓨터 교육을 받은 적이 없다고 응답했다는 점이다. 더욱 문제인 것은 컴퓨터가 없는 여성의 비율이 23.3%로 남성의 2배에 달해 컴퓨터의 보급률이 남성들보다 낮다는 점이다.

이러한 정보화기기의 접근과 활용능력에서 울산 거주 여성들이 상대적으로 취약하다는 점이 여성의 취업이나 고용 등에 어떠한 영향을 끼쳤는지를 정책당국은 주도면밀하게 분석하고 이에 대한 대책을 강구해나갈 필요가 있을 것이다. 또한 울산 거주 여성들의 취업률 제고와 고용평등과 고용안정성 확보를 위해 다각적인 정책적, 행정적 노력을 기울이는 한편, 여성 스스로의 전문성 확보와 여성인적자원의 자기개발을 통해 보다 양질의 여성 취업을 가능하게 하는 여성에 대한 정보화 교육 등에 적극적으로 나서야 할 것이다.

4) 저 출산에서 탈출하는 울산[496]

저 출산으로 인한 인구감소를 우려하는 소리가 높다. 통계청은 2010년 한국의 합계출산율을 1.22명으로 전망했다. 합계출산율이란 여성 1인이 평생 몇 명의 자녀를 낳는가를 지표로 환산한 것이다.[497] 1995년에는 1.7명이었고 2000년에는 1.51명이었으며 2005년에는 1.08명까지 내려갔다가 2008년에는 1.19명으로 약간 올라갔다. 현재 이 수치는 경제협력개발기구(OECD) 국가 중 가장 낮은 것이다. 해가 갈수록 합계출산율이 낮아지고 있음을 알 수 있다. 현 수준의 인구를 유지하기 위해선 약 2.1명이 돼야 한다. 그렇지 않고 이런 수준으로 계속이 된다면 2020년 4,995만 명을 정점으로 해서 점차 우리의 인구는 감소하게 된다.[498]

---

496) 『경상일보』 "경상시론" 2010년 2월 11일 게재된 원고를 수정한 것임.

497) 합계출산율(total fertility rate)은 여자 1명이 가임기간(약 15세에서 49세까지) 동안 평균 몇 명의 자녀를 낳는가를 나타내는 지표이다. 이철규, 『한국행정의 이론과 실제』 (서울 : 법문사, 2007), 51쪽.

출산율 저하 이유는 자녀를 출산한 뒤 양육하는데 드는 노력과 비용이 날이 갈수록 높아지면서 이에 대한 부담이 커지기 때문이다. 이외에 자녀 출산에 따르는 비용부담과 자녀를 통해 누릴 수 있는 가치의 불투명성, 직업, 소득, 그리고 주거 등에 대한 불확실성이 커지면서 위험회피 전략의 일환으로 출산율이 저하되고 있다는 지적도 있다.

그리고 게리 베커(Gary Becker)는 소득수준이 향상하면 자녀수 감소 현상이 나타난다고 주장하면서 이러한 현상의 기저에는 자녀의 양(量)을 질(質)로 교환하려는 부모의 의지가 숨어있다고 본다. 소득수준이 높아질수록 부모는 더욱 질이 좋은 자녀를 갖기 위해서 동일한 소득을 소수의 자녀에게 집중하여 소비하는 경향이 있다는 것이다.

울산시가 발표한 '울산시민 생활수준 및 의식조사 결과'를 살펴보면 전체 응답자의 69.8%가 자녀양육에 따른 경제적 부담 과중을 가장 큰 저 출산 원인이라고 답했다. 또한 2006년 한국보건사회연구원의 가족 보건복지 실태조사 결과에 의하면 아이를 낳아 대학을 마칠 때까지 들어가는 양육비가 2억3199만6000원에 달하고, 조사가구의 월평균 자녀양육비는 158만5000원, 자녀 1인당 월평균 양육비는 86만5000원으로 나타났다.

보건복지가족부의 '2009년도 전국 결혼 및 출산 동향 조사 결과' 역시 자녀를 잘 키우려는 욕구가 강한 중산층(월평균 소득이 3인 가족 기준 345만원인 경우)에서도 양육비 부담 때문에 2명 이상 출산을 포기하는 경우가 많은 것으로 확인됐다. 복지부의 또 다른 설문조사에서도 국민 중 8.2%가 자녀가 필요 없다고 답했고, 그 이유는 양육비를 포함한 경제적인 부담(36%) 때문이라는 응답이 가장 많았다. 이를 종합해 볼 때 저 출산의 가장 큰 원인이 양육비 부담임은 분명한 것 같다.

그리고 울산시의 조사결과를 보면 양육비에 포함되는 가구당 월평균 교육비로 30만~70만 원 이상 지출한다고 답한 응답자가 전체의 65.5%에 달하였다. 한국은행의 국민소득 통계에 따르면 2008년 4분기~2009년 3분기 1년간 가계의 교육비 지출 총액은 명목기준 40조5248억 원으로 1년 전 같은 기간 보다 3.5% 늘었다. 이를 가구별로 환산하면 가구당 240만원으로 전년의 235만원 보다 늘었고, 2000년의 119만원

498) 이철규, 『한국행정의 이론과 실제』 (서울 : 법문사, 2007), 51쪽.

에 비해서는 2배로 늘어난 것이다.

앞에 제시한 조사결과들에 입각해 양육비부담 및 교육비의 증가가 저 출산의 가장 큰 원인이라면 이를 해결하는 방안을 중앙과 지방정부에서 정책적으로 강구해 나가야 할 것이다. 특히 울산시가 최근 수립한 '2025년 도시기본계획(안)'엔 계획인구를 145만 명으로 설정했으나, 통계청은 저 출산에 따른 인구증가율 둔화를 이유로 113만 명에 그칠 것으로 전망하고 있는 바, 울산시의 지속적인 장기적 도시발전을 위해 인구의 확대와 역외유출 방지를 위해선 저 출산을 치유할 수 있는 정책대안이 시급한 실정이다.

이를 위해 자녀양육가정에 대해 일정한 현금이나 현물을 직접 지급하는 출산장려금정책이나, 출산을 장려하는 공익 광고, 그리고 기업이 출산휴가나 육아휴직을 보장하는 방식 등으로 출산을 간접적으로 장려하는 정책이나, 출산관련 비용 및 양육비, 교육비 등 자녀를 위해서 사용하는 비용에 대한 세금공제 대상 지정과 확대 그리고 혼인경비에 대한 세제지원 등의 조세정책을 도입해야 한다는 주장에 귀를 기울여 중앙정부에 정책건의를 할 필요가 있다.

그리고 무엇보다 중요한 것은 울산시가 첨단산업도시, 국제무역 및 물류거점도시, 생태·환경·문화·복지도시 등의 비전을 실현시켜 나갈 수 있는 매력 있는 도시로 자리매김 할 수 있도록 지속적인 관심과 노력을 기울여 나가야 할 것이다.

3. 민주 시대에 있어 한국지방행정

1) 바람직한 지방자치[499)]

지방자치의 성과를 손꼽아보라면 우선, 주민들의 참여를 전제로 한 지방자치가 이 땅에 뿌리를 내리게 되었고, 중앙에서 지방으로의 권한이양 촉진과 지방공무원의 전문성과 개방성의 증진, 그리고 지방정보화를 촉진시켰다는 점 등이다. 반대로 지방자치의 문제점을 적시해 보라고 하면 지역이해 중심주의의 대두와 지역갈등의 심화, 중앙정부와 지방자치단체간의 미완(未完)의 관계 및 정치적 입김 그리고 실질적인 주민참여제도의 미흡 등이다. 이러한 성과와 문제점을 고려하면서 미래의 지방자치 발전을 위한 개선방향을 나름대로 제시하면 다음과 같다.

---

499) 『경상일보』 "경상시론" 2010년 1월 12일 게재된 원고를 수정한 것임.

첫째, 지방재정의 확충 및 절감을 통한 자주재원의 확보 노력이 절실하다. 더 이상 종전까지의 재정운용방식을 고집하지 말고 지자체의 재정구조 및 기능, 역할 그리고 공무원의 행태 등을 새로운 행정환경에 부합되도록 바꾸어야 할 것이다. 또한 제3섹터부문 활용이나 경영수익사업에의 참여, 조직 구조조정이나 지방공기업의 민영화, 또는 민간위탁 혹은 외부발주 등 보다 적극적인 접근이 요구된다.

둘째, 중앙정부와 지방자치단체간의 기능 재 배분 그리고 사무 및 업무분장, 그리고 재정구조의 변화 등이 이루어져야 한다. 이와 함께, 현재 중앙의 특별행정기관들이 유사·중복기능을 수행하는 지자체와 병존하고 있는데, 이들을 적절하게 정리를 할 필요가 있다.

셋째, 주민의 지방자치단체에 대한 감시, 참여, 통제 기능은 지방자치 실현을 위해 매우 필요한 통제메커니즘이다. 이러한 맥락에서 NGO의 활동을 진작시킬 수 있는 여러 지원책이 강구되어져야 하며, 주민소환제와 주민투표제 그리고 필요하다면 주민 스스로 정책의제설정과 정책형성을 주도 할 수 있는 주민발안제 등의 참여적 민주주의 제도가 적절히 시행될 수 있어야 한다.

넷째, 중앙정부의 지방자치단체에 대한 정치적 영향력을 줄여나가야 할 것이다. 정치와 행정이 기실 동전의 양면과 같이 불가분리의 관계에 있어 양자의 관계가 매우 밀접하다고 하더라도 과도하게 정치적 영향력이 행정에 미치게 될 경우 지방자치가 그릇된 방향으로 나갈 수도 있기 때문에 이를 경계할 필요가 있다.

다섯째, 지역이해 중심주의에서 탈피하고 지역갈등을 해소시키기 위해선 성숙된 시민의식이 필요로 되므로 이에 대한 계도 적 노력이 절실하다. 그리고 이와 병행하여 지역갈등해소를 위해 지방자치단체 상호간에 서로의 시설이나 자원을 공동으로 사용하거나 관리하고 상호 지원함으로써 협력관계를 유지·발전시켜 나가야 한다. 그리고 필요하다면 자치단체협의체 등을 구성하여 지방자치단체 간 시설의 공동사용에 대한 협정 혹은 계약을 체결하여 상호비용 부담을 통한 계약적 협력 관계도 전향적인 시각에서 고려해 볼 수 있다.

그러나 무엇보다 중요한 것은 지방자치단체간의 고통의 분담이다. 이에 덧붙여 행정협의회, 분쟁조정위원회, 헌법재판소의 분쟁심판에 의한 조정을 통한 갈등해소는 사회적 또는 지역적 비용과 주민들의 정서에 악영향을 끼칠 우려가 있는 만큼 가능한 지양을 하는 것이 바람직하다. 다음 지역적 차별성을 고려한 발전은 지역특성을 진작시키고, 지역의 균형발전을 이루어 나갈 수 있도록 설계되어야 한다.

바람직한 지방자치를 구현해 나가는데 있어 빚어진 가장 두드러진 문제점 중 하나는 지역이기주의의 병폐이다. 요즈음 대규모 국책사업 등을 지켜 볼 때 걱정스러운 일이 한 두 가지가 아니다. 세종 시 문제뿐만 아니라 4대강 문제 등 굵직굵직한 현안 문제들이 지역적 이해관계뿐만 아니라 정치적 이해관계까지 얽혀 이리 저리 떠밀리는 식으로 표류하는 듯한 인상을 주고 있는데 이런 모습은 결코 국가이익이나 국민의 삶의 증진을 위해 바람직스럽지 못하다.

따라서 이에 대해 일차적 책임이 있는 정치권에서 사심 없이 수용할 수 있는 대승적 문제의 해법을 내놓아 더 이상 국론이 분열되고 국정이 소모전 양상으로 표류되는 일을 막아야 할 것이다. 바로 이러한 노력 하나 하나가 올바르고 바람직한 지방자치의 뿌리를 이 땅에 깊게 심는 일이 될 것이다.

2) 우리가 바라는 지역일꾼500)

이번 6·2지방선거를 통해 앞으로 우리 지역사회를 이끌어 나갈 일꾼을 우리의 손으로 선출하게 된다. 선택이 올바르게 이루어져 몸담고 있는 지역사회를 더욱 살기 좋고 풍요롭게 만들어 나갈 수 있으면 얼마나 좋을까 하는 희망이 모든 시민들의 마음속에 깃들여 있다. 이러한 희망이 그저 그런 빛바랜 꿈으로 끝나버리지 않았으면 좋겠다. 왜냐하면 많은 사회적 비용을 들여 실시하는 민주주의 꽃인 선거의 의미가 퇴색되어 암울한 회색빛 미래가 도래되어서는 안 되기 때문이다. 이러한 마음을 가지고 울산을 짊어지고 나갈 새로운 미래 지역일꾼들이 다음과 같은 품성과 능력을 지니길 기대해 본다.

우선 변화를 두려워하지 않고 오히려 변화 속에 숨은 기회를 찾아 이를 활용할 줄 아는 일꾼이었으면 좋겠다. 새로운 변화가 닥치고 이에 적응을 해야 할 경우 누구나 고통스러우며, 이 과정에서 기존의 모든 기득권이나 사고의 틀을 포기해야 할지도 모른다. 그러나 이 과정은 우리에게 새로운 지평을 볼 수 있게 만들어 준다. 피터 드러커(Peter Drucker)도 "현대의 관리자는 새로운 탄생을 위해서는 자기가 아는 모든 것을 과감히 버릴 준비도 필요하다"고 말함으로써 이러한 생각에 힘을 실

500) 『경상일보』 "경상시론" 2010년 5월 17일 게재된 원고를 수정한 것임.

어주고 있다.

또한 '변화 없이는 미래가 없다'는 말이 있다. 변화를 거부하고 자신의 현재에 집착하고 머무르려고 할 때 발전은 정체되고 심지어 퇴보되기도 한다. 왜냐하면 변화에 적응한 사람들은 미래를 향해 달려 나가고 있기 때문이다. 따라서 우리는 새로운 변화에 즐거운 마음으로 도전하고 능동적으로 적응하고 기쁜 마음으로 미래를 창조해 나가는 일꾼을 원한다. 미래는 예측하는 것이 아니라 만들어 나가는 것이며, 이러한 일꾼만이 미래를 창조하고 거머쥘 수 있기 때문이다. 결코 현실에 안주하고 수동적이고 운명론적이고 소극적인 마인드로는 결코 미래의 주인이 될 수 없는 것이다.

다음으로, 지역주민으로부터 존경과 사랑 그리고 신뢰를 듬뿍 받는 일꾼이었으면 좋겠다. 명의(名醫)가 되기 위해선 훌륭한 의술을 가지는 것도 중요하겠지만 그것 못지않게 환자로부터 믿음을 얻어야 한다. 또한 신뢰는 사탕발림 같은 달콤한 말이나 언어의 유희(遊戲)에서 나오는 것이 아니라 투박하고 볼품없더라도 행동으로 표현되어 나타날 때 그 의미를 갖게 되는 것이다.

프란시스 후쿠야마(Francis Fukuyama)는 사회구성원간의 신뢰가 높을 때 경제효율성이 높아지고 조직의 생산성과 경쟁력 역시 올라간다고 주장을 한다.501)

미국의 로널드 레이건(Ronald Reagan) 대통령은 바로 이러한 신뢰를 몸소 실천한 사람 중 하나이다. 1981년 8월 더위가 기승을 부리는 폭염의 시기에 전국의 항공관제사들이 일제히 파업을 선언하는 일이 발생하였다. 여론의 추이를 파악할 필요도 없이 레이건 대통령은 24시간 안에 업무에 복귀할 것을 명령하였다. 그리고 이 시간 안에 업무에 복귀하지 않는 관제사들은 모조리 해고하겠다고 발표하였다. 그리고 다른 한편으로 교통부 장관에게 대체인력을 준비할 것을 지시하였다. 관제사들 대부분이 레이건 대통령에 맞서는 선택을 했고 그 결과는 직장을 잃는 참담함이었다. 대체인력이 공급됨으로써 항공기들은 차질 없이 운행되었다.502)

우유부단하고 몸을 사리며 곤란한 결정은 뒤로 미루려 하고, 아무도 만족시키지

---

501) Francis Fukuyama, *Trust : The Social Virtues and The Creation of Prosperity* (New York : Free Press, 1995).

502) David Gergen, *Eyewitness to Power : The Essence of Leadership*, First Edition (New York : Easton Press, 2000) & (New York : Simon & Schuster, 2001). ; 데이비드 거겐 지음, 서율택 옮김, 『CEO 대통령의 7가지 리더십』 (서울 : 스테디북, 2000).

못하는 중도적인 입장을 취하려 하는 대통령에 익숙해져 있던 미국인들은 이러한 레이건의 결연한 행동에 눈이 휘둥그레졌다. 그는 인기 대신 일관성과 용기를 택했던 것이다. 그의 리더십을 떠받치는 핵심요소는 믿음 바로 그것이었다.[503)]

바로 이러한 역량을 발휘할 수 있는 신뢰로 똘똘 뭉친 사람이 바로 이 시대 이 지역사회가 요구하는 일꾼이 아닌가 싶다.

한 걸음 더 나아가 자기 통제력이 뛰어난 일꾼이었으면 좋겠다. 짐 콜린스(Jim Collins)는 '좋은 기업'에서 '최고기업'을 만들기 위한 리더십의 덕목 중에서 지도자는 항상 해야 할 일과 해서는 안 되는 일을 균형 잡히게 균등히 통제하는 데 집중할 수 있어야 함을 강조하고 있다.[504)] 필립 메신저(Phillip Massinger) 역시 "다른 사람을 지배하려는 사람은 먼저 자기 자신을 지배해야 한다."라고 주장을 하였다. 자기 자신을 극복할 수 있어야 진정한 리더가 될 수 있음이 이러한 말들에서 진하게 묻어 나온다.

마지막으로, 오케스트라의 지휘자처럼 화합과 포용 그리고 조정의 대가이었으면 좋겠다. 다원적 사회에서는 많은 다양한 의견들이 표출되고 이렇게 표출된 의견들이 서로 얽혀서 갈등과 대립, 분열을 야기 시킨다. 그럴 때 성공적인 지도자는 실타래처럼 엉킨 난제를 쾌도난마(快刀亂麻)식으로 해결하고, 대립각을 높이 세운 다양한 의견간의 충돌을 완화하고 소성하여 최종적인 합의와 화합을 도출해 낸다. 한마디로 상생의 게임으로 모두가 서로 이기며, 나아가 이러한 갈등을 시너지적 효과로 승화시킬 수 있는 지도자가 되는 것이다.

물론 욕심 같아선 지역일꾼들에게 더 많은 바람이 없지 않지만, 적어도 이러한 품성과 능력을 지닌 지역일꾼이 선택되어 새로운 울산의 멋진 미래를 일구어내는 데 일조를 하였으면 하는 생각은 나 하나만의 기대는 아닐 것 같다.

3) 주민 편에 선 내실 있는 행정사무감사[505)]

울산시의회는 11월16일부터 25일까지 열흘간에 걸쳐 2009년도 행정사무감사를 실

503) David Gergen, *Ibid.* ; 데이비드 거겐 지음, 서율택 옮김, 『앞의 책』, (2002). ; 이철규, 『한국행정의 이론과 실제』 (서울 : 법문사, 2007), 270-271쪽.

504) Jim Collins, *Good to Great : Why Some Companies Make the Leap... and Others Don't* (New York : HarperCollins Publishers Inc., 2001). ; 짐 콜린스 지음, 이무열 옮김, 『좋은 기업을 넘어 위대한 기업으로』 (서울 : 김영사, 2002).

505) 『경상일보』 "경상시론" 2009년 11월 2일 게재된 원고를 수정한 것임.

시하기로 하였다. 4개 감사위원회별로 50개 기관을 대상으로 실시하게 될 이번 감사를 위해 요구된 자료의 수는 1050건으로 지난해 1039건 대비 11건이 증가되었다.

행정사무감사는 지방의회가 당해 자치단체의 행정전반에 대해 그 상태를 정확히 파악하고, 의회활동과 예산 및 결산 안 심사에 필요한 자료 및 정보를 획득하며, 행정의 잘못된 부분을 적발하고 이를 시정할 것을 요구할 수 있게 하여, 행정의 효율성 제고와 주민들의 복리증진을 도모코자하는데 주된 목적을 두고 실시하고 있는 제도이다.

이번 울산시의회에서 중점을 두고 질의를 하게 될 정책이슈를 몇 가지로 집약해 본다면 다음과 같다. 우선 옹기엑스포 연기와 강동 권 종합개발사업에 관한 문제이다. 140억 원의 막대한 예산이 투입된 옹기엑스포 사업의 행사연기와 이에 따른 예산낭비, 설치된 시설에 대한 사후관리 문제 등이 주된 논란의 대상이 될 것으로 예상이 되며, 또한 강동 권 개발사업의 지지부진한 진척이유와 일부 기반시설을 제외한 나머지 대부분이 민자 유치로 추진되는 관계로 이것이 잘못 될 경우 제2의 일산유원지로 전락하지나 않을까 하는 우려 등이다.

이외에 상반기 재정조기집행결과나 혁신도시 건설 추진현황 등도 논란거리가 될 것으로 예상이 된다. 그러나 이보다 좀 더 중점적으로 논의가 될 것으로 예상이 되는 이슈는 태화강과 관련된 주요사업과 장애인 및 노인복지정책이다.

우선 많은 예산이 투입된 태화강 관련 사업에 대해 집중적으로 논의가 진행될 것으로 예상이 된다. 태화강 생태공원 2단계 조성사업 추진현황을 비롯해 태화강생태갤러리, 태화강 데크 설치 현황 등 태화강을 중심으로 완료됐거나 추진되고 있는 각종 사업에 대해 사업의 효용성과 예산의 적절성 등에 대해 강도 높은 질의와 이에 대한 공방이 이루어질 것으로 예상이 된다.

그리고 장애인 및 노인복지정책과 날로 늘어나고 있는 신 빈곤층 문제에 대해서도 폭넓은 질의와 이에 대한 공방이 이루어질 것으로 예상이 되며, 특히 한동안 논란이 되었던 중증장애인 활동보조금 지원문제도 논란이 예상된다. 그리고 시교육청은 원어민 보조교사 운영비지원과 관련해 예산의 과다 집행여부나 학교급식문제, 지역별로 여전히 심한 학력문제와 학력향상 방안 등에 대해서도 열띤 공방이 예상이 된다.

올해 들어 보다 질 높은 주민참여 적 행정사무감사를 이루어내기 위한 시의회

차원의 노력들을 평가해야 할 것이다. 그러한 대표적인 예로 작년 10월부터 시민들의 여론을 수렴하기 위해 홈페이지에 '시민 제보 방'을 신설하여 이를 운영해 나가고 있는 것을 들 수 있다.

또한 2009년 1월 8일 '울산광역시의회 행정사무감사 및 조사에 관한 조례'를 개정하여 행정사무감사 중 출석·증언 및 의견진술의 요구를 받은 관계인 또는 관계기관이 법령 또는 시 조례에서 특별히 규정한 경우를 제외하고 누구든지 이에 응하고 감사 또는 조사위원회의 활동에 협조해야 함에도 불구하고 정당한 이유 없이 응하지 않을 경우나 또는 이에 대해 허위증언을 한 자에 대해서는 본회의의 의결을 거쳐 의장의 명의로 고발할 수 있도록 한 조치 등을 들 수 있다.

제4대 시의회 임기 내 마지막 행정사무감사인 만치 유종의 미를 거두어야 할 것이다. 이를 위해서는 단순한 지적이나 수박겉핥기식에 그쳐선 안 될 것이고 인기몰이 식 폭로성이나 비판을 위한 비판으로 끝나는 그런 겉치레 식 감사가 되어서도 안 될 것이다.

대안을 제시하는 생산적 비판을 통해 행정의 효율성을 높이고 시민들의 복리가 증진될 수 있는 정책 감사가 되어야 할 것이다. 이렇게 하기 위해서는 행정사무감사를 위한 철저한 자료 수집, 수집된 자료의 정확한 분석, 그리고 시의성과 적실성을 지닌 대안책 모색과 이의 제시를 위한 사전 준비가 철저히 이루어져야 할 것이다. 이번 감사가 이러한 준비가 제대로 이루어진 전문적이고 효율적이며, 주민들의 복리 증진에 기여하는 정책지향 적 행정사무감사가 되어줄 것을 기대해 본다.

4) 주민과 함께하는 시 · 군 자율통합[506)]

① 행정계층구조와 관련된 이론들

행정계층구조와 관련지어 논의할 수 있는 이론체계로 분산 형(polycentric model)과 집중 형(consolidation model)이론 그리고 도시계층(urban hierarchy)이론을 들 수 있다.

---

506) 『경상일보』 "경상시론" 2009년 10월 4일 게재된 원고를 수정한 것임.

ㄱ. 분산 형과 집중 형 이론

우선 분산 형 이론은 찰스 티봇(Charles Tiebout)이나 로버트 비시(Robert Bish) 등이 주장하는 것으로 대도시권내의 다수의 정부를 긍정하고 다핵적 체제를 옹호한다.[507] 즉 대도시권내의 지방정부의 분할을 인정하고 분권화 및 분열의 순기능을 극대화하려는 것으로 이에 따르면 이 체제는 서로 독립적인 다수의 의사결정중심들이 상호갈등을 해결하기위해 경쟁, 계약, 협력 등의 방식을 통하여 합리적으로 기능을 수행한다.

이에 반해 집중 형 이론은 루터 규릭(Luther Gulick)이나 로버트 우드(Robert C. Wood) 등이 주장하는 것으로 집권 화와 통일성의 순기능을 극대화하려는 것으로 통일된 대도시권정부로 부터는 행정관리상의 효율성, 보다 증대된 서비스통합과 조정, 서비스공급에 대한 주민통제의 확대, 보다 공평한 재정부담의 효과를 기대할 수 있다고 주장한다.[508]

ㄴ. 도시계층이론

그 다음 1980년 이후 발전된 도시계층이론은 중심 성(centrality)의 개념[509]을 더욱 다양화시키고 체계화시켰으며 또 분석의 범위도 하나의 도시나 인접지역정도에 그치는 것이 아니라 전국수준으로 확대시켰다.

도시계층이론을 전개한 학자들이 구상과 생각의 원천으로 삼았던 것은 1960년대

---

507) 분산형체제와 관련된 이론은 다음 문헌들을 참고할 것. Robert Bish, *The Public Economy of Metropolitan Areas* (Chicago : Markham Publishing, 1971). ; Charles Tiebout, "A Theory of Local Expenditures", *Journal of Political Economy,* 64(5)(Oct.), 1956, pp.416-424. ; Vincent Ostrom, Charles Tiebout and Robert Warren, "The Organization of Government in Metropolitan Areas : A Theoretical Inquiry", *APSR*, LV(4) (Dec.), 1961, pp.831-842.

508) 집중형체제와 관련된 이론은 다음문헌들을 참고 할 것. Luther H. Gulick, "Metropolitan Organization", *The Annals of the American Academy of Political and Social Science*, 314 (Nov.), 1957, pp.57-65. ; Luther H. Gulick, *The Metropolitan Problem and American Ideas* (New York : Alfred Knopf, 1962). ; Robert C. Wood, "The New Metropolis : Green Belts, Grass Roots or Gargantua", *American Political Science Review,* 52 (Mar.), 1958, pp.108-122.

509) 크리스탤러(Walter Christaller), 디킨슨(Dickinson), 로쉬(Losch), 베리(Berry), 게리슨(Garrison) 등의 학자들에 의해 중심지이론은 일정한 지리적 체계 내에서 중심지와 배후지의 기능적 관계를 총체적으로 설명하는 이론으로 발전되었다. R. King, *Central Place Theory* (Bevery-Hills, CA. : Sage, 1984), p.30. ; 원래 크리스탤러는 중심성의 개념을 어느 중심지의 상대적 중요성, 즉 그 도시가 보유하는 기능의 정도라 정의하고 전화대수를 지표로 사용한바 있다. 이종수, "지방정부의 재정운영에 대한 Urban Hierarchy이론적 분석 : 도시지역의 서비스공급수준결정을 중심으로", 『한국행정학회 하계학술대회 발표논문집』, 1994, 6-8쪽.

관심을 끈 바 있던 중심지이론(central place theory)이다. 중심지이론은 본래 독일의 월터 크리스탤러(Walter Christaller)[510]가 『남부독일에 있어서의 중심지들』(Die Zentralen Orte in Suddeutschland)이라는 책을 펴내면서 이론적 시각으로 등장되었다. 크리스탤러는 이 책에서 소매시장의 쇼핑형태와 주민의 거주지사이에서 나타나는 일반적 원칙들을 도시횡단 적 시각으로 도출하려 하였다.

크리스탤러 이후 디킨슨(Dickinson), 로쉬(Losch), 베리(Berry), 그리고 게리슨(Garrison) 등의 학자들에 의해 중심지이론은 일정한 지리적 체계 내에서 중심지와 배후지의 기능적 관계를 총체적으로 설명하는 이론으로 발전되었다.[511] 1980년 이후 발전된 도시계층론은 그 내용적으로 이 중심지이론을 내포하고 있다. 원래 크리스탤러는 중심성의 개념을 어느 중심지의 상대적 중요성, 즉 그 도시가 보유하는 기능의 정도라 정의하고 전화대수를 지표로 사용한바 있다.[512] 그러나 도시계층이론에 와서는 이러한 중심성(centrality)의 개념이 더욱 다양해지고 체계화되었으며 또 분석의 범위도 하나의 도시나 인접지역정도에 그치는 것이 아니라 국가내의 전체지역으로 확대되었다는 점이 다르다.

중심지이론의 내용을 근간으로 하고 있는 도시계층이론의 내용은 간명하다. 이 이론의 핵심적 가정은 어떤 특정한 도시는 국가의 전 도시계층체계 내에서 특성한 위치나 기능을 점유하고 있고, 바로 이에 의해 지방정부의 정책과 서비스공급은 절대적으로 결정된다는 것이다.[513]

여기서 도시계층 적 효과가 지방정부의 정책결정에 영향을 미치게 되는 구조는 대체로 네 가지 차원에서 논의되고 있다.[514] 생태적 계층(ecological hierarchy), 행정

---

510) Walter Christaller, *Central Place in Southern Germany* (Englewood Cliffs, N.J. : Prentice-Hall, 1966).

511) R. King, *op.cit*, p.30.

512) 이후 W. K. Davies는 입지계수를 사용하여 중심성을 산출하였는데 여기서 입지계수는 Lc = c·C * 100으로 표시된다. 이때 Lc는 입지계수, C는 특정기능의 전국적 총 업체 수, c는 특정기능의 해당 도시 업체수이다. 일정한 정책영역의 Lc를 모두 합산하면 해당 정책영역에 관한 특정도시의 기능지수(functional index)를 얻게 된다.

513) 이종수, "앞의 논문", 1994, 7-8쪽.

514) 카사다(J. D. Kasarda)가 교외의 인구성장과 중심도시에 의해 수행되는 기능들과의 상관관계를 분석하기위해 사용한 생태적 계층(ecological hierarchy), 아이켄(Michael Aiken)과 데프르(Roger Depre) 그리고 소렌슨(Rune J. Sorensen)과 뉴턴(K. Newton)에 의해 활용되어진 경제적 계층(economic hierarchy), 그리고 행정적 계층(administrative hierarchy), 마지막으로 도시성(urbanity) 등이 그것이다. John D. Kasarda, "The Impacts of Suburban Population Growth on Central City Service Functions", *American Journal of Sociology*, 77, 1972, pp.1111-1124. ; Michael Aiken and Roger Depre, "The Urban System, Politics, and Policy in Belgian Cities",

적 계층(administrative hierarchy), 경제적 계층(economic hierarchy), 그리고 마지막으로 도시성(urbanity) 등이 그것이다.

첫째, 생태적 차원이란 애초 중심지이론이 주목했던 배후지(hinterland)로 부터의 서비스요구를 의미한다. 생태적 계층제에서 상위에 위치하는 도시정부는 도시정부 내의 주민뿐 아니라 배후지의 주민들이 사용하는 서비스를 제공해야 하는 것이 보통이다. 생태적 차원을 흔히 '외부적' 요인이라 이름을 붙이는 이유도 바로 여기에 있다.

카사다(J. D. Kasarda)[515]는 교외의 인구성장과 중심도시에 의해 수행되는 기능들과의 상관관계를 분석하기 위해 생태적 차원의 계층개념을 사용한다. 그의 결론에 따르면 교외인구와 통근인구가 중심도시의 경찰, 소방, 고속도로, 보건, 레크리에이션 그리고 일반 행정 기능에 커다란 영향을 미치고 있다.

둘째, 경제적 차원이란 마이클 아이켄(Michael Aiken)과 로저 데프르(Roger Depre)[516], 루네 소렌슨(Rune J. Sorensen)[517] 등에 의해 주장되어지는데 도시가 갖는 경제활동상의 기능을 의미한다. 특정한 경제적 활동의 중심지로서 도시는 공공서비스의 수요에 어떤 특정한 패턴을 띠게 되기 때문에 도시정부의 정책결정은 이러한 필요를 반영하지 않을 수 없다는 지적이다. 이를 서비스의 공급이라는 측면에서 보면 경제기능의 계층관계에서 상위에 위치한 도시일수록 서비스를 위한 세수(稅收)가 많아지게 된다. 보다 많은 세수입을 보유하는 지방정부의 재정지출결정은 독특한 분산을 보여줄 가능성이 크다.

뉴턴(K. Newton)[518]은 기업체의 본사숫자와 공공서비스에 대한 1인당 지출액간

K. Newton (ed.), *Urban Political Economy* (London : Frances Pinter, 1981), pp.85-116. ; Rune J. Sorensen, "Central Place Theory and Local Government Spending", *Local Government Studies*, 13(2), 1987, pp.49-65. ; K. Newton, "Urban System Theory and Urban Policy and Expenditure in England and Wales", *European Journal of Political Research,* 12, 1984, pp.357-59.

515) John D. Kasarda, "The Impacts of Suburban Population Growth on Central City Service Functions", *American Journal of Sociology*, Vol.77, (1972), pp.1111-1124.

516) Aiken과 Depre는 1987년 유럽 각국의 도시들을 대상으로 생태적 차원과 경제적 차원을 지표 화하여 실증분석을 하였다. Michael Aiken, and Roger Depre, "The Urban System, Politics, and Policy in Belgian Cities", K. Newton (ed.), *Urban Political Economy* (London : Frances Pinter, 1981) pp.85-116.

517) 소렌슨(Sorensen)도 1987년 노르웨이 지방정부를 대상으로 하여 생태, 경제, 도시성의 시각에서 실증연구를 하였다. Rune J. Sorensen, "Central Place Theory and Local Government Spending", *Local Government Studies*, Vol.13, No.2, (1987), pp.49-65.

518) K. Newton, (1981). "Central Places and Urban Services", K. Newton (ed.), *Urban Political Economy* (London :

의 상관계수를 구한 실증적 분석을 통해 경제적 차원을 강조하고 있다. 즉 그는 경제적 차원의 도시계층이 도시정부의 서비스공급 특히 공원, 도서관, 소방, 경찰, 쓰레기, 고속도로 그리고 기획과 같은 집합적 공공서비스(indivisible or collective public service)와 밀접한 관련을 갖고 있다는 점을 발견했다.

셋째, 행정적 차원이란 영국이나 독일의 단층(single-tier) 지방정부체계와 달리 한국이나 일본처럼 복층(multiple-tier) 지방정부체계를 가지고 있는 국가들에서 나타나는 개념이다. 특정한 유형의 정부서비스가 제도적으로 광역정부에 의해 공급되는 것이 적절할 수도 있고, 또 다른 서비스는 기초 자치단체의 업무로 귀속되는 것이 바람직한 경우도 있다. 이러한 서비스는 성격자체나 제도적 배분에 의해 지방정부에서의 정책결정은 독특한 형태의 특징을 노출하게 될 수가 있는 것이다.

1986년까지 영국의 경우 메트로폴리탄 카운티(metropolitan county)-메트로폴리탄 디스트릭트(metropolitan district), 현재 한국의 경우 특별시-광역시-도-시 · 군으로 이어지는 행정적 계층제 자체에 따라 담당 행정업무의 종류와 정책결정의 형태가 크게 달라질 가능성이 있다. 따라서 이러한 행정적 계층에 대한 고려 없이 도시정부의 서비스공급과 정책결정을 단순 비교분석한다는 것은 대단히 그릇된 오류를 범하는 일이 된다.

예컨대 특별시인 서울, 광역시인 대구, 일반시인 점촌을 같은 차원에서 단순비교를 하는 것은 의미가 없는 것이다. 로난 패디슨(Ronan Paddison)은 기존의 학자 중 가장 포괄적인 시각을 제시하고 있는데 그는 생태학적, 경제적 계층개념과 도시성을 동시에 고려하고 있다. 그러나 그가 정작 실증연구에 대입하는 도시계층의 차원은 정부조직 내에서의 위계를 의미하는 행정적 차원의 계층성이다. 그는 아일랜드의 세 지방정부' 곧, 중앙정부와 지역정부, 기초자치단체간 행정서비스 공급의 차이를 분석하고 있다.

마지막으로, 도시성[519]의 개념은 위의 첫 번째 생태적 차원과는 대조적으로 지방

Frances Pinter, 1981) ; K. Newton, "Urban System Theory and Urban Policy and Expenditure in England and Wales", *European Journal of Political Research*, Vol.12, (1984), pp.357-59. ; L. J. Sharpe, and K. Newton, *Does Politics Matter? - The Determinants of Public Policy* (Oxford : Clarendon Press, 1984), p.130.

519) 도시화(urbanization)라는 개념은 전체 혹은 부분적인 기반사회가 어느 지역까지 도시라고 인정될 수 있는 사회경제, 문화적 특성을 띠고 있느냐 하는 평면적 개념이다. 말하자면 도시의 평면적 확산정도를 나타낸다. 도시화를 판단할 수 있는 지표가 이 경우 쓰는 이에 따라 다르게 규정될 수밖에 없음은 물론이다. 도시성(urbanity)은 이와 달리 어떤 특정한 도시 혹은 지역이 어느 정도

정부의 내부적 요인이다. 곧 특정지역내부에 존재하는 차이가 지방정부의 정책과 서비스공급의 내용을 결정하게 된다는 입장이다. 예를 들어 인구밀도가 높은 도시에서는 교통, 경찰, 소방, 쓰레기수거 및 처리 같은 특정한 서비스들이 해당지역의 도시성 정도에 비례하여 높아지게 된다는 것이다.

여기서 도시계층 적 효과가 지방정부의 정책결정에 영향을 미치게 되는 구조를 앞에서 구체적으로 네 가지 차원에서 논의하고 있는데 이중에서 도시계층의 차원으로 지방자치계층제와 직접 연계시킬 수 있는 것이 행정적 차원의 계층이다.[520)]

한국이나 일본처럼 복층일 경우 나타나는 개념이 행정적 차원인데 이것은 특정한 유형의 정부서비스가 제도적으로 광역정부에 의해 공급되는 것이 적절할 수도 있고, 기초 자치단체의 업무로 귀속되는 것이 바람직한 경우도 있다. 이와 같이 행정적 계층 제에 따라 담당 행정업무의 종류와 정책결정의 형태가 크게 달라질 가능성이 있으므로[521)] 이러한 행정적 계층에 대한 고려 없이 도시정부의 서비스공급과 정책결정을 단순 비교분석한다는 것은 대단히 그릇된 오류를 범하는 일이 되는 것이다.

이상으로 행정계층구조와 연관을 지울 수 있는 이론체계에 대해 살펴보았다. 관료제를 비판하는 학자들이 제시한 단층 적 관료제모형은 지방행정계층구조를 단층화시키는데 나름대로 참고할 수 있는 이론적 준거를 제시하고 있고 찰스 티봇과 루터 규릭의 분산 형과 집중 형은 지방자치단체의 분산과 통합을 통한 행정구역개편과 이를 통한 행정계층구조개편에 이론적 참고기준을 제공해 주며 월터 크리스탤러(Walter Christaller)의 중심지이론(Central Place Theory)을 골간으로 하여 발전된 도시계층이론은 도시계층의 요인과 도시정부의 서비스제공유형과 정책결정의 양태, 도시정부간의 유기적 관련성을 분석적으로 보여줌으로써 행정서비스의 질적

도시적 특성을 띠어가고 있는지에 대한 수준의 문제다. 도시화가 공간적 확산의 정도를 문제 삼는다면 도시성은 도시화 현상의 심화정도를 문제 삼는다.

520) Ronan Paddison, *The Fragmented State : The Political Geography of Power* (Oxford : Basil Blackwell, 1983), p.160. ; Ronald Paddison, and Stephen Bailey, *Local Government Finance : International Perspectives* (London : Routledge, 1989). ; 이종수, "앞의 논문", 1994, 7쪽.

521) 예컨대 영국에서 경찰, 소방, 교통, 쓰레기의 처리는 1986년 MCC와 GLC같은 광역정부가 폐지된 이후에도 광역적 기구에 의해 공급되고 있어 Borough나 Non-Metropolitan County, Non-Metropolitan District 같은 기초 자치단체의 정책분석에서는 포착되지 않는다. 그러나 이중에서 쓰레기의 경우 수거서비스는 기초자치단체가 하기 때문에 예외적 측면이 있다.

수준을 제고시키면서 지방행정계층구조를 결정지울 수 있는 이론적 참고기준을 제공하고 있다는데 의미를 부여할 수 있다.

② 행정구역개편의 이론적 의미

행정구역개편은 광역행정과 분리해서 논의할 수 없다. 그만큼 둘의 관계는 동전의 양면처럼 밀접하다. 일반적으로 광역행정은 지방자치법에 규정되어 있는 지방자치단체의 행정구역에 국한되지 않고 오히려 그 구역을 넘어서 발생하는 일정한 행정수요를 처리하기 위하여 또는 기존의 행정구역은 물론 그 영향권 내에 있는 주변의 몇몇 지방자치단체를 포함하는 광역을 대상으로 하여, 그리고 행정업무를 통일적, 종합적으로 처리함으로써 행정의 능률성, 민주성, 경제성, 합목적성 등을 높이고자 하는 지방행정방식을 의미하며[522] 광역권 내의 지역 또는 자치단체간의 행·재정적 격차를 완화하여 행정서비스의 균질 화를 가져옴으로써 행정수준에 있어서의 지역 간 격차를 해소하는 방식이기도 하다.[523]

광역행정방식은 영·미적인 지방분권주의와 대륙적인 중앙집권주의를 행정의 능률성과 민주성이라는 2대 지표에 수렴하기위한 최선의 방법이다. 이러한 의미를 지니는 광역행정은 특히 영국과 미국에서 광역서비스의 공급과 관련하여 활발한 논의가 이루어지고 있다.

우선, 영국의 경우는 1986년 GLC와 6개의 도시도(都市道 : Metropolitan County)를 폐지시키고 지방자치단체의 층을 단층 화시킴으로써 지방자치단체 간 광역서비스 공급이 더욱 중요한 논점으로 부각되고 있다. 2000년부터 광역행정의 필요성으로 인해 폐지하였던 광역정부를 부활시켰을 뿐만 아니라 광역정부로서의 GLA와 기초정부인 보로우(Borough) 정부와의 역할분담을 명확히 하였다. 이에는 단순한 광역서비스의 공급체계개편을 넘어 민영화의 고려, 그리고 2층제의 단층 제 개편이 가져오는 효과분석 등이 폭넓게 논의되고 있다. 전통적으로 국가에 의한 복지공급의 체계를 유지시켜 왔기 때문에 상·하수도, 전기, 택지개발, 교통, 화재, 경찰서비스를 둘러싸고 광역서비스체계는 고도로 발달되어 있는 실정이다.

다음, 연방주의를 택하고 있는 미국에서도 공공서비스의 광역공급방식은 중요한

522) 조창현, 『지방자치론』 (서울 : 박영사, 1993), 236-237쪽.
523) 『앞의 책』, 238쪽.

위치를 점하지 않을 수 없다. 1987년을 기준으로 할 때 50개의 주정부 아래 83,186개의 지방정부를 비롯하여 다양한 교육구와 특별 구를 가지고 있기 때문에 복수의 지방정부가 관여하게 되는 광역서비스의 공급은 실무적, 이론적 핵심이 되고 있다. 기본적으로 미국에서는 광역공급을 연방제를 구성하는 한 요소로 간주하고 모든 계획의 고려사항으로 전제하는 추세이다.

최근까지 복수정부간 서비스의 광역공급을 첫째, 제도자체의 개혁을 전제로 하는 방안으로써 광역행정구(Metropolitan Authorities)의 설립, 다목적 특별행정구(Multipurpose Special Districts)구성, 정부합병(Annexation)과 정부통합(Consolidation)[524], 합의 등이 주로 검토되고 둘째, 제도자체의 변화 없이 정책적 운용을 꾀하는 전략으로써 공식합의(Formal Agreement) 혹은 비공식적 합의(Informal Agreement), 지방정부간 계약(Intergovernmental Contracts)[525], 광역행정협의회(Council of Governments)의 구성 등이 주로 검토되고 있다.

영국과 미국 이외에 독일의 경우에도 이러한 흐름에는 변화가 없다. 독일 베를린의 경우에도 광역정부로서 베를린시와 23개의 구가 존재했는데 2001년 이를 12개로 통합하였으며 구보다 베를린시의 권한과 역할을 강화시켰다. 일본 동경도나 프랑스 파리시, 그리고 미국의 뉴욕시도 이러한 흐름에서 예외가 아니며 우리나라 서울시 역시 9개의 중 생활권에 입각한 자치구간의 통합을 고려하고 있다. 이러한 맥락에서 볼 때 세계 주요 대도시들도 통합 등을 통하여 광역정부를 만들어 가고 있으며 광역정부의 권한 강화를 통해 글로벌 경쟁력을 증진시켜 나가고 있다.

이러한 행정구역개편에 관한 이론적 연구와 이의 적용은 이와 관련된 이론의 적실성을 보다 강화시켜주고 있으며 새로운 관련이론들의 개발에 긍정적인 자극이 되고 있다. 이론과 실제의 조화를 통한 문제해결능력의 제고는 지방자치선진국들의 민주화에 기여하고 있으며 이를 목격하고 있는 후진국들의 관련 이론과 실제사

524) 합병과 정부통합은 지방자치단체의 행정구역이 조정되는 대표적인 경우로써 19세기부터 20세기 중반까지 미국, 캐나다에서 널리 사용되어 도시발전에 많은 기여를 했으나 최근에는 그리 널리 사용되고 있지 않다. 박우서, "미국의 광역정부유형", 노정현 외, 『지방자치시대의 도시행정』(서울 : 나남, 1992), 215-216쪽.

525) 이 방안은 서비스의 공급자와 수혜자가 법적인 계약을 통해 서비스를 제공하고 그 반대급부로 사용료를 받아 필요한 서비스개선을 하는 경우이다.* 대도시지역에서 이와 같은 계약을 통해 서비스의 지역적 범위를 확대하고 그 질을 높이는 정부 간 계약은 상당히 광범위하게 활용되고 있다. 박우서, "앞의 논문", 1992, 211쪽.

례의 도입, 이의 적용은 또 다른 비교분석 적 차원에서의 지방자치이론발전에 초석이 되어 줄 것이므로 이에 관한 이론적 의미는 심대하다 하겠다.

③ 미래지향적인 시 · 군 통합을 위한 첫걸음

이러한 흐름이 현재 추진되고 있는 시·군·구 자율통합으로 나타나고 있는 것이 아닌가 싶다. 현재 추진되고 있는 통합은 주민들의 삶의 질과 지역의 경쟁력을 높이기 위하여 주민의 뜻을 합쳐 인근 지자체와 통합을 결정하는 것이다. 이것이 이루어지면 같은 생활권이라도 생활, 경제권과 행정구역이 달라 주민들이 불편했던 점이 해소될 수 있고, 230개로 나뉜 행정구역으로 인해 소모적인 예산운용이 불가피해 지자체 경쟁력 제고에 한계가 있었는데 이를 해소할 수 있다.

또한 통합자치단체의 지역개발 재원으로 10년 간 수천억 원의 돈이 인센티브로 주어짐으로 인해 지역발전 역량을 더 높여 나갈 수 있으며 인구와 면적 확대 및 이미지개선, 공장과 주택용지의 확충에 따른 혜택도 볼 수 있다. 그리고 지금까지 통합에 걸림돌로 작용을 했던 부의 역외유출이나 세금의 변동 그리고 혐오시설의 쏠림현상이 없도록 추진시켜 나가겠다는 것이 정부의 입장이다.

행정안전부가 계획하고 있는 시·군 통합 추진 절차는 올해 9월30일까지 통합건의를 마친 후 필요하다면 10월에 주민여론조사를 거쳐, 지방의회 의견 청취, 주민투표 실시, 이에 따른 통합여부 결정을 연말까지 마무리 할 예정이다. 통합이 결정되면 통합 추진 계획을 마련하고 자치단체설치법(안)을 마련한 후 통합 자치단체로 출범을 하게 된다. 행정안전부가 통합 건의서 접수를 마감한 결과 46개 자치단체를 18곳으로 통합하겠다는 건의가 나왔다.

이번 시·군 통합에서 특기할 점은 지방의회나 지방자치단체장 뿐만 아니라, 지역주민도 통합건의가 가능토록 하였다는 점이다. 그러나 진정한 시·군 통합이 가능하려면 지방자치가 올바르게 이루어져야 하며 이를 위해 중앙정부가 쥐고 있는 재원과 권한을 지자체에게 이양을 하는 전향적 조치가 뒷받침돼야 할 것이다. 1995년에 민선 지방자치가 출범을 하여 15년이 다 되어가지만 아직도 중앙 권한과 세원의 지방이양이 미흡한 상태이다. 중앙에서 담당하고 있는 사무가 약 85%이고, 지방의 순수 지방사무가 약 15%에 불과한 사실과 국세 대 지방세의 비중이 80대 20인 것이 이를 잘 나타내주고 있다.

그리고 일부 시·군에서 통합과 관련해 서명운동 등을 전개하면서 나타나는 대립과 자리보전에 대한 우려로 통합을 저해하는 단체장, 의회의원들과 지역주민 간의 갈등, 그리고 지역정서나 이해관계에 따라 나타나는 인근 지역 간 갈등을 해소할 수 있는 방안을 모색해야 할 것이다.

지난 번 청주시가 인근 청원군과 통합을 위해 추진한 주민투표가 부결이 된 사례나 안산시가 인근 시흥시와 통합을 추진하고 있으나 시흥시가 이에 반대를 하는 사례 등이 이를 잘 나타내고 있다. 또한 창원시와 마산시가 창원·마산·진해시 등 3개 시 통합을 선호해 건의한 반면 진해시는 진해·창원시 등 2개 시 통합을 건의하고 함안군은 창원·마산·진해시와 함안군 등 4개 시·군 통합을 건의한 것 등도 이러한 점을 잘 나타내고 있다.

5) 민간위탁[526]에 대한 발상의 전환

지금까지 공공재화나 서비스는 정부만이 생산하여 공급하는 것으로 여겨져 왔던 것이 자연스러운 생각이었다. 그러나 이제 그러한 생각에 변화가 필요하게 되었다. 정부공급은 대체적으로 독점적으로 이루어지며 이것이 정부의 비효율성을 낳고 이로 인해 정부의 실패를 낳게 되는 것이다.[527] 이제 이러한 질곡으로부터 벗어나기 위해 새로운 발상의 전환을 환경은 요구하고 있다는 의미이다. 예를 들어 공무원시험을 민간회사가 주관하여 실시한다면, 또 공립학교나 상하수도 사업을 민간회사가 위탁받아 운영한다면, 그리고 좀 터무니없는 생각으로 들릴지 모르지만 교도소를 그렇게 운영한다면 어떨까? 지금까지 타성에 젖은 우리의 생각은 왠지 이러한 발상의 전환에 부담을 느낀다. 그러나 실제 국내외의 사례를 살펴보면 이것이 결코 부담스러운 생각이거나 자연스럽지 못한 일이 아니라는 점을 알게 된다.

---

526) 민간위탁이란 정부가 민간에게 제공하는 서비스를 민간 기업에게 위탁하여 제공하도록 하는 제도이다. 이 때 민간 기업들이 경쟁하여 입찰하도록 하고 정부가 그 중에서 선정하여 공급을 의뢰하는 계약을 맺도록 하는 것이다. 계약기간이 끝나면 정부는 또 다시 경쟁입찰을 통하여 새로운 기업을 선정 할 수 있다. 뿐만 아니라 계약기간 중에도 계약 조건에 위반되면 선정된 기업을 바꿀 수 있다. 계약과 관련된 이 두 가지의 측면이 민영화와 다른 것이다. 민영화는 일단 완결되면 기업과 정부는 특수한 관계가 없어진다. 민영화된 기업은 다른 민간기업과 같은 취급을 받는 것이다. 정정길, 『행정학의 새로운 이해』(서울 : 대명출판사, 2006), 439-440쪽.

527) 이철규, 『한국행정의 이론과 실제』(서울 : 법문사, 2007), 3쪽.

우선 외국의 사례부터 살펴보면 영국의 경우 정부기관이 민간 채용대행업체에 공무원 채용을 위탁하는 경우가 많으며 우리나라의 행정고시에 해당한다 할 수 있는 '속진임용제'(fast stream)를 통해 조기 승진을 유인책으로 우수 인재를 선발한다. 그러나 정부가 모든 것을 관장하는 우리의 행정고시와 달리 민간 기관이 시험을 주관하며, 집단토의 · 정책분석 · 관리능력 · 면접 등 다양한 평가를 거쳐 합격자를 결정하기 때문에 채용의 질이 매우 높다고 한다.

또 다른 예로 미국에서 가장 큰 규모의 공립학교 대리 운영회사는 필라델피아 시(市)가 20개 공립학교의 경영을 민간위탁 한 '에디슨 스쿨'을 들 수 있다. 1992년에 설립된 이 회사는 1995년 4개의 공립학교를 대리운영하기 시작해, 23개 주 136개 부실 공립학교에서 7만5천명의 학생을 민간위탁 받아 교육하고 있다.

우리나라의 사례를 살펴보면 지난 1999년 11월 대구시로부터 대구 하수처리량 40% 정도를 처리하는 신천하수처리장을 위탁받아 운영해 온 '㈜환경시설관리공사'를 예로 들 수 있다. 민간위탁 이후 처리장 운영비가 13억1,200만원 감소했고 처리된 방류수의 수질은 위탁 당시보다 오염도가 크게 낮아졌으며 하수처리장 업무 인력도 위탁 당시보다 37.9% 감축하여 민간위탁이 성공적이라는 평가를 받고 있다 한다.

이러한 성공사례에 고무되었는지도 몰라도 현재 많은 지방자치단체들이 직영하는 상수도사업을 지방공사가 운영하거나, 민간위탁 또는 민영화하는 등의 방안을 전향적으로 검토하고 있다. 이외에도 법무부 등에 따르면 교정업무 민간위탁 방침에 따라 국내 첫 민간운영교도소[528]가 이르면 오는 2010년 10월에 문을 열 전망이라 한다.

> 국내 첫 민영교도소가 내년 10월 경기도 여주에 설립된다.......... 이번에 처음 설립되는 민영교도소는 2003년 2월 법무부와 위탁계약을 맺은 기독교계 재단법인 아가페가 운영하는 교도소로, 300명 수용이 가능하며 내년 10월 준공될 예정이다. 법무부는 형 집행 관리 · 인권침해 방지 등을 위해 5명 이내의 감독관을 파견하게 된다.......... 법무부는 미국에서는 264개 민영교도소에서 수형자의 7.1%를 수감하고 있으며 일본 · 영국 · 독일 등에서도 민영교도소를 운영 중이라고 밝혔다.[529]

528) 민영교도소는 민간업체가 교도소를 짓고 운영을 맡되 정부가 경비를 일부 지원하는 교정시설로, 민간업체가 채용한 교도관들이 수형자들을 관리하게 된다. 교도소 신축에 따른 재정 부담을 줄이고 교도소 과밀 문제를 해소한다는 취지다. 『조선일보』, 2009년 12월 24일. ; http://news.chosun.com/site/data/html_dir/2009/12/23/2009122301681.html

529) 『조선일보』, 2009년 12월 24일. ; http://news.chosun.com/site/data/html_dir/2009/12/23/2009122301681.html

우리를 둘러싸고 있는 환경이 너무도 많이 변했다. 얼마전만해도 물을 사먹는 것은 상상도 하기 어려운 일이었고 사설경비업체에 돈을 주면서 자신의 신체, 생명, 재산을 의탁하는 일은 보기 드문 일이었다. 그러나 환경오염으로 인해 깨끗한 물이 귀해짐으로 인해 물이 상품이 되었고 상수도에 대한 불신이 많은 민간생수업과 정수기산업을 자생시켰다. 그리고 사회불안에 효율적으로 대처하지 못한 치안서비스는 우후죽순처럼 많은 사설경비업체와 보안·경호회사, 호신장비생산업체들을 양산하였다. 바로 이것이 자유시장의 원리이다. 수요에 적절히 응답할 수 없는 공급은 외면당하게 되고 새로운 공급원이 이를 대체하게 되는 것이다. 정부에서 제공하는 수돗물도 그리고 치안서비스도 수요자가 이를 불신하게 될 경우 설자리를 잃게 되는 것이다.

정부의 생산성이 민간부문보다 뒤지게 되면 시민들은 자신이 낸 세금의 비용편익을 따지게 되고 이에 따라 불평과 저항을 나타내며 다른 대안을 모색하게 되는 것이다. 현재와 같이 열린사회에서 대체재나 서비스는 존재할 수밖에 없기 때문에 정부의 독점적 재화나 서비스는 외면 받거나 거부된다. 바로 이점이 정부부문 재화나 서비스가 민영화나 민간위탁 또는 외부발주의 형태로 전환되어야 하는 까닭이다.

지방자치단체들도 이러한 변화를 인지하고 시의성과 적실성을 갖춘 민영화나 민간위탁 또는 외부발주로의 전환을 모색해 나가야 한다. 예를 들어 울산광역시가 구조조정의 차원에서 이루어진 생활폐기물소각 시설을 '한라산업개발'에 민간위탁한 것이나, 상하수도계량기 검침을 삼영건설기술공사로, 그리고 온산 생활폐기물 매립장 침출수 처리를 '선경워택'에 위탁한 것 등은 이러한 변화에 대한 첫걸음이라 생각한다. 시민들의 기대수준에 부합되는 공공재와 서비스를 창출하고 민간부문에 비해 비교우위나 경쟁우위를 점하지 못하는 부문은 과감하게 민영화나 민간위탁으로 전환하는 발상의 전환을 기대해 본다.

6) 장애인을 위한 적극적 복지[530]

2005년 장애인 실태 조사에 따르면, 가구원 중 20세에서 64세에 이르는 근로연령층 장애인이 1명 이상 있는 장애인가구 가운데 최저생계비 이하인 절대빈곤층이

530) 『경상일보』 "경상시론" 2009년 8월 5일 게재된 원고를 수정한 것임.

29.7%나 된다고 한다. 어림잡아 10가구 중 3가구가 절대빈곤 상태에 있다는 것을 의미한다. 결코 가벼이 보아 넘길 수치는 아니다.

이렇게 3할 가까이 절대빈곤에 허덕이는 장애인들은 이러한 절대빈곤에서 벗어나는 방법으로 수동적이고 소극적인 복지지원보다는 보다 적극적인 복지지원을 원하고 있다. 이러한 사실은 장애인들을 대상으로 실시된 의식조사 결과에서도 잘 나타나고 있다. 2007년 사회통계조사 보고서에 의하면, 장애인들이 생각하는 우선적으로 확대 실시되어야할 장애인 복지시설로 고용촉진 및 직업재활사업이 23.6%로 가장 많았다. 그 다음이 21.3%인 의료비 지원이고 17.9%인 장애수당 지급이 뒤를 이었다. 한마디로 축약하자면 다른 어떤 것보다 일자리를 갖게 해달라는 의견이 우선시되고 있는 것이다.

이러한 조사결과는 어떻게 보면 지극히 당연한 것이다. 장애인들은 자신들을 사회적 약자로 간주하여 온정적이고 시혜적으로 베풀어 주는 자선적 성격을 띠는 복지보다는 그들 스스로 떳떳이 일해서 그 대가로 자신의 생계와 생활을 영위해 나가면서 다른 한편으로는 일을 통해 성취감도 만끽할 수 있는 적극적 복지를 원하고 있다. 이러한 장애인들의 생각의 저변의 기저에는 온정적이고 시혜적으로 베풀어 주는 자선적 성격을 띠는 복지에 대한 고마움이 없지 않다. 그러나 이에 못지않게 자신들이 이 사회를 위해 무언가 기여하고 있지 못하다는 미안함과 이러한 사회적 자비에 종속적이어야 한다는 데서 연유되는 자괴감, 그리고 일을 통해 얻을 수 있는 성취감에 대한 기대가 더 크다. 바로 그러한 생각의 결과가 이러한 통계조사 결과로 나타난 것으로 사료된다.

이를 바탕으로 해서 볼 때 장애인들에 대한 가장 좋은 지원책은 일자리를 마련해 주는 것이 아닌가 싶다. 그러나 오늘의 현실은 이것이 얼마나 어려운가를 잘 보여주고 있다. 2008년 세계 장애인 통계에 따르면, 한국의 장애인 고용 율이 스페인이나 폴란드 등 일부 OECD국가들 보다는 높지만 스위스, 룩셈부르크, 영국 등 일반 OECD 국가들에 비해서는 전반적으로 낮은 편에 속하고 있다. 울산광역시의 경우도 장애인 취업률, 특히 여성 장애인 취업률이 다른 광역시보다는 상대적으로 좋긴 하지만 절대적 기준으로 볼 때는 만족할만한 수준이 아니다.

그리고 울산지역에 상주하고 있는 기업체의 장애인 고용실태를 살펴보면, 2006년 말 기준 장애인 고용 대상 업체인 상시근로자 50인 이상 기업체 307개 중 의무

고용 율 2%를 준수하고 있는 기업체는 70개로 전체 기업의 18.9%에 불과한 반면, 장애인을 단 한 명도 고용하지 않은 업체는 무려 52.9%에 이른다. 직종분포의 경우도 전문직이나 기술직보다는 단순노무직이나 1차 산업분야에 취업하는 장애인이 많아서 취업의 질도 떨어진다.

이러한 문제를 풀기 위해서는 관련 정책당국의 노력은 물론 전 시민적인 참여가 필요하다고 본다. 관련 정책당국은 장애인 실태를 면밀히 살피는 한편 수요자, 소비자 중심의 사고로 전환을 하여 그들의 요구를 귀담아 들어 정책화시켜야 할 것이다. 장애인들의 절대빈곤을 타파하기 위해 보다 많은 일자리를 창출하는 한편, 일자리의 질도 개선시켜 나가는 정책적 노력이 요구된다. 기업주나 시민들도 취업 시 차별 등을 낳는 장애인에 대한 편견이나 무관심을 버리고 그들이 우리의 가장 가까운 이웃이라는 마음가짐으로 이들에 대한 적극적 복지가 싹틀 수 있도록 사회적 분위기를 일구어나가는데 동참해나가야 할 것이다.

4. 세계화시대에 있어 한국지방행정 : 새롭게 틀을 짜는 다문화가정[531)]

2006년 4월 미국 풋볼스타 하인즈 워드(Hines E. Ward, Jr)의 방한을 계기로 한국 내의 결혼이민자와 그 자녀에 대한 문제의식이 사회적 이슈로 제기되기 시작했다. 이러한 사회적 이슈는 국제결혼 이민자로 국한되지 않고 해외산업연수생 신분의 이주자와 북한이탈주민들까지 포함을 하는 아주 넓은 의미로까지 확대되고 있다. 이들의 수가 지속적으로 증가하고 또한 앞으로 이들이 우리 사회에 끼치는 영향력이 점차 커질 것으로 예측되기 때문에 이에 대한 사회적 관심도 높아지고 있는 것으로 사료된다.

지금까지 한국 사회는 단일민족이라는 강한 자부심에 뿌리를 둔 순혈주의(純血主義) 적 사고가 강하게 형성되어 있어서 다른 문화, 특히 다른 민족을 바라보는 시각이 매우 배타적이었다. 세계 도처에 널려있는 '차이나타운'이 유독 한국에서만 찾아보기 어려운 이유로 이러한 한민족의 배타주의적인 성향을 들고 있는 것도 이

531) 『경상일보』 "경상시론" 2009년 7월 7일 게재된 원고를 수정한 것임.

와 무관치는 않을 것 같다.

그러나 현재 우리가 지켜보듯이 이러한 흐름에 변화가 나타나고 있다. 세계화가 급속히 이루어지고 열린사회로 한 단계 성큼 다가섬으로써 나타나는 변화인데, 이러한 변화의 양태로 국제결혼의 증가와 해외산업노동자들의 유입을 들 수 있고 이로 인해 다문화사회가 급물살을 타고 있는 것이다.

특히 이러한 다문화사회를 부채질 한 요인은 90년대 농촌지역 남성들의 결혼 문제 해결을 위한 국제결혼 장려와 2000년 이후의 혼인율 및 출산율 저하라는 사회적 문제가 제기되면서 국제결혼에 대한 인식의 변화와 이의 필요성이 지속적으로 제고되어졌기 때문이다.

특히 출산율의 저하는 매우 심각하다. 한국의 합계출산율을 살펴보면 1960년에는 6.0이었으나 1974년 3.6, 1984년 2.1, 1993년 1.8, 2003년 1.13에 이어 2005년에는 1.08까지 하락 하였다. 2005년 기준으로 우리보다 선진국이라고 하는 미국의 경우 2.04이고, 일본은 1.33, 선진국 평균은 1.56임을 감안할 때 우리의 출산율 저하는 매우 심각한 상태임을 알 수 있다. 만약 이러한 출산율 저하가 지속된다면 앞으로 우리 인구는 줄어들 수밖에 없고 지속적인 경제성장을 위해서는 해외에서 인력을 수입해 들어오는 방법밖에 별 뾰족한 묘책이 없는 상황이다. 이렇게 될 경우 국제결혼율의 상승이나 해외산업연수생들의 증가로 인해 한국 내 다문화가정의 수가 늘어날 수밖에 없게 되는 것이다.

사실 울산의 국제결혼은 2001년부터 2004년까지 481건(2.71%)이었으나 2005년 313건(4.44%), 2006년 393건(5.14%)으로 해마다 증가되고 있으며, 그 결과 결혼이민자의 수는 2009년 2월 현재 2288명에 달하고 있다. 2007년 6월말에 결혼이민자의 수가 1448명이었음을 고려해 볼 때 매우 빠른 속도로 증가하고 있음을 알 수 있는 것이다.

대부분 다문화가정 이주자들이 가지는 생각은 한국이 기회의 땅이라 생각을 하지만 막상 그들이 한국으로 이주를 한 후 생활을 하면서 부딪치고 느끼는 생각은 이러한 코리안 드림이 한낱 물거품에 불과하다는 것이다. 특히 이들을 괴롭히는 것은 결혼이주자의 경우 배우자나 시댁식구들과의 갈등 그리고 언어소통의 어려움, 이로 인한 인간관계의 형성에 따르는 어려움, 자녀의 양육과 교육에 따르는 어려움, 취업 등 경제적 문제가 수반되는 어려움 등이다.

다행스러운 점은 이러한 다문화가정의 어려움을 감지한 울산시에서 2006년 '다문화가족지원센터'를 개소하고 울산대학교에 이를 위탁하여 다문화가족 지원 사업을 체계적이고 다각적으로 추진해 오고 있다는 것이다. 그리고 2009년 들어서서 울주군 지역에 다문화가족지원센터 1곳을 추가로 신설해 농촌지역의 다문화가정의 안정적인 한국생활정착과 사회통합 지원을 위해 노력해 나가고 있다는 점이다.

이와 같이 사회적 관심이 지속적으로 증대되어 다문화사회에 대한 시민적 공감대가 형성이 되고 정책지원부서의 시의성과 적실성 높은 관련 정책들이 입안되고 효율적으로 집행이 되어 앞에서 적시한 다문화가정이 겪는 어려운 점들을 해소해 주고 이들의 삶의 질을 높여 나갈 수 있는 기반이 마련되어져야 할 것이다.

참고문헌

第1장

강신택. (1971). "한국행정학사 서설", 『한국정치학회보』, 제4집.

강신택. (1987). "행정학연구방법의 변천과정과 앞으로의 방향", 『한국행정학보』, 제21권 제1호.

김영민. (1996). "한국행정학의 반성", 『한국행정학의 회고와 전망』, 한국행정학회 창립 40주년 기념 국제학술대회. 10. 17.

김운태. (1970). 『조선왕조 행정사 : 근대편』, 서울 : 일조각.

김운태. (1981). 『조선왕조 행정사 : 근세편』, 전정판, 서울 : 박영사.

김운태. (1986). 『일본제국주의의 한국통치』, 서울 : 박영사.

김운태. (2005). 『고려정치제도와 관료제』, 서울 : 박영사.

박동서. (1978). "행정학연구의 현황과 평가", 『한국정치학회보』, 제12집.

박동서. (1997). 『한국행정론』, 서울 : 법문사.

백완기. (2005). 『한국행정학 50년 : 문헌검토를 중심으로』, 서울 : 나남출판사.

서울대학교 행정대학원. (1959). 『각국 행정대학원 개요』.

성경륭. (1996). "한국행정학의 발전과 위상에 대한 사회학자의 견해", 『한국행정학의 회고와 전망』, 한국행정학회 창립 40주년 기념 국제학술대회. 10. 17.

안병영. (1979). "한국의 행정현상과 행정학연구의 주체성", 『한국정치학회보』, 제13집.

안병영. (1979). "한국의 행정이념과 행정학 연구의 주체성", 『한국행정학보』, 제13권.

안병영. (1982). "행정이론의 토착화와 정부용역학의 극복", 『월간조선』, 7월호.

안병영. (1983). "한국행정학의 탈정치적 접근과 문화적 편향성", 『사회과학』, 제20집, 성균관대 사회과학연구소 편.

오석홍. (1965). "미군정시의 우리나라 인사제도", 『행정논총』, 3권 1호.

윤재풍. (2006). "한국행정학회 창립의 배경과 의의", 한국행정학회. 『한국행정학오십년 : 1956-2006』.

이문영, 김만기 외. (1996). "한국행정학의 발전과 전망 (원탁회의)", 『한국행정학의 회고와 전망』, 한국행정학회 창립 40주년 기념 국제학술대회. 10. 18.

이병철. (1993). 『한국행정학 : 토착화와 미래전망을 중심으로』, 울산 : 울산대학교 출판부.

이종범. (2006). "서론", 『한국행정학오십년 : 1956-2006』, 서울 : 한국행정학회.

이종수 외. (1997). 『새행정학』, 서울 : 대영문화사.

이한빈 외 3인 (공편저). (1969). 『한국행정의 역사적 분석』, 서울 : 한국행정문제연구소.

정용덕. (1996). “한국행정학발전의 동인 : 시론적 고찰”, 『한국행정학의 회고와 전망』, 한국행정학회 창립 40주년 기념 국제학술대회. 10. 17.

조석준. (1966). “미군정과 제1공화국의 수반관리기구에 관한 연구”, 『행정논총』, 4권 2호.

조석준. (1967). “미군정 및 제일공화국의 중앙부처기구의 변천에 관한 연구”, 『행정논총』, 5권 1호.

조석준. (1986). 『한국행정학』, 서울 : 박영사.

한국행정학회. (1961). 『행정월보』, 제1호.

한국행정학회. (1996). 『한국행정학회 연혁』.

한국행정학회. (2006). 『한국행정학오십년 : 1956-2006』.

Administrative Reform Committee, Republic of Korea. (1989). *Report on the Administrative Reform*, July.

Dahl, Robert A. (1947). “The Science of Public Administration”, *Public Administration Review*, Vol.VII, No.1.

Jun, Jong S. (1983). “Korean Public Administration : Education and Research”, *International Review of Administrative Science*, Vol.XLIX, No.4.

Jun, Jong S. (1991). “Enhancing Professional Roles and Ethical Responsibility : A Means for Creating Democratic Administration in Korea”, in Ali Farazmand (ed.), *Handbook of Comparative and Development Public Administration*, New York : Marcel Dekker, Inc.

Kim, Bun Woong. (1994). “Public Bureaucracy in Korea”, in Ali Farazmand (ed.), *Handbook of Bureaucracy*, New York : Marcel Dekker, Inc.

Mauck, Elwyn A. (1962). *The Graduate School of Public Administration of Seoul National University* (Project Termination Report).

Short, Lloyd M. (1962). *Graduate School of Public Administration, Seoul National University* (Terminal Report).

제2장

김광웅. (1986). “비판행정학”, 『한국행정학보』, 제20권 제1호.

김번웅. (1997). “한국공무원의 부조리행태”, 『한국행정개혁론』, 서울 : 법문사.

김번웅. (1991). “서-한국적 행정학의 파라다임”, 김번웅 외(공저), 『현대한국행정론』, 서울 : 박영사.

김번웅. (1991). “행정부패·부조리문화의 혁신 : 조직의 민주화와 간접유도형행정”, 『현대한국행정론』, 서울 : 박영사, 1991.

김번웅·김판석 외. (1997). 『한국행정개혁론』, 서울 : 법문사.

김번웅 외. (1991). 『현대한국행정론』, 서울 : 박영사.

김석준. (1988). “전환기 한국행정의 새로운 패러다임 모색 : 국가론을 통한 연구문제의 제기”, 『한국행정학보』, 제22권 제2호.

김판석. (1995). “세계화시대의 정부부문 경쟁력 제고 : 도전과 기회”, 『한국행정학보』, 제28권 제4호.

말콤 글래드웰. (2009). 『아웃라이어』, 서울 : 김영사.

부즈 앨런(Booz Allen) & 해밀턴(Hamilton). (1997). 『한국보고서』, 서울 : 매일경제신문사.
안병영. (1982). "행정이론의 토착화와 정부용역학의 극복", 『월간조선』, 7월호.
안병영. (1979). "한국의 행정현상과 행정학연구의 주체성", 『한국정치학회보』, 제13집.
안병영. (1979). "한국의 행정이념과 행정학연구의 주체성", 『한국행정학보』, 제13집.
이병철. (1998). 『현대 한국행정학의 이해』, 울산 : 울산대학교출판부.
이병철. (1993). 『한국행정학 : 토착화와 미래전망을 중심으로』, 울산 : 울산대학교출판부.
이시하라 신타로 지음, 황인권 옮김. (1992). 『단호히 NO라고 말할 수 있는 일본』, 서울 : 세계일보사.
이시하라 신타로 지음, 이용덕 옮김. (2004). 『선전포고 NO라고 말할 수 있는 일본 경제 : 미국의 금융 노예로부터의 해방』, 서울 : 제이앤씨.
이철규. (2007). 『한국행정의 이론과 실제』, 서울 : 법문사.
정정길. (2006). 『행정학의 새로운 이해』, 서울 : 대명출판사.
존 나이스비트·도리스 나이스비트 지음, 안기순 옮김. (2010). 『메가트랜드 차이나』, 서울 : 비즈니스북스.
토머스 J. 크라우프웰, M. 윌리엄 펠프스 지음, 채은진 옮김. (2010). 『대통령의 오판』, 서울 : 말글빛냄.
한국행정학회소식. (1997). 제79호, 1997. 9. 8.
『뉴스위크』. (1997). "Seoul Calls for Help", 1997년 12월 3일.
『조선일보』. (2010). 2010년 8월 2일.
『중앙일보』. (1997). 1997년 12월 6일.
Adams, B. (1984). "The Frustrations of Government", *Public Administration Review*, Vol.44.
Argyris, C. (1960). *Understanding Organizational Behavior*, Belmont, CA : Dorsey Press.
Barber, B. (1983). *The Logic and Limits of Trust*, New Brunswick, New Jersey : Rutgers University Press.
Bennis, W. G., and B. Nanus. (1985). *Leaders : The Strategies for Taking Charge*, New York : Harper Collins.
Benveniste, G. (1987). *Professionalizing the Organization : Reducing Bureaucracy to Enhance Effectiveness*, San Francisco, CA : Jossey-Bass.
Blau, Peter M. (1964). *Exchange and Power in Social Life*, New York : Wiley.
Boss, R. W. (1978). "Trust and Managerial Problem-Solving Revisited", *Group and Organization Studies*, Vol.3.
Bouckaert, Geert. (1993). "Governance Between Legitimacy and Efficiency : Citizen Participation in the Belgian Fire Services", in J. Kooiman (ed.), *Modern Governance*, London : Sage.
Bouckaert, Geert and Arie Halachmi. (1995). "Introduction : The Challenges of Management in a Changing World", Arie Halachmi, Geert Bouckaert (eds.), *The Enduring Challenges in Public Management : Surviving and Excelling in a Changing World*, San Francisco, CA : Jossey-Bass Publishers.
Bouckaert, Geert and Arie Halachmi. (1995). "Creating the Future Together : Developing and Using Shared Strategy Maps", Arie Halachmi, Geert Bouckaert (eds.), *The Enduring Challenges in Public Management : Surviving and Excelling in a Changing World*, San Francisco, CA : Jossey-Bass Publishers.
Broder, D. S. (1994). "Dialogue Makes for Democracy", *Norman Transcript*, Apr. 25.

Caiden, Gerald E. and Naomi J. Caiden. (1990). "Administrative Corruption", in W. L. Richter et al., *Combating Corruption : Encouraging Ethics*, Washington, D. C. : American Society for Public Administration.

Cooper, Terry L. (1990). *The Responsible Administrator : An Approach to Ethics for the Administrative Role*, San Francisco, CA : Jossey-Bass Publishers.

Crensen, M. A. & F. E. Rourke. (1987). "By Way of Conclusion : American Bureaucracy Since World War II", in L. Galambos (ed.), *The New American State : Bureaucracies and Policies Since World War II*, Baltimore, MD : Johns Hopkins University Press.

Deutsch, M. (1973). *The Resolution of Conflict*, New Haven, Conn. : Yale University Press.

Farazmand, A. (1989). "Crisis in the U. S. Administrative State", *Administration & Society*, Vol.21.

Frederickson, G. (1994). "The Seven Principles of Total Quality Politics", *PA Times*, 17 (1).

Frederickson, H. George. (1980). *New Public Administration*, University, Alabama : The University of Alabama Press.

Freedman, James O. (1978). *Crisis and Legitimacy : The Administrative Process and American Government*, New York : Cambridge University Press.

French, W. L. and C. H. Bell, Jr. (1984). *Organization Development : Behavioral Science Interventions for Organization Improvement*, 3rd ed., Englewood Cliffs, New Jersey : Prentice-Hall.

Goldman, Marshall I. (1987). *Gorbachev's Challenge : Economic Reform in the Age of High Technology*, New York & London : W. W. Norton & Company.

Golembiewski, R., and M. L. McConkie. (1975). "The Centrality of Interpersonal Trust in Group Processes", in C. L. Cooper (ed.), *Theories of Group Processes*, New York : Wiely.

Gray, P. (1992). "Lies, Lies, Lies", *Time*, Oct. 5.

Halachmi, Arie , Geert Bouckaert (eds.). (1995). *The Enduring Challenges in Public Management : Surviving and Excelling in a Changing World*, San Francisco, CA : Jossey-Bass Publishers.

Halevy, Eva E. (1983). *Bureaucracy and Democracy : A Political Dilemma*, London : Routledge & Kegan Paul.

Helmreich, Robert and Ashleigh Merritt. (2000). "Culture in the Cockpit : Do Hofstede's Dimensions Replicate?", *Journal of Cross-Cultural Psychology*, Vol.31, No.3 (May).

Hofstede, Geert. (2001). *Culture's Consequences : Comparing Values, Behaviors, Institutions, and Organizations Across Nations*, Thousand Oaks, CA : Sage Publications.

Huntington, Samuel P. (1981). *American Politics : The Promise of Disharmony*, Cambridge, MA : Harvard University Press.

International Institute for Management Development & World Economic Forum. (1994). *The World Competetiveness Report 1994*, Lausanne, Switzerland : IMD & WEF.

Jun, Jong S. (1991). "Enhancing Professional Roles and Ethical Responsibility : A Means for Creating Democratic Administration in Korea", Ali Farazmand (ed.), *Handbook of Comparative and Development*

Public Administration, New York : Marcel Dekker, Inc.

Jun, Jong S. (1983). "Korean Public Administration : Education and Research", *International Review of Administrative Science*, Vol.XLIX, No.4.

Kanter, D. L. , and D. H. Mirvis. (1989). *The Cynical Americans : Living and Working in an Age of Discontent and Disillusion*, San Francisco, CA : Jossey-Bass.

Karl, B. D. (1963), *Executive Reorganization and Reform in the New Deal*, Cambridge, MA : Harvard University Press.

Kaufman, Herbert. (1981). "The Fear of Bureaucracy : A Raging Pandemic", *Public Administration Review*, Vol.41, No.1.

Kellerman, B. (1984). *Leadership : A Multidisciplinary Perspective*, Englewood Cliffs, New Jersey : Prentice-Hall.

Kim, Bun Woong. (1994). "Public Bureaucracy in Korea", Ali Farazmand (ed.), *Handbook of Bureaucracy*, New York : Marcel Dekker, Inc.

Kooiman, J. (1993). "Governance and Governability : Using Complexity, Dynamics and Diversity", in J. Kooiman (ed.), *Modern Governance*, London : Sage.

Lane, L. M. & J. F. Wolf. (1990). *The Human Resource Crisis in the Public Sector*, New York : Quorum.

Likert, R. (1967). *The Human Organization*, New York : McGraw-Hill.

Lipset, S. M. , and W. Schneider. (1987). *The Confidence Gap*, rev. ed., Baltimore, MD : Johns Hopkins University Press.

Loomis, J. (1959). "Communication, the Development of Trust, and Cooperative Behavior", *Human Relations*, Vol.12.

Maslow, A. H. (1954). *Motivation and Personality*, New York : Harper Collins.

McGregor, D. (1960). *The Human Side of Enterprise*, New York : McGraw-Hill.

Meier, Kenneth J. (1987). *Politics and the Bureaucracy : Policymaking in the Fourth Branch of Government*, 2nd ed., Monterey, CA : Brooks/Cole.

Mellinger, G. D. (1956). "Interpersonal Trust as a Factor in Communication", *Journal of Abnormal Social Psychology*, Vol.52.

Metcalfe, L. (1993). "Public Management : From Imitation to Innovation", in J. Kooiman (ed.), *Modern Governance*, London : Sage.

Miles, R. E., and J. B. Ritchie. (1984). "Participative Management : Quality versus Quantity", in D. A. Kolb, I. A. Rubin, and J. M. McIntyre (eds.), *Organization Psychology*, 4th ed., Englewood Cliffs, N.J. : Prentice-Hall.

Mosher, Frederick C. (1982). *Democracy and the Public Service*, 2nd ed., New York : Oxford University Press.

Naisbitt, John. (1996). *Megatrend 2000*, New York : Smithmark Publishers.

Naisbitt, John. (1997). *Megatrends Asia*, New York : Simon & Schuster.

Naisbitt, John and Doris Naisbitt. (2010). *China's Megatrends : The 8 Pillars of a New Society*, New York :

HarperCollins Publishers.
Nelson, W. E. (1982). *The Roots of American Bureaucracy, 1830-1900*, Cambridge, MA : Harvard University Press.
Osborne, David and Ted Gaebler. (1992). *Reinventing Government : How The Entrepreneurial Spirit Is Transforming The Public Sector*, Reading, Massachusetts : Addison-Wesley Publishing Company, Inc.
Reich, R. (1987). *Tales of a New America*, New York : Times Books.
Rivenbark, L. (1992). "Worker's Opinion Poll Could Change Benefits", *Federal Times*, June 8.
Rohr, John A. (1989). *Ethics for Bureaucrats : An Essay on Law and Values*, New York : Marcel Dekker.
Rosen, B. (1983). "Effective Continuity of U. S. Government Operations in Jeopardy", *Public Administration Review*, Vol.43.
Rosen, B. (1986). "Crises in the U.S. Civil Service", *Public Administration Review*, Vol.46.
Rosenbloom, D. (1993). "Have an Administrative RX? Don't Forget the Politics", *Public Administration Review*, 1993, Vol.53, No.6.
Rotter, J. B. (1967). "A New Scale for the Measurement of Interpersonal Trust", *Journal of Personality*, Vol.35.
Rourke, F. E. (1987). "Bureaucracy in the American Constitutional Order", *Political Science Quarterly*, Vol.102.
Schachter, Hindy Lauer. (1996). *Reinventing Government or Reinventing Ourselves : The Role of Citizen Owners in Making a Better Government*, Ithaca, New York : State University of New York Press.
Sherif, M. (1966). *In Common Predicament*, Boston, Mass. : Houghton Mifflin.
Skowronek, S. (1982). *Building a New American State : The Expansion of National Administrative Capacities, 1877-1920*, Cambridge, U.K. : Cambridge University Press.
Smith, Thomas B. (1991). "The Comparative Analysis of Bureaucratic Accountability", *Asian Journal of Public Administration*, Vol.13, No.1.
Terry, Larry D. (1995). *Leadership of Public Bureaucracies : The Administrator as Conservator*, Thousand Oaks, CA : SAGE Publications.
Thompson, Frank J. (1993). "Critical Challenge to State and Local Public Service", in Frank J. Thompson (ed.), *Revitalizing State and Local Public Service : Strenghthening Performance, Accountability, and Citizen Confidence*, San Francisco, CA : Jossey-Bass.
Toffler, Alvin and Heidi Toffler. (2006). *Revolutionary Wealth : How it will be created and how it will change our lives*, New York : Alfred A. Knopt, Random House, Inc.
U. S. Merit Systems Protection Board. (1992). *Federal Blue Collar Employees : A Workforce in Transition*, Washington, D.C. : U.S. MSPB.
Waldo, Dwight. (1980). *The Enterprise of Public Administration*, Novato, CA. : Chandler and Sharp Publishers, Inc.
Waldo, Dwight. (1971). *Public Administration in a Time of Turbulence*, San Francisco, CA : Chandler Publishing Co.
Waldo, Dwight. (1948). *The Administrative State : A Study of the Political Theory of American Public*

Administration, New York : Ronald Press Co.

Wildavsky, A. (1988). "Ubiquitous Anomie : Public Service in an Era of Ideological Dissensus", *Public Administration Review*, Vol.48.

Wilson, James Q. (1975). "The Rise of the Bureaucratic State", *The Public Interest*, Vol.41.

Wolf, J. F. (1987). "Disinvesting in the Administrative Capacity for Public Action", *International Journal of Public Administration*, Vol.10.

Wright, V. (1992). "Public Administration in the Nineties : Trends and Innovations", in International Institute of Administrative Sciences, *Public Administration in the Nineties : Trends and Innovations*, Proceedings of the 22nd International Congress of Administrative Sciences, Brussels : International Institute of Administrative Sciences.

Zand, D. E. (1972). "Trust and Managerial Problem Solving", *Administrative Science Quarterly*, Vol.17.

제3장

강인재 · 이달곤 외. (2003).『한국행정론』, 서울 : 대영문화사.

강형기. (1994). "자치행정의 품질관리제도 : 일본자치체의 품질관리제도를 중심으로",『한국행정학보』, 제28권 제3호, 가을.

김동현. (1994). "미국의 행정개혁",『행정과 정책논총』, 제3권.

김번웅, 김동현, 김판석(공저). (1997).『한국행정개혁론』, 서울 : 법문사.

김번웅. (1995). "한국행정의 혁신 : 창의적 파괴와 새로운 이미지",『행정논집』, 제23집.

김빈용. (1994). "한국행정개혁의 뉴비전 : 개방과 경쟁의 패러다임",『행정논집』, 제22집.

김영종. (1985). "개발도상국가들의 관료부패모형정립",『한국행정학보』, 19권, 2호.

김영종. (1988). "한국관료 부패와 부패방지",『계간경향』, 봄호.

김정훈. (1996).『이야기로 풀어보는 시민의 정부혁신론』, 서울 : 대영문화사.

김판석. (1994). "세계화시대의 정부부문경쟁력 제고 : 도전과 기회",『한국행정학보』, 제28권 제4호, 겨울.

김판석. (1994). "관리혁신과 행태변화를 통한 새로운 행정개혁의 방향모색",『한국행정학보』, 제28권 제3호, 가을.

김호섭. (1994). "공직의 윤리성제고를 위한 새정부의 개혁 : 평가와 대안",『한국행정학보』, 제28권 제4호, 겨울.

박동서. (1992). "한국행정의 개혁을 위한 접근",『한국행정연구』, 제1권 제1호.

박세정. (1994). "대민행정의 쇄신방안",『한국행정학보』, 제28권 제1호, 봄.

신무섭. (1994). "입법부의 예산개혁에 대한 평가와 전망",『한국행정학보』, 제28권 제3호, 가을.

신희권. (1995). "지방자치와 지방정부-기업관계의 변화,『한국행정학보』, 제29권 제3호, 가을.

안중호. (1993). "새로운 경영이론으로 부상하는 '비즈니스 리엔지니어링(BR)' : 고객가치 증대위한 '프로세스'중심의 구조 재편성",『교수신문』.

오석홍. (1997).『행정개혁론』, 서울 : 박영사.

오석홍. (1994). "행정개혁의 목표상태", 『한국행정학보』, 제28권 제4호, 겨울.

유병욱. (1994). "지방행정구역개편의 기초적 논의 : 시·군 통합에 따른 주요 연구과제", 『한국행정학보』, 제28권 제2호, 여름.

윤태범. (1992). "한국관료부패의 유형과 구조의 변화에 관한 연구 : 제3공화국에서 제6공화국까지", 서울대학교 대학원 행정학박사학위논문.

윤태범. (2003). "한국의 행정부패", 강인재·이달곤 외, 『한국행정론』, 서울 : 대영문화사.

이계식·고영선 편. (1997). 『아래로부터의 정부개혁』, 서울 : 박영사.

이병철. (1995). "2000년대를 대비한 행정개혁의 평가와 방향에 관한 연구", 『한국행정학보』, 제29권 제3호, 가을.

이수철·박세정. (1993). 『신정부정책에 대한 여론조사』, 한국행정연구원, 연구보고 93-12, 12월.

전수일. (1984). "관료부패연구 : 사회문화적 접근", 『한국행정학보』, 18권, 1호.

정승건. (1994). "한국의 행정개혁과 변동", 『한국행정학보』, 제28권 제1호, 봄.

최창현. (1994). "조직구조와 혁신의 관계에 대한 연구", 『한국행정학보』, 제28권 제2호, 여름.

행정자치부. (2003). 『2002년도 지방자치단체 채무현황』.

『조선일보』, 1997년 10월 17일.

Bader, John B. (1996). *Taking the Initiative : Leadership Agendas in Congress and the "Contract with America"*. Washington, D.C. : Georgetown University Press.

Balk, Walter L. (1996). *Managerial Reform and Professional Empowerment in the Public Service,* Westport, CT : Quorum Books.

Barber, B. (1983). *The Logic and Limits of Trust,* New Brunswick, NJ : Rutgers University Press.

Barzelay, M. (1992). *Breaking Through Bureaucracy : A New Vision for Managing in Government,* Berkeley, CA : University of California Press.

Bennis, W. G., and B. Nanus. (1985). *Leaders : The Strategies for Taking Charge,* New York : HarperCollins.

Boss, R. W. (1978). "Trust and Managerial Problem-Solving Revisited", *Group and Organization Studies.*

Bouchaert, G. (1993). "Governance Between Legitimacy and Efficiency : Citizen Participation in the Belgian Fire Services", in J. Kooiman (ed.), *Modern Governance*, London : Sage.

Caiden, Gerald E. (1991). *Administrative Reform Comes of Age,* Berlin : Walter de Gruyter.

Carnevale, David G. (1995). *Trustworthy Government : Leadership and Management Strategies for Building Trust and High Performance,* San Francisco, CA : Jossey-Bass Publishers.

Creech, B. (1994). *The Five Pillars of TQM : How to Make Total Quality Management Work for You,* New York : Dutton.

Frederickson, H. G. (1992). "Painting Bull's Eyes Around Bullet Holes" *Governing*, Oct.

Frederickson, H. G. (1994). "The Seven Principles of Total Quality Politics", *PA Times*, 17 (1).

Frederickson, H. G. (1997). *The Spirit of Public Administration,* San Francisco, CA : Jossey-Bass Publishers.

Gerth, H. H. and C. Wright Mills. (1946). *From Max Weber : Essays in Sociology*, New York : Oxford University Press.

Golembiewski, R. and M. L. McConkie. (1975). "The Centrality of Interpersonal Trust in Group Processes", in

C. L. Cooper (ed.). *Theories of Group Processes,* New York : Wiley.

Gore, Al. (1993). "From Red Tape to Results : Creating a Government That Works Better and Costs Less", *Report of the National Performance Review*. Washington, D.C. : Government Printing Office.

Gore, Al. (1994). *From Red Tape to Results : Status Report,* Washington, D.C. : Government Printing Office.

Halachmi, Arie, and Geert Bouckaert (eds.). (1995). *The Enduring Challenges in Public Management : Surviving and Excelling in a Changing World,* San Francisco, CA : Jossey-Bass Publishers.

Halachmi, Arie, and Geert Bouckaert (eds.). (1996). *Organizational Performance and Measurement in the Public Sector : Toward Service, Effort and Accomplishment Reporting,* Westport, CT : Quorum Books.

Hammer, M., and J. Champy. (1993). *Reengineering the Corporation : A Manifesto for Business Resolution,* New York : Harper Business.

Heidenheimer, Arnold J. (1989). *Political Corruption : Readings in Comparative Analysis*, New York : Holt, Rinehart and Winston, Inc.

IMD and WEF. (1994). *The World Competitiveness Report 1994*, Lausanne, Switzerland : IMD and WEF.

Jackson, P. M. (1983). *The Political Economy of Bureaucracy*, Totowa, New Jersey : Barnes & Nobles Books.

Kearns, Kevin P. (1996). *Managing for Accountability : Preserving the Public Trust in Public and Nonprofit Organizations,* San Francisco, CA : Jossey-Bass Publishers.

Kettl, D. F., Patricia W. Ingraham, Ronald P. Sanders, and Constance Horner. (1996). *Civil Service Reform : Building a Government That Works,* Washington, D.C. : Brookings Institution.

Kettl, D. F., and John J. DiIulio, Jr. (eds.). (1995). *Inside the Reinvention Machine : Appraising Governmental Reform,* Washington, D.C. : Brookings Institution.

Kettl, D. F. (1994). *Reinventing Government? Appraising the National Performance Review,* Washington, D.C. : Brookings Institution.

Kettl, D. F. (1993). *Sharing Power : Public Governance and Private Markets,* Washington, D.C. : Brookings Institution.

Kettl, D. F., John J. DiIulio, Jr., and Gerald Garvey. (1993). *Improving Government Performance : An Owner's Manual,* Washington, D.C. : Brookings Institution.

Kooiman, J. (1993). "Governance and Governability : Using Complexity, Dynamics and Diversity", in J. Kooiman (ed.), *Modern Governance*, London : Sage.

Kooiman, J. (ed.). (1993). *Modern Governance*, London : Sage.

Light, Paul. (1995). *Thickening Government : Federal Hierarchy and the Diffusion of Accountability,* Washington, D.C. : Brookings Institution and The Governance Institute.

Light, Paul. (1993). *Monitoring Government : Inspectors General and the Search for Accountability,* Washington, D.C. : Brookings Institution and The Governance Institute.

Metcalfe, L. (1993). "Public Management : From Imitation to Innovation", In J. Kooiman (ed.). *Modern Governance,* London : Sage.

Moe, R. C. (1993). "Let's Rediscover Government, Not Reinvent It". *Government Executive*, June.

Myrdal, Gunnar. (1971). "Corruption : Its Causes and Effects", *Asian Drama : An Inquiry into the Poverty of Nations*, New York : Vintage Books.

National Academy of Public Administration. (1993). *Leading People in Change : Empowerment, Commitment, Accountability,* Washington, D.C. : National Academy of Public Administration.

Nye, J. S. (1967). "Corruption and Political Development : A Cost-Benefit Analysis", *American Political Science Review* (June).

Osborne, D., and T. Gaebler. (1992). *Reinventing Government : How the Entrepreneurial Spirit Is Transforminig the Public Sector,* Reading, Mass. : Addison-Wesley.

Peters, B. Guy and Donald J. Savoie. (1994). "Civil Service Reform : Misdiagnosing the Patient", *Public Administration Review*, Vol.54, No.5, September/October.

Pierre, Jon. (1995). "The Marketization of the State : Citizens, Consumers, and the Emergence of the Public Market". in B. Guy Peters and Donald J. Savoie (eds.). *Governance in a Changing Environment,* Montreal and Kingston : Buffalo, New York : McGill-Queen's University Press.

Rotter, J. B. (1967). "A New Scale for the Measurement of Interpersonal Trust", *Journal of Personality.*

Savas, E. S. (1987). *Privatization : The Key to Better Government,* Chatham, N.J. : Chatham House.

Schachter, Hindy Lauer. (1996). *Reinventing Government or Reinventing Ourselves : The Role of Citizen Owners in Making a Better Government,* Ithaca, New York : State University of New York Press.

Scott, James C. (1972). *Comparative Political Corruption*, Englewood Cliffs, New Jersey : Prentice-Hall.

Stillman, Richard J. II. (1996). *The American Bureaucracy : The Core of Modern Government*, 2nd ed., Chicago, Il. : Nelson-Hall Publishers.

Thompson, F. J., and L. R. Jones. (1994). *Reinventing the Pentagon : How the New Public Management Can Bring Institutional Renewal,* San Francisco, CA : Jossey-Bass.

Thompson, F. J. (ed.). (1993). *Revitalizing State and Local Public Service : Strengthening Performance, Accountability, and Citizen Confidence,* San Francisco, CA : Jossey-Bass.

Werner, Simcha B. (1983). "New Directions in the Study of Administrative Corruption", *Public Administration Review*, Vol.43, No.2 (March/April).

Wright, V. (1992). "Public Administration in the Nineties : Trends and Innovations", In International Institute of Administrative Sciences, *Public Administration in the Nineties : Trends and Innovations.* Proceedings of the 22nd International Congress of Administrative Sciences. Brussels : International Institute of Administrative Sciences.

Zand, D. E. (1972). "Trust and Managerial Problem Solving", *Administrative Science Quarterly.*

Zimmerman, Joseph. (1994). *Curbing Unethical Behavior in Government*, Westport, Connecticut & London : Greenwood Press.

제4장

강제상 · 김상묵 · 김종래 · 강창민. (2003). "계약직 공무원의 직무태도에 관한 연구 : 일반직 등 비계약직 공무원과의 비교를 중심으로", 『한국행정학보』, 37(2).

강제상 · 최준호 · 임성범. (2008). "공공조직 부패통제 전략에 관한 연구", 『한국정책학회보』, 17(1).

김대욱 · 이승종. (2008). "정부신뢰의 참여에 대한 효과", 『한국사회와 행정연구』, 18(4).

김항규. (2004). 『행정철학』, 서울 : 대영문화사.

두산백과사전 EnCyber & EnCyber.com

모하메드 엘-에리언 지음, 손민중 옮김. (2009). 『새로운 부의 탄생』, 서울 : 한국경제신문사.

박정태. (1998). 『아시아 경제위기 1997~1998』, 서울 : 부키.

B. 조셉 화이트. (2007). 『파충류처럼 냉정하고 포유류처럼 긍정하라』, 서울 : 홍익출판사.

서문기. (2001). "한국사회의 정부신뢰구조", 『한국사회학』, 35(5).

손호중 · 채원호. (2005). "정부신뢰의 영향요인에 관한 연구 : 부안군 원전수거물처리장 입지사례를 중심으로", 『한국행정학보』, 39(3).

오경민 · 박흥식. (2002). "정부신뢰 수준의 측정과 비교에 관한 연구", 『한국정책학회보』, 3.

이병철. (2009). "행정에 있어 도덕적 해이의 발생원인과 완화방안", 『사회과학논집』, 제17권 제2호.

이상률. (2005). 『경제학의 유혹』, 서울 : 네모북스.

이재철. (2007). "정치문화와 투표행위 : 5·31지방선거에 나타난 인지적, 정서적, 평가적 정향과 투표참여", 『한국과 국제정치』, 23(2).

장수찬. (2002). "한국사회에 나타난 악순환의 사이클 : 결사체 참여, 사회자본, 그리고 정부신뢰", 『한국정치학회보』, 36(1).

전유문. (2006). 『금융지식이 미래의 부를 결정한다』, 서울 : 원앤원 북스.

좌승희. (2005). 『한국경제를 읽는 7가지 코드』, 서울 : 굿인포메이션.

참여연대 시민경제위원회. (2008). "금융기관 · 건설사 도덕적 해이는 정부의 관리책임 소홀과 그릇된 정책 때문", 10월 22일.

팀 하포드 지음, 김명철 옮김. (2006). 『경제학 콘서트』, 서울 : 웅진 지식하우스.

한영환. (1999). "유교문화와 동아시아의 발전체제", 『중앙행정논집』, 13(2).

『경향신문』, 1999년 2월 12일.

『디지털타임스』, 2003년 10월 20일.

『시사저널』, 제728호 (2003).

『조선일보』, 2003년 11월 10일.

『조선일보』, 2003년 12월 24일.

『조선일보』, 2004년 1월 6일.

『조선일보』, 2004년 1월 7일.

『조선일보』, 2004년 1월 8일, 사설.

『중앙일보』, “실업자 지원 따른 도덕적 해이 차단해야”, 1998년 10월 1일.
『중앙일보』, 2007년 3월 29일.
『중앙일보』, 2007년 4월 2일.
『한국경제』, “공공사업의 도덕적 해이”, 1999년 8월 12일.
Bailey, Stephen. (1962). “The Public Interest : Some Operational Dilemmas,” In C. J. Friedrich (ed.), *NOMOS V : The Public Interest*, New York : Atherton Press.
Cayer, Joseph N. (2004). *Public Personnel Administration*, Wadsworth Publishing Company.
Citrin, J. (1974). “Comment : The Political Relevance of Political Trust”, *American Political Science Review*, 68(3).
Cox, Michaelene. (2003). “When Trust Matters : Explaining Differences in Voter Turnout”, *Journal of Common Market Studies*, 41(4).
Dworkin, Gerald. (1972). “Paternalism”, in *The Monist : An International Quarterly Journal of General Philosophical Inquiry*, Vol.56.
Dworkin, Gerald. (1971). *Paternalism, Morality and the Law*, in P. A. Wasserstro (ed.), Wadsworth.
Fukuyama, Francis. (1995). *Trust : The Social Virtues and The Creation of Prosperity*, New York : Free Press.
Kasse, Max. (1999). “Interpersonal Trust, Political Trust and Non-institutional Political Participation in Western Europe”, *West European Politics*, 22(3).
Mangum, Maurice. (2003). “Psychological Involvement and Black Voter Turnout”, *Political Research Quarterly*, 56(1).
McAllister, Daniel. (1995). “Affect-Based and Cognition-Based Trust as Foundation for Interpersonal Cooperation in Organization”, *Academy of Management Journal*, Vol.38.
Timpone, Richard J. (1998). “Structure, Behavior, and Voter Turnout in the United States”, *American Political Science Review*, 92(1).

제5장

강인성. (2008). “지방정부 주민참여제도의 정책과정과 참여유형에 따른 영향력 분석 : 16개 광역자치단체를 중심으로”, 『한국행정학보』, 제42권 제3호.
김길수. (2004). “정책집행과정에서 주민저항 사례 : 부안 방폐장 부지선정을 중심으로”, 『한국정책학회보』, 제13권, 제5호.
김도희. (2005). “주민배심원제를 통한 비선호시설 성공적 입지사례의 정책적 함의 : ‘북구 음식물자원화시설’ 유치사업의 실증적 분석을 중심으로”, 『한국정책학회보』, 제14권 제3호.
김소연. (2006). “성공한 합의제도? ‘울산 북구 시민배심원제’의 평가와 함의”, 『시민사회와 NGO』, 제4권 제2호.
김영기. (2006). 『한국의 주민소환제』, 서울 : 대영문화사.
김유환·강상규·권영인·김선희·김은주·박태순·정익철. (2005). “공공갈등과 참여적 의사결정”, 『공공갈등 관리의 이론과 기법』, 대통령자문지속가능발전위원회.

김항규. (2004). 『행정철학』, 서울 : 대영문화사.

나태준. (2005). "공공사업 갈등사례분석을 통한 해결기제의 모색", 한국행정학회 추계학술대회 발표논문.

은재호. (2009). "참여적 의사결정기법의 제약요인 연구 : 울산 북구 음식물자원화시설 건립을 둘러싼 시민배심원제도 분석", 『한국정책학회보』, 제18권 제2호.

이병철. (2004). 『행정윤리』, 울산 : 울산대학교 출판부.

이종수 · 윤영진 외(공저). (2008). 『새 행정학』, 5정판, 서울 : 대영문화사.

조현석. (2005). "숙의 민주주의와 시민참여 : 울산시 북구 음식물자원화시설 건립 사례를 중심으로", 한국산업사회학회 2005년 비판사회학대회(제8회, 11월 4일-5일) 발표문.

한상진. (2005). "울산 북구 음식물자원화시설 입지를 둘러싼 시민배심원제도의 사례", 폐기물처리시설 설치 관련 갈등해소 워크숍 자료집.

허창수. (2009). "담론이론의 시각에서 바라본 정책과정과 정책갈등 : 경기도 하남시 광역화장장 유치사례를 중심으로", 『한국정책학회보』, 제18권 제2호.

황아란. (2009). "주민소환제의 쟁점과 개선방안", 『e-KRILA FOCUS』, 제10호, 한국지방행정연구원.

Hardin, Garret. (1968). "The Tragedy of Commons", *Science*, Vol.163.

Irvin, Renee A. & John Stansbury. (2004). "Citizen Participation in Decision Making : Is It Worth the Effort?", *Public Administration Review*, Vol.64 No.1.

Nelson, Nici & Susan Wright. (1995). *Power and Participatory Development*, ITDG Publishing.

Peters, B. G. (1996). *The Future of Governing : Four Emerging Models*, Lawrence : University Press of Kansas.

Vroom, Victor H., & Arthur G. Jago. (1988). *The New Leadership : Managing Participation in Organizations*, Englewood Cliffs, NJ : Prentice Hall.

Weeks, Edward C. (2000). "The Practice of Deliberative Democracy : Results from Four Large-Scale Trials", *Public Administration Review*, Vol.60 No.4.

제6장

강휘원. (2006). "한국 다문화사회의 형성 요인과 통합정책." 『국가정책연구』, 제20권, 2호.

고숙희. (2008). "정부의 다문화사회 접근전략 모색 : 외국인여성결혼이민자의 태도조사를 중심으로", 『현대사회와 행정』, 제18권 1호.

김상일. (2004). "상담사례를 통해 본 한국남자와 결혼한 이주여성의 삶", 이주여성인권센터3주년기념심포지엄, 한국이주여성인권센터.

김오남. (2007). "결혼이민여성과 가족을 위한 사회복지 개입", 『사회복지』, 겨울, 통권 제175호.

김이선. (2008). "다문화사회의 전개양상과 문화정책방향", 『다문화사회를 향한 전망과 정책적 대응세미나』, 한국여성정책연구원.

김이선 · 황정미 · 이진영. (2007). 『다민족·다문화사회로의 이행을 위한 정책패러다임구축(I) : 한국사회의 수용현실과 정책과제』, 한국여성정책연구원.
김이선·장혜경·김혜영·양명희·최은영. (2007). 『결혼이민자가족 지원서비스 효율화 방안 연구』, 여성가족부.
김이선·김민정·한건수. (2006). 『여성결혼이민자의 문화적 갈등 경험과 소통증진을 위한 정책과제』, 한국여성개발원.
김정옥·전형미·이현혜. (1990). "아내학대와 관련된 변인파악 및 아내학대척도개발에 관한 연구", 『여성문제연구』, 18, 효성여대 한국여성문제연구소.
김혜순. (2008). "결혼이주여성과 한국의 다문화사회 실험 : 최근 다문화담론의 사회학." 『한국사회학』, 제42집 2호.
『뉴시스』, 2009년 10월 27일
『로타리 코리아』, 2009년 5월.
모선희·이인희·이선행·김성운. (2008). "다문화가정의 문제점과 정책적 지원방안 연구", 『기획연구 2008-02』, 충남발전연구원.
문경희. (2006). "국제결혼 이주여성을 계기로 살펴보는 다문화주의(multiculturalism) 와 한국의 다문화 현상", 『21세기정치학회보』, 16(3).
박경태. (2008). 『한국에서의 다문화주의』. 후마니타스.
박철희. (2007). "다문화 교육 관점에 기초한 초등 사회·도덕 교과서 내용에 대한 비판적 고찰", 『교육사회학연구』, 17(1).
배은주. (2006). "한국 내 이주노동자 자녀들의 학교 생활에서의 갈등 해결 방안 : 초등학교를 중심으로", 『교육인류학연구』, 9(2).
새뮤얼 헌팅턴 편저·이종인 옮김. (2001). 『문화가 중요하다 : 문화적 가치가 인류발전을 결정한다』, 서울 : 김영사.
새뮤얼 헌팅턴 지음·이희재 옮김. (2000). 『문명의 충돌』, 서울 : 김영사.
설동훈. (2006). "한국의 결혼이민자 가족 : 현황과 정책", 한국가정관리학회 추계 학술대회, 1-20.
아지벡코바 굴바르친. (2009). "이주 여성에게 국적 신청권 줄 것", 『여성신문』, 10. 28.
양기호. (2006). "지방정부의 외국인 대책과 내향적 국제화", 『한국지방자치학회보』, 18(2).
양성화. (2004). "상담사례에서 본 국제결혼 이주여성의 삶", 광주 전남지역 국제결혼한 이주여성 실태보고 및 토론회, (사)광주여성의 전화부설 가정폭력상담소자료집.
『연합뉴스』, 2009년 10월 22일.
오경석 외. (2007). 『한국에서의 다문화주의 : 현실과 쟁점』. 한울아카데미.
오은순·강창동·진의남·김선혜·정진웅. (2007). "다문화 교육을 위한 교수학습 지원 방안 연구(I)", 한국교육과정평가원 연구보고 RRI 2007-2.
울산발전연구원 여성가족정책센터. (2009). 『울산여성』 통계브리프, Vol.27., 5. 25.
윤형숙. (2003). "국제결혼배우자의 갈등과 적응", 『한국의 소수자, 실태와 전망』, 2003년 한국사회학회, 한국문화인류학회공동심포지움, 2003년 9월 19-20일.
이민경. (2007). "프랑스에서의 다문화교육", 2007년도 제3차 국제이해교육포럼-외국의 사례로 본 다문화교육의 전망, 6월 16일. 아태 국제이해교육원.

이상묵. (2009). "결혼이민자 지원정책과 지방자치단체의 역할", 『e-KRILA FOCUS』, 제7호, 한국지방행정연구원, 6. 26.

장미혜 외. (2008). "다민족 · 다문화사회로의 이행을 위한 정책 패러다임 구축(II) : 다문화역량 증진을 위한 정책 사회적 실천 현황과 발전방향", 『경제 · 인문사회연구회협동연구총서 08-17-01』, 한국여성정책연구원.

장인실. (2006). "미국 다문화 교육과 교육과정", 『교육과정연구』, 26(4).

장혜경. (2006). "여성결혼이민자가족의 실태와 정책과제", 『한국자치행정연구』, Vol.5.

전수현. (2002). "필리핀 노동자와 결혼한 한국여성의 주변적 지위", 서울대 석사학위논문.

정기선 · 김영혜 · 박경은 · 이은아 · 박지혜 · 이승애 · 이지혜. (2007). 『경기도 내 국제결혼이민자 가족실태조사 및 정책적 지원 방안연구』, 경기도가족여성개발원.

정일선. (2006). 『결혼이민자가족 실태와 통합의 가능성』, 경북여성정책개발원.

정하성 · 유진이 · 이장현. (2007). 『다문화청소년이해론』, 서울 : 양서원.

조석주. (2007). "다문화공생을 위한 지방자치단체의 기능강화방안 외국인 근로자 및 결혼이민자 사례를 중심으로", 『지방행정연구』, 21(3).

조석주 · 이상묵. (2008). 『지방자치단체의 결혼이민자 지원정책 개선방안』, 한국지방행정연구원, 12.

조영달. (2006). 『다문화가정의 자녀교육 실태조사』, 교육인적자원부.

조영달. (2006). 『다문화가정 교육 지원을 위한 자료 개발 연구』, 2006년도 교육인적자원부 정책연구과제.

최현미. (2008). "결혼이민자들의 사회참여활성화를 위한 과제", 『바람직한 다문화가정 정책모색을 위한 워크숍』, 행정안전부.

통계청. (2007). 『2006년 혼인 · 이혼통계결과』.

한건수. (2006). "농촌지역 결혼이민자 여성의 가족생활과 갈등 및 적응", 『한국문화인류학』, 39-1.

한건수. (2006). "다민족, 다문화사회의 도래와 한국사회 : 국제결혼의 증가를 통해 본 한국사회의 과제", 한국가정관리학회.

한건수. (2006). "한국사회의 다민족, 다문화 사회이행과 사회문화적 통합의 과제와 현실", 한국가족상담학회와 한국가족치료학회 추계공동학술대회.

행정안전부 자치행정과. (2009). 『2009년 지방자치단체 외국인주민 현황조사 결과』, 7.

행정안전부 자치행정과. (2009). "외국인주민 현황 통계", 『2009년 지방자치단체 외국인주민 현황조사 결과』, 7.

한국여성정책연구원. (2009). 『2010 분야별 국내외 주요 쟁점 및 이슈 : 여성분야』.

2009년도 울산광역시 내부자료.

2008년도 울산광역시 내부자료.

2007년도 교육인적자원부 내부자료, 2007년 5월

Alexseev, Mikhail A. (2005). *Immigration Phobia and the Security Dilemma*, Cambridge University.

Banks, J. A. & Cherry A. McGee Banks. (2004). *Handbook of Research on Multicultural Education,* New Jersey : John Wiley & Sons, Inc.

Baubock, Rainer. (2006). *Migration and citizenship,* Amsterdam University Press.

Bonifazi, Corrado. (2008). *International migration in Europe*, Amsterdam University Press.

Briones, Leah. (2009). *Empowering Migrant Women : Why Agency and Rights are not Enough*, England : Ashgate Publishing Limited. ; Burlington, VT : Ashgate Publishing Company.

Doomernik, Jeroen and Michael Jandl. (eds.). (2008). *Modes of Migration Regulation and Control in Europe*, Amsterdam University Press.

Dreher, Sabine (2007). *Neoliberalism and Migration : An Inquiry into the Politics of Globalization*, Hamburg : LIT Verlag.

Huntington, Samuel (1993), "The Clash of Civilization", *Foreign Affairs*, Summer 1993, Vol.72, No.3.

Kivisto, Peter. (2002). *Multiculturalism in a Global Society*. Blackwell Publishing.

Kymlicka, Will. (2009). *Multicultural Odysseys : Navigating the New International Politics of Diversity*, Oxford University Press, USA.

Kymlicka, Will. (2007). *Multicultural Odysseys : Navigating the New International Politics of Diversity,* Oxford : Oxford University Press.

Kymlicka, Will and Baogang He (eds.). (2005). *Multiculturalism in Asia,* Oxford : Oxford University Press.

Parekh, Bhikhu. (2006). *Rethinking Multiculturalism : Cultural Diversity and Political Theory,* 2nd Edition. New York : Palgrave Macmillan.

Phillips, Anne. (2007). *Multiculturalism without Culture,* Princeton and Oxford : Princeton University Press.

Schrover, Marlou, Joanne van der Leun, Leo Lucassen, and Chris Quispel. (eds.). (2009). *Illegal Migration and Gender in a Global and Historical Perspective*, Amsterdam University Press - IMISCOE Reports.

Shachar, Ayelet. (2001). *Multicultural Jurisdictions : Cultural Differences and Women's Rights,* Cambridge : Cambridge University Press.

제7장

데이비드 거겐 지음, 서율택 옮김. (2000). 『CEO 대통령의 7가지 리더십』, 서울 : 스테디북.

박우서. (1992). "미국의 광역정부유형", 노정현 외, 『지방자치시대의 도시행정』, 서울 : 나남.

앤드류 그로브 지음, 유영수 옮김. (1998). 『편집광만이 살아 남는다』, 서울 : 한국경제신문사.

이병철. (2009). 『경상일보』, 3월 16일.

이병철. (2009). "다문화가정에 대한 따뜻한 눈길을 기대하며", 『경상일보』, 7월 7일.

이병철. (2009). "장애인을 위한 적극적 복지가 필요하다", 『경상일보』, 8월 5일.

이병철. (2009). "'주민소환'법률, 올바르게 개정해야", 『경상일보』, 9월 3일.

이병철. (2009). "시·군 자율통합 움직임에 대하여", 『경상일보』, 10월 4일.

이병철. (2009). "다가오는 행정사무감사의 내실을 기대하며", 『경상일보』, 11월 2일.

이병철. (2009). "공론화되고 있는 지역구 여성할당제", 『2010 지방선거 여성공천 확대방안 세미나』, 의회를 사랑하는 사람들 울산광역시 지부, 11월 23일 토론자료.
이병철. (2009). “지역구 여성할당제, 뜨거운 감자인가”, 『경상일보』, 12월 1일.
이병철. (2009). “도덕적 해이에서 자유로운 정부 기대”, 『경상일보』, 12월 30일.
이병철. (2010). “바람직한 지방자치”, 『경상일보』, 1월 12일.
이병철. (2010). “저출산에서 벗어나는 울산을 만들자”, 『경상일보』, 2월 11일.
이병철. (2010). “도전받는 울산과 지혜로운 대응을”, 『경상일보』, 3월 16일.
이병철. (2010). “정보화와 울산의 여성취업”, 『경상일보』, 4월 15일.
이병철. (2010). “우리가 바라는 지역일꾼”, 『경상일보』, 5월 17일.
이병철. (2010). “소프트파워를 가진 울산으로 거듭나기”, 『경상일보』, 6월 17일.
이병철. (2010). “민선5기 시장 공약 이행계획 내실 있게 이뤄지길”, 『경상일보』, 7월 14일.
이종수. (1994). “지방정부의 재정운영에 대한 Urban Hierarchy이론적 분석 : 도시지역의 서비스공급수준결정을 중심으로”, 『한국행정학회 하계학술대회 발표논문집』.
이철규. (2007). 『한국행정의 이론과 실제』, 서울 : 법문사.
조지프 S. 나이 지음, 홍수원 옮김. (2004). 『소프트파워』, 서울 : 세종연구원.
짐 콜린스 지음, 이무열 옮김. (2002). 『좋은 기업을 넘어 위대한 기업으로』, 서울 : 김영사.
정정길. (2006). 『행정학의 새로운 이해』, 서울 : 대명출판사.
조창현. (1993). 『지방자치론』, 서울 : 박영사.
『경상일보』, 2010년 3월 17일.
『경상일보』, 2010년 4월 26일.
『경상일보』, 2010년 4월 29일.
『경상일보』, 2010년 5월 11일.
『경상일보』, 2010년 5월 13일.
『동아일보』, 2010년 6월 29일.
『조선일보』, 2009년 12월 24일.
『중앙일보』, 2010년 7월 18일.
Aiken, Michael and Roger Depre. (1981). “The Urban System, Politics, and Policy in Belgian Cities”, K. Newton (ed.), *Urban Political Economy*, London : Frances Printer.
Bish, Robert. (1971). *The Public Economy of Metropolitan Areas*, Chicago : Markham Publishing.
Christaller, Walter. (1966). *Central Place in Southern Germany*, Englewood Cliffs, N.J. : Prentice-Hall.
Collins, Jim. (2001). *Good to Great : Why Some Companies Make the Leap... and Others Don't*, New York : HarperCollins Publishers Inc.
Fiorina, Carly. (2006). *Tough Choices : A Memoir*, New York : Portfolio Trade, The Penguine Group(USA) Inc.
Fukuyama, Francis. (1995). *Trust : The Social Virtues and The Creation of Prosperity*, New York : Free Press.
Gergen, David. (2000). *Eyewitness to Power : The Essence of Leadership*, First Edition, New York : Easton Press.
Grove, Andrew S. (1996). *Only the Paranoid Survive : How to Exploit the Crisis Points That Challenge Every*

Company, New York : Doubleday, Random House, Inc.

Gulick, Luther H. (1957). "Metropolitan Organization", *The Annals of the American Academy of Political and Social Science*, 314 (Nov.).

Gulick, Luther H. (1962). *The Metropolitan Problem and American Ideas*, New York : Alfred Knopf.

Kasarda, John D. (1972). "The Impacts of Suburban Population Growth on Central City Service Functions", *American Journal of Sociology*, Vol.77.

King, R. (1984). *Central Place Theory*, Bevery-Hills, CA. : Sage.

Machiavelli, Niccolo. (2010). *The Prince*, New York : Arcturus.

Newton, K. (1981). "Central Places and Urban Services", K. Newton (ed.), *Urban Political Economy*, London : Frances Printer.

Newton, K. (1984). "Urban System Theory and Urban Policy and Expenditure in England and Wales", *European Journal of Political Research*, Vol.12.

Nye, Joseph S. (2005). *Soft Power : The Means To Success In World Politics*, New York : PublicAffairs.

Ostrom, Vincent, Charles Tiebout and Robert Warren. (1961). "The Organization of Government in Metropolitan Areas : A Theoretical Inquiry", *American Political Science Review*, LV(4) (Dec.).

Paddison, Ronan. (1983). *The Fragmented State : The Political Geography of Power*, Oxford : Basil Blackwell.

Paddison, Ronan, and Stephen Bailey. (1989). *Local Government Finance : International Perspectives*, London : Routledge.

Sharpe, L. J. and K. Newton. (1984). *Does Politics Matter? - The Determinants of Public Policy*, Oxford : Clarendon Press.

Sorensen, Rune J. (1987). "Central Place Theory and Local Government Spending", *Local Government Studies*, Vol.13, No.2.

Tiebout, Charles. (1956). "A Theory of Local Expenditures", *Journal of Political Economy*, 64(5)(October).

Wood, Robert C. (1958). "The New Metropolis : Green Belts, Grass Roots or Gargantua", *American Political Science Review*, 52 (Mar.).

한국행정학의 새로운이해

내용찾기

이름찾기